令和6年版教科書対応

板書で見る
国語
全単元の授業のすべて

小学校 4年 上

中村和弘 監修
成家雅史・廣瀬修也 編著

東洋館
出版社

まえがき

令和２年に全面実施となった小学校の学習指導要領では、これからの時代に求められる資質・能力や教育内容が示されました。

この改訂を受け、これからの国語科では、

・言語活動を通して「言葉による見方・考え方」を働かせながら学習に取り組むことができるようにする。

・単元の目標／評価を、〔知識及び技能〕と〔思考力、判断力、表現力等〕のそれぞれの指導事項を結び付けて設定し、それらの資質・能力が確実に身に付くよう学習過程を工夫する。

・「主体的・対話的で深い学び」の視点から、単元の構成や教材の扱い、言語活動の設定などを工夫する授業改善を行う。

などのことが求められています。

一方で、こうした授業が全国の教室で実現するには、いくつかの難しさを抱えているように思います。例えば、言語活動が重視されるあまり、「国語科の授業で肝心なのは、言葉や言葉の使い方などを学ぶことである」という共通認識が薄れているように感じています。

あるいは、活動には取り組めているけれども、「今日の学習で、どのような言葉の力が付いたのか」が、子供たちだけでなく教師においても、ややもすると自覚的でない授業を見ることもあります。

国語科の授業を通して「どんな力が付けばよいのか」「何を教えればよいのか」という肝心な部分で、困っている先生方が多いのではないかと思います。

＊　　　＊

さて、『板書で見る全単元の授業のすべて 小学校国語』（本シリーズ）は、平成29年の学習指導要領の改訂を受け、令和２年の全面実施に合わせて初版が刊行されました。このたび、令和６年版の教科書改訂に合わせて、本シリーズも改訂することになりました。

GIGA スクール構想に加え、新型コロナウイルス感染症の猛威などにより、教室での ICT 活用が急速に進み、この４年間で授業の在り方、学び方も大きく変わりました。改訂に当たっては、単元配列や教材の入れ替えなど新教科書に対応するだけでなく、ICT の効果的な活用方法や、個別最適な学びと協働的な学びを充実させるための手立てなど、今求められる授業づくりを発問と子供の反応例、板書案などを通して具体的に提案しています。

＊　　　＊

日々教室で子供たちと向き合う先生に、「この単元はこんなふうに授業を進めていけばよいのか」「国語の授業はこんなところがポイントなのか」と、国語科の授業づくりの楽しさを感じながらご活用いただければ幸いです。

令和６年４月

中村　和弘

本書活用のポイント―単元構想ページ―

本書は、各学年の全単元について、単元全体の構想と各時間の板書のイメージを中心とした本時案を紹介しています。各単元の冒頭にある単元構想ページの活用のポイントは次のとおりです。

教材名と指導事項、関連する言語活動例

本書の編集に当たっては、令和6年発行の光村図書出版の国語教科書を参考にしています。まずは、各単元で扱う教材とその時数、さらにその下段に示した学習指導要領に即した指導事項や関連する言語活動例を確かめましょう。

単元の目標

単元の目標を示しています。各単元で身に付けさせたい資質・能力の全体像を押さえておきましょう。

評価規準

ここでは、指導要録などの記録に残すための評価を取り上げています。本書では、記録に残すための評価は❶❷のように色付きの丸数字で統一して示しています。本時案の評価で色付きの丸数字が登場したときには、本ページの評価規準と併せて確認することで、より単元全体を意識した授業づくりができるようになります。

同じ読み方の漢字　（2時間扱い）

単元の目標

知識及び技能	・第5学年までに配当されている漢字を読むことができる。第4学年までに配当されている漢字を書き、文や文章の中で使うとともに、第5学年に配当されている漢字を漸次書き、文や文章の中で使うことができる。((1)エ)
学びに向かう力、人間性等	・言葉がもつよさを認識するとともに、進んで読書をし、国語の大切さを自覚して思いや考えを伝え合おうとする。

評価規準

知識・技能	❶第5学年までに配当されている漢字を読んでいる。第4学年までに配当されている漢字を書き、文や文章の中で使うとともに、第5学年に配当されている漢字を漸次書き、文や文章の中で使っている。(〔知識及び技能〕(1)エ)
主体的に学習に取り組む態度	❷同じ読み方の漢字の使い分けに関心をもち、同訓異字や同音異義語について進んで調べたり使ったりして、学習課題に沿って、それらを理解しようとしている。

単元の流れ

時	主な学習活動	評価
1	学習の見通しをもつ 同訓異字を扱ったメールのやり取りを見て、気付いたことを発表する。 同訓異字と同音異義語について調べるという見通しをもち、学習課題を設定する。 同じ読み方の漢字について調べ、使い分けられるようになろう。 教科書の問題を解き、同訓異字や同音異義語を集める。 〈課外〉・同訓異字や同音異義語を集める。 ・集めた言葉を教室に掲示し、共有する。	❶
2	集めた同訓異字や同音異義語から調べる言葉を選び、意味や使い方を調べ、ワークシートにまとめる。 調べたことを生かして、例文やクイズを作って紹介し合い、同訓異字や同音異義語の意味や使い方について理解する。 学習を振り返る 学んだことを振り返り、今後に生かしていきたいことを発表する。	❷

授業づくりのポイント

〈単元で育てたい資質・能力〉

本単元のねらいは、同じ読み方の漢字の理解を深め、正しく使うことができるようにすることである。

同じ読み方の漢字
156

単元の流れ

単元の目標や評価規準を押さえた上で、授業をどのように展開していくのかの大枠をここで押さえます。各展開例は学習活動ごとに構成し、それぞれに対応する評価をその右側の欄に示しています。

ここでは、「評価規準」で挙げた記録に残すための評価のみを取り上げていますが、本時案では必ずしも記録には残さない、指導に生かす評価も示しています。本時案での詳細かつ具体的な評価の記述と併せて確認することで、指導と評価の一体化を意識することが大切です。

また、学習の見通しをもつ 学習を振り返るという見出しが含まれる単元があります。見通しをもたせる場面と振り返りを行う場面を示すことで、教師が子供の学びに向かう姿を見取ったり、子供自身が自己評価を行う機会を保障したりすることに活用できるようにしています。

そのためには、どのような同訓異字や同音異義語があるか、国語辞典や漢字辞典などを使って進んで集めたり意味を調べたりすることに加えて、実際に使われている場面を想像する力が必要となる。

選んだ言葉の意味や使い方を調べ、例文やクイズを作ることで、漢字の意味を捉えたり、場面に応じて使い分けたりする力を育む。

[具体例]

○教科書に取り上げられている「熱い」「暑い」「厚い」を国語辞典で調べると、その言葉の意味とともに、熟語や対義語、例文が掲載されている。それらを使って、どう説明したら意味が似通っているときでも正しく使い分けることができるかを考え、理解を深めることができる。

〈教材・題材の特徴〉

教科書で扱われている同訓異字や同音異義語は、子どもに身に付けさせたい漢字や言葉ばかりであるが、ともすれば練習問題的な扱いになりがちである。子ども一人一人に応じた配慮をしながら、主体的に考えて取り組める活動にすることが大切である。

本教材での学習を通して、同訓異字や同音異義語が多いという日本語の特色とともに、一文字で意味をもち、使い分けることができる漢字の豊かさに気付かせたい。そのことが、漢字に対する興味・関心や学習への意欲を高めることになる。

[具体例]

○導入では、同訓異字によってすれ違いが起こる事例を提示する。生活の中で起こりそうな場面を設定することで、これから学習することへの興味・関心を高めるとともに、その事例の内容から課題を見つけ、学習の見通しをもたせることができる。

〈言語活動の工夫〉

数多くある同訓異字や同音異義語を区別して正しく使えるようになることを目標に、集めた言葉を付箋紙またはホワイトボードアプリにまとめる。言葉を集める際は、「自分たちが使い分けられるようになりたい漢字」という視点で集めることで、主体的に学習に取り組めるようにする。

さらに、例文やクイズを作成する過程では、使い分けができるような内容になっているかどうか、友達と互いにアドバイスし合いながら対話的に学習を進められるようにする。自分が理解するだけでなく、友達に自分が調べたことを分かりやすく伝えたいという相手意識を大切にしたい。

〈ICT の効果的な活用〉

調査：言葉集めの際は、国語辞典や漢字辞典を用いたい。しかし、辞典の扱いが厳しい児童にはインターネットでの検索を用いてもよいこととし、意味や例文の確認のために辞典を活用するよう声を掛ける。

記録：集めた言葉をホワイトボードアプリに記録していくことで、どんな言葉が集まったのかをクラスで共有することができる。

共有：端末のプレゼンテーションソフトなどを用いて例文を作り、同訓異字や同音異義語の部分を空欄にしたり、選択問題にしたりすることで、もっとクイズを作りたい、友達と解き合いたいという意欲につなげたい。

157

授業づくりのポイント

ここでは、各単元の授業づくりのポイントを取り上げています。

全ての単元において〈単元で育てたい資質・能力〉を解説しています。単元で育てたい資質・能力を確実に身に付けさせるために、気を付けたいポイントや留意点に触れています。授業づくりに欠かせないポイントを押さえておきましょう。

他にも、単元や教材文の特性に合わせて〈教材・題材の特徴〉〈言語活動の工夫〉〈他教材や他教科との関連〉〈子供の作品やノート例〉〈並行読書リスト〉などの内容を適宜解説しています。これらの解説を参考にして、学級の実態に応じた工夫を図ることが大切です。各項目では解説に加え、具体例も挙げていますので、併せてご確認ください。

ICT の効果的な活用

1人1台端末の導入・活用状況を踏まえ、本単元における ICT 端末の効果的な活用について、「調査」「共有」「記録」「分類」「整理」「表現」などの機能ごとに解説しています。活用に当たっては、学年の発達段階や、学級の子供の実態に応じて取捨選択し、アレンジすることが大切です。

本ページ、また本時案ページを通して、具体的なソフト名は使用せず、原則、下記のとおり用語を統一しています。ただし、アプリ固有の機能などについて説明したい場合はアプリ名を記載することとしています。

〈ICT ソフト：統一用語〉

Safari、Chrome、Edge →ウェブブラウザ ／ Pages、ドキュメント、Word →文書作成ソフト

Numbers、スプレッドシート、Excel →表計算ソフト ／ Keynote、スライド、PowerPoint →プレゼンテーションソフト ／ クラスルーム、Google Classroom、Teams →学習支援ソフト

本書活用のポイント―本時案ページ―

単元の各時間の授業案は、板書のイメージを中心に、目標や評価、学習の進め方などを合わせて見開きで構成しています。各単元の本時案ページの活用のポイントは次のとおりです。

本時の目標

本時の目標を示しています。単元構想ページとは異なり、各時間の内容により即した目標を示していますので、「授業の流れ」などと併せてご確認ください。

本時の主な評価

ここでは、各時間における評価について２種類に分類して示しています。それぞれの意味は次のとおりです。

○❶❷などの色付き丸数字が付いている評価

指導要録などの記録に残すための評価を表しています。単元構想ページにある「単元の流れ」の表に示された評価と対応しています。各時間の内容に即した形で示していますので、具体的な評価のポイントを確認することができます。

○「・」の付いている評価

必ずしも記録に残さない、指導に生かす評価を表しています。以降の指導に反映するための教師の見取りとして大切な視点です。指導との関連性を高めるためにご活用ください。

本時案

同じ読み方の漢字 1/2

本時の目標

・同訓異字と同音異義語について知り、言葉や漢字への興味を高めることができる。

本時の主な評価

❶同訓異字や同音異義語を集めて、それぞれの意味を調べている。【知・技】

・漢字や言葉の読みと意味の関係に興味をもち、進んで調べたり考えたりしている。

資料等の準備

・メールのやりとりを表す掲示物
・国語辞典
・漢字辞典
・関連図書（『ことばの使い分け辞典』学研プラス、『同音異義語・同訓異字①②』童心社、『のびーる国語 使い分け漢字』KADOKAWA）

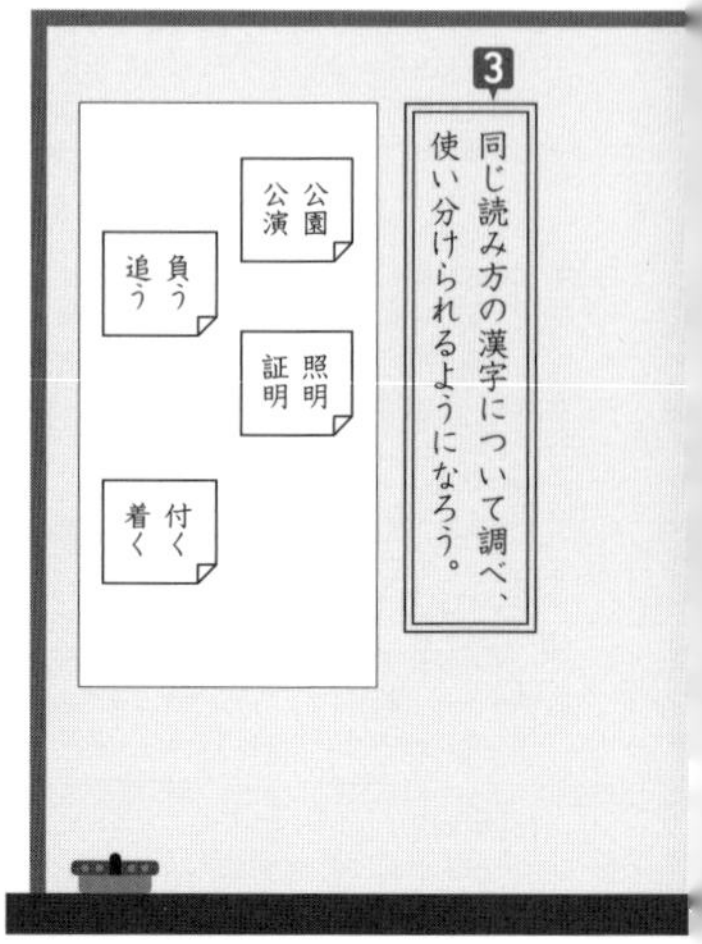

授業の流れ ▷▷▷

1 同訓異字を扱ったやり取りを見て、気付いたことを発表する 〈10分〉

T　今から、あるやり取りを見せます。どんな学習をするのか、考えながら見てください。

○「移す」と「写す」を使ったやり取りを見せることで、同訓異字の存在に気付いてその特徴を知り、興味・関心を高められるようにする。

・「移す」と「写す」で意味の行き違いが生まれてしまいました。
・同じ読み方でも、意味が違う漢字の学習をするのだと思います。
・自分も、どの漢字を使えばよいのか迷った経験があります。

ICT 端末の活用ポイント

メールのやり取りは、掲示物ではなく、プレゼンテーションソフトで作成し、アニメーションで示すと、より生活経験に近づく。

2 学習のめあてを確認し、同訓異字と同音異義語について知る 〈10分〉

T　教科書 p.84の「あつい」について、合う言葉を線で結びましょう。

・「熱い」と「暑い」は意味が似ているから、間違えやすいな。

T　このように、同じ訓の漢字や同じ音の熟語が日本語にはたくさんあります。それらの言葉を集めて、どんな使い方をするのか調べてみましょう。

○「同じ訓の漢字（同訓異字）」と「同じ音の熟語（同音異義語）」を押さえ、訓読みと音読みの違いを理解できるようにする。

同じ読み方の漢字
158

資料等の準備

ここでは、板書をつくる際に準備するとよいと思われる絵やカード等について、箇条書きで示しています。なお、↓の付いている付録資料については、巻末にダウンロード方法を示しています。

ICT 端末の活用ポイント／ICT 等活用アイデア

必要に応じて、活動の流れの中での ICT 端末の活用の具体例や、本時における ICT 活用の効果などを解説しています。

学級の子供の実態に応じて取り入れ、それぞれの考えや意見を瞬時に共有したり、分類することで思考を整理したり、記録に残して見返すことで振り返りに活用したりなど、学びを深めるための手立てとして活用しましょう。

同じ読み方の漢字
同じ訓の漢字や同じ音の熟《じゅく》語を集めよう。
1
花がとどいたよ。
お庭に出しておくね。
花を
うつしておいてね。
2
・同じ訓の漢字……「移す」「写す」「映《うつ》す」
「暑い」「熱い」「厚い」
・同じ音の熟語……「公園」「公演」
「週間」「週刊」

ICT 等活用アイデア

調査活動を広げる工夫

第１時と第２時の間の課外で、同訓異字・同音異義語を集める活動を行う。辞典だけでなく、経験やインタビュー、さらにインターネットなどを活用するとよい。

また、集めた言葉を「同じ訓の字」と「同じ音の熟語」に分けてホワイトボードアプリに記録していくことで、友達がどんな言葉を見つけたのか、どのくらい集まったのかをクラスで共有することができる。

3 教科書の問題を解き、同訓異字や同音異義語を集める 〈25分〉

T　同じ訓の漢字や同じ音の熟語は、意味を考えて、どの漢字を使うのが適切かを考えなければなりません。教科書の問題を解いて、練習してみましょう。

○初めから辞典で調べるのではなく、まずは子ども自身で意味を考えさせたい。難しい子どもには、ヒントとなるような助言をする。

T　これまで習った漢字の中から、自分たちが使い分けられるようになりたい同じ訓の漢字や、同じ音の熟語を集めてみましょう。

○漢字辞典や国語辞典だけでなく、関連図書を準備しておくとよい。

T　次時は、理解を深めたい字の使い分け方について調べて、友達に伝えましょう。

第１時
159

本時の板書例

子供たちの学びを活性化させ、授業の成果を視覚的に確認するための板書例を示しています。学習活動に関する項立てだけでなく、子供の発言例なども示すことで、板書全体の構成をつかみやすくなっています。

板書に示されている1 2などの色付きの数字は、「授業の流れ」の各展開と対応しています。どのタイミングで何を提示していくのかを確認し、板書を効果的に活用することを心掛けましょう。

色付きの吹き出しは、板書をする際の留意点です。実際の板書では、テンポよくまとめる必要がある部分があったり、反対に子供の発言を丁寧に記していく必要がある部分があったりします。留意点を参考にすることで、メリハリをつけて板書を作ることができるようになります。

その他、色付きの文字で示された部分は実際の板書には反映されない部分です。黒板に貼る掲示物などが当たります。

これらの要素をしっかりと把握することで、授業展開と一体となった板書を作り上げることができます。

よりよい授業へのステップ

ここでは、本時の指導についてポイントを絞って解説しています。授業を行うに当たって、子供がつまずきやすいポイントやさらに深めたい内容について、各時間の内容に即して実践的に示しています。よりよい授業づくりのために必要な視点を押さえましょう。

授業の流れ

１時間の授業をどのように展開していくのかについて示しています。

各展開例について、主な学習活動とともに目安となる時間を示しています。導入に時間を割きすぎたり、主となる学習活動に時間を取れなかったりすることを避けるために、時間配分もしっかりと確認しておきましょう。

各展開は、T：教師の発問や指示等、・：予想される子供の反応例、 ○ ：留意点等の３つの内容で構成されています。この展開例を参考に、各学級の実態に合わせてアレンジを加え、より効果的な授業展開を図ることが大切です。

板書で見る全単元の授業のすべて
国語 小学校 4 年上 —令和 6 年版教科書対応—
もくじ

1

第4学年における授業づくりのポイント

「主体的・対話的で深い学び」を目指す授業づくりのポイント

1 国語科における「主体的・対話的で深い学び」の実現

平成29年告示の学習指導要領では、国語科の内容は育成を目指す資質・能力の３つの柱の整理を踏まえ、〔知識及び技能〕と〔思考力、判断力、表現力等〕から編成されている。これらの資質・能力は、国語科の場合は言語活動を通して育成される。

つまり、子供の取り組む言語活動が充実したものであれば、その活動を通して、教師の意図した資質・能力は効果的に身に付くということになる。逆に、子供にとって言語活動がつまらなかったり気が乗らなかったりすると、資質・能力も身に付きにくいということになる。

ただ、どんなに言語活動が魅力的であったとしても、あるいは子供が熱中して取り組んだとしても、それらを通して肝心の国語科としての資質・能力が身に付かなければ、本末転倒ということになってしまう。

このように、国語科における学習活動すなわち言語活動は、きわめて重要な役割を担っている。その言語活動の質を向上させていくための視点が、「主体的・対話的で深い学び」ということになる。学習指導要領の「指導計画の作成と内容の取扱い」では、次のように示されている。

> 単元など内容や時間のまとまりを見通して、その中で育む資質・能力の育成に向けて、児童の主体的・対話的で深い学びの実現を図るようにすること。その際、言葉による見方・考え方を働かせ、言語活動を通して、言葉の特徴や使い方などを理解し自分の思いや考えを深める学習の充実を図ること。

ここにあるように、「主体的・対話的で深い学び」の実現は、「資質・能力の育成に向けて」工夫されなければならない点を確認しておきたい。

2 主体的な学びを生み出す

例えば、「読むこと」の学習では、子供の読む力は、何度も文章を読むことを通して高まる。ただし、「読みましょう」と教師に指示されて読むよりも、「どうしてだろう」と問いをもって読んだり、「こんな点を考えてみよう」と目的をもって読んだりした方が、ずっと効果的である。問いや目的は、子供の自発的な読みを促してくれる。

教師からの「〇場面の人物の気持ちを考えましょう」という指示的な学習課題だけでは、こうした自発的な読みが生まれにくい。「〇場面の人物の気持ちは、前の場面と比べてどうか」「なぜ、変化したのか」「ＡとＢと、どちらの気持ちだと考えられるか」など、子供の問いや目的につながる課題や発問を工夫することが、主体的な学びの実現へとつながる。

この点は、「話すこと・聞くこと」や「書くこと」の授業でも同じである。「まず、こう書きましょう」「書けましたか。次はこう書きましょう」という指示の繰り返しで書かせていくと、活動がいつの間にか作業になってしまう。それだけではなく、「どう書けばいいと思う？」「前にどんな書き方を習った？」「どう工夫して書けばいい文章になるだろう？」などのように、子供に問いかけ、考えさせながら書かせていくことで、主体的な学びも生まれやすくなる。

3 対話的な学びを生み出す

対話的な学びとして、グループで話し合う活動を取り入れても、子供たちに話し合いたいことがなければ、形だけの活動になってしまう。活動そのものが大切なのではなく、何かを解決したり考えたりする際に、１人で取り組むだけではなく、近くの友達や教師などの様々な相手に、相談したり自分の考えを聞いてもらったりすることに意味がある。

そのためには、例えば、「疑問（○○って、どうなのだろうね？）」「共感や共有（ねえ、聞いてほしいんだけど……）」「目的（いっしょに、○○しよう！）」「相談（○○をどうしたらいいのかな）」などをもたせることが有用である。その上で、何分で話し合うのか（時間）、誰と話し合うのか（相手）、どのように話し合うのか（方法や形態）といったことを工夫するのである。

また、国語における対話的な学びでは、相手や対象に「耳を傾ける」ことが大切である。相手の言っていることにしっかり耳を傾け、「何を言おうとしているのか」という意図など考えながら聞くということである。

大人でもそうだが、思っていることや考えていることなど、頭の中の全てを言葉で言い表すことはできない。だからこそ、聞き手は、相手の言葉を手がかりにしながら、その人がうまく言葉にできていない思いや考え、意図を汲み取って聞くことが大切になってくる。

聞くとは、受け止めることであり、フォローすることである。聞き手がそのように受け止めてくれることで、話し手の方も、うまく言葉にできなくても口を開くことができる。対話的な学びとは、話し手と聞き手とが、互いの思いや考えをフォローし合いながら言語化する共同作業である。対話することを通して、思いや考えが言葉になり、そのことが思考を深めることにつながる。

国語における対話的な学びの場面では、こうした言葉の役割や対話をすることの意味などに気付いていくことも、言葉を学ぶ教科だからこそ、大切にしていきたい。

4 深い学びを生み出す

深い学びを実現するには、言葉による見方・考え方を働かせ、言語活動を通して国語科としての資質・能力を身に付けることが欠かせない（「言葉による見方・考え方」については、次ページを参照）。授業を通して、子供の中に、言葉や言葉の使い方についての発見や更新が生まれるということである。

国語の授業は、言語活動を通して行われるため、どうしても活動することが目的化しがちである。だからこそ、読むことでも書くことでも、「どのような言葉や言葉の使い方を学習するために、この活動を行っているのか」を、常に意識して授業を考えていくことが最も大切である。

そのためには、例えば、学習指導案の本時の目標と評価を、できる限り明確に書くようにすることが考えられる。「○場面を読んで、人物の気持ちを想像する」という目標では、どのような語句や表現に着目し、どのように想像させるのかがはっきりしない。教材研究などを通して、この場面で深く考えさせたい叙述や表現はどこなのかを明確にすると、学習する内容も焦点化される。つまり、本時の場面の中で、どの語句や表現に時間をかけて学習すればよいかが見えてくる。全部は教えられないので、扱う内容の焦点化を図るのである。焦点化した内容について、課題の設定や言語活動を工夫して、子供の学びを深めていく。言葉や言葉の使い方についての、発見や更新を促していく。評価についても同様で、何がどのように読めればよいのかを、子供の姿で考えることでより具体的になる。

このように、授業のねらいが明確になり、扱う内容が焦点化されると、その部分の学習が難しい子供への手立ても、具体的に用意することができる。どのように助言したり、考え方を示したりすればその子供の学習が深まるのかを、個別に具体的に考えていくのである。

「言葉による見方・考え方」を働かせる授業づくりのポイント

1 「言葉を学ぶ」教科としての国語科の授業

国語科は「言葉を学ぶ」教科である。

物語を読んで登場人物の気持ちについて話し合っても、説明文を読んで分かったことを新聞にまとめても、その言語活動のさなかに、「言葉を学ぶ」ことが子供の中に起きていなければ、国語科の学習に取り組んだとは言いがたい。

「言葉を学ぶ」とは、普段は意識することのない「言葉」を学習の対象とすることであり、これもまたあまり意識することのない「言葉の使い方」（話したり聞いたり書いたり読んだりすること）について、意識的によりよい使い方を考えたり向上させたりしていくことである。

例えば、国語科で「ありの行列」という説明的文章を読むのは、アリの生態や体の仕組みについて詳しくなるためではない。その文章が、どのように書かれているかを学ぶために読む。だから、文章の構成を考えたり、説明の順序を表す接続語に着目したりする。あるいは、「問い」の部分と「答え」の部分を、文章全体から見つけたりする。

つまり、国語科の授業では、例えば、文章の内容を読み取るだけでなく、文章中の「言葉」の意味や使い方、効果などに着目しながら、筆者の書き方の工夫を考えることなどが必要である。また、文章を書く際にも、構成や表現などを工夫し、試行錯誤しながら相手や目的に応じた文章を書き進めていくことなどが必要となってくる。

2 言葉による見方・考え方を働かせるとは

平成29年告示の学習指導要領では、小学校国語科の教科の目標として「言葉による見方・考え方を働かせ、言語活動を通して、国語で正確に理解し適切に表現する資質・能力を次のとおり育成することを目指す」とある。その「言葉による見方・考え方を働かせる」ということついて、『小学校学習指導要領解説　国語編』では、次のように説明されている。

> 言葉による見方・考え方を働かせるとは、児童が学習の中で、対象と言葉、言葉と言葉との関係を、言葉の意味、働き、使い方等に着目して捉えたり問い直したりして、言葉への自覚を高めることであると考えられる。様々な事象の内容を自然科学や社会科学等の視点から理解することを直接の学習目的としない国語科においては、言葉を通じた理解や表現及びそこで用いられる言葉そのものを学習対象としている。このため、「言葉による見方・考え方」を働かせることが、国語科において育成を目指す資質・能力をよりよく身に付けることにつながることとなる。

一言でいえば、言葉による見方・考え方を働かせるとは、「言葉」に着目し、読んだり書いたりする活動の中で、「言葉」の意味や働き、その使い方に目を向け、意識化していくことである。

前に述べたように、「ありの行列」という教材を読む場合、文章の内容の理解のみを授業のねらいとすると、理科の授業に近くなってしまう。もちろん、言葉を通して内容を正しく読み取ることは、国語科の学習として必要なことである。しかし、接続語に着目したり段落と段落の関係を考えたりと、文章中に様々に使われている「言葉」を捉え、その意味や働き、使い方などを検討していくことが、言葉による見方・考え方を働かせることにつながる。子供たちに、文章の内容への興味をもたせるとともに、書かれている「言葉」を意識させ、「言葉そのもの」に関心をもたせることが、国語科の授業では大切となる。

3 〔知識及び技能〕と〔思考力、判断力、表現力等〕

言葉による見方・考え方を働かせながら、文章を読んだり書いたりさせるためには、〔知識及び技能〕の事項と〔思考力、判断力、表現力等〕の事項とを組み合わせて、授業を構成していくことが必要となる。文章の内容ではなく、接続語の使い方や文末表現への着目、文章構成の工夫や比喩表現の効果など、文章の書き方に目を向けて考えていくためには、そもそもそういった種類の「言葉の知識」が必要である。それらは主に〔知識及び技能〕の事項として編成されている。

一方で、そうした知識は、ただ知っているだけでは、読んだり書いたりするときに生かされてこない。例えば、文章構成に関する知識を使って、今読んでいる文章について、構成に着目してその特徴や筆者の工夫を考えてみる。あるいは、これから書こうとしている文章について、様々な構成の仕方を検討し、相手や目的に合った書き方を工夫してみる。これらの「読むこと」や「書くこと」などの領域は、〔思考力、判断力、表現力等〕の事項として示されているので、どう読むか、どう書くかを考えたり判断したりする言語活動を組み込むことが求められている。

このように、言葉による見方・考え方を働かせながら読んだり書いたりするには、「言葉」に関する知識・技能と、それらをどう駆使して読んだり書いたりすればいいのかという思考力や判断力などの、両方の資質・能力が必要となる。単元においても、〔知識及び技能〕の事項と〔思考力、判断力、表現力等〕の事項とを両輪のように組み合わせて、目標／評価を考えていくことになる。先に引用した『解説』の最後に、「『言葉による見方・考え方』を働かせることが、国語科において育成を目指す資質・能力をよりよく身に付けることにつながる」としているのも、こうした理由からである。

4 他教科等の学習を深めるために

もう１つ大切なことは、言葉による見方・考え方を働かせることが、各教科等の学習にもつながってくる点である。一般的に、学習指導要領で使われている「見方・考え方」とは、その教科の学びの本質に当たるものであり、教科固有のものであるとして説明されている。ところが、言葉による見方・考え方は、他教科等の学習を深めることとも関係してくる。

これまで述べてきたように、国語科で文章を読むときには、書かれている内容だけでなく、どう書いてあるかという「言葉」の面にも着目して読んだり考えたりしていくことが大切である。

この「言葉」に着目し、意味を深く考えたり、使い方について検討したりすることは、社会科や理科の教科書や資料集を読んでいく際にも、当然つながっていくものである。例えば、言葉による見方・考え方が働くということは、社会の資料集や理科の教科書を読んでいるときにも、「この言葉の意味は何だろう、何を表しているのだろう」と、言葉と対象の関係を考えようとしたり、「この用語と前に出てきた用語とは似ているが何が違うのだろう」と言葉どうしを比較して検討しようとしたりするということである。

教師が、「その言葉の意味を調べてみよう」「用語同士を比べてみよう」と言わなくても、子供自身が言葉による見方・考え方を働かせることで、そうした学びを自発的にスタートさせることができる。国語科で、言葉による見方・考え方を働かせながら学習を重ねてきた子供たちは、「言葉」を意識的に捉えられる「構え」が生まれている。それが他の教科の学習の際にも働くのである。

言語活動に取り組ませる際に、どんな「言葉」に着目させて、読ませたり書かせたりするのかを、教材研究などを通してしっかり捉えておくことが大切である。

学習評価のポイント

1 国語科における評価の観点

各教科等における評価は、平成29年告示の学習指導要領に沿った授業づくりにおいても、観点別の目標準拠評価の方式である。学習指導要領に示される各教科等の目標や内容に照らして、子供の学習状況を評価するということであり、評価の在り方としてはこれまでと大きく変わることはない。

ただし、その学習指導要領そのものが、「知識及び技能」「思考力、判断力、表現力等」「学びに向かう力、人間性等」の資質・能力の３つの柱で、目標や内容が構成されている。そのため、観点別学習状況の評価についても、この３つの柱に基づいた観点で行われることとなる。

国語科の評価観点も、これまでの５観点から次の３観点へと変更される。

「(国語への）関心・意欲・態度」 「話す・聞く能力」 「書く能力」 「読む能力」 「(言語についての）知識・理解（・技能)」	→	「知識・技能」 「思考・判断・表現」 「主体的に学習に取り組む態度」

2 「知識・技能」「思考・判断・表現」の評価規準

国語科の評価観点のうち、「知識・技能」と「思考・判断・表現」については、それぞれ学習指導要領に示されている〔知識及び技能〕と〔思考力、判断力、表現力等〕と対応している。

例えば、低学年の「話すこと・聞くこと」の領域で、夏休みにあったことを紹介する単元があり、次の２つの指導事項を身に付けることになっていたとする。

・音節と文字との関係、アクセントによる語の意味の違いなどに気付くとともに、姿勢や口形、発声や発音に注意して話すこと。　〔知識及び技能〕(1)イ

・相手に伝わるように、行動したことや経験したことに基づいて、話す事柄の順序を考えること。　〔思考力、判断力、表現力等〕A 話すこと・聞くことイ

この単元の学習評価を考えるには、これらの指導事項が身に付いた状態を示すことが必要である。したがって、評価規準は次のように設定される。

「知識・技能」	姿勢や口形、発声や発音に注意して話している。
「思考・判断・表現」	「話すこと・聞くこと」において、相手に伝わるように、行動したことや経験したことに基づいて、話す事柄の順序を考えている。

このように、「知識・技能」と「思考・判断・表現」の評価については、単元で扱う指導事項の文末を「〜こと」から「〜している」として置き換えると、評価規準を作成することができる。その際、単元で育成したい資質・能力に照らして、指導事項の文言の一部を用いて評価規準を作成する場合もあることに気を付けたい。また、「思考・判断・表現」の評価を書くにあたっては、例のように、冒頭に「『話すこと・聞くこと』において」といった領域名を明記すること（「書くこと」「読む

こと」も同様）も必要である。

3 「主体的に学習に取り組む態度」の評価規準

一方で、「主体的に学習に取り組む態度」の評価については、指導事項の文言をそのまま使うということができない。学習指導要領では、「学びに向かう力、人間性等」については教科の目標や学年の目標に示されてはいるが、指導事項としては記載されていないからである。そこで、「主体的に学習に取り組む態度」の評価規準は、それぞれの単元で、育成する資質・能力と言語活動に応じて、次のように作成する必要がある。

「主体的に学習に取り組む態度」の評価規準は、次の①～④の内容で構成される（〈　〉内は当該内容の学習上の例示）。

①粘り強さ〈積極的に、進んで、粘り強く等〉
②自らの学習の調整〈学習の見通しをもって、学習課題に沿って、今までの学習を生かして等〉
③他の２観点において重点とする内容（特に、粘り強さを発揮してほしい内容）
④当該単元（や題材）の具体的な言語活動（自らの学習の調整が必要となる具体的な言語活動）

先の低学年の「話すこと・聞くこと」の単元の場合でいえば、この①～④の要素に当てはめてみると、例えば、①は「進んで」、②は「今までの学習を生かして」、③は「相手に伝わるように話す事柄の順序を考え」、④は「夏休みの出来事を紹介している」とすることができる。

この①～④の文言を、語順などを入れ替えて自然な文とすると、この単元での「主体的に学習に取り組む態度」の評価規準は、

「主体的に学習に取り組む態度」	進んで相手に伝わるように話す事柄の順序を考え、今までの学習を生かして、夏休みの出来事を紹介しようとしている。

と設定することができる。

4 評価の計画を工夫して

学習指導案を作る際には、「単元の指導計画」などの欄に、単元のどの時間にどのような言語活動を行い、どのような資質・能力の育成をして、どう評価するのかといったことを位置付けていく必要がある。評価規準に示した子供の姿を、単元のどの時間でどのように把握し記録に残すかを、計画段階から考えておかなければならない。

ただし、毎時間、全員の学習状況を把握して記録していくということは、現実的には難しい。そこで、ABC といった記録に残す評価活動をする場合と、記録には残さないが、子供の学習の様子を捉え指導に生かす評価活動をする場合との、２つの学習評価の在り方を考えるとよい。

記録に残す評価は、評価規準に示した子供の学習状況を、原則として言語活動のまとまりごとに評価していく。そのため、単元のどのタイミングで、どのような方法で評価するかを、あらかじめ計画しておく必要がある。一方、指導に生かす評価は、毎時間の授業の目標などに照らして、子供の学習の様子をそのつど把握し、日々の指導の工夫につなげていくことがポイントである。

こうした２つの学習評価の在り方をうまく使い分けながら、子供の学習の様子を捉えられるようにしたい。

板書づくりのポイント

1 縦書き板書の意義

国語科の板書のポイントの１つは、「縦書き」ということである。教科書も縦書き、ノートも縦書き、板書も縦書きが基本となる。

また、学習者が小学生であることから、板書が子供たちに与える影響が大きい点も見過ごすことができない。整わない板書、見にくい板書では子供たちもノートが取りにくい。また、子供の字は教師の字の書き方に似てくると言われることもある。

教師の側では、ICT 端末や電子黒板、デジタル教科書を活用し、いわば「書かないで済む板書」の工夫ができるが、子供たちのノートは基本的に手書きである。教師の書く縦書きの板書は、子供たちにとっては縦書きで字を書いたりノートを作ったりするときの、欠かすことのできない手がかりとなる。

デジタル機器を上手に使いこなしながら、手書きで板書を構成することのよさを再確認したい。

2 板書の構成

基本的には、黒板の右側から書き始め、授業の展開とともに左向きに書き進め、左端に最後のまとめなどがくるように構成していく。板書は45分の授業を終えたときに、今日はどのような学習に取り組んだのかが、子供たちが一目で分かるように書き進めていくことが原則である。

黒板の右側　授業の始めに、学習日、単元名や教材名、本時の学習課題などを書く。学習課題は、色チョークで目立つように書く。

黒板の中央　授業の展開や学習内容に合わせて、レイアウトを工夫しながら書く。上下二段に分けて書いたり、教材文の拡大コピーや写真や挿絵のコピーも貼ったりしながら、原則として左に向かって書き進める。チョークの色を決めておいたり（白色を基本として、課題や大切な用語は赤色で、目立たせたい言葉は黄色で囲むなど）、矢印や囲みなども工夫したりして、視覚的にメリハリのある板書を構成していく。

黒板の左側　授業も終わりに近付き、まとめを書いたり、今日の学習の大切なところを確認したりする。

3 教具を使って

(1) 短冊など

画用紙などを縦長に切ってつなげ、学習課題や大切なポイント、キーワードとなる教材文の一部などを事前に用意しておくことができる。チョークで書かずに短冊を貼ることで、効率的に授業を進めることができる。ただ、子供たちが短冊をノートに書き写すのに時間がかかったりするなど、配慮が必要なこともあることを知っておきたい。

(2) ミニホワイトボード

グループで話し合ったことなどを、ミニホワイトボードに短く書かせて黒板に貼っていくと、それらを見ながら、意見を仲間分けをしたり新たな考えを生み出したりすることができる。専用のものでなくても、100円ショップなどに売っている家庭用ホワイトボードの裏に、板磁石を両面テープで貼るなどして作ることもできる。

⑶ 挿絵や写真など

物語や説明文を読む学習の際に、場面で使われている挿絵をコピーしたり、文章中に出てくる写真や図表を拡大したりして、黒板に貼っていく。物語の場面の展開を確かめたり、文章と図表との関係を考えたりと、いろいろな場面で活用できる。

⑷ ネーム磁石

クラス全体で話合いをするときなど、子供の発言を教師が短くまとめ、板書していくことが多い。そのとき、板書した意見の上や下に、子供の名前を書いた磁石も一緒に貼っていく。そうすると、誰の意見かが一目で分かる。子供たちも「前に出た○○さんに付け加えだけど……」のように、黒板を見ながら発言をしたり、意見をつなげたりしやすくなる。

4 黒板の左右に

⑴ 単元の学習計画や本時の学習の流れ

単元の指導計画を子供向けに書き直したものを提示することで、この先、何のためにどのように学習を進めるのかという見通しを、子供たちももつことができる。また、今日の学習が全体の何時間目に当たるのかも、一目で分かる。本時の授業の進め方も、黒板の左右の端や、ミニホワイトボードなどに書いておくこともできる。

⑵ スクリーンや電子黒板

黒板の上に広げるロール状のスクリーンを使用する場合は、当然その分だけ、板書のスペースが少なくなる。電子黒板などがある場合には、教材文などは拡大してそちらに映し、黒板のほうは学習課題や子供の発言などを書いていくことができる。いずれも、黒板とスクリーン（電子黒板）という２つをどう使い分け、どちらにどのような役割をもたせるかなど、意図的に工夫すると互いをより効果的に使うことができる。

⑶ 教室掲示を工夫して

教材文を拡大コピーしてそこに書き込んだり、挿絵などをコピーしたりしたものは、その時間の学習の記録として、教室の背面や側面などに掲示していくことができる。前の時間にどんなことを勉強したのか、それらを見ると一目で振り返ることができる。また、いわゆる学習用語などは、そのつど色画用紙などに書いて掲示していくと、学習の中で子供たちが使える言葉が増えてくる。

5 上達に向けて

⑴ 板書計画を考える

本時の学習指導案を作るときには、板書計画も合わせて考えることが大切である。本時の学習内容や活動の進め方とどう連動しながら、どのように板書を構成していくのかを具体的にイメージすることができる。

⑵ 自分の板書を撮影しておく

自分の授業を記録に取るのは大変だが、「今日は、よい板書ができた」というときには、板書だけ写真に残しておくとよい。自分の記録になるとともに、印刷して次の授業のときに配れば、前時の学習を振り返る教材として活用することもできる。

⑶ 同僚の板書を参考にする

最初から板書をうまく構成することは、難しい。誰もが見よう見まねで始め、工夫しながら少しずつ上達していく。校内でできるだけ同僚の授業を見せてもらい、板書の工夫を学ばせてもらうとよい。時間が取れないときも、通りがかりに廊下から黒板を見させてもらうだけでも勉強になる。

ICT活用のポイント

1 ICTを活用した国語の授業をつくる

GIGAスクール構想による1人1台端末の整備が進み、教室の学習環境は様々に変化している。子供たちの手元にはタブレットなどのICT端末があり、教室には大型のモニターやスクリーンが用意されるようになった。また、校内のネットワーク環境も整備されて、かつては学校図書館やパソコンルームで行っていた調べ学習も、教室の自分の席に座ったままでいろいろな情報にアクセスできるようになった。

一方、子供たちの机の上には、これまでと同じく教科書やノートもあり、前面には黒板もあって様々に活用されている。紙の本やノート、黒板などを使って手で書いたり読んだりする学習と、ICTを活用して情報を集めたり共有したりする学習との、いわば「ハイブリッドな学び」が生まれている。

それぞれの学習方法のメリットを生かし、学年の発達段階や学習の内容に合わせて、活用の仕方を工夫していきたい。

2 国語の授業でのICT活用例

ICTの活用によって、国語の授業でも次のような学習活動が可能になっている。本書でも、単元ごとに様々な活用例を示している。

共有する

文章を読んだ意見や感想、また書いた作文などをアップロードして、その場で互いに読み合うことができる。また、付箋機能などを使って、考えを整理したり、意見を視覚化して共有しながら話合いを行ったりすることもできる。ICTを活用した共有や交流は、国語の授業の様々な場面で工夫することができる。

書く

書いたり消したり直したりすることがしやすい点が、原稿用紙に書くこととの違いである。字を書くことへの抵抗感を減らす点もメリットであり、音声入力からまずテキスト化して、それを推敲しながら文章を作っていくという支援が可能になる。同時に、思考の速度に入力の速度が追いつかないと、かえって書きにくいという面もあり、また国語科は縦書きが多いので、その点のカスタマイズが必要な場合もある。

発表資料を作る

プレゼンテーションソフトを使って、調べたことなどをスライドにまとめることができる。写真や図表などの視覚資料も活用しやすく、文章と視覚資料を組み合わせたまとめを作りやすいというメリットがある。また、調べる活動もインターネットを活用する他、アンケートフォームを使うことでクラス内や学年内の様々な調査活動が簡単に行えるようになり、それらの調査結果を生かした意見文や発表資料を作ることが可能になった。

録音・録画する

話合いの単元などでは、グループで話し合っている様子を自分たちで録画し、それを見返しながら学習を進めることができる。また、音読・朗読の学習でも、自分の声を録音しそれを聞きながら、読み方の工夫へとつなげることができ、家庭学習でも活用することができる。一方、教材作成の面からも利便性が高い。例えば、教師がよい話合いの例とそうでない例を演じた動画教材を作って授業中に効果的に使うなど、様々な工夫が可能である。

蓄積する

自分の学習履歴を残したり、見返すことがしやすくなったりする点がメリットである。例えば、毎時の学習感想を書き残していくことで、単元の中の自分の考えの変化に気付きやすくなる。あるいは書いた作文を蓄積することで、以前の「書くこと」の単元でどのような書き方を工夫していたかをすぐに調べることができる。それらによって、自分の学びの成長を実感したり、前に学習したことを今の学習に生かしたりしやすくなる。

3 ICT 活用の留意点

(1) 指導事項に照らして活用する

例えば、「読むこと」には「共有」の指導事項がある。先に述べたように、ICT の活用によって、感想や意見はその場で共有できるようになった。一方で、そうした活動を行えば、それで「共有」の事項を指導したということにはならない点に気を付ける必要がある。

高学年では「文章を読んでまとめた意見や感想を共有し、自分の考えを広げること」(「読むこと」カ)とあるので、「自分の考えを広げること」につながるように意見や感想を共有させるにはどうすればよいか、そうした視点からの指導の工夫が欠かせない。

(2) 学びの土俵から思考の土俵へ

ICT は子供の学習意欲を高める側面がある。同時に、例えば、調べたことをプレゼンテーションソフトを使ってスライドにまとめる際に、字体やレイアウトのほうに気が向いてしまい、「元の資料をきちんと要約できているか」「使う図表は効果的か」など、国語科の学習として大切な思考がおろそかになりやすい、そうした一面もある。

ICT の活用で「学びの土俵」にのった子供たちが、国語科としての学習が深められる「思考の土俵」にのって、様々な言語活動に取り組めるような指導の工夫が必要である。

(3)「参照する力」を育てる

ICT を活用することで、クラス内で意見や感想、作品が瞬時に共有できるようになり、例えば、書き方に困っているときには、教師に助言を求めるだけでなく、友達の文章を見て書き方のコツを学ぶことも可能になった。

その際に大切なのは、どのように「参照するか」である。見ているだけは自分の文章に生かせないし、まねをするだけでは学習にならない。自分の周りにある情報をどのように取り込んで、自分の学習に生かすか。そうした力も意識して育てることで、子供自身が ICT 活用の幅を広げることにもつながっていく。

(4) 子供が選択できるように

ICT を活用した様々な学習活動を体験することで、子供たちの中に多様な学習方法が蓄積されていく。これまでのノートやワークシートを使った学習に加えて、新たな「学びの引き出し」が増えていくということである。その結果、それぞれの学習方法の特性を生かして、どのように学んでいくのかを子供たちが選択できるようになる。例えば、文章を書くときにも、原稿用紙に手で書く、ICT 端末を使ってキーボードで入力する、あるいは下書きは画面上の操作で推敲を繰り返し、最後は手書きで残すなど、いろいろな組み合わせが可能になった。

「今日は、こう使うよ」と教師から指示するだけでなく、「これまで ICT をどんなふうに使ってきた？」「今回の単元ではどう使っていくとよいだろうね？」など、子供たちにも方法を問いかけ、学び方を選択しながら活用していくことも大切になってくる。

〈第３学年及び第４学年　指導事項／言語活動一覧表〉

教科の目標

	言葉による見方・考え方を働かせ、言語活動を通して、国語で正確に理解し適切に表現する資質・能力を次のとおり育成することを目指す。
知識及び技能	(1)　日常生活に必要な国語について、その特質を理解し適切に使うことができるようにする。
思考力、判断力、表現力等	(2)　日常生活における人との関わりの中で伝え合う力を高め、思考力や想像力を養う。
学びに向かう力、人間性等	(3)　言葉がもつよさを認識するとともに、言語感覚を養い、国語の大切さを自覚し、国語を尊重してその能力の向上を図る態度を養う。

学年の目標

知識及び技能	(1)　日常生活に必要な国語の知識や技能を身に付けるとともに、我が国の言語文化に親しんだり理解したりすることができるようにする。
思考力、判断力、表現力等	(2)　筋道立てて考える力や豊かに感じたり想像したりする力を養い、日常生活における人との関わりの中で伝え合う力を高め、自分の思いや考えをまとめることができるようにする。
学びに向かう力、人間性等	(3)　言葉がもつよさに気付くとともに、幅広く読書をし、国語を大切にして、思いや考えを伝え合おうとする態度を養う。

〔知識及び技能〕

（１）言葉の特徴や使い方に関する事項

(1)　言葉の特徴や使い方に関する次の事項を身に付けることができるよう指導する。	
言葉の働き	ア　言葉には、考えたことや思ったことを表す働きがあることに気付くこと。
話し言葉と書き言葉	イ　相手を見て話したり聞いたりするとともに、言葉の抑揚や強弱、間の取り方などに注意して話すこと。 ウ　漢字と仮名を用いた表記、送り仮名の付け方、改行の仕方を理解して文や文章の中で使うとともに、句読点を適切に打つこと。また、第３学年においては、日常使われている簡単な単語について、ローマ字で表記されたものを読み、ローマ字で書くこと。
漢字	エ　第３学年及び第４学年の各学年においては、学年別漢字配当表*の当該学年までに配当されている漢字を読むこと。また、当該学年の前の学年までに配当されている漢字を書き、文や文章の中で使うとともに、当該学年に配当されている漢字を漸次書き、文や文章の中で使うこと。
語彙	オ　様子や行動、気持ちや性格を表す語句の量を増し、話や文章の中で使うとともに、言葉には性質や役割による語句のまとまりがあることを理解し、語彙を豊かにすること。
文や文章	カ　主語と述語との関係、修飾と被修飾との関係、指示する語句と接続する語句の役割、段落の役割について理解すること。
言葉遣い	キ　丁寧な言葉を使うとともに、敬体と常体との違いに注意しながら書くこと。
表現の技法	（第５学年及び第６学年に記載あり）
音読、朗読	ク　文章全体の構成や内容の大体を意識しながら音読すること。

*…学年別漢字配当表は、『小学校学習指導要領（平成29年告示）』（文部科学省）を参照のこと

（２）情報の扱い方に関する事項

(2)　話や文章に含まれている情報の扱い方に関する次の事項を身に付けることができるよう指導する。	
情報と情報との関係	ア　考えとそれを支える理由や事例、全体と中心など情報と情報との関係について理解すること。
情報の整理	イ　比較や分類の仕方、必要な語句などの書き留め方、引用の仕方や出典の示し方、辞書や事典の使い方を理解し使うこと。

（３）我が国の言語文化に関する事項

(3)　我が国の言語文化に関する次の事項を身に付けることができるよう指導する。	
伝統的な言語文化	ア　易しい文語調の短歌や俳句を音読したり暗唱したりするなどして、言葉の響きやリズムに親しむこと。 イ　長い間使われてきたことわざや慣用句、故事成語などの意味を知り、使うこと。
言葉の由来や変化	ウ　漢字が、へんやつくりなどから構成されていることについて理解すること。
書写	エ　書写に関する次の事項を理解し使うこと。 (ア)文字の組立て方を理解し、形を整えて書くこと。 (イ)漢字や仮名の大きさ、配列に注意して書くこと。 (ウ)毛筆を使用して点画の書き方への理解を深め、筆圧などに注意して書くこと。
読書	オ　幅広く読書に親しみ、読書が、必要な知識や情報を得ることに役立つことに気付くこと。

〔思考力、判断力、表現力等〕

A　話すこと・聞くこと

	(1)　話すこと・聞くことに関する次の事項を身に付けることができるよう指導する。

話すこと	話題の設定 情報の収集 内容の検討	ア　目的を意識して、日常生活の中から話題を決め、集めた材料を比較したり分類したりして、伝え合うために必要な事柄を選ぶこと。
	構成の検討 考えの形成	イ　相手に伝わるように、理由や事例などを挙げながら、話の中心が明確になるよう話の構成を考えること。
	表現 共有	ウ　話の中心や話す場面を意識して、言葉の抑揚や強弱、間の取り方などを工夫すること。
聞くこと	話題の設定 情報の収集	【再掲】ア　目的を意識して、日常生活の中から話題を決め、集めた材料を比較したり分類したりして、伝え合うために必要な事柄を選ぶこと。
	構造と内容の把握 精査・解釈 考えの形成 共有	エ　必要なことを記録したり質問したりしながら聞き、話し手が伝えたいことや自分が聞きたいことの中心を捉え、自分の考えをもつこと。
話し合うこと	話題の設定 情報の収集 内容の検討	【再掲】ア　目的を意識して、日常生活の中から話題を決め、集めた材料を比較したり分類したりして、伝え合うために必要な事柄を選ぶこと。
	話合いの進め方の検討 考えの形成 共有	オ　目的や進め方を確認し、司会などの役割を果たしながら話し合い、互いの意見の共通点や相違点に着目して、考えをまとめること。
(2)　(1)に示す事項については、例えば、次のような言語活動を通して指導するものとする。		
	言語活動例	ア　説明や報告など調べたことを話したり、それらを聞いたりする活動。 イ　質問するなどして情報を集めたり、それらを発表したりする活動。 ウ　互いの考えを伝えるなどして、グループや学級全体で話し合う活動。

B　書くこと

(1)　書くことに関する次の事項を身に付けることができるよう指導する。	
題材の設定 情報の収集 内容の検討	ア　相手や目的を意識して、経験したことや想像したことなどから書くことを選び、集めた材料を比較したり分類したりして、伝えたいことを明確にすること。
構成の検討	イ　書く内容の中心を明確にし、内容のまとまりで段落をつくったり、段落相互の関係に注意したりして、文章の構成を考えること。
考えの形成 記述	ウ　自分の考えとそれを支える理由や事例との関係を明確にして、書き表し方を工夫すること。
推敲	エ　間違いを正したり、相手や目的を意識した表現になっているかを確かめたりして、文や文章を整えること。
共有	オ　書こうとしたことが明確になっているかなど、文章に対する感想や意見を伝え合い、自分の文章のよいところを見付けること。
(2)　(1)に示す事項については、例えば、次のような言語活動を通して指導するものとする。	
言語活動例	ア　調べたことをまとめて報告するなど、事実やそれを基に考えたことを書く活動。 イ　行事の案内やお礼の文章を書くなど、伝えたいことを手紙に書く活動。 ウ　詩や物語をつくるなど、感じたことや想像したことを書く活動。

C　読むこと

(1)　読むことに関する次の事項を身に付けることができるよう指導する。	
構造と内容の把握	ア　段落相互の関係に着目しながら、考えとそれを支える理由や事例との関係などについて、叙述を基に捉えること。 イ　登場人物の行動や気持ちなどについて、叙述を基に捉えること。
精査・解釈	ウ　目的を意識して、中心となる語や文を見付けて要約すること。 エ　登場人物の気持ちの変化や性格、情景について、場面の移り変わりと結び付けて具体的に想像すること。
考えの形成	オ　文章を読んで理解したことに基づいて、感想や考えをもつこと。
共有	カ　文章を読んで感じたことや考えたことを共有し、一人一人の感じ方などに違いがあることに気付くこと。
(2)　(1)に示す事項については、例えば、次のような言語活動を通して指導するものとする。	
言語活動例	ア　記録や報告などの文章を読み、文章の一部を引用して、分かったことや考えたことを説明したり、意見を述べたりする活動。 イ　詩や物語などを読み、内容を説明したり、考えたことなどを伝え合ったりする活動。 ウ　学校図書館などを利用し、事典や図鑑などから情報を得て、分かったことなどをまとめて説明する活動。

第４学年の指導内容と身に付けたい国語力

1 第４学年の国語力の特色

小学校第４学年は、情緒面、認知面での発達が著しく変化する時期である。また、自我が芽生え始めて、他者と比較することで自分自身について認識できるようになってくる。このような時期にあって、国語力というものを〔知識及び技能〕と〔思考力、判断力、表現力等〕〔学びに向かう力、人間性等〕に分けて捉えるとするならば、それぞれ次のような特色があると考えることができる。

〔知識及び技能〕においては、言葉について抽象的なことを表す働きがあることに気付いていく。低学年までは目の前で見たことを言葉で認識していたが、中学年では頭で考えたことや思ったことを言葉にするという、言葉のもつ働きに関して知識や技能の発達を促していく必要がある。また、生活経験の広がりから、語彙が増加する傾向にあるが、正しく理解し適切に表現しようとする意識は高くない。学習場面において、意識付けていくことが必要である。

〔思考力、判断力、表現力等〕においては、個々にある対象の世界を広く認識するという思考や判断が求められるようになる。それは、自分と他者の比較という情緒面の発達にも共通するところはあるだろう。読むことに関連して言えば、物語なら場面と場面をつないで読む力であったり、説明文なら段落と段落の関係に注意して読む力であったりと、物事の関係性から物事を考えたり判断したりするということが必要になる。

〔学びに向かう力、人間性等〕においては、「言葉のもつよさに気付く」「幅広く読書」が、学習指導要領には示されている。国語科は、言葉を学ぶ教科でもあり、言葉で学ぶ教科でもある。言葉で学ぶという面から言えば、言葉のもつよさに気付くということであり、言葉で学ぶという面から言えば、読書に限らず幅広く言葉に触れる、親しむ、向き合うという授業や学習を展開していく必要がある。

2 第４学年の学習指導内容

〔知識及び技能〕

全学年に共通している目標は、

> 日常生活に必要な国語の知識や技能を身に付けるとともに、我が国の言語文化に親しんだり理解したりすることができるようにする。

である。さらに、学習内容については、次のように示されている。

(1) 言葉の特徴や使い方に関する事項

ア　言葉の働き…考えたことや思ったことを表す働き

イ　話し言葉…相手を見て話したり聞いたり、言葉の抑揚や強弱、間の取り方

ウ　書き言葉…漢字と仮名を用いた表記、送り仮名の付け方、改行の仕方、句読点の打ち方

エ　漢字の読みと書き…202字の音訓読み、文や文章での使用、都道府県に用いる漢字20字の配当（茨、媛、岡、潟、岐、熊、香、佐、埼、崎、滋、鹿、縄、井、沖、栃、奈、梨、阪、阜）

オ　語彙…様子や行動、気持ちや性格を表す語句

カ　文や文章…主語と述語の関係、修飾と被修飾との関係、指示する語句と接続する語句の関係、段落の役割

キ　言葉遣い…丁寧な言葉、敬体と常体の違い

ク　音読…文章全体の構成や内容の大体の意識

⑵　情報の扱い方に関する事項

ア　考えとそれを支える理由や事例、全体と中心などの情報と情報との関係

イ　比較や分類の仕方、メモ、引用や出典の示し方、辞書や事典の使い方

⑶　我が国の言語文化に関する事項

ア　易しい文語調の短歌や俳句の音読や暗唱を通した言葉の響きやリズムへの親しみ

イ　ことわざや慣用句、故事成語

ウ　漢字のへんやつくりなどの構成

エ　書写

オ　幅広い読書

これらの学習内容について、〔知識及び技能〕と〔思考力、判断力、表現力等〕を一体となって働かせるように指導を工夫する必要がある。

⑴に関しては、主に言葉の特徴や使い方に関わり、言葉を使って話すときや書くときに留意することから、漢字と仮名を用いた表記、送り仮名の付け方、改行の仕方、句読点の打ち方を理解することと、文や文章の中で適切に使えることについて指導することが大切である。したがって、話すことと書くことの学習指導と関連させて取り組むことが必要となる。語彙については、「様子や行動、気持ちや性格を表す語句の量を増」すことが重点となっている。文学的文章を読むときや物語文を書くとき、詩を読んだり創作したりするときに意識的に学習に取り入れていくことが求められる。「言葉による見方・考え方を働かせ」るということが教科目標の冒頭部分にあることからも、国語科では、言葉を通じて理解したり表現したりしていることの自覚を高められるような学習内容にしていきたい。

⑵に関しては、情報化社会に対応できる能力を育む項目として、注目されるところでもある。情報を取り出したり、情報同士の関係を分かりやすくして、情報を自分の考えの形成に生かすことができるようにしたい。そのために、第４学年では、情報と情報との関係を理解するために、「話すこと・聞くこと」「書くこと」「読むこと」を通して、なぜそのような考えをもつのか理由を説明したり、考えをもつようになった具体的な事例を挙げたりすることや、中心を捉えることで全体をより明確にすることを指導する。情報の整理ができるようにするために、複数の情報を比べることが比較であることや複数の情報を共通点などで分けることが分類であることを指導し、学習用語としても活用できるようにしたい。また、自分の考えを形成するためには、自分の知識以上のことが必要となる。そのためには、ある情報を引用する。自分の考えが正しい情報を基にしているかどうかや情報の新しさについて、情報の送り手として伝える必要があるため、出典の示し方も大切な指導事項である。辞典や事典を使って調べる活動、調べたことを発表する活動と合わせて指導していきたい。

⑶に関しては、伝統的な言語文化、言葉の由来や変化、書写、読書という構成になっている。伝統的な言語文化については、文語調の独特な調子や短歌や俳句の定型的なリズム、美しい言葉の響きを知ることで、我が国の言葉が語り継がれてきた伝統や歴史があることを考えたり、または、音読して声に出すことでそれらのよさを実感したりすることが大切である。ことわざや慣用句、故事成語などの言葉を知ることは、言葉の働きや語彙と関連して、日常生活でも使うことの楽しさを味わわせたい。言葉の由来や変化については、漢字の学習を関連して指導することで、漢字の意味や言葉への興味や関心を高めることができる。第４学年の子供は、読書する本や文章も、個人差が生じてくる。友達同士の本の紹介などを通して、幅広く読書することや読書によって様々な知識や情報が得られることに気付かせていきたい。

〔思考力、判断力、表現力等〕

第３学年及び第４学年の目標は、

筋道立てて考える力や豊かに感じたり想像したりする力を養い、日常生活における人との関わりの中で伝え合う力を高め、自分の思いや考えをまとめることができるようにする。

である。したがって、「話すこと・聞くこと」「書くこと」「読むこと」において、筋道を立てて考える力を育成すること、その考えや思いをまとめることを重点的に指導していくことになる。そして、これらの指導事項は、言語活動を通して指導していくことになる。

① A 話すこと・聞くこと

第４学年では、話の中心が明確になるように話したり聞いたりすることが重要である。その上で、自分の考えや思いをもてるようにする。そのためには、〔知識及び技能〕と関連を図り、自分がそう考えた理由であったり、具体的な事例であったりを挙げること、相手意識や目的意識を子供が明確にもてるように言語活動を工夫することが必要となる。したがって、話すことでは、取材や構成の段階で、相手に分かりやすいように筋道を立てて話すように必要な事柄を集めたり選んだりすることや、話の構成を考えることが大切である。聞くことでは、目的に応じて必要なことを記録したり質問したりして聞く姿勢が求められる。このような話し手や聞き手の姿は、話し合うことでも司会などの役割を担う上で必要となる。さらに司会や議長などの役割も大切だが、話合いの参加者という意識をもつことも大切であり、グループや学級全体の問題解決に向けて主体的に話し合う姿を期待する。

② B 書くこと

「話すこと・聞くこと」と同様に、「書くこと」においても、書くことについての情報収集や情報の整理、相手や目的を意識しながら課題に取り組むことが重要である。第４学年では、特に、書きたいことの中心に気を付けながら文章全体の構成に意識を向けられるように指導したい。そのためには、段落意識をもてるようにすることが大切である。例えば、一文ごとに改行してしまうような文章を書く子供は、内容のまとまりを考えられていない。その場合は、一文と一文のつながりの関係を明確にする指導が必要である。それが、内容のまとまりである。いくつかの文が集まって内容としてまとまりをもつということを読むことと関連して指導しなければならない。段落意識をもててはじめて、段落相互の関係に気を付けて構成を考えるということができる。文と文のつながり、内容のまとまりとしての段落、段落相互の関係が理解できることは、第３・４学年の目標にある「筋道を立てて考える力」を養う上で重要な学習過程である。また、自分や友達の文章を読み合い、自分が書こうとしたことや友達が書きたかったことが明確に伝わる文章であるかについて感想や意見を伝え合えるようにして、自分や友達の文章のよさや自己評価を適切にする力も付けていきたい。

③ C 読むこと

「読むこと」は、説明的な文章と文学的な文章とで、構造と内容の把握、精査・解釈がはっきりと分かれて示された。そして、「話すこと・聞くこと」「書くこと」と同じように、読んで自分の感想や考えをもつということが考えの形成に示されている。これらの学習過程に順序性はないが、自分の考えをもつには、筆者の考えとそれを支える理由や事例との関係を読み取ったり、登場人物の行動や気持ちを具体的に想像したりすることが必要である。そして、自分の考えをグループや学級全体で共有することによって、一人一人の感じ方などに違いがあるということに気付くことを促していく。第４学年の特色としても挙げたが、他者を意識するようになる発達段階であり、自分の考えをもつことの大切さを認識するとともに、他者の考えから学ぶという姿勢も、高学年において目標となる自分の考えを広げるということに向かう上で重要となる。

3 第４学年における国語科の学習指導の工夫

第４学年は、中学年から高学年へ成長する過渡期である。「十歳の壁」という言葉で知られているように、子供の内面が大きく変わる時期と言われている。学習においても、今までより幅広く深く考える姿が見られるようになってくる。このような時期に、どのような言葉の学びができるか、どのような学習環境にいるかは、子供たちの今後の成長に大きく関わってくる。第３学年までの学習を振り返りつつ、高学年へとつながる国語の授業を考える必要がある。

①話すこと・聞くことにおける授業の工夫について

【メモを基に話すこと・メモを取りながら聞くこと】スピーチをする場面を想定したとき、原稿を書いて読み上げる活動が考えられる。第４学年では、ただ原稿を読むだけでなく、メモを基にして話せるようにしたい。まず、メモを書く段階では、自分が言いたいことをはっきりさせて、必要なことだけを書く必要がある。話すときには、メモを見ながら話を膨らませていく。

聞く立場では、メモを取りながら聞く力を養っていきたい。メモを取るためには、話し手の言いたいことの中心を注意深く聞き取る必要がある。継続的に取り組むことで、話し手の意図を捉えることができるようになってくる。

【相手意識をもって話すこと・聞くこと】スピーチでも授業中の発言においても、相手意識をもって話すことが、高学年へとつながる言葉の力となる。話し手は聞き手の反応を見ながら、提示物を示したり間を取ったりする。聞き手は、話し手の方を見て聞き、うなずきや同意のつぶやき等のリアクションを示すことが考えられる。

相手意識をもつためには、人前で話す経験を重ねることが必要である。なかなか聞き手を意識して話すことができない子供には、まずは少人数で話すことで場慣れしていくための環境を設定していくことも考慮できるとよい。

【理由や事例を挙げながら話す】自分の考えをただ話すだけでなく、なぜそのように考えるのか、その理由を話すことで話に説得力が出てくる。学校生活の改善についてスピーチする場合は、日常生活から理由を考えることができるし、登場人物の心情を考えるときには、叙述から考えの理由を探し出すことができる。

具体的な事例を挙げながら話すことも重要である。「私はこのクラスをもっとよくするための活動をしたいと思います。例えば…」といったように、事例を示すことは話し手を引き付けるためにも有効である。

②書くことにおける授業の工夫について

【段落相互の関係に注意して、文章全体を構成する】段落を意識して書かれた文章は読みやすく、また書き手の言いたいことも伝わりやすい。話のまとまりごとに段落を区切っていくことは、第４学年の書く活動において、改めて指導することが大切である。１つの段落があまりに長くなっていないか、また、不自然に段落が変わっていないか、子供が自分で見直すことが、高学年での推敲にもつながっていく。

【事実と考えの違いを明確にする】事実は書かれているが、書き手の考えが見当たらないということにならないよう、事実と考えの違いをはっきりさせて書けるようにしたい。集めた題材から書きたいことを選び、自分がその題材に対してどのように考えているのかを文字として表す。そのことによって、自分の考えを見直すこともできる。
　また、自分の考えばかりにならないように、事実と考えのバランスも取れるように子供が考えられるようにもしたい。

【互いに書いた文章を読み、感想を伝え合う】書いた文章はそのままにせず、子供同士で読み合える活動を設定する。読んだら感想を伝え合う。子供にとって、自分が表現したことに対する感想を言ってもらうことはうれしいものである。学級の実態に応じて「よかったこと・アドバイス・自分の考えと比べてみて」と、感想を伝え合うときの観点を示すことも必要である。
　感想の伝え方は、口頭でもよいし、ワークシートや付箋を使うなど、様々な方法がある。

③読むことにおける授業の工夫について

【音読の工夫】第４学年における音読では、文章全体の内容を把握することや登場人物の心情を想像しながら読めるようにする。そのためには、単元の冒頭で音読することに加え、毎時間読むことや読解の後に音読していくことも考えられる。
　登場人物の心情や情景を想像しながら音読を工夫することで、高学年での朗読にもつながるようにしていきたい。

【叙述を基に読む】物語文で登場人物の心情を考えるときには、叙述を基にすることを重視する。「ごんは兵十に気付いてほしかったんだと思う。本文の〇ページにこう書いてあるから･･･」というように、なぜそのように考えられるか、根拠を明確にして読む力を育んでいく。
　説明文においても、筆者の考えに対しての考えを述べるときには、本文のどこから考えられるのかをはっきりと言えるようにしていく。

【文章を読んだ感想や意見を共有する】読むことにおける感想や意見を共有する。共有することで、互いの考えの同じところや違うところに気付くことができる。「あの友達が自分と同じことを考えていたとは意外だった」「みんな同じようなことを考えていると思ったけど、違う考えもあるのだな」「その考えは全然思いつかなかった」など、共有することで自分の考えが広がったり深まったりすることの経験は、今後の学びへとつながっていく。

④語彙指導や読書指導などにおける授業の工夫について

【他教科・日常生活にも生かせる語彙を学ぶ】様子や行動、気持ちを表す言葉を国語の授業の中で考える時間を設ける。子供からはたくさんの言葉が出てくる。それらを国語の授業だけに閉じず、他教科や日常生活にも生かすことを意識させたい。「気持ちを表す言葉」を多く知っていれば、友達同士でトラブルが発生したときに生かせる。また、様子を表す言葉を知っていれば理科で植物の観察をしたときの表現の幅が広がる。このように、学びの根底を支えられるような国語の授業も教師が意図的に行っていくことが重要である。

【様々な種類の本を読むこと】第４学年になると、好きな本のジャンルが決まっている子供もいる。物語・図鑑・伝記など、本には様々な種類があり、必要に応じて本を選ぶことも第４学年の国語でできるようにしたい。そのために、本の紹介やビブリオバトルなどの活動を取り入れ、本のおもしろさを子供が実感できるような工夫をする。図書室に行って、自分がふだん読まないような本を手に取ってみる時間を設定することも有効である。

2

第 4 学年の授業展開

言葉のじゅんび運動

力を合わせてばらばらに（1時間扱い）

単元の目標

知識及び技能	・様子や行動、気持ちや性格を表す語句の量を増し、話や文章の中で使うとともに、言葉には性質や役割による語句のまとまりがあることを理解し、語彙を豊かにすることができる。((1)オ)
思考力、判断力、表現力等	・必要なことを記録したり質問したりしながら聞き、話し手が伝えたいことや自分が聞きたいことの中心を捉え、自分の考えをもつことができる。(A エ)
学びに向かう力、人間性等	・言葉がもつよさに気付くとともに、幅広く読書をし、国語を大切にして、思いや考えを伝え合おうとする。

評価規準

知識・技能	❶様子や行動、気持ちや性格を表す語句の量を増し、話や文章の中で使うとともに、言葉には性質や役割による語句のまとまりがあることを理解し、語彙を豊かにしている。(〔知識及び技能〕(1)オ)
思考・判断・表現	❷「話すこと・聞くこと」において、必要なことを記録したり質問したりしながら聞き、話し手が伝えたいことや自分が聞きたいことの中心を捉え、自分の考えをもっている。(〔思考力、判断力、表現力等〕A エ)
主体的に学習に取り組む態度	❸言葉を通じて積極的に人に関わったり、学習の見通しをもって思いや考えをもったりしながら、言葉をよりよく使おうとしている。

単元の流れ

時	主な学習活動	評価
1	学習の見通しをもつ 「力を合わせてばらばらな言葉を見つけるゲーム」を行うために、全員で「あ」から始まる甘い食べ物を考えて伝え合う。 「力を合わせてばらばらな言葉を見つけるゲーム」を行うために、ゲームの仕方を確かめる。 グループで「力を合わせてばらばらな言葉を見つけるゲーム」を行う。 グループで「力を合わせてばらばらな言葉を見つけるゲーム」のお題を1つずつ考える。 各グループで考えたお題をもとに、「力を合わせてばらばらな言葉を見つけるゲーム」を行う。 学習を振り返る 言葉について気付いたことを振り返る。	❶ ❷ ❸

授業づくりのポイント

〈単元で育てたい資質・能力〉

本単元で育てたい資質・能力は、主に2点ある。1点目は、語彙力である。具体的には、同じ種類のものを表す言葉について複数集める力である。2点目は、自分が思い付いた言葉の特徴を相手に分かりやすく話したり、相手の説明を聞いて理解したりする力である。

1点目について、語彙を増すためには、1つの事柄について言い換えることができたり、1つの言葉から連想して広げることができたりすることが必要である。本単元では、教科書には「あ」の付く甘い食べ物を連想するということが取り上げられている。「アイス」「あんこ」「あめ」が例示されている。これらは一般的であるため容易に連想できる。他には、「あんず」や「杏仁豆腐」などが「あ」の付く甘い食べ物として加えてもよいと思うが、これらは、食生活の経験によっては、4年生では出てこない可能性もある。ただ、言われれば納得する程度の知識は4年生でももっていると考えられる。そういう潜在的なものや言葉への認識を自覚的な認識へと向かわせることもできる。

2点目については、伝え合う力と言える。4年生という実態を考えると、1つの事柄について複数の言葉で言い換えたり、1つの言葉から連想を広げたりすることは、簡単なことではない。したがって、グループ全員が同じものを考えているという場合も想定できる。教科書 p.15では、同じことを考えていることに気付いた子供が自分の考えを変えようとしている。いつも同じ人間がこの役割を担うことがないように、答えそのものを述べることはルール違反になるが、「同じことを考えているね」ということを確認する。その上で、別のものをみんなでヒントを出し合いながら考え出すということをルールに加えて行うことで伝え合う力は身に付いていくだろう。

〈教材・題材の特徴〉

本教材の特徴は、「言葉のじゅんび運動」とあるように、言葉への関心をもたせることや自分の伝えたいことを簡潔に述べたり相手の伝えたいことの中心を聞いたりすることである。また、ゲーム性をもたせることで、楽しい雰囲気の中で、言葉について普段の生活の中では振り返ることがないような体系的な学びができたり、友達と言葉に関しての話合いができたりする。

〈言語活動の工夫〉

主な言語活動としては、お題に対してグループのメンバーと同じ言葉を提示しないことである。そのためには、お題に対して複数の異なる言葉を集めることである。また、互いの思い付いた言葉を提示する前に、その言葉のヒントとなる特徴を伝え合うことである。

〈単元で育てたい資質・能力〉でも取り上げたが、主に2つの資質・能力を育てることが、この言語活動にはある。語彙力と伝え合う力である。ゲーム性が高いのは語彙力だが、こちらに傾注すると伝え合う力が育まれない。1人では言葉を考えられない子供もグループの中にはいるだろう。そのような子供をグループの他のメンバーで助けることができるように、別の言葉についてヒントを伝え合うということもルールに加えることで、言葉に対する活発な交流を促すことになると考える。

〈ICT の効果的な活用〉

共有：思い付いた言葉を紙に書いて伝え合うこともよいが、お題に対してどのような言葉があるのか、学級でも共有したい。その際には、共有機能のある学習支援ツールを活用して、全員がどのような言葉を考えたのかを知ることができる。また、お題に対してどのような言葉があるのかということを共有することで、言葉を体系的に学習することになり、普段の生活での使用語彙が増えることにつながる。

本時案

力を合わせてばらばらに

1/1

本時の目標

・1つのテーマについて、複数の語句を見つけ、グループで同じ語句にならないように、互いの見つけた語句の特徴を伝え合うことができる。

本時の主な評価

❶言葉には性質や役割による語句のまとまりがあることを理解して、語彙を豊かにしている。【知・技】

・必要なことを記録したり質問したりしながら聞き、話し手が伝えたいことや自分が聞きたいことの中心を捉えている。

資料等の準備

・ワークシート 01-01、01-02

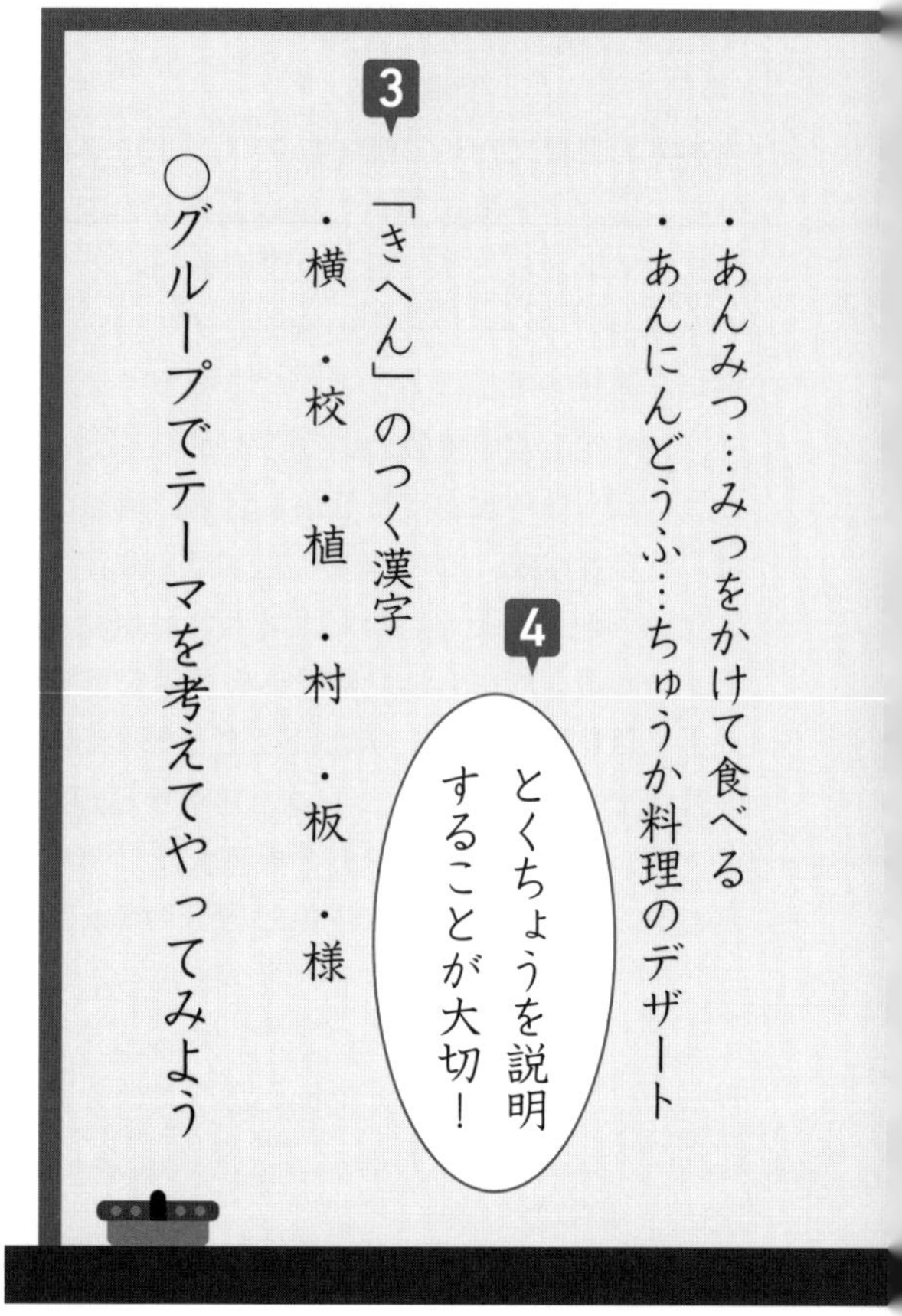

・あんみつ…みつをかけて食べる
・あんにんどうふ…ちゅうか料理のデザート
4
とくちょうを説明することが大切！
3
「きへん」のつく漢字
・横 ・校 ・植 ・村 ・板 ・様
○グループでテーマを考えてやってみよう

授業の流れ ▷▷▷

1 言葉のじゅんび運動としての活動を知る 〈10分〉

T 今日は、みんなで「力を合わせてばらばらに」という活動を行いましょう。

・「力を合わせてばらばらに」ってどういうことだろう。

・力を合わせるのにばらばらなことをするって反対の意味のような気がする。

T 力を合わせるけど、ばらばらなことをするって意味としてはおかしいですよね。どういう活動かというのを教科書 p.14を参考にしてみましょう。

○教科書 p.14を読んで、活動について知り、めあてをもつ。

ICT 端末の活用ポイント

デジタル教科書がある場合、デジタル教科書を用いて、一人一人が黙読して確認してもよい。

2 ゲームに取り組む 〈10分〉

○みんなで「あ」から始まる、甘い食べ物について発表する。

T それでは、練習として教科書 p.15にあるように、「あ」から始まる、甘い食べ物と言えば何かを考えてみましょう。

○「あんこ」「アイス」「あめ」以外を考える。

T 考えたものとそのものの特徴をノートに書いておきましょう。

・「あんみつ」：みつをかけて食べる。

T グループで、自分が考えたものの特徴（ヒントになること）を伝え合ってみましょう。

ICT 端末の活用ポイント

グループで自分が考えたものを発表し合った後に、全員で共有するために、各自の端末に入力すると、グループ以外の考えにも触れられる。

力を合わせてばらばらに

1 言葉のじゅんび運動で、力を合わせてばらばらな言葉を見つけるゲームをしよう

○ゲームについて（教科書14ページ）

①あるテーマに関係する言葉を思いうかべる
（連《れん》想する）

②グループの他の人と同じ言葉にならないように、とくちょうをつたえ合う

③この言葉でいいかをよく考えて発表し合う

めあて

みんなで、あるテーマから連想する言葉について、ばらばらになるようにとくちょうをつたえ合おう。

2 ○やってみよう

「あ」から始まるあまい食べ物

・あんこ
・アイス
・あめ

→ 教科書の言葉以外のものを考えよう

3 様々な工夫をしてゲームに取り組む 〈20分〉

○教科書 p.15のテーマにある「きへんのつく漢字」や「気持ちを表す言葉」に取り組んだ後、各グループでテーマを考える。

T　テーマを変えてやってみてどうでしたか。

・同じテーマなのに、みんなが協力して違う言葉を考えておもしろいです。

T　もう少しゲームを続けてみたいですか。

・続けたいです。

T　それでは、自分たちでテーマを考えて取り組んでみましょうか。

○１グループ１つ考えて、発表する。考えられない場合でも、他のグループの考えたものでゲームを行うことができるようにする。

○グループの人数を増やすなど工夫をする。

4 言葉について気付いたことを振り返る 〈５分〉

T　今日は、「力を合わせてばらばらな言葉を見つけるゲーム」をしました。どのような言葉への気付きがありましたか。

・１つのテーマに、いくつもの言葉があって、グループで力を合わせて同じ言葉にならないようにするのが難しかったです。

・難しかったけど、みんなでヒントを出し合って、同じ言葉にならなかったので、上手に説明できたのかなと思います。

・他のグループの考えも見て、１つのテーマにこんなに言葉があるんだと思いました。

ICT 端末の活用ポイント

言葉への気付きを振り返る際、単に ICT 端末に入力・共有して終わるのではなく、「言葉への気付きファイル」などを作っておくとよい。

1 第１時資料「言葉のじゅんび運動コース」 01-01

力を合わせてばらばらに

☆言葉のじゅんび運動コース（漢字と関連）

○漢字１字で２文字の意味のある言葉になる漢字（３年生までに習う漢字から）

▼羽、雨、運、雲、駅、円、王、横、音、花、海、貝、角、岸、岩、顔、球、牛、橋、玉、金、家、歌、森、池、空、兄、犬、口、谷、国、皿、山、市、寺、耳、首、春、夏、秋、冬、酒、色、人、水、数、西、星、石、赤、雪、川、船、前、草、足、息、村、他、竹、虫、昼、町、鳥、朝、庭、笛、鉄、点、土、豆、島、道、肉、年、馬、白、麦、箱、皮、鼻、筆、品、父、母、米、物、本、風、服、文、味、面、門、夜、里、弓、友など

※他にもあるかもしれないが、これだけ多くあるので、テーマを決めてもよい。

例▼体に関係する漢字…顔、口、耳、皮、鼻、首、足など
自然に関係する漢字…雨、雲、海、花、草、空、山、谷、森、竹、雪、川など
食べ物に関係する漢字…貝、酒、麦、肉、豆、米など
生き物に関する漢字…犬、牛、馬、鳥、虫、人など

○漢字１字で３文字の意味のある言葉になる漢字（３年生までに習う漢字から）

▼魚、係、光、港、車、昔、体、男、女、柱、都、東、頭、南、畑、氷、病、薬、油、羊など

メモ

力を合わせてばらばらに

☆チャレンジコース（カンジー博士や社会科と関連）

◯都道府県

・「山」がつく都道府県

▶山形県、山梨県、富山県、和歌山県、岡山県、山口県

・「島」がつく都道府県

▶福島県、島根県、広島県、徳島県、鹿児島県

・海がない都道府県

▶群馬県、栃木県、埼玉県、長野県、山梨県、岐阜県、滋賀県、奈良県

メモ

詩を楽しもう

春のうた　1時間扱い

単元の目標

知識及び技能	・文章全体の構成や内容の大体を意識しながら音読することができる。((1)ク)
思考力、判断力、表現力等	・登場人物の気持ちの変化や性格、情景について、場面の移り変わりと結び付けて具体的に想像することができる。(C エ)
学びに向かう力、人間性等	・言葉がもつよさに気付くとともに、幅広く読書をし、国語を大切にして、思いや考えを伝え合おうとする。

評価規準

知識・技能	❶文章全体の構成や内容の大体を意識しながら音読している。(〔知識及び技能〕(1)ク)
思考・判断・表現	❷「読むこと」において、登場人物の気持ちの変化や性格、情景について、場面の移り変わりと結び付けて具体的に想像している。(〔思考力、判断力、表現力等〕C エ)
主体的に学習に取り組む態度	❸進んで、かえるの気持ちや場面の様子と結び付けて具体的に想像し、学習課題に沿って、音読している。

単元の流れ

時	主な学習活動	評価
1	学習の見通しをもつ 教科書 p.16にある「かえるは冬のあいだは土の中にいて春になると地上に出てきます」の文から、地上に出たかえるの最初の言葉を想像する。 『春のうた』の詩を音読する。	
	どの言葉からかえるのどのような気持ちが想像できるかを発表し合う。	❷
	かえるの気持ちを想像しながら、『春のうた』を音読する。	❶
	「いぬのふぐり」や「おおきなくも」の他にどんなものが見えたり、どんなことを感じたりしたのかを想像して、想像したことを詩に取り入れて音読する。	❸
	学習を振り返る 録画して、自分たちの音読がどのように聞こえるかを確かめる。	

授業づくりのポイント

〈単元で育てたい資質・能力〉

本単元で育てたい資質・能力は、登場人物であるかえるになりきって、地上から出た春の様子を想像する力である。また、想像したことを音読で表現する力を育てたいと考える。

そのために、導入でかえるが冬の間に土の中にいるときの気持ちと春になって地上に出たときの気持ちを比べて、地上に出たかえるの最初の言葉を想像する。また、『春のうた』の詩の中で、かえるの気持ちを想像できる言葉に着目させることで、かえるになりきって音読する活動に向かわせたい。

さらに、かえるが地上に出て見えたものや感じたことを想像することで、情景について想像したことを言語化し、詩の世界に自分自身も入り込み、かえるの視点に寄り添えるようにしたい。

〈教材・題材の特徴〉

本教材は、かえるが冬の間、暗い土の中にいたこととは対照的に、春の明るさやかえるの気持ちの晴れやかさが表現されている。そのような表現について、かえるの気持ちを想像することで気付かせていきたい。春の明るさは、「ほっ　まぶしいな」、かえるの気持ちの晴れやかさは、「ほっ　うれしいな」に表れている。また、「みずは　つるつる」「かぜは　そよそよ」からは、かえるが気持ちよさそうに春を感じていることが伝わってくる。

本教材の中で、特別な表現としては４回繰り返して出てくる「ケルルン　クック」がある。音読する際にも、この部分をどのように表現するかということは大切である。１つめと２つめの「ケルルンクック」の間に、「ああいいにおいだ」とあるように、「ケルルン　クック」という鳴き声は喜びを表すものだということを理解させたい。詩の構成として、最後に２回繰り返して鳴いていることについて、１回ずつとの違いに着目させて、かえるの気持ちを想像させたいところである。

〈言語活動の工夫〉

主な言語活動としては、かえるになりきって音読することである。〈教材・題材の特徴〉で挙げたように、「ケルルン　クック」の読み方には、かえるの喜びを表現してほしい。そのために、それぞれの「ケルルン　クック」の違いを考えること、多くの子供に「ケルルン　クック」の部分を音読してもらい、どのように音読するとよいかを共有していくことが考えられる。

また、〈単元で育てたい資質・能力〉で述べたように、地上に出てきたかえるが目にしたり感じたりしたことを想像することによって、詩の世界に入っていくということもかえるになりきって音読することにつながる言語活動である。

〈ICT の効果的な活用〉

記録：グループになって音読したものを、ICT 端末に録音もしくは録画をしておき、今後の詩の学習で音読をするときに視聴して、音読の仕方を確かめたりよりよい方法を検討したりすることに活用することが考えられる。

共有：デジタル教科書のマイ黒板機能や他の学習支援ツールを使って、「いぬのふぐり」や「おおきなくも」以外に見えたり感じたりしたものについて、想像したことを共有することに活用することが考えられる。

本時案

春のうた

1/1

本時の目標

・かえるの気持ちの変化や情景について、具体的に想像して音読することができる。

本時の主な評価

❶詩全体の構成や内容の大体を意識しながら音読している。【知・技】
・かえるの気持ちの変化や情景について、詩の内容を具体的に想像しながら読み取っている。

資料等の準備

・ワークシート 02-01

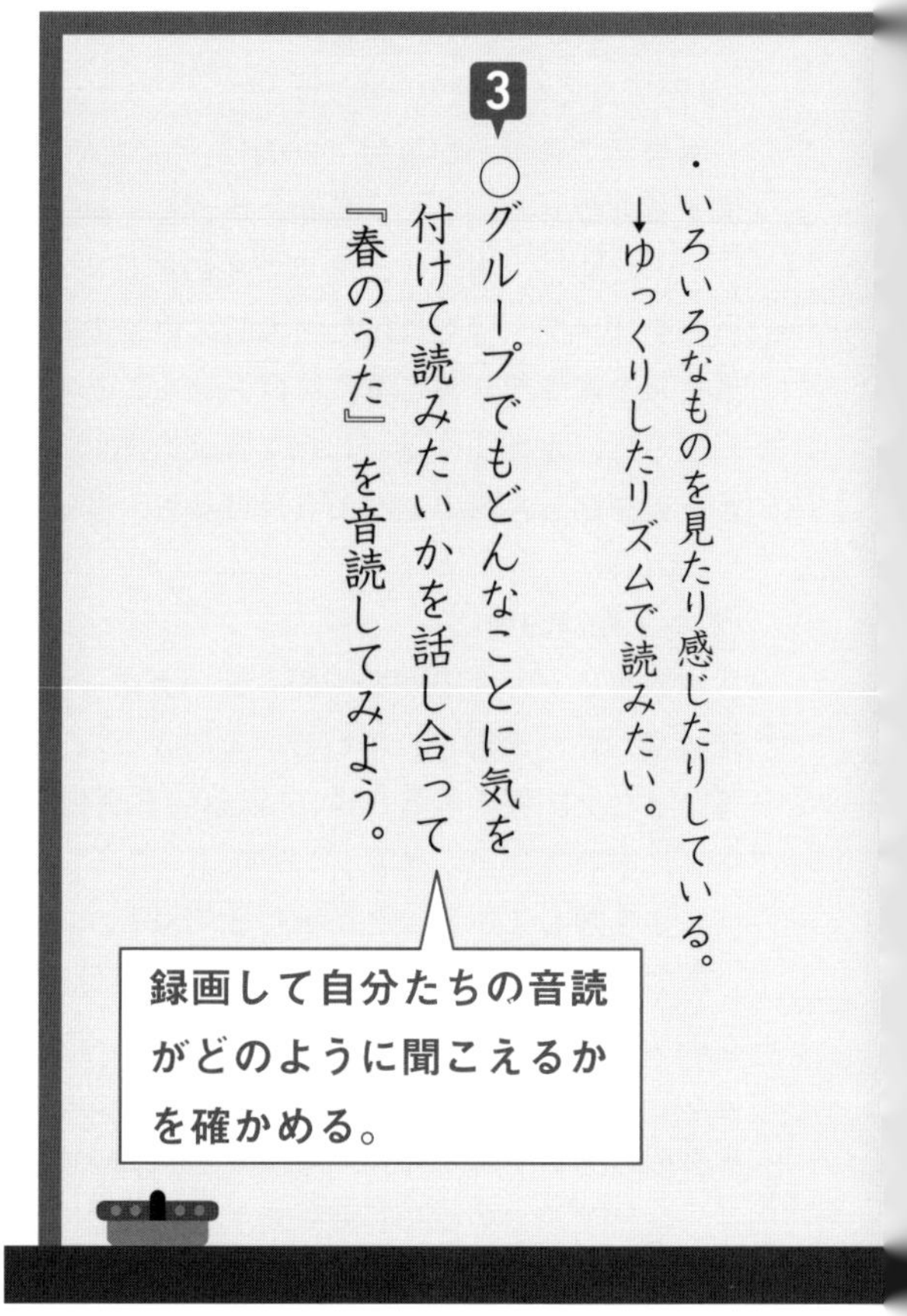

・いろいろなものを見たり感じたりしている。
→ゆっくりしたリズムで読みたい。
3
○グループでもどんなことに気を付けて読みたいかを話し合って
『春のうた』を音読してみよう。
録画して自分たちの音読がどのように聞こえるかを確かめる。

授業の流れ ▷▷▷

1 地上に出たかえるの最初の言葉を想像する 〈10分〉

○教科書 p.16にある『春のうた』のリード文を読み、地上に出たかえるの最初の言葉を想像して発表する。
T　かえるは冬の間、土の中でどんな気持ちで春を待っているのでしょうね。
・早く、春にならないかな。
・土の中は暗いよ。早く外に出たいな。
T　土の中にいるかえるの気持ちが想像できましたね。春になりました。かえるは地上に出て最初にどんな言葉を発するでしょう。
・やったぁ！　春だ春だ！
・太陽がまぶしいなぁ！

ICT 端末の活用ポイント

学習支援ツールを活用して、それぞれの端末からかえるの最初の言葉を集約して、共有する。

2 学習の見通しをもって、『春のうた』を音読する 〈10分〉

○『春のうた』を音読して、感想を伝え合う。
T　さあ、かえるの気持ちや場面の様子を読んでどう思いましたか。
・僕たちと同じように、この詩のかえるも春になって喜んでいるのが分かります。
T　どんなところから分かりますか。
・「ほっ　うれしいな」と言っています。
・「ケルルン　クック」というのが喜びの鳴き声みたいな感じがします。
T　それでは、かえるの気持ちを想像しながら音読しましょう。

ICT 端末の活用ポイント

「いぬのふぐり」を知らない子供もいると思われる。インターネットで検索して調べてもよい。そうすることで、かえるからの見え方が分かる。

春のうた

1

かえるは冬のあいだは土の中にいて春になると地上に出てきます。

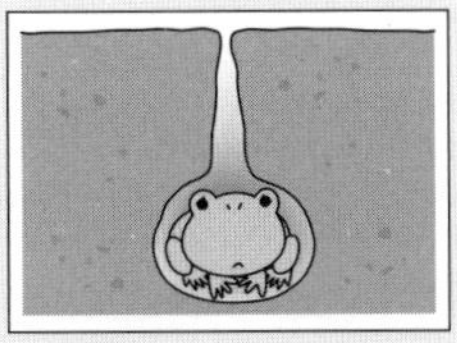

○土の中のかえるの気持ち
・早く春にならないかな。
・土の中は暗いなぁ。
・早く外に出たいな。

○地上に出たかえるの気持ち
・やったぁ。春だ春だ！
・太陽がまぶしいなぁ！

めあて

2

かえるの気持ちや場面の様子をそうぞうして『春のうた』を音読しよう。

○『春のうた』を読んで
・「ほっ　まぶしいな」「ほっ　うれしいな」→うれしそう
・ケルルン　クック（四回もある）→よろこびの鳴き声？

3 グループで、学級全体で、『春のうた』を音読する　〈25分〉

T　グループで音読します。かえるの気持ちや場面の様子を想像して、どの部分をどのように読むか話し合ってから始めましょう。
・「ケルルン　クック」が４回も出ているね。
・最後には２回連続で言っているから、１回のときよりもうれしそうに読もうか。
・「ほっ」っていうのは、どんな感じかな。
・何か驚いているんじゃないかな。「あっ、いぬのふぐりがある！」みたいな。
T　皆さん、よく話合いができていますね。音読しながら考えてもいいですよ。

ICT 端末の活用ポイント

グループの音読の様子を ICT 端末を利用して録画して記録しておく。全体で共有する時間がない場合、事後確認するなどできる。

よりよい授業へのステップアップ

他にも見えたり感じたりしたことを想像して詩に取り入れる

本教材は、春に学習するため、子供自身も春を感じているはずである。１時間扱いのため、春探しなどはこの時間ではできないが、普段の生活や他教科で見たり感じたりしている「春」を発表し合って、「ほっ」の後に続く表現を考える。「ほっ　てんとうむしがとんでいる」「ほっ　さくらの花びらがまっている」など、グループで２つくらい想像したものを取り入れて、即席音読発表会をしても楽しく『春のうた』を音読することができる。

資　料

1 ワークシート 02-01

春のうた

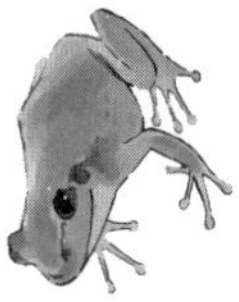

年　　組　　名前（　　　　　　　　　　　　）

「詩の一行目、二行目は…」→ 地上に出たかえるのひと言

はっ［　　　　　　　　　］

「詩の三行目、四行目は…」→ 地上に出たかえるが感じたこと

［　　　　は　　　　］

ケルルン　クック

（略）

ケルルン　クック

「詩の八行目、九行目は…」→ 地上に出たかえるが見たこと

はっ［　　　　　　　　　］

ケルルン　クック。

ケルルン　クック。

○みんなが考えたことを詩の中に入れたり言いかえたりして音読してみよう。

○かえるの鳴き声についても「ケルルン　クック」の他にどんな鳴き声がそうぞうできるか考えてみよう。

2 子供の記入例 02-02

春のうた

年　　組　　名前（　　　　　　　　）

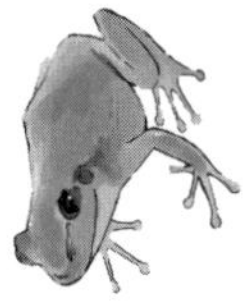

「詩の一行目、二行目は…」

地上に出たかえるのひと言

ほっ　あたたかいな。

「詩の三行目、四行目は…」

ケルルン　クック

（略）

ケルルン　クック

地上に出たかえるが感じたこと

くもは　　ふわふわ

「詩の八行目、九行目は…」

ケルルン　クック。

ケルルン　クック。

地上に出たかえるが見たこと

ほっ　さくらの花びらが
まっている。

○みんなが考えたことを詩の中に入れたり言いかえたりして音読してみよう。

○かえるの鳴き声についても「ケルルン　クック」の他にどんな鳴き声がそうぞうできるか考えてみよう。

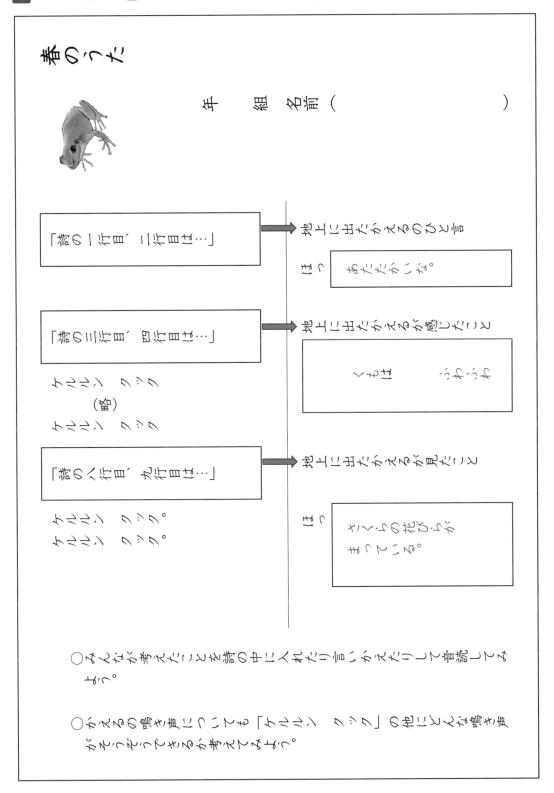

楽しく書こう

なりきって書こう　（1時間扱い）

単元の目標

知識及び技能	・修飾と被修飾との関係について理解することができる。((1)カ)
思考力、判断力、表現力等	・書こうとしたことが明確になっているかなど、文章に対する感想や意見を伝え合い、自分の文章のよいところを見つけることができる。(Bオ)
学びに向かう力、人間性等	・言葉がもつよさを感じるとともに、楽しんで読書をし、国語を大切にして、思いや考えを伝え合おうとする。

評価規準

知識・技能	❶修飾と被修飾との関係について理解している。(〔知識及び技能〕(1)カ)
思考・判断・表現	❷「書くこと」において、書こうとしたことが明確になっているかなど、文章に対する感想や意見を伝え合い、自分の文章のよいところを見つけている。(〔思考力、判断力、表現力等〕Bオ)
主体的に学習に取り組む態度	❸学習の見通しをもって、想像したことを書き、進んで感想や意見を伝え合おうとしている。

単元の流れ

時	主な学習活動	評価
1	学習の見通しをもつ 創作文例を読み、「書きたい」「読み合いたい」という思いをもつとともに、学習の進め方を確かめる。 なりきるものを選び、ペアで書きたい内容を伝え合うことを通して、書く。 内容や文章の構成をはっきりさせる。 想像したことを150~200字で書く。 学習を振り返る 書いたものをいろいろな相手とペアで読み合い、感想を伝え合う。	 ❶ ❷ ❸

授業づくりのポイント

〈単元で育てたい資質・能力〉

本単元のねらいは、文章に対する感想や意見を伝え合い、自分の文章のよいところを見つけることである。創作文で自分の文章のよいところに気付くには、友達と読み合い、内容や展開のおもしろさについて、肯定的な感想をもらうことが大切である。そのために、文章を書き出す前の時点で、書き終えた後、読み合い、よいところを伝え合う活動までの見通しをもたせる。書き終えた子供から友達と文章を読み合い、感想を伝え合う時間を確保する。

[具体例]

教科書の創作文例「リク（犬・八さい）」を読んだ段階で、教科書の文例に対して数名がよいところを発表しておく。そうすると、文章を読み合い、よいところを伝え合う活動までの見通しをもつことができるため、書き終えた子供から読み合い、よいところを伝え合う活動に、自然に移行することができる。

〈教材・題材の特徴〉

「なりきって書こう」は、好きなものや身近なものの視点で、見たり、聞いたり、感じたりしたことを書く。自分として対象を捉えて書く活動から、ものになりきることで、子供は普段の自分と異なる視点で書くことができる。掲載されている創作文例の題材「リク（犬・八さい）」は、挿絵の「陽子」の飼い犬である。このように、自分が愛着をもっているものの視点で、自分との関わりにふれて書くことで、主体的な活動を促すことができる。400字詰め原稿用紙半分に満たない程度の文章量であるため、自分に身近な題材を見つけることができれば、１時間の学習でもスムーズに書き出すことができるだろう。

〈言語活動の工夫〉

１時間で書く学習とはいえ、子供の書くペースには個人差がある。子供一人一人が自分のペースで学ぶことができるようにすることが大切である。教材には、伝え合う感想の例は特に示されていない。創作文例を読んで感想を発表する段階で、どのような感想を伝え合うのか見通しをもたせる。そうすることで、文章を書き終えた子供から読み合った際、自分の文章のよいところを具体的に自覚することができるようにする。

また、４月に行う本単元の学習を基に、自らなりきる題材を設定して他のものになりきって書いたり、なりきったものの日記に取り組んだりして、継続的に書くことを日常化することができる。

[具体例]

例えば、創作文例への感想を発表する際、何がおもしろいのかを共有する。友達が選んだ題材（なりきるもの）、なりきるものの行動、なりきるものから見た自分の姿というように、いくつかの視点から文例への感想を共有しておく。

また、文章を書き終えた子供から、ペアを作って読み合い、感想を伝え合う。「交流コーナー」など活動場所を設定することで、早く書き終えた子供も飽きずに学ぶことができる。付箋紙に感想を書き、ノートやワークシートに貼り付けるようにしておくと、教師はじっくり書いている子供を支援し、早くから読み合っていた子供の感想を、後から把握することができる。

本時案

なりきって書こう

1/1

本時の目標

・ものになりきって書いた文章に対する感想を伝え合い、自分の文章のよいところを見つけることができる。

本時の主な評価

❷ものになりきって書いた文章に対する感想を伝え合い、自分の文章のよいところを見つけている。【思・判・表】

資料等の準備

・デジタル教科書（モニター等に文例を映す）
・ワークシート（授業後も好きな時間に読み合ったり、掲示したりする場合に活用）
・付箋紙（罫線付きのコメントカードを活用してもよい）

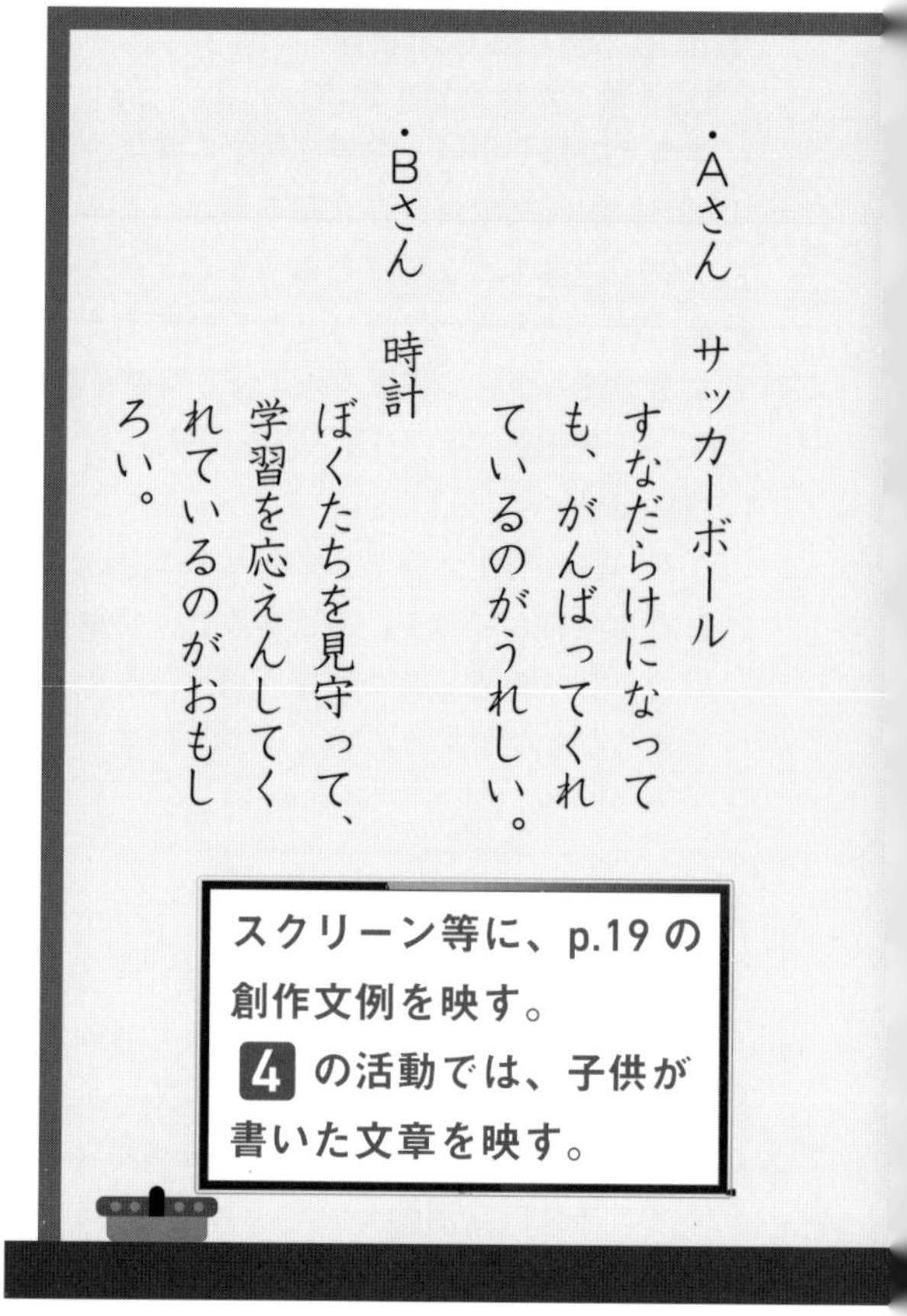

・Aさん　サッカーボール
すなだらけになっても、がんばってくれているのがうれしい。
・Bさん　時計
ぼくたちを見守って、学習を応えんしてくれているのがおもしろい。
スクリーン等に、p.19 の創作文例を映す。
4 の活動では、子供が書いた文章を映す。

授業の流れ▷▷▷

1 文例を読み、創作文を書いて読み合う見通しをもつ 〈10分〉

○なりきり作文として教科書 p.19の創作文例を紹介し、音読する。

T 「リク」について書かれた文章を読んで、どんなことを感じましたか。

・飼っている犬の目線で書いているのがおもしろいです。
・散歩がうれしくて、尻尾を振っている様子がかわいらしくて、目に浮かびます。
・陽子さんと仲よしな様子が素敵です。

T それでは、今日は好きなものでなりきり作文を書いて、読み合ってみましょう。今、みんなで発表したような感想を伝えられるとよいですね。

○本時のめあてを板書する。

2 なりきるものを選び、ペアで書きたい内容を伝え合う 〈５分〉

T 皆さんは、何になりきって書きたいですか。

・休み時間に使っているサッカーボールにしようかな。
・あまり注目されないけれど、いつも教室にある時計にしてみるよ。

○大事にしているもの、家や学校で飼っている生き物、よく使っているものなど、身近なものを中心に共有する。

T 選んだものは、どんなことを考えているでしょう。

・休み時間に使っているサッカーボールは、蹴られているとき、何を考えているだろう。
・毎日みんなにたくさん蹴られて大変だけれど、大勢の友達と遊べて楽しいかもね。

なりきって書こう

1 リク（犬・八さい）を読んで

・かっている犬の目線で書いているのがおもしろい。

・リクがしっぽをふっているところがかわいい。ようすがうかぶ。

・陽子さんとなかよしなのが伝わってくるのがすてき。

本時の指導事項に当たる活動の見通しをもたせる。

なりきり作文を書き、よいところをつたえ合おう。

2 なりきりたいもの　考えていること

・サッカーボール

・時計

・しいく小屋のうさぎ

3 ・私が毎日いっしょに遊んでいるのは、サッカーが大好きなAさんだ。チャイムがなると、Aさんは友達をさそい、私をかかえてグラウンドに出て行く。

4 友達の文章を読んだ感想

3 なりきって想像したことを150〜200字で書く　〈20分〉

T　それでは、ものになりきって文章を書いてみましょう。

・私が毎日一緒に遊んでいるのは、サッカーが大好きなＡさんだ。チャイムが鳴ると、Ａさんは友達を誘い、私を抱えてグラウンドに出て行く（サッカーボール）。

・僕は、毎日みんなが学習するところをじっと見つめている。楽しそうに話し合う子、教科書を読んでじっくり考える子、みんな真剣にがんばっている（時計）。

○書き進められない子供には、文例に立ち返り、子供自身との関わりを想起させる。

4 文章を様々なペアで読み合い、感想を伝え合う　〈10分〉

T　友達のなりきり作文を読んで、どんなことを感じましたか。

・Ａさんが書いた休み時間に使っているサッカーボールは、砂だらけになってもがんばってくれていると思ってうれしくなりました。

・Ｂさんが書いた教室の時計は、僕たちを見守って、毎日学習を応援してくれているのがおもしろいです。

ICT 端末の活用ポイント

読み合っておもしろさを感じた友達の文章について、子供が写真を撮り、モニター等に投影することで、子供主体で学級全体に友達の文章のよさを共有することができる。

資料

1 文章とその共有までのワークシート 03-01

なりきって書こう

○ものになりきって文章を書き、読み合って感想をつたえ合いましょう。

年　組　名前（　　　　）

なりきりたいもの

考えていること

友だちにもらった感想（ふせんやコメントカード）

2 コメントカード 03-02

（　　　　）さんへ

（　　　　）より

3 子供の作品例 03-03

なりきって書こう

○ものになりきって文章を書き、読み合って感想をつたえ合いましょう。

4年　1組　名前（　小出　和輝　）

なりきりたいもの	考えていること
サッカーボール	毎日休み時間にたくさんけられて大へん。みんなと遊べて楽しい。

サッカーボール

私が毎日いっしょに遊んでいるのは、サッカーが大好きな和輝さんだ。チャイムがなると、和輝さんは友だちをさそい、私をかかえてグラウンドに出て行く。

今日も、休み時間になると、和輝さんは私をかかえてグラウンドに出た。私といっしょに、あせをかきながら、サッカーを楽しんでいた。いつも、みんなが私をおいかけてくる。たくさんけられて大へんだけれど、私はみんなの人気者だ。

友だちにもらった感想（ふせんやコメントカード）

> サッカーボールは、けられてもがんばってくれていると思いました。
> 五木　晴菜

> サッカーボールの気持ちが分かった気がして、うれしくなりました。
> 小川　太一

4 言葉日記 03-04

言葉日記

年　組　名前（　　　　）

・はじめて出会った言葉
・心にひびいた言葉
・使ってみたいと思った言葉

言葉が使われたときの様子、思ったこと

ふしぎな出来事をとらえて読み、考えたことを話そう

白いぼうし　7時間扱い

単元の目標

知識及び技能	・様子や行動、気持ちや性格を表す語句の量を増し、話や文章の中で使い、語彙を豊かにすることができる。((1)オ) ・文章全体の構成や内容の大体を意識しながら音読することができる。((1)ク)
思考力、判断力、表現力等	・登場人物の行動や気持ちなどについて、叙述を基に捉えることができる。(C イ)
学びに向かう力、人間性等	・言葉がもつよさに気付くとともに、幅広く読書をし、国語を大切にして、思いや考えを伝え合おうとする。

評価規準

知識・技能	❶様子や行動、気持ちや性格を表す語句の量を増し、話や文章の中で使い、語彙を豊かにしている。(〔知識及び技能〕(1)オ) ❷文章全体の構成や内容の大体を意識しながら音読している。(〔知識及び技能〕(1)ク)
思考・判断・表現	❸「読むこと」において、登場人物の行動や気持ちなどについて、叙述を基に捉えている。(〔思考力、判断力、表現力等〕C イ)
主体的に学習に取り組む態度	❹積極的に登場人物の行動や気持ちを捉え、見通しをもって、考えたことを伝えようとしている。

単元の流れ

次	時	主な学習活動	評価
一	1	学習の見通しをもつ 全文を読み、物語についての感想を伝え合う。 学習のおおよその見通しをもち、学習課題を設定する。	❶
		ふしぎな出来事をとらえて読み、考えたことを話そう	
	2	場面や登場人物を確認し、不思議なところを探しながら音読する。	❷
二	3	不思議だと思った場面について、言葉に着目しながら、登場人物の行動や様子を考える。	
	4	登場人物の性格を想像し、その人物にとって「白いぼうし」がどのようなものなのかを考える。	
	5	この物語において、不思議だと思ったことについて、自分の考えをまとめる。	❸
	6	不思議だと思ったことについて、考えを伝え合う。	
三	7	学習を振り返る これまでの学習の振り返りをする。	❹

授業づくりのポイント

〈単元で育てたい資質・能力〉

本単元では、『白いぼうし』の不思議な出来事を捉え、その不思議さについて考えたことを伝え合うことをねらいとする。物語の不思議さに気付くためには、登場人物の行動や気持ちについて、叙述を基に読んでいく必要がある。『白いぼうし』には、登場人物の行動に関する表現が複数描かれている。また、登場人物同士の会話も比較的多く表れているので、その一つ一つの言葉に注意を向けられるようにしたい。特に、松井さんと女の子の会話、白いぼうしの物語上での役割について、言葉に着目しながら読み、考えたことを伝え合う中で、本単元でねらう資質・能力が育まれるようにすることが重要である。

〈教材・題材の特徴〉

『白いぼうし』は、タクシー運転手である松井さんと、不思議な乗客である女の子との出会いを中心としたファンタジー作品である。白いぼうしの中にいた蝶を逃がした直後に、タクシーに女の子が乗っていた場面、タクシーを走らせているといつの間にか女の子が消えていた場面、シャボン玉のはじけるような小さな小さな声など、読んでいるうちに想像を掻き立てられる場面がいくつかある。そのような場面を読み、子供が想像したことを共有できるようにしたい。

しかし、想像を広げるあまり、子供が好き勝手に話してしまうことには注意しなければならない。単元の目標にもあるように「叙述に基づいた読み」を、教師自身も念頭に置いて学習を進めていくことが必要である。

〈言語活動の工夫〉

ファンタジー作品には、現実世界では見られない不思議な要素が盛り込まれている。読み手がファンタジー作品を読んでいて不思議に感じるきっかけとなるキーワードがあることが多い。そのキーワードを全体で確認した上で、不思議だと思うことに対する自分の考えを書くようにしていく。

[具体例]

○題名にもなっているように、この物語では「白いぼうし」がキーワードとなる。ノートの中心に「白いぼうし」と書いて丸で囲み、物語における「白いぼうし」の役割を周りに書いていく。こうすることで、物語における「白いぼうし」の役割を、本文を読みながら考えられる手立てにしたい。

〈ICT の効果的な活用〉

共有：ノートに書いた自分の考えを写真に撮り、アプリを使って共有する。全員が共有するための時間を短縮することができる。直接、ICT 端末等に書き込んでいる場合も、スムーズに共有することができる。見て終わりではなく、共有した後に、自分の考えと比べたり感想を述べ合ったりする時間も確保する。

本時案

白いぼうし

1/7

本時の目標

・物語を読み、感想をもったり、学習の見通しをもったりすることができる。

本時の主な評価

❶物語の内容や登場人物の言動を捉え、感想をもっている。【知・技】

資料等の準備

・特になし

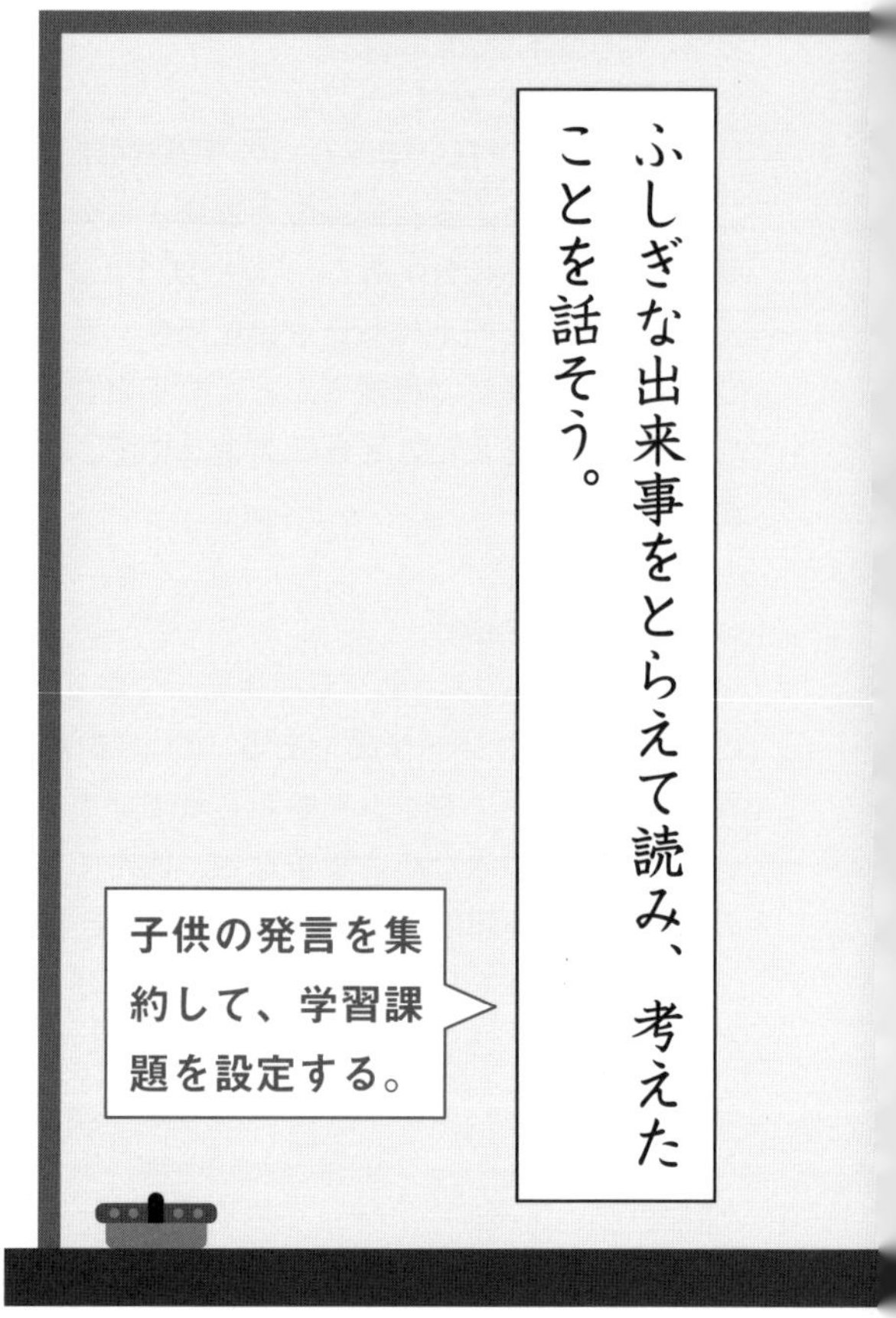

ふしぎな出来事をとらえて読み、考えたことを話そう。
子供の発言を集約して、学習課題を設定する。

授業の流れ ▷▷▷

1 教師の範読を聞いて、初発の感想を書く 〈15分〉

○教科書を見ながら、教師の範読を聞く。

○『白いぼうし』を読んだ感想をノートに書く。

T 『白いぼうし』の物語を聞いた感想を書きましょう。思ったこと・考えたこと・不思議に思ったことなどを書きます。

・タクシーに乗った女の子がいつの間にか消えていたのでびっくりしました。

・菜の花横丁って本当にあるのかな。

・松井さんには、どうして蝶の声が聞こえたのか。

・女の子は蝶だったのかな。

○「何も思いつかない」という子供には、教師が個別に観点を示したり、例を示したりする。

2 初発の感想を伝え合う 〈20分〉

T ノートに書いた初発の感想を、班の中で読み合いましょう。

○学級の実態に応じて、席が隣同士のペアでの読み合いにしてもよい。

T 読み合ってみて、同じような感想はありましたか。

・女の子がどうして急に消えてしまったのか、と書いている人が多かったです。

・夏みかんの匂いが気になります。

○多くの子供が疑問に思った内容は、単元を通して考えていく学習課題にできる。

ICT 端末の活用ポイント

初発の感想をノートに書き、ICT 端末で写真を撮り、アプリで共有してもよい。大勢の感想を、一覧で見ることができる。

白いぼうし　あまん　きみこ

1 初発の感想として書くこと

・思ったこと
・考えたこと
・ふしぎに思ったこと　など

初発の感想を書くための観点を示すことで、何を書いていいか分からない子供へのフォローとなる。

2 みんなの感想でにていること

・夏みかんのにおいとは、どんなにおいなのだろう。
・「菜の花横町」と「菜の花橋」は同じなのか、ちがうのか。
・女の子がどうして消えてしまったのか。
・最後の場面に出てきたちょうは、女の子だったのか。

ふしぎ、なぜ、知りたい

3 ふしぎに思ったことが多い。
物語のふしぎを話していきたい。

3 学習課題を考える　〈10分〉

○初発の感想の中で、特に多かった内容を確認する。

T　初発の感想で多かった内容は何でしょうか。

・疑問に思ったことが多かったです。

T　『白いぼうし』は、不思議な出来事が起こる物語のようですね。

・なぜ、どうしてと思ったことを考えていけると思います。
・不思議に思ったことをみんなで話すといいんじゃないかな。

○子供たちの声をもとに、学習課題を決める。

> ふしぎな出来事をとらえて読み、考えたことを話そう。

よりよい授業へのステップアップ

初発の感想で何を書けばよいのかを確認する

ノートに書く、ICT 端末に入力する、発言を板書するなど、初発の感想の表し方は様々ある。方法を問わず、大切なことは、子供が何を書けばよいのかを理解していることである。初発の感想を書き始める前に、「どんなことを書けばいいでしょうか」と問いかけ、子供が感想の観点を考えられるようにできるとよい。３年生までの学習で、どのような感想を書いてきたかを思い出しながら学級全体で確認をして、初発の感想を書くための観点を共有する。

本時案

白いぼうし

2/7

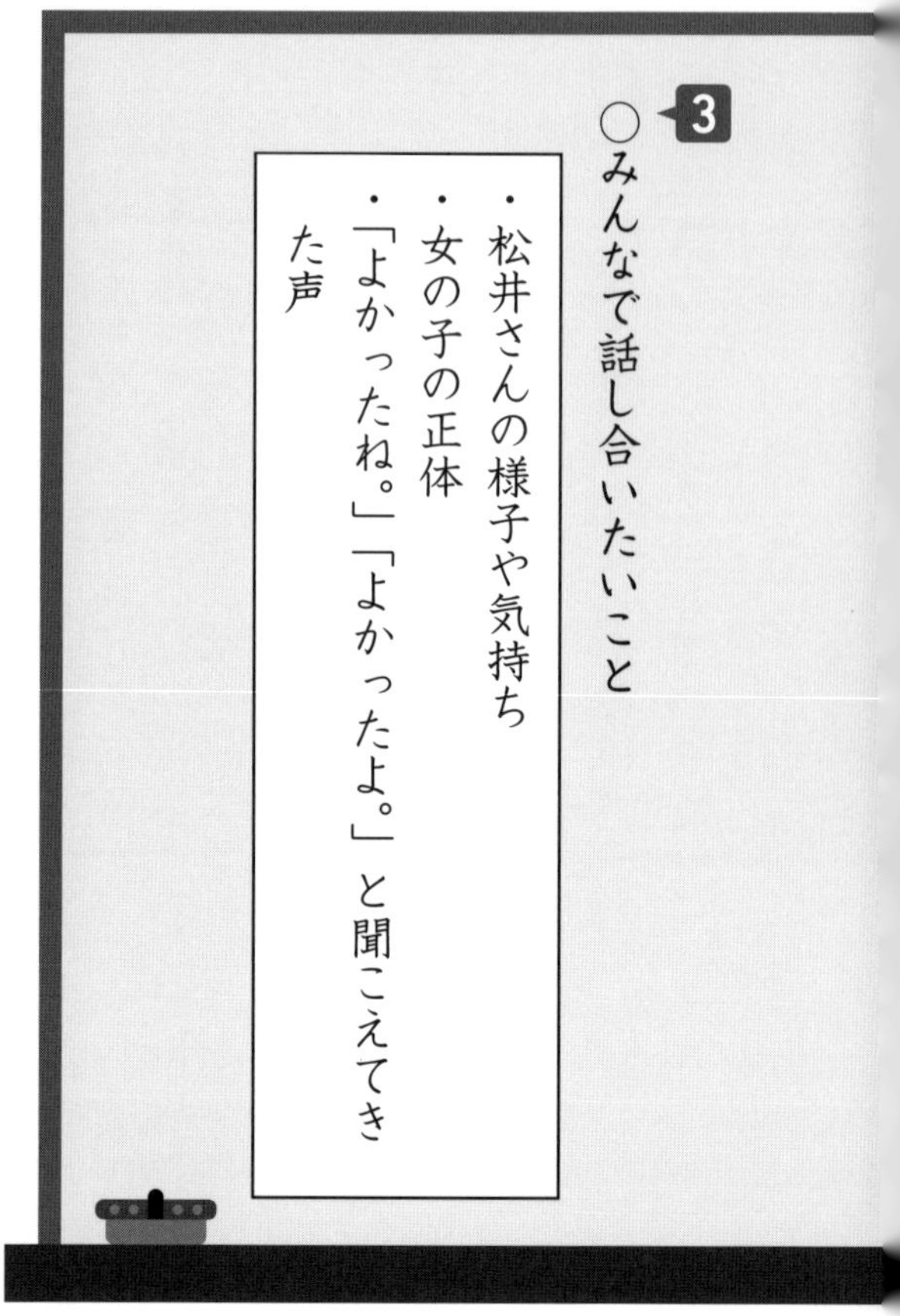
3
○みんなで話し合いたいこと
・松井さんの様子や気持ち
・女の子の正体
・「よかったね。」「よかったよ。」と聞こえてきた声

本時の目標

・場面や登場人物を確認し、不思議なところを探しながら音読できる。

本時の主な評価

❷文章全体の構成や内容を意識しながら、音読している。【知・技】

資料等の準備

・松井さん、たけのたけお、たけおのお母さん、女の子、ちょうの絵

授業の流れ ▷▷▷

1 登場人物や場面を確認する 〈10分〉

○前時の範読を思い出しながら、また本文を読みながら、場面や登場人物を確認する。

T 『白いぼうし』には、どんな人物が出てきましたか。

・松井さん　　・たけのたけお
・たけおのお母さん　　・女の子
・蝶

T 『白いぼうし』には、どんな場面がありましたか。

・タクシーの中に夏みかんがありました。
・男の子が白いぼうしで蝶をつかまえていました。
・女の子がいつの間にかタクシーに乗っていました。
・最後の場面で蝶が話していました。

2 音読をして、不思議だと思う場面を共有する 〈20分〉

T 前回は先生が読みましたが、今日は全員で音読をしましょう。句点ごとに読んでいきますよ。

T 「ここは不思議だな」と思うところを探しながら読んでみましょう。

○句点ごとに全員で音読をする（丸読み）。

T では、不思議だと思う場面を発表しましょう。

・白いぼうしの中に、夏みかんを入れたのはなぜだろう。
・いつのまにかタクシーに乗っていた女の子は、帽子に入っていた蝶だったのかな。
・最後の場面、松井さんに蝶の声が聞こえたのはどうしてだろう。

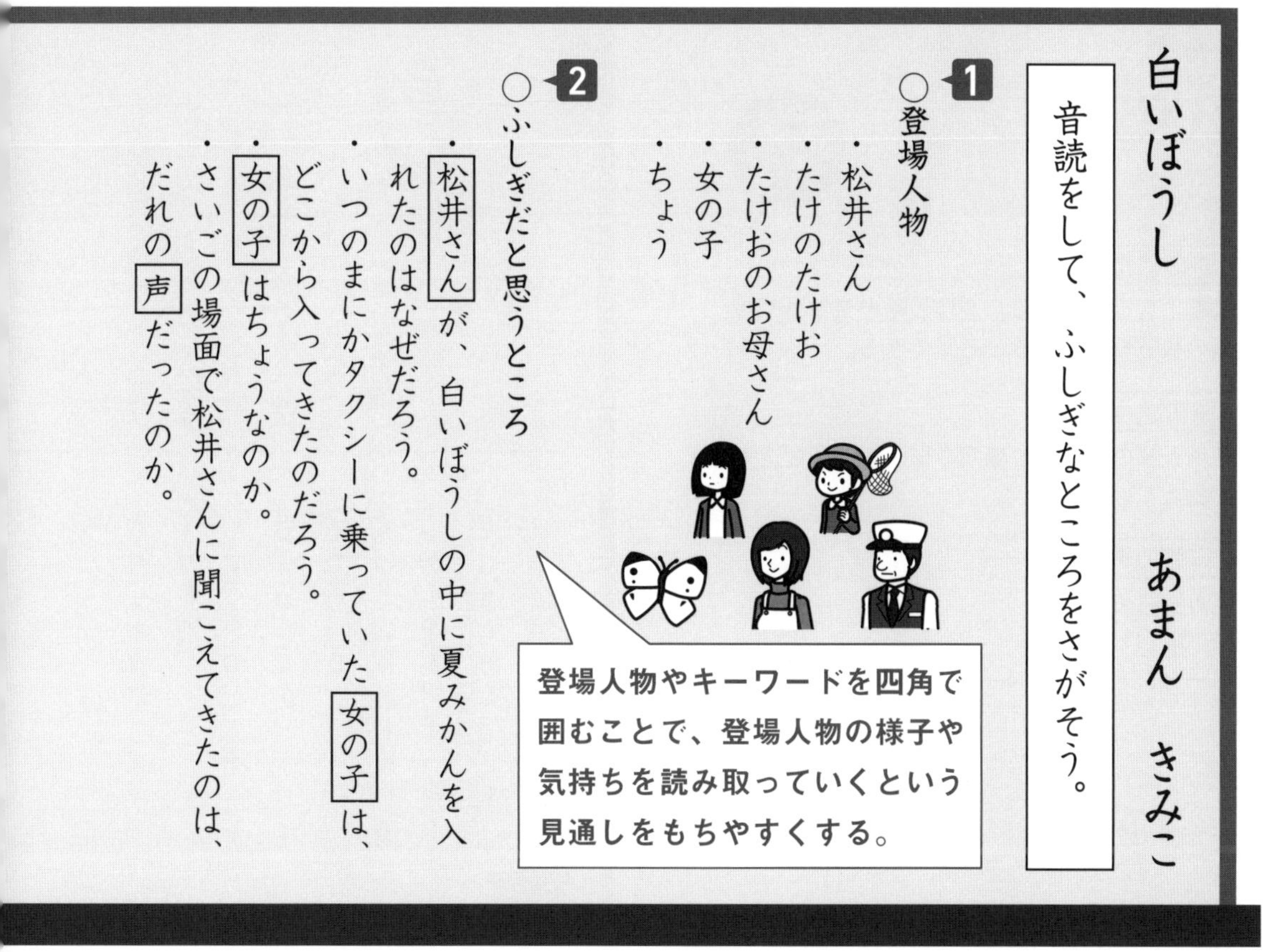
白いぼうし
あまん　きみこ
音読をして、ふしぎなところをさがそう。
1
○登場人物
・松井さん
・たけのたけお
・たけおのお母さん
・女の子
・ちょう
2
○ふしぎだと思うところ
・松井さんが、白いぼうしの中に夏みかんを入れたのはなぜだろう。
・いつのまにかタクシーに乗っていた女の子は、どこから入ってきたのだろう。
・女の子はちょうなのか。
・さいごの場面で松井さんに聞こえてきたのは、だれの声だったのか。
登場人物やキーワードを四角で囲むことで、登場人物の様子や気持ちを読み取っていくという見通しをもちやすくする。

3 どの場面について話し合っていくかを決める 〈15分〉

T　この物語には、不思議な場面がいくつかあるようですね。では、どの場面について考えていきましょうか。

・不思議だと思った人が多い場面がいいと思います。

・「タクシーに乗っていた女の子がいつの間にか消えていたことについて」がいい。

・女の子は蝶だったのか。

T　タクシーに乗った女の子のことを不思議だと思った人が多そうですね。この不思議さについて考えていくには、どんな方法があるでしょうか。

・みんなで話し合う。

・まずは、１人で考えてみて、その後にグループなどで話し合う。

よりよい授業へのステップアップ

「登場人物」などの学習用語を確認する

「この物語にはどのような人物が登場しますか」と発問したとする。「女の子は蝶が変化した姿かもしれないから、登場人物じゃない」という発言が想定される。

そこで、「動物や物でも、人と同じように何かをしたり話したりする者は、登場人物と言える」という学習用語としての定義を確認する。物語を読み深めていく前の段階で、学習用語を共通理解しておくことで、読解の流れが分かるようにすることも重要である。

本時案

白いぼうし

3/7

本時の目標

・言葉に着目しながら、登場人物の気持ちや場面の様子を読み取ることができる。

本時の主な評価

・登場人物の気持ちや場面の様子を、叙述を基に捉えている。

資料等の準備

・夏みかんの絵
・白いぼうしの絵
・ワークシート 04-01

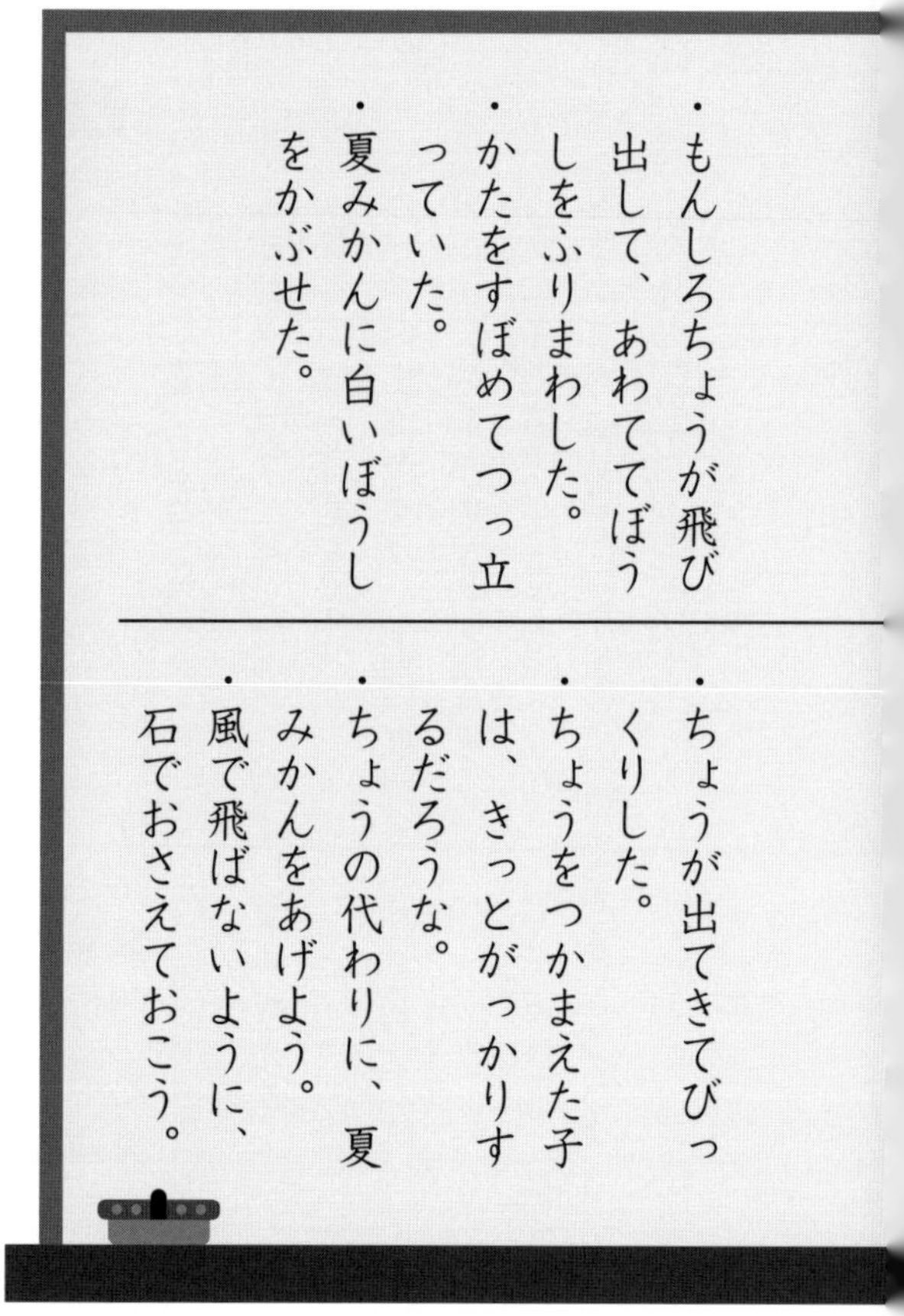

・もんしろちょうが飛び出して、あわててぼうしをふりまわした。
・かたをすぼめてつっ立っていた。
・夏みかんに白いぼうしをかぶせた。
・ちょうが出てきてびっくりした。
・ちょうをつかまえた子は、きっとがっかりするだろうな。
・ちょうの代わりに、夏みかんをあげよう。
・風で飛ばないように、石でおさえておこう。

授業の流れ ▷▷▷

1 タクシーを運転している松井さんの様子を考える 〈15分〉

T　最初の場面で松井さんとお客の紳士は、どんな会話をしていましたか。
・夏みかんのことを話していました。
・夏みかんのにおいのことです。
・いなかのおふくろが送ってくれたことです。
T　夏みかんが出てきましたが、松井さんはどうしてタクシーに乗せてあったのでしょうか。
・田舎のおふくろが送ってくれたからです。
・あまりうれしかったから、一番大きいのをタクシーに乗せました。
○「もぎたて」「速達」「あまりうれしかった」という表現から、夏みかんが松井さんにとって重要な物であることを確認する。

2 白いぼうしを見つけたときの松井さんの様子を考える 〈30分〉

T　紳士が降りた後に、松井さんは白いぼうしを見つけました。そのときの、松井さんの様子を順に見ていきましょう。
・車がひいてしまうと思ったから、白いぼうしを取りに行った。
・ぼうしをつまみ上げたとたん、もんしろちょうが飛び出した。
・あわててぼうしを振り回したけど、もんしろちょうは逃げて行った。
T　松井さんは、もんしろちょうをつかまえたかったんですね。
・たけのたけおという男の子がつかまえておいたから、逃がして悪いなと思った。
・けれど、逃げてしまったから「かたをすぼめてつっ立っていた」のだと思う。

白いぼうし

あまん　きみこ

松井さんの行動や気持ちを考えよう。

1 タクシーを運転しているとき

・もぎたて
・いなかのおふくろ
・速達

場面を明確にすることで、松井さんの様子や気持ちを読み取りやすくする。

○松井さんの気持ち

・いなかのおふくろが送ってきてくれてうれしい。
・夏みかんのいいにおいがする。
・いちばん大きいのをのせて、お客さんにもにおいを楽しんでもらおう。

2 白いぼうしを見つけたとき

○松井さんの行動

○松井さんの気持ち

T　松井さんは、その後どうしましたか。

・タクシーから夏みかんを持ってきて、白いぼうしの中に入れた。

T　夏みかんのことは、どのように書かれていましたか。

・「まるで、あたたかい日の光をそのままそめつけたような、見事な色でした」

・「すっぱい、いいにおいが、風であたりに広がりました」

T　物語の前半では、松井さん・夏みかん・白いぼうし・もんしろちょうが出てきました。次の時間は、物語の後半の内容を見ていきましょう。

○松井さんの様子について、子供から意見が出てくれば取り上げるが、出てこない場合は、教師が発問して、内容を確認していくようにする。

よりよい授業へのステップアップ

言葉に立ち止まりながら、物語を読む

物語文には、情景を想像するための言葉が散りばめられている。本時の場合、「ちょこん」「ふわっ」「かたをすぼめて」「まるで」がそれに当たる。子供自身がその言葉に気付き、想像を広げられるのが理想だが、教師がその言葉に着目させることも有効である。例えば「ちょうはひらひら高くまい上がると…」という描写では、やっと外の世界に出ることができて早く自分の居場所へ帰ろうとしていたのではないかなどと想像できる。言葉から想像することを子供自身が気付けるようにしたい。

本時案

白いぼうし

4/7

本時の目標

・言葉に着目しながら、登場人物の気持ちや場面の様子を読み取ることができる。

本時の主な評価

・登場人物の気持ちや場面の様子を、叙述を基に捉えている。

資料等の準備

・松井さんの絵
・女の子の絵
・ワークシート 04-02

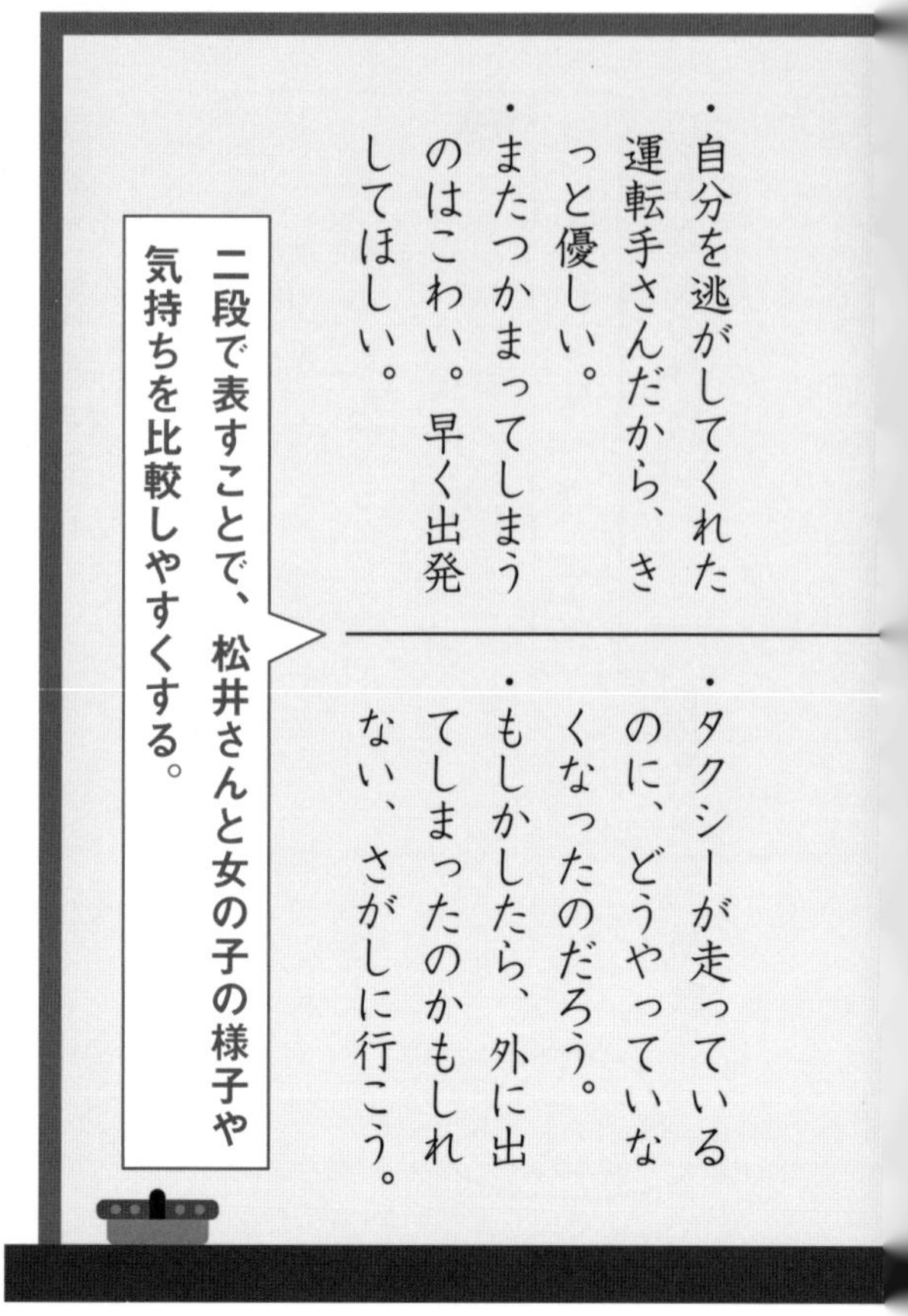
・自分を逃がしてくれた運転手さんだから、きっと優しい。
・またつかまってしまうのはこわい。早く出発してほしい。
・タクシーが走っているのに、どうやっていなくなったのだろう。
・もしかしたら、外に出てしまったのかもしれない、さがしに行こう。
二段で表すことで、松井さんと女の子の様子や気持ちを比較しやすくする。

授業の流れ ▷▷▷

1 タクシーに乗っていた女の子の様子を考える 〈15分〉

○グループ・学級全体にかかわらず、考えを共有する前に、自分の考えを表すことが重要である。

T　皆さんの中で、女の子のことを不思議だという意見が多かったですね。この女の子の様子を考えましょう。

・いつの間にかタクシーに乗っていた。
・菜の花横丁に行きたがっていた。
・たぶん、蝶が変身した姿だと思う。
・たけのたけおという男の子が来たときに、焦っているようだった。

T　女の子が焦っている様子は、どの言葉から分かりますか。

・後ろから乗り出して、せかせかと言いました。

2 小さな野原に着いた松井さんの様子を考える 〈15分〉

T　次に、小さな野原に着いたときの松井さんの様子を考えましょう。

・考えごとをしている間に、女の子がいなくなってびっくりした。
・バックミラーには、誰も映っていなくて不思議に思った。

T　このときの松井さんの様子は、どのような言葉で表されていますか。

・「おや」という松井さんの言葉。
・松井さんはあわてました。
・考え考え、まどの外を見ました。

○言葉に着目するため、本文のどの表現から登場人物の様子を読み取っているかを問う。子供が気が付いていない場合は、教師から示す。

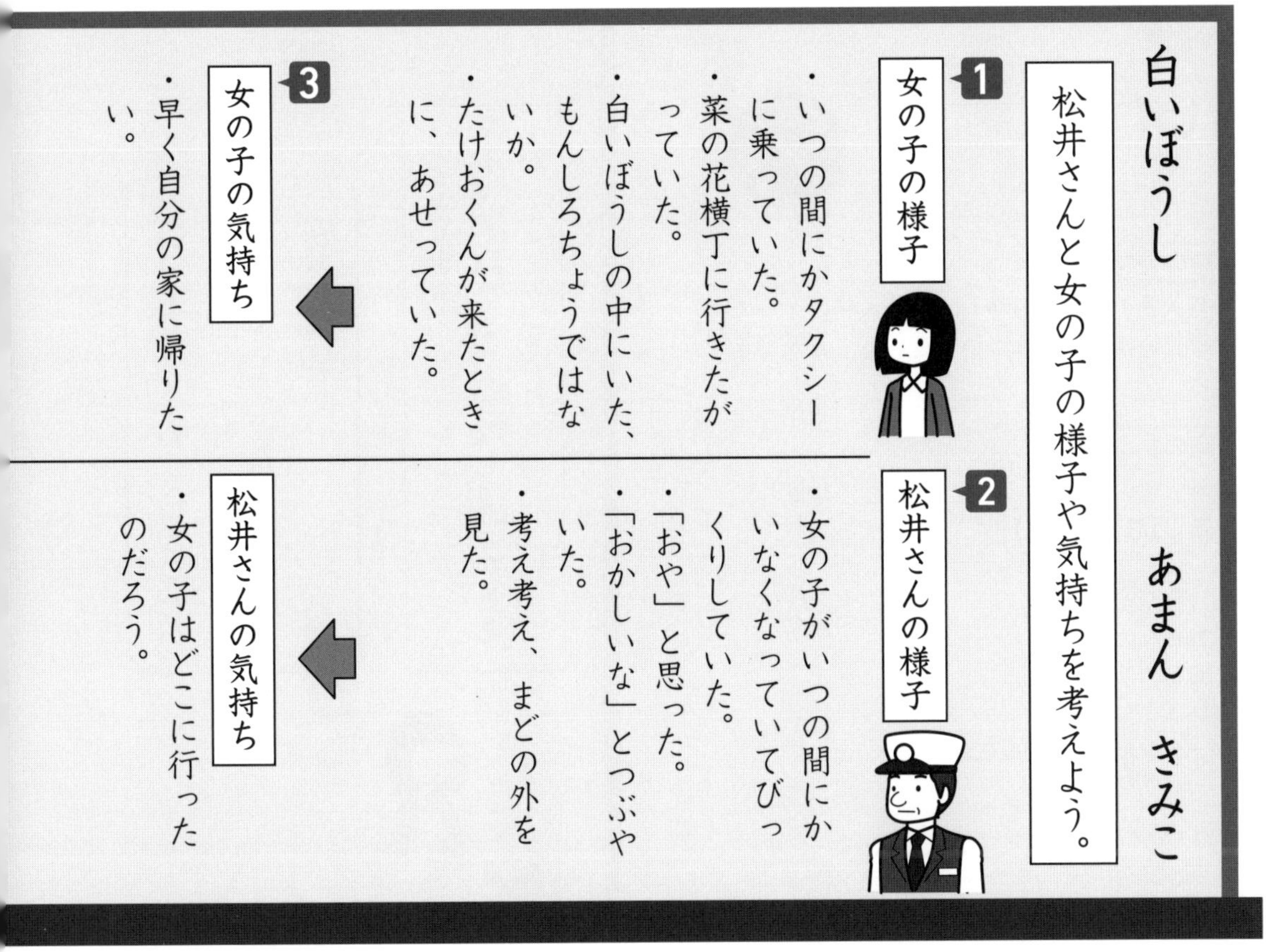
白いぼうし
あまん　きみこ
松井さんと女の子の様子や気持ちを考えよう。
1
女の子の様子
・いつの間にかタクシーに乗っていた。
・菜の花横丁に行きたがっていた。
・白いぼうしの中にいた、もんしろちょうではないか。
・たけおくんが来たときに、あせっていた。
3
女の子の気持ち
・早く自分の家に帰りたい。
2
松井さんの様子
・女の子がいつの間にかいなくなっていてびっくりしていた。
・「おや」と思った。
・「おかしいな」とつぶやいた。
・考え考え、まどの外を見た。
松井さんの気持ち
・女の子はどこに行ったのだろう。

3 女の子と松井さんの気持ちを考える 〈15分〉

T　女の子と松井さんの様子を考えました。では、そのとき２人はどのような気持ちだったでしょうか。

・女の子は、多分たけおくんがつかまえた蝶で、またつかまるのは嫌だと思っていた。
・早く仲間のいる野原に帰りたいと思っていた。
・松井さんは、女の子が急に消えてびっくりしたと思う。
・振り返っても誰もいなかったから、怖くなったと思う。
・野原から「よかったね」「よかったよ」という声が聞こえたとき、松井さんもよかったという気持ちになったんじゃないかな。

よりよい授業へのステップアップ

子供が考えた問いを基に物語を読む

単元の冒頭、子供が書いた初発の感想の中には疑問が書かれていることがある。それは、子供が素朴に「何でだろう」と感じた疑問である。この疑問を基に、物語を読み進めていくことで、子供も主体的に物語を読めることをねらうとよい。ただ、必ずしも子供から疑問が出てくるとは限らない。その場合は、教師から発問をする必要もある。また、つぶやきを拾い上げ、読解の流れの中で生かすことができれば、子供も自分事として物語を読み進めていけるだろう。

本時案

白いぼうし

5/7

本時の目標

・登場人物の性格を想像し、その人物にとっての「白いぼうし」について考えることができる。

本時の主な評価

❸登場人物の性格を、叙述を基にして想像している。【思・判・表】

資料等の準備

・松井さんの絵
・女の子の絵
・白いぼうしの絵
・ワークシート 04-03

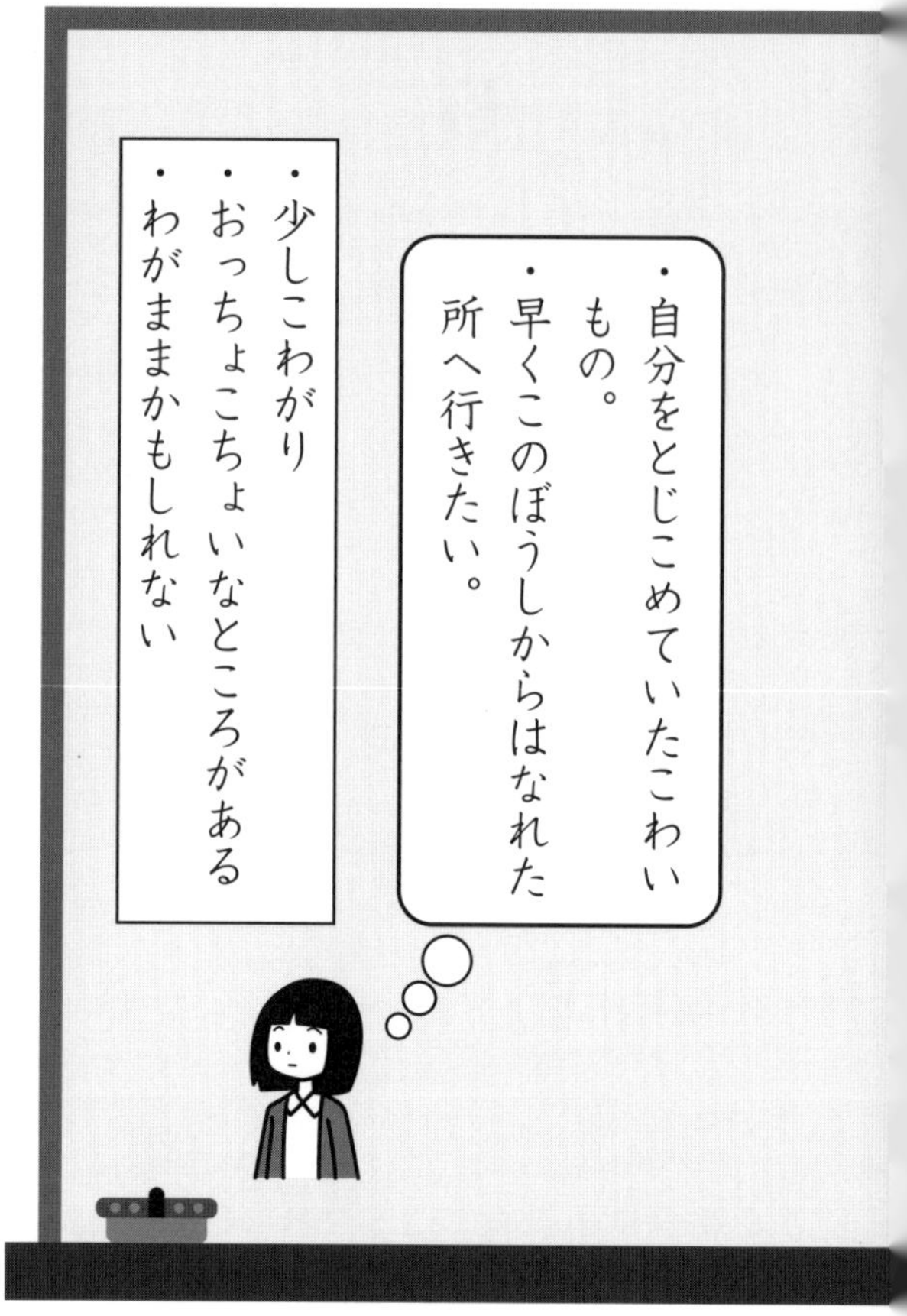

・自分をとじこめていたこわいもの。
・早くこのぼうしからはなれた所へ行きたい。
・少しこわがり
・おっちょこちょいなところがある
・わがままかもしれない

授業の流れ ▷▷▷

1 性格を表す言葉を考える〈10分〉

○「人物を表す言葉」にはどんなものがあるかを考える。

T　人の性格を表す言葉にはどんなものがあるでしょうか。

・優しい　・こわい
・真面目　・こわがり
・いじわる　・わがまま

T　これまでもいろいろな物語を読んできました。特に印象に残っている登場人物は、どのような性格でしたか。

・豆太はおくびょうだと思った。最後の方は、勇気があったけれど。
・スイミーは、勇気があった。
・かえるくんは、友達思いだった。

2 松井さんと女の子の性格を想像する〈15分〉

T　松井さんはどのような性格でしょうか。本文に書いてある言葉から考えましょう。

・松井さんは優しい人だと思う。
・いたずらが好きな人。
・よく考えごとをする人。

T　女の子はどのような性格でしょうか。

・ちょっと怖がりだと思う。
・あわてんぼうな女の子。

○時間があれば、たけのたけおという男の子の性格も考えられるとよい。

ICT 端末の活用ポイント

性格を表す言葉が思いつかない場合、ICT 端末を使って検索するとよい。

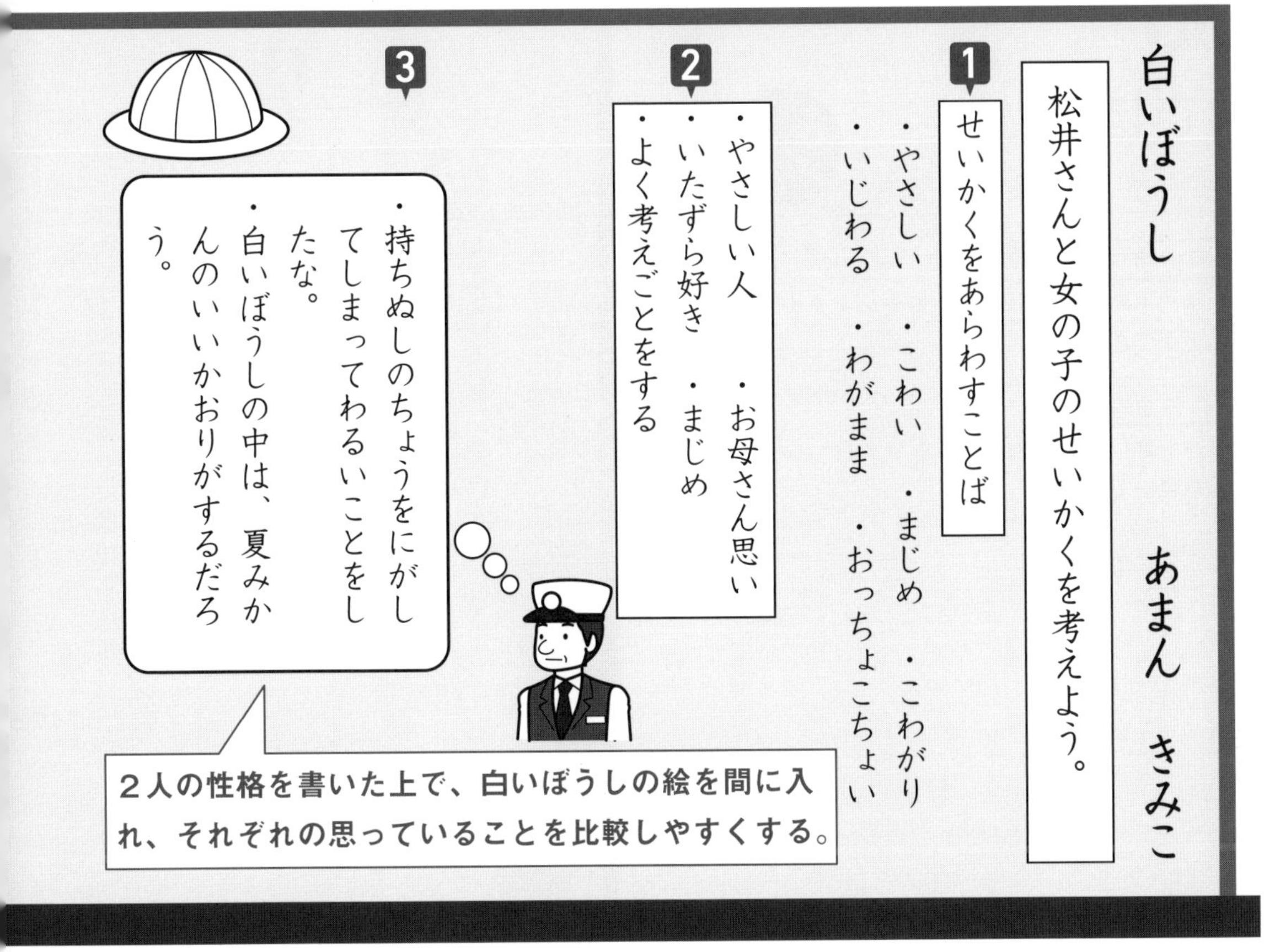

3 松井さんと女の子にとっての「白いぼうし」について考える〈20分〉

T　題名にもなっている「白いぼうし」ですが、松井さんにとって「白いぼうし」とはどのような物でしょうか。

・ふしぎな帽子
・中から蝶が飛び出してきたから、魔法のような帽子

T　では、女の子にとって「白いぼうし」はどのような物でしょうか。

・自分を閉じ込めていたから、怖い物だと思う。
・もう近付きたくない物。

〇物語上における「白いぼうし」の役割について、また、題名にもなっていることに触れながら考えられるとよい。

よりよい授業へのステップアップ

性格を表す言葉を探す

教科書の巻末に、「言葉のたから箱」というページがある。そこには、「人物を表す言葉」が載っている。これらを参考にして、『白いぼうし』の登場人物の性格を考えていく。また、ICT 端末を用いて、性格を表す言葉を検索してもよい。登場人物の性格を考えるためには、１つの場面だけではなく、物語全体における情景や登場人物の言動を読む必要がある。本時では、登場人物の性格を想像することを通して、物語全体を俯瞰して読むこともねらっている。それが多角的に読む力につながる。

本時案

白いぼうし

6/7

本時の目標

・物語の不思議さについて、自分の考えをもつことができる。

本時の主な評価

・叙述を基にして、物語の不思議さについて考えを書いている。

資料等の準備

・特になし

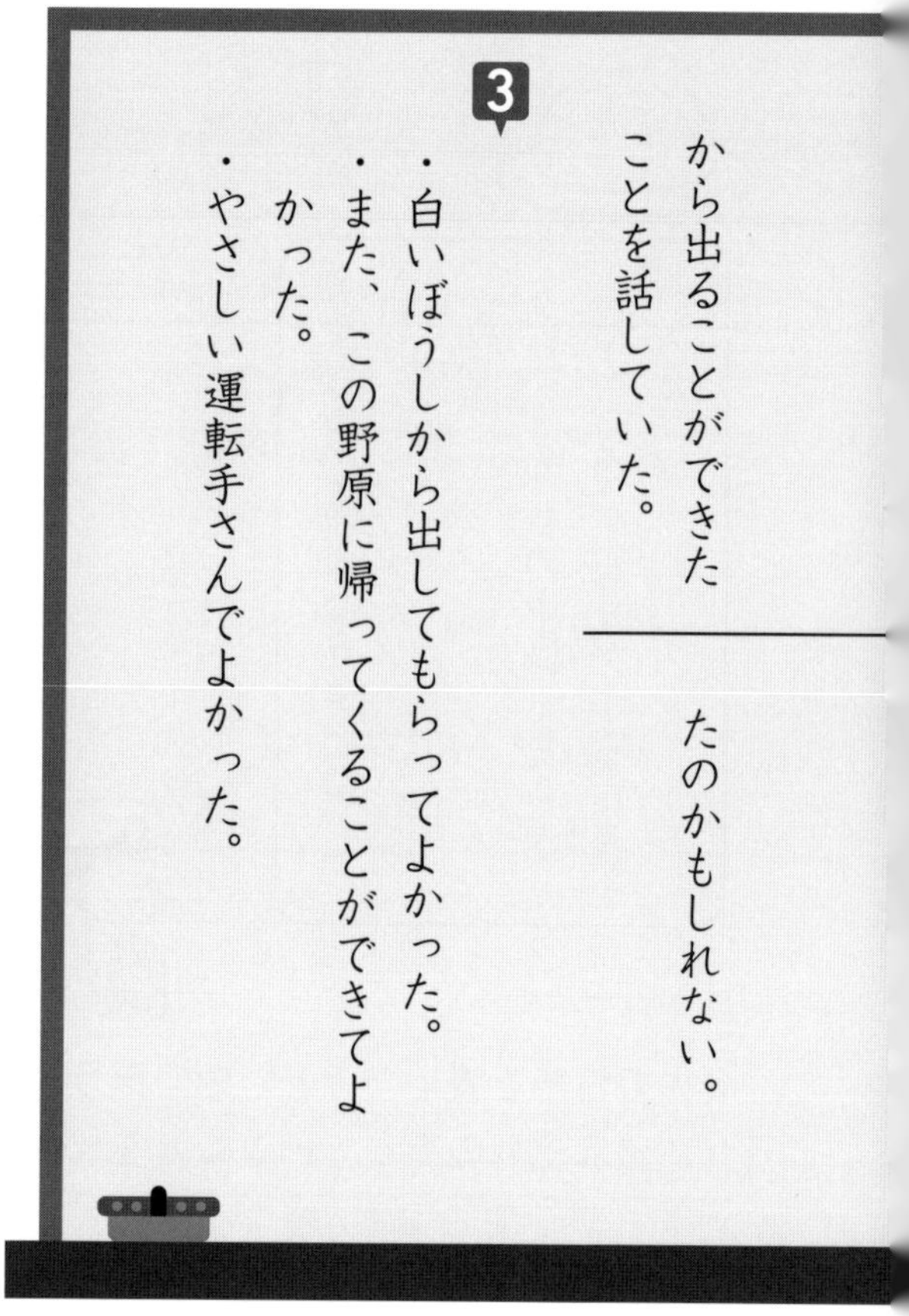

から出ることができた
ことを話していた。
たのかもしれない。
3
・白いぼうしから出してもらってよかった。
・また、この野原に帰ってくることができてよかった。
・やさしい運転手さんでよかった。

授業の流れ ▷▷▷

1 物語の不思議さについて、自分の考えをまとめる 〈15分〉

○これまで話し合ってきた内容を想起しながら、『白いぼうし』の不思議さについて自分の考えをまとめる。

T 前の時間まで、登場人物の様子や気持ちのことを考えてきました。そのことを思い出しながら、物語で自分が不思議だと思ったことと、それについての考えを書きましょう。

・女の子が蝶だったのかについてまとめよう。

・最後の場面で松井さんが聞いた「よかったね」「よかったよ」のセリフについて考えてみようかな。

・シャボン玉のはじけるような、小さな小さな声とは、どんな声だろう。

2 まとめた考えを共有する 〈20分〉

T 自分の考えたことを発表しましょう。

・最後の場面で蝶が「よかったね」「よかったよ」と話していました。あれは、白いぼうしから出してもらって、野原に帰って来られたことを言っていたのだと思います。だから、女の子は蝶だと思います。

・最後の場面の声は、蝶を助けた松井さんだから聞こえたのだと思います。

○物語の不思議さを共有している中で、発言した内容に対して子供同士で話し合うことも想定できる。

ICT 端末の活用ポイント

文書作成アプリを使い、自分の考えをまとめる。その後に、共有アプリを使うことで、短時間でより多くの意見を閲覧できる。

白いぼうし　あまん　きみこ

物語のふしぎさをまとめよう。

1

【これまでの学習】

・松井さん、女の子の様子

・二人にとって、白いぼうしがどんなものか。

○この物語のふしぎさ

【問い】女の子はちょうだったのか。

2

ちょうだった

・白いぼうしからちょうがにげたすぐ後に、女の子がタクシーに乗っていたから。

・菜の花横丁は、団地の近くの小さな野原のことを言っていたから。

・「よかったね。」「よかったよ。」は、白いぼうし

ちょうではなかった

・白いぼうしからにげたちょうは、「なみ木の緑の向こうに見えなくなった」から、遠くに行ったはず。

・松井さんが、たけのたけおくんのことを考えている間、いつのまにかタクシーをおりてい

3 『白いぼうし』のおもしろさを共有する　〈10分〉

T　この物語でおもしろいなと思ったところはどこでしょうか。

・女の子が蝶だったのか、分かりそうで分からないところがおもしろいと思います。

・白いぼうしの中に、夏みかんを入れたところがおもしろいです。多分、たけのたけおくんはびっくりしたと思う。魔法かなって。

○物語の不思議さとおもしろさを考えることで、これまで学習してきた内容を確認しておくと、次時の単元の振り返りへとつなぎやすくなる。

よりよい授業へのステップアップ

問いについて話すことで、物語全体を考える

単元の冒頭で「女の子は蝶だったのか」という問いを共有している。これまでの学習を踏まえながら、本時で改めてこの問いについて考える。最初は、女の子は蝶ではないと考えていた子供も、話合いを経て考えが変わるかもしれない。考えが変わることは悪いことではなく、なぜ考えが変わったのか、その根拠を明確にできていればよい。考えの根拠を示せる力は、様々な教科の学びで必要とされる汎用的なスキルと言える。

本時案

白いぼうし

7/7

本時の目標

・『白いぼうし』の学習感想を書き、紹介し合うことができる。

本時の主な評価

❹読み取ったこと、話し合ったことを基にして、自分なりの感想や考えを書こうとしている。【態度】

資料等の準備

・特になし

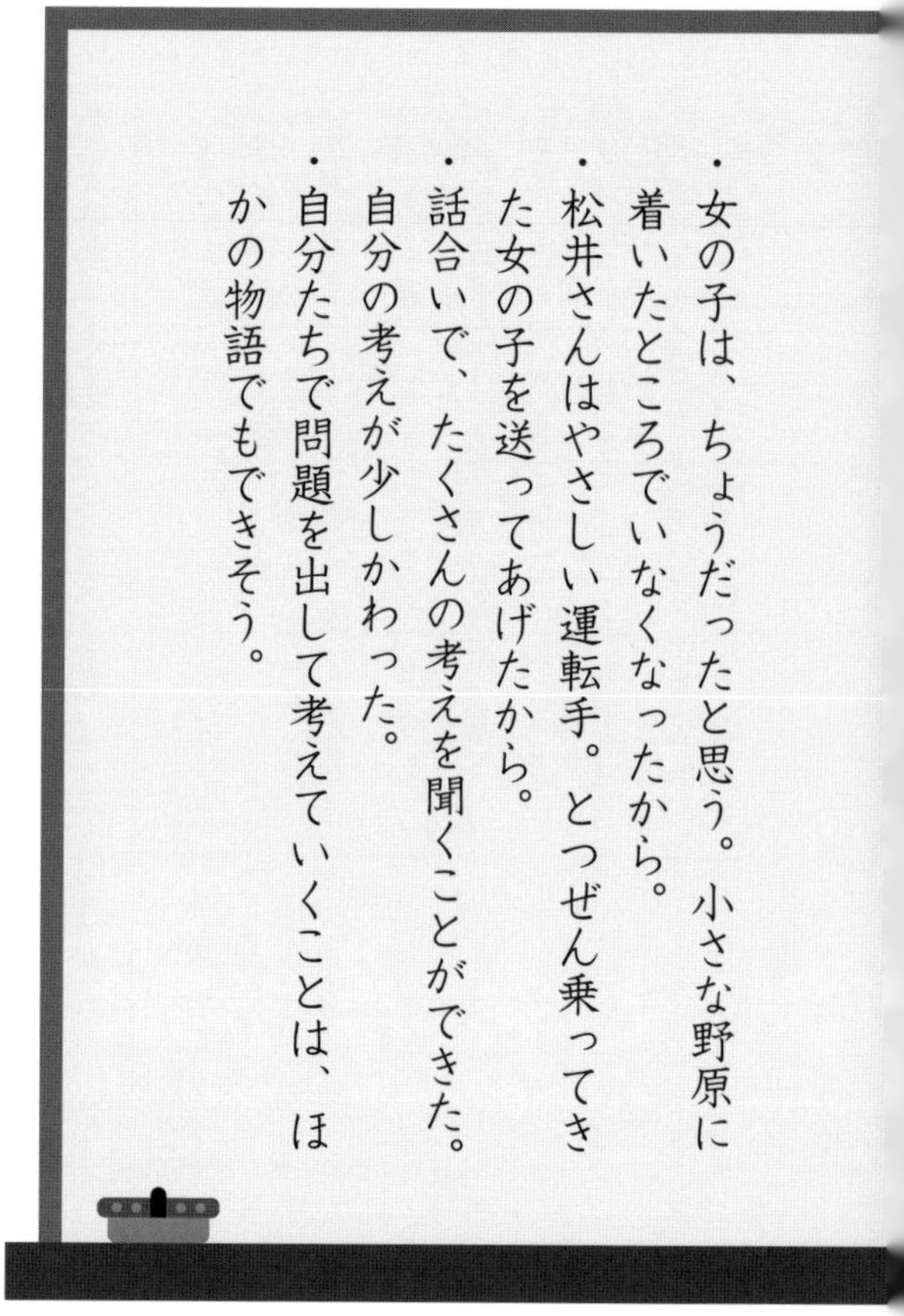

・女の子は、ちょうだったと思う。小さな野原に
着いたところでいなくなったから。
・松井さんはやさしい運転手。とつぜん乗ってき
た女の子を送ってあげたから。
・話合いで、たくさんの考えを聞くことができた。
自分の考えが少しかわった。
・自分たちで問題を出して考えていくことは、ほ
かの物語でもできそう。

授業の流れ ▷▷▷

1 物語全体を音読し、これまでの学習を振り返る 〈15分〉

○『白いぼうし』全文を音読する。

○これまでの学習を振り返る。

T　これまで、『白いぼうし』の不思議さについて考えてきました。今日は、学習のまとめとして感想を書いていきます。感想にはどんなことを書けばよいでしょうか。

・学んだこと。

・不思議に思ったことについての考え。

・話し合ってみてどう思ったか。

T　この学習では、主に不思議さについて話し合いましたね。話し合ってみてどうだったか、それから改めて『白いぼうし』という物語についての感想を書いていきましょう。

2 学習感想を書く 〈15分〉

○「物語の内容に関すること」「話合いのこと」「次に生かせること」などと、観点を明確にして学習感想を書くようにする。

・女の子が蝶なのか、自分は最後まではっきりしませんでした。話合いでは、蝶が変身している、という意見が多かったです。

・話合いで、友達の考えに納得したり、「そうかな？」と思ったりすることがありました。

・言葉に気を付けて読むと、お話のことを想像できるようになりました。次の物語文でも、言葉に注目して読んでみます。

ICT 端末の活用ポイント

文書作成アプリを使い、自分の考えをまとめる。その後に、共有アプリを使うことで、短時間でより多くの意見を閲覧できる。

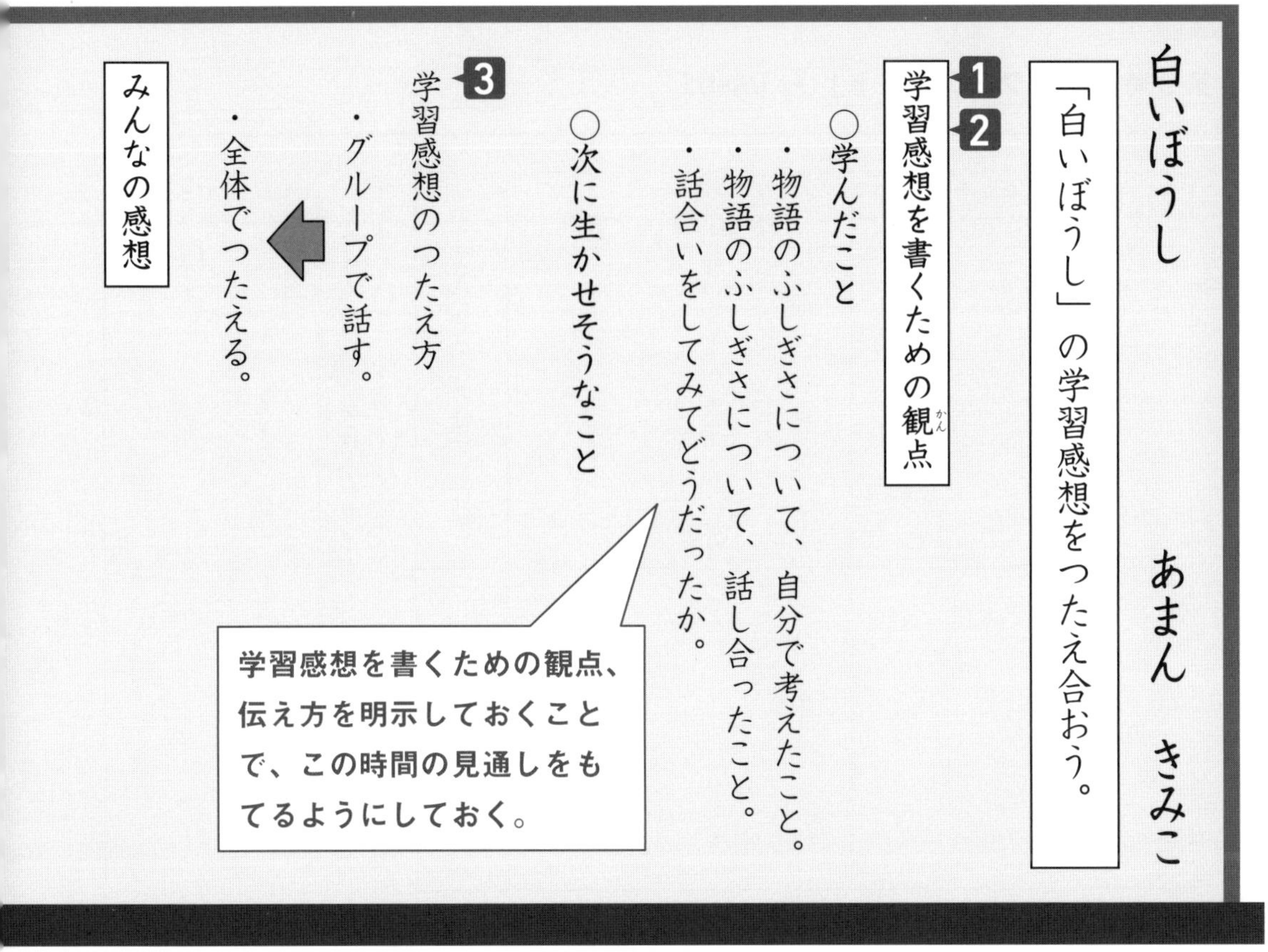
白いぼうし　あまん　きみこ
「白いぼうし」の学習感想をつたえ合おう。
1
2
学習感想を書くための観《かん》点
○学んだこと
・物語のふしぎさについて、自分で考えたこと。
・物語のふしぎさについて、話し合ったこと。
・話合いをしてみてどうだったか。
○次に生かせそうなこと
3
学習感想のつたえ方
・グループで話す。
・全体でつたえる。
みんなの感想
学習感想を書くための観点、伝え方を明示しておくことで、この時間の見通しをもてるようにしておく。

3 学習感想を共有する　〈15分〉

T　では、書いた感想を共有していきましょう。友達の感想を聞いたら、それに対する感想も言えるとよいですね。

・女の子はやっぱり蝶だったと思います。小さな野原に着いた所で、タクシーの中からいなくなっていたから。

・僕は、女の子は蝶ではなかったと思います。たまたま、迷子の女の子が乗ってきただけだと思います。

・たけのたけおくんは、蝶がいなくなっていてがっかりしたんじゃないかな。

・けど、いいかおりのする夏みかんが置いてあったんだからよかったと思うよ。

よりよい授業へのステップアップ

子供が書いた感想をアプリで共有する

　単元終末の学習感想は、振り返る内容が多いため、量が多くなることが想定され、共有にも時間がかかる。一斉授業で1人が発表という形だと、発表する子が限られる。そこで、共有アプリを使用する。文書作成アプリを使って、感想を書いている場合は、その文書を共有すればよい。ノートやワークシート等に書いていたら、それを写真に撮って、アプリ上で共有すれば、より多くの感想を閲覧することができる。授業のねらいによって、ICT の活用方法を考えていけるとよい。

資　料

1 第 3 時資料「ワークシート」 04-01

白いぼうし

4年　組　氏名（　　　　）

松井さんの行動や気持ちを考えよう。

	タクシーを運転しているとき	白いぼうしを見つけたとき
松井さんの様子や行動		
松井さんの気持ち		

2 第 4 時資料「ワークシート」 04-02

白いぼうし

4年　組　氏名（　　　　）

松井さんと女の子の様子や気持ちを考えよう。

	様子や行動	気持ち
タクシーに乗っていた女の子		
小さな野原に着いた松井さん		

3 第5時資料「ワークシート」 04-03

白いぼうし

4年　組　氏名（　　　　　）

松井さんと女の子にとって、白いぼうしはどのようなものか考えよう。

せいかく

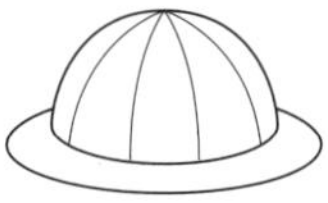

せいかく

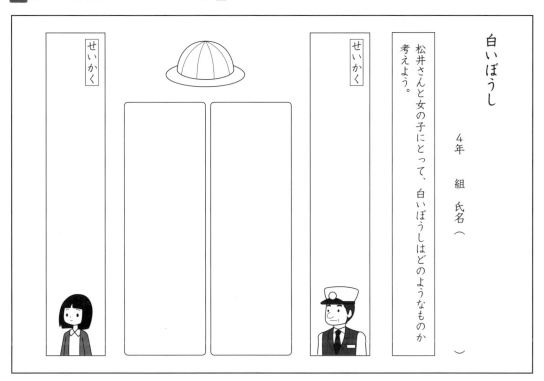

本は友達

図書館の達人になろう　（1時間扱い）

単元の目標

知識及び技能	・図書館の本や資料が、必要な知識や情報を得ることに役立つことに気付くことができる。((3)オ)
学びに向かう力、人間性等	・進んで読書が必要な知識や情報を得ることに役立つことに気付き、これまでの学習を生かして、図書館の工夫を考えながら学校図書館のひみつを探そうとする。

評価規準

知識・技能	❶幅広く読書に親しみ、読書が、必要な知識や情報を得ることに役立つことに気付いている。(〔知識及び技能〕(3)オ)
主体的に学習に取り組む態度	❷進んで読書が必要な知識や情報を得ることに役立つことに気付き、これまでの学習を生かして、図書館の工夫を考えながら学校図書館のひみつを探そうとしている。

単元の流れ

時	主な学習活動	評価
1	学習の見通しをもつ これまで、図書館を活用して本を読んだり調べたりした経験を想起する。 「図書館のひみつ」について、さらに知りたいことや実際に見て調べたいことを伝え合う。 図書館へ行き、ラベルや分類法、本の配置など気付いたことを記録する。 学習を振り返る お互いが気付いたことを共有し、今後の学習に生かしていきたいことをまとめる。	 ❷ ❶

授業づくりのポイント

〈単元で育てたい資質・能力〉

本単元のねらいは、図書館を身近に感じ、進んで利用したいという思いを育むことである。そのために、図書館の本は分類法によって配置され、情報収集をしやすいように、図書館が様々な工夫をしていることを、体験を通して学びたい。実際に学校図書館を利用することで、日頃あまり図書館を利用していない子供たちにも関心をもたせたい。図書館には、読書のための本だけでなく、調べるための資料もあることを知り、図書館が情報収集にも役立つということを実感し、うまく図書館を利用できるようにしたい。

〈教材・題材の特徴〉

４年生になると、読書が好きな子とそうでない子がはっきりしてくる。「図書館の達人になろう」というこの教材は、図書館についての客観的な事実、知識を学べるため、読書にあまり関心のない子供でも、意欲的に取り組める。

また、図書館についての知識をもつことで、図書館が身近に感じられ、利用しやすくなる。学校図書館を利用しながら、子供の興味を引き出していく教材である。

〈言語活動の工夫〉

一人一人が気付いたことをまとめ、それを共有することで、これからの図書館利用に生かしていくことにつなげたい。

また、今回の学習にとどまらず、図書館の利用を継続して計画的に行えるように単元を構成することや、他教科でも生かすことができるようにしたい。

［具体例］

本のラベルや分類法、本の配置について分かったことや図書館の工夫について話し合い、調べたことや分かったことを、写真とともにまとめていく。また、必要に応じて、司書教諭に質問をすることができるよう、事前に依頼をしておくことで、司書教諭が日頃から工夫していることや子供たちへの願いなどにも触れる機会としたい。

〈ICT の効果的な活用〉

調査：図書館へ行き、「図書館のひみつ」について調べる際に、写真を撮りながら分かったことや、さらに知りたいことを記録していくことで記録に要する時間を短縮し、１単位時間の中で、お互いの気付きを共有する時間を十分にとることができるようにする。

共有：学習支援ソフトやプレゼンテーションソフトを用いて、お互いの気付きを写真とともに一覧にすることで、分類法や本の配置について視覚的にその工夫が捉えやすいようにする。

記録：学習支援ソフトやプレゼンテーションソフトを用いて、分かったことを写真とともに記録しておくことで、他教科においても、調べ学習の際などに参照しやすいようにする。

本時案

図書館の達人になろう 1/1

本時の目標

・図書館の工夫を知り、図書館の本や資料が知識や情報を得るのに役立つことに気付くことができる。

本時の主な評価

❶幅広く読書に親しみ、読書が、必要な知識や情報を得ることに役立つことに気付いている。【知・技】

❷進んで読書が必要な知識や情報を得ることに役立つことに気付き、これまでの学習を生かして、本の探し方を考えながら学校図書館で本を探そうとしている。【態度】

資料等の準備

・ワークシート ⤓ 05-01、05-02
・写真を撮ることができる ICT 端末

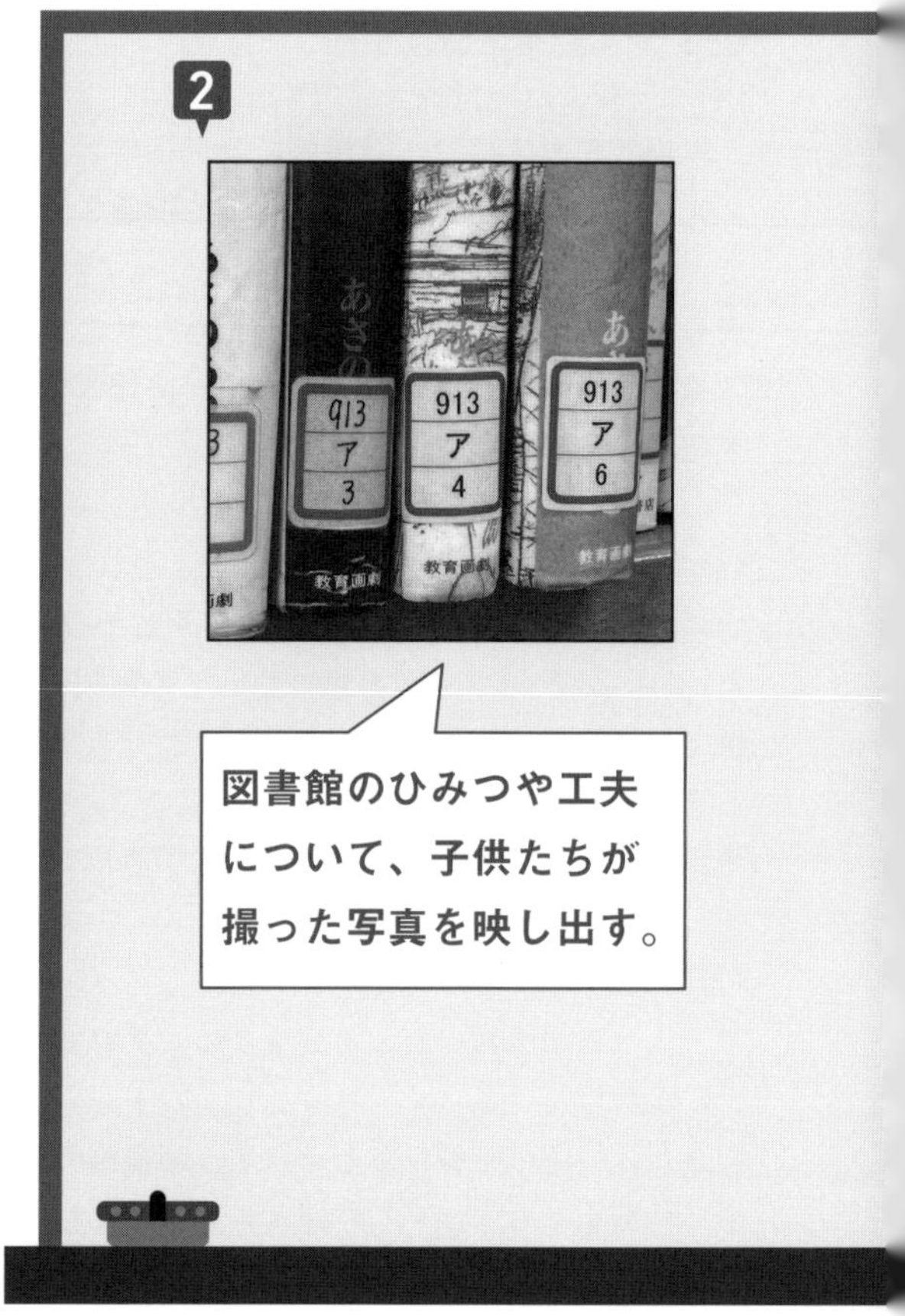
2
図書館のひみつや工夫
について、子供たちが
撮った写真を映し出す。

授業の流れ ▷▷▷

1 「図書館のひみつ」として知りたいことを伝え合う 〈10分〉

T　皆さんは、学校図書館を利用したことはありますね。どんなときに使いましたか。

・本を借りるとき。
・調べ学習をするとき。
・おもしろい本がないか探すとき。
・司書の先生に聞きたいことがあるとき。
・ほとんど使ったことがない。

T　今回の学習では、「図書館のひみつ」を見つけていきます。どんなひみつについて、調べてみたいですか。

・本が何冊あるか。
・本の背中についているラベル。
・本の並べ方。
・どの本が人気なのか。
・思い付かないから行ってから探したい。

2 学校図書館を見学し、図書館の工夫を見つけ記録する 〈20分〉

T　実際に、学校図書館へ行ってみましょう。「これはひみつかもしれない！」と思ったことは、写真で記録をしたり、メモを取ったりしましょうね。

・ラベルの数字が同じものが並べてある。
・ジャンルごとに、番号が振られている。
・文庫本はまとめて１つの本棚に並んでいる。
・貸し出し禁止の本もある。
・地図には、どこにどの種類の本があるのか、詳しく書いてある。司書の先生に聞いてみたら、本は２万冊以上あるらしい。

ICT 端末の活用ポイント

気になったところは写真で記録することで、図書館の工夫を視覚的に捉えられ、共有しやすくする。

図書館の達人になろう

1

図書館のひみつを見つけ、つたえ合おう。

○どんなひみつ？
・本の数
・ラベル
・並べ方
・人気の本

3

○見つけたひみつ
・ラベルの数字が同じものが並んで置いてある。
・ジャンルごとに、番号がふられている。
・文庫本はまとめて一つの本だなに。
・貸し出し禁止の本。
・地図…どこにどの種類の本があるのか。
・本は二万冊以上ある（司書の先生）。

3 お互いが気付いたことを聞き合い、まとめる 〈15分〉

T　たくさんのひみつが見つかりましたね。どんなものがありましたか。また、どうしてそのような工夫がされているのでしょう。

○まずはグループで見合い、その後、学級で共有することで一人一人が見つけたひみつを十分に扱えるようにする。

T　今日の学習で分かったことや、さらに調べたいことを書きましょう。

○本時のみで終えるのではなく、継続してひみつを見つけられるよう促す。

ICT 端末の活用ポイント

撮った写真を見合う際、似ているものをまとめて紹介したり、必要に応じて拡大して確かめたりと、多くの気付きが生まれる時間にする。

ICT 等活用アイデア

写真を使って図書館の工夫を視覚的に捉えやすく

ICT 機器が普及するまでは、見つけたものを共有する学習では、教師があらかじめ写真を用意したり、その度に見に行ったりと、準備や学習に時間がかかることが多かった。しかし、写真を活用することで、記録から共有、まとめまでを 1 時間で行うことができる。全体で共有する場面では、撮った写真を全員が見てもらえるよう、学習支援ソフトを使用して写真を一覧にしたり、黒板に大きく映し出したりするなどして効果的に共有し、学びにつながる問いかけや声かけを心がける。

資　料

1 図書館の達人になろう① 05-01

図書館の達人になろう①

年　　組　　名前（　　　　　　　　　　　　）

○調べてみたい「図書館のひみつ」

2 図書館の達人になろう② 05-02

図書館の達人になろう②

年　　組　　名前（　　　　　　　　　　）

○調べてみて分かったこと

○さらに調べてみたいこと・ふり返り

言葉

漢字辞典を使おう

（2時間扱い）

単元の目標

知識及び技能	・辞書の使い方を理解して使うことができる。((2)イ)
学びに向かう力、人間性等	・言葉がもつよさに気付くとともに、幅広く読書をし、国語を大切にして、思いや考えを伝え合おうとする。

評価規準

知識・技能	❶辞書の使い方を理解して使っている。(〔知識及び技能〕(2)イ)
主体的に学習に取り組む態度	❷進んで、漢字辞典の使い方を理解し、学習課題に沿って、漢字辞典を使って調べようとしている。

単元の流れ

時	主な学習活動	評価
1	学習の見通しをもつ 例文を見ながら、漢字の読み方や意味が分からないときにはどうするとよいのか話し合う。 自由に漢字辞典を開いて、書かれている内容を確かめる。 ・読み方　・成り立ち ・意味　・語句 漢字辞典の特徴をつかむ。 ①部首や画数の順で並んでいる。 ②索引を用いて調べる（音訓索引、部首索引、総画索引）。 漢字辞典を用いて、例文の漢字を調べる。	❶
2	提示された漢字を見て、どの索引を用いて調べたのかを伝え合う。 漢字カードを作成する。 【表面】自分の調べた漢字を使った短文を書く（漢字の横に線を引く）。 【裏面】その漢字の読み方、画数、部首、意味を書く。 グループで漢字カードを提示しながら、漢字辞典で調べる。 【出題者】カードの表面を提示し、「音訓どちらかの読み方」「総画数」「部首」のいずれかを伝える。 【回答者】漢字辞典を使って調べる。どの索引を用いたか、その漢字が使われる他の言葉を伝える。 学習を振り返る 漢字カードで出た漢字を例にしながら、漢字辞典の使い方やそれぞれの索引の特徴についてまとめる。	❷

授業づくりのポイント

〈単元で育てたい資質・能力〉

本単元のねらいは、今後の学習活動や生活場面において漢字辞典を効果的に用いることができる力を育むことである。そのためには、漢字辞典を使う意味や場面に必然性をもち、正しい使い方を理解する必要がある。漢字辞典は部首別に分類され、画数の少ないものから並べられているという特徴を理解し、どの索引を用いるかを判断する力を養っていきたい。

[具体例]

○漢字辞典はどのようなときに必要になるか、どのようなよさがあるのかを実感させるために、実際に漢字が読めない場面を設定する。生活場面の中にある看板やポスターなどの文章や未習の文章などを用いるのも効果的であろう。

○例えば、漢字辞典には読み方も部首も分からなくても調べることができる「総画索引」がある。このように何が分かり、何が分からないのかを整理していくことで適切な調べ方をつかんでいくことができる。そのためには、多様な言葉を引き出しながら、調べる経験を重ねていく。

〈教材・題材の特徴〉

3年生までに「国語辞典の使い方」「漢字の意味」「音と訓」「へんとつくり」を学習している子供たちと学びを振り返りながら、漢字のおもしろさや奥深さに気付くきっかけとなる教材である。一単元として終わりにするのではなく、継続的に漢字辞典を扱っていくための工夫も必要であろう。

[具体例]

○実際に手に取り、いつでも活用することができるよう漢字辞典を教室に常備しておく。

〈言語活動の工夫〉

「漢字辞典を使って調べる」ということをたくさん経験させていくことが重要である。また、「漢字辞典で調べた言葉や意味などを書く」という習慣を身に付けていくことも大切である。

[具体例]

○漢字カードに限らず、早引き競争やビンゴなどゲーム的な要素を入れることで漢字辞典に慣れ親しめるような活動を多く取り入れていきたい。

○漢字辞典は１つの漢字を調べると新たな熟語や言葉に出合う。それを共有していくことが語彙の拡充や継続的な活動につながるだろう。また、子供によって用いる索引は異なるため、グループでの活動ではなぜその索引を用いたのかを説明することがそれぞれの索引の特徴を理解するきっかけになっていく。

〈ICT の効果的な活用〉

表現：ICT 端末の文書作成ソフトや学習支援ソフトを用いて漢字辞典で調べた言葉の意味などを共有し、オリジナル辞典を作るという活動も考えられる。

本時案

漢字辞典を使おう　1/2

本時の目標

・漢字辞典の使い方や特徴を理解して、漢字の意味や読み方を調べることができる。

本時の主な評価

❶漢字辞典の使い方を理解して使っている。【知・技】

資料等の準備

・例文
・漢字辞典の１ページ分の拡大コピー
・「音訓さくいん」「部首さくいん」「総画さくいん」の短冊

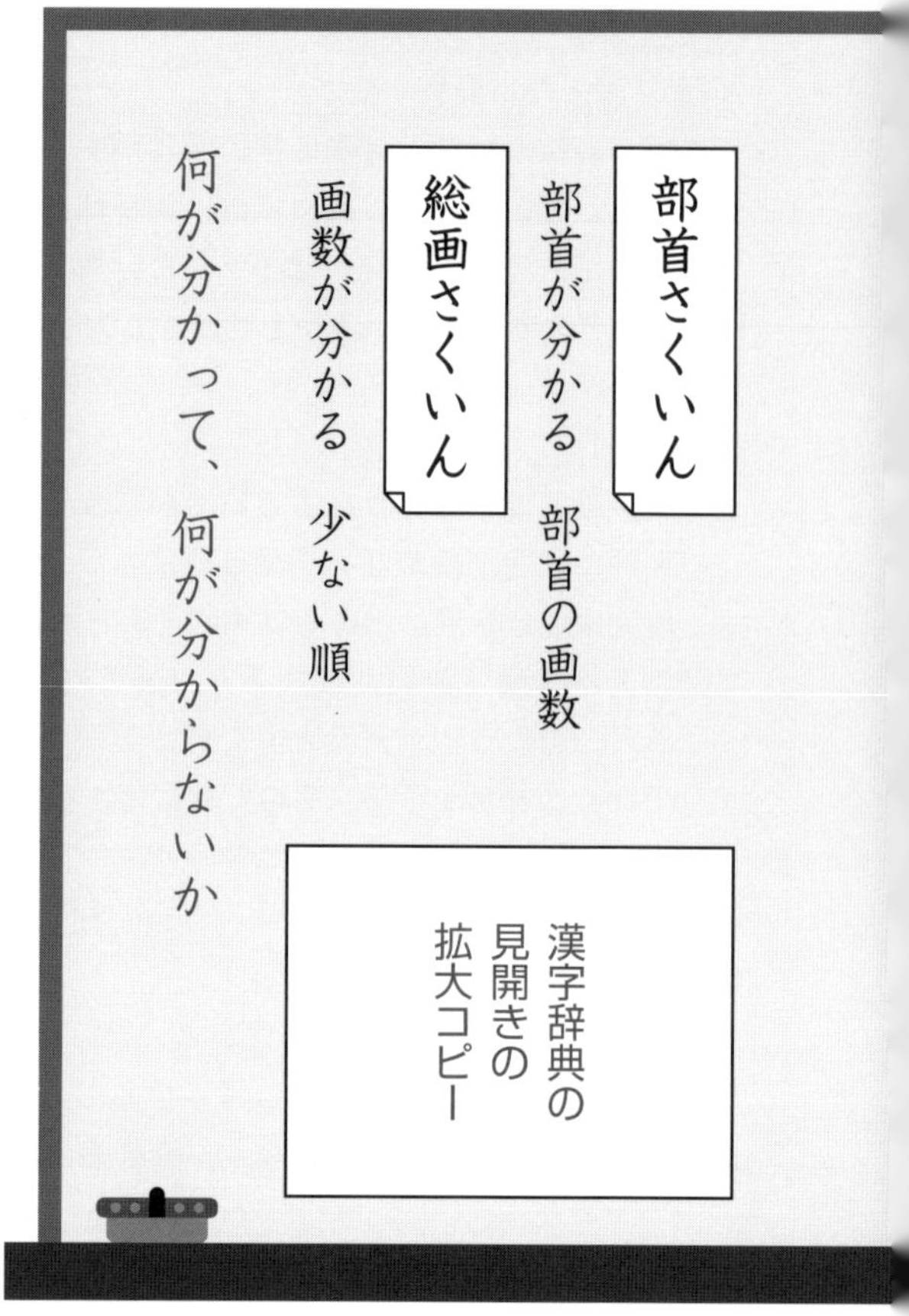
部首さくいん
部首が分かる　部首の画数
総画さくいん
画数が分かる　少ない順
何が分かって、何が分からないか
漢字辞典の見開きの拡大コピー

授業の流れ ▷▷▷

1 漢字辞典の必要な場面を考え、学習の見通しをもつ 〈10分〉

○例文を提示し、漢字辞典を使う必然性をもたせる。

T　漢字が分からないときは、どうやって調べたらいいのだろう。

・国語辞典は「読み方」が分からないと。

T　漢字辞典と国語辞典を見比べて、どのような違いがあるかを見つけてみましょう。

・画数や部首が書いてあるよ。

・その漢字を使った他の言葉が書いてある。

○漢字辞典は読めなくても、漢字を調べられることを確認し、本時のめあてを板書する。

ICT 端末の活用ポイント

ウェブブラウザなどでは漢字の読み方が分からなければ検索することが難しいことを実感させ、漢字辞典を使う必然性をもたせる。

2 漢字辞典の特徴や調べ方を知る 〈20分〉

○漢字辞典から何が分かるのかを確認する。部首や画数など３年生での学習を想起させ、例を出しながら押さえていきたい。

T　漢字辞典には３つの「さくいん」があります。それぞれどうやって調べるのかを確かめてみましょう。

・読み方が分かるならば「音訓さくいん」ですぐに調べられるよ。

・部首が見つけられれば読めなくても、「部首さくいん」を使えばいい。

・何画かを数えてみれば、初めての漢字でも調べられる「総画さくいん」もある。

○短冊を掲示し、それぞれの索引の特徴を子供の言葉で簡潔にまとめていく。また、実際に漢字辞典を引くという活動を重視していく。

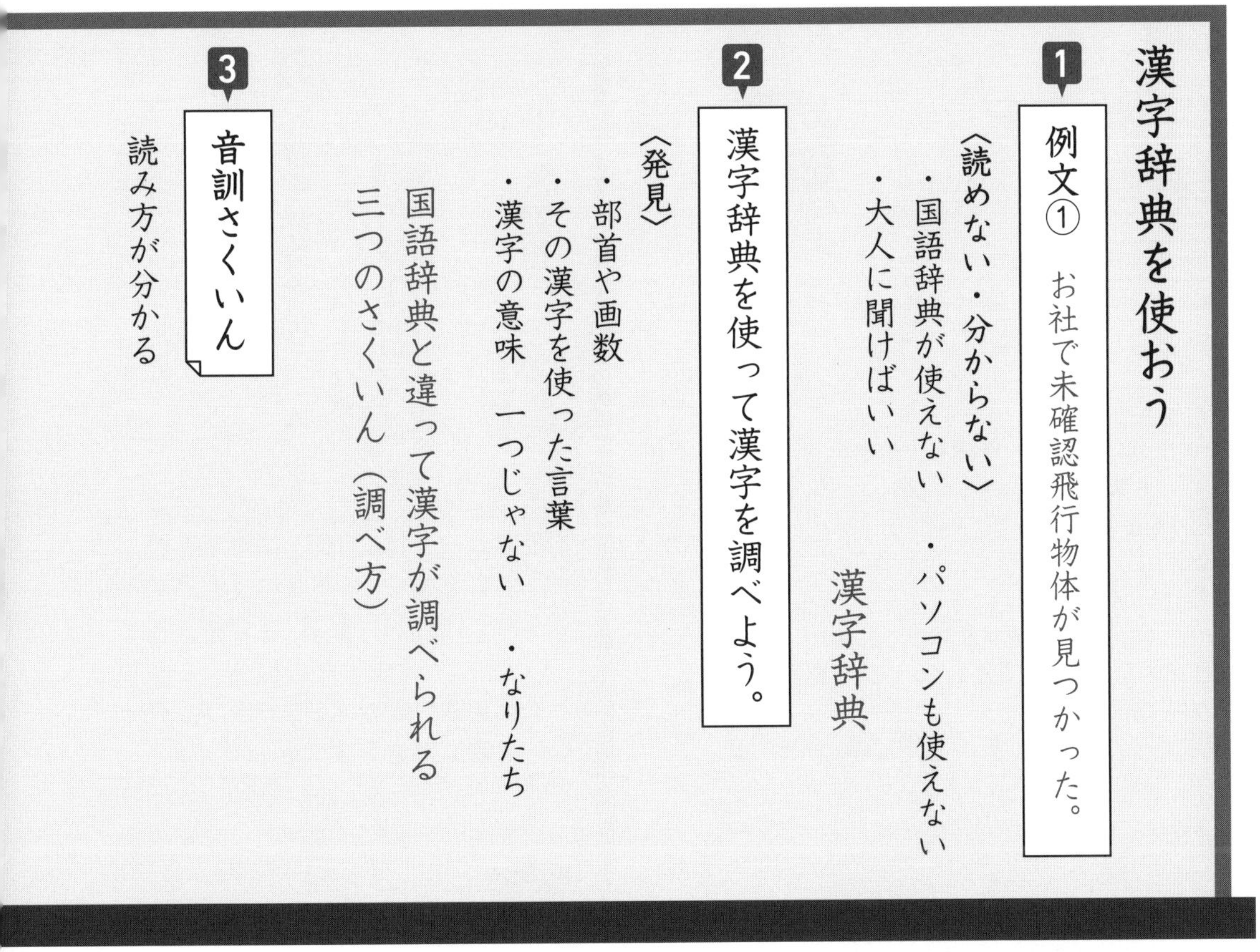
漢字辞典を使おう
1
例文① お社で未確認飛行物体が見つかった。
〈読めない・分からない〉
・国語辞典が使えない　・パソコンも使えない
・大人に聞けばいい
漢字辞典
2
漢字辞典を使って漢字を調べよう。
〈発見〉
・部首や画数
・その漢字を使った言葉
・漢字の意味　一つじゃない　・なりたち
国語辞典と違って漢字が調べられる
三つのさくいん（調べ方）
3
音訓さくいん
読み方が分かる

3 漢字辞典を使って調べる〈15分〉

○漢字辞典を使って例文の漢字を調べていく。読み方だけではなく、どのような意味で扱われているのかに注目させていきたい。

T 「お社」とは何のことだろう。

・音訓さくいんで調べられそうだ。
・７画だから総画さくいんでも調べられる。
・「社」には土地の神やその御殿という意味があるのだね。御殿って何だろう。

○１つの索引方法だけでは、不十分であることに気付かせたい。それを生かしながら、漢字辞典を活用して調べていく姿を価値付けたい。

ICT 端末の活用ポイント

例文を学習支援ソフトなどに提示し、子供が実態に応じて調べる環境を作りたい。

ICT 等活用アイデア

子供の生活体験から漢字とのつながりを見つける

保護者に向けたプリントや上学年の書いた文章など、学校の中だけでも４年生の子供たちにとっては漢字について気になる場面があるだろう。読めない漢字や意味の分からない漢字などを写真に撮って記録を残しておいたり、住んでいる地域の看板などに用いている漢字をウェブ上の地図アプリで見つけたりと生活の中での漢字を ICT 機器を使いながら想起させてきたい。身近なところにある子供の漢字とのつながりを題材にすることで、漢字辞典を使う意義が感じられるはずである。

本時案

漢字辞典を使おう

2/2

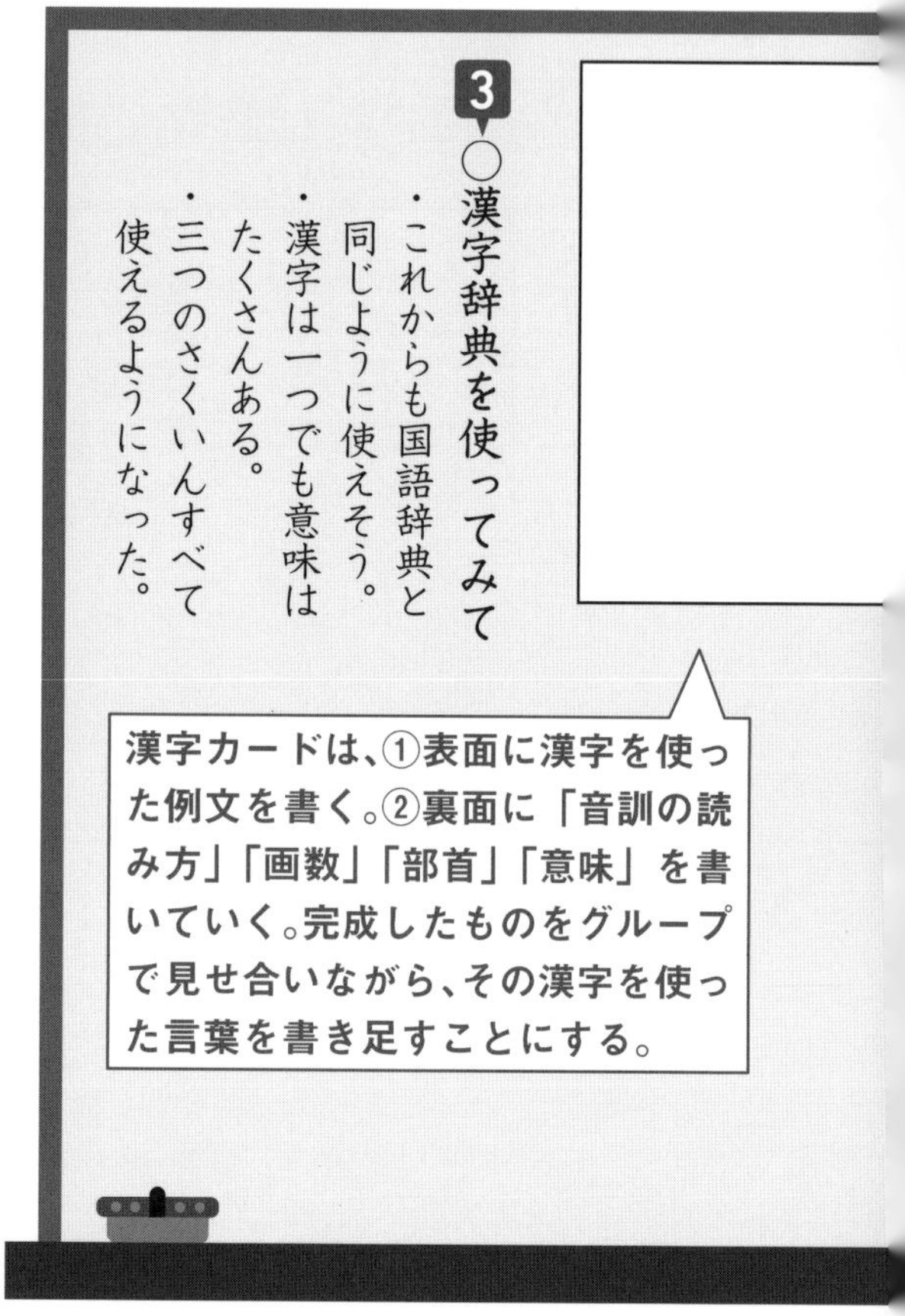
3
○漢字辞典を使ってみて
・これからも国語辞典と同じように使えそう。
・漢字は一つでも意味はたくさんある。
・三つのさくいんすべて使えるようになった。
漢字カードは、①表面に漢字を使った例文を書く。②裏面に「音訓の読み方」「画数」「部首」「意味」を書いていく。完成したものをグループで見せ合いながら、その漢字を使った言葉を書き足すことにする。

本時の目標

・漢字カードを作り、漢字辞典を使って漢字を調べることができる。

本時の主な評価

❷漢字辞典の使い方を理解し、漢字カードを作りながら漢字辞典を使って調べようとしている。【態度】

資料等の準備

・「初」「昨」などの漢字を拡大したもの
・「音訓さくいん」「部首さくいん」「総画さくいん」の短冊
・漢字カードとそのモデル 06-01〜06-04

授業の流れ ▷▷▷

1 漢字辞典の使い方を確認する 〈5分〉

T　前の学習を思い出して「初」「昨」、この漢字を調べてみましょう。
・読み方が分からないときは、画数を数えてみればいい。
・たぶんこの部首は「日」だから、部首さくいんでやってみよう。
○何が分かって、何が分からないのかを考えることで索引を選択することができる。友達はなぜその索引で調べたのかを共有しながら、漢字辞典を適切に扱えるようにさせたい。
○子供の実態に合わせて、早引き競争や意味探しなど、ゲーム的な要素を取り入れていくことで漢字辞典に慣れ親しませていく。

2 漢字カードを作成し、グループで調べる 〈30分〉

T　漢字カードを作って、辞典を使いこなせるようになろう。
・明日は雨だ。8画。（作成者）
・総画さくいんで調べよう。雨には「ウ」「あま」という読み方もあるのだね。（グループ）
・雨天や雨水という言葉もある。（グループ）
・漢字カードの語句が増えてきた。（作成者）
○漢字辞典で調べた記録を残し、語彙の拡充を図りながら漢字辞典に慣れ親しむ。

ICT端末の活用ポイント

文書作成ソフトを用いることで、調べたことを分かりやすくまとめ、共有できる。

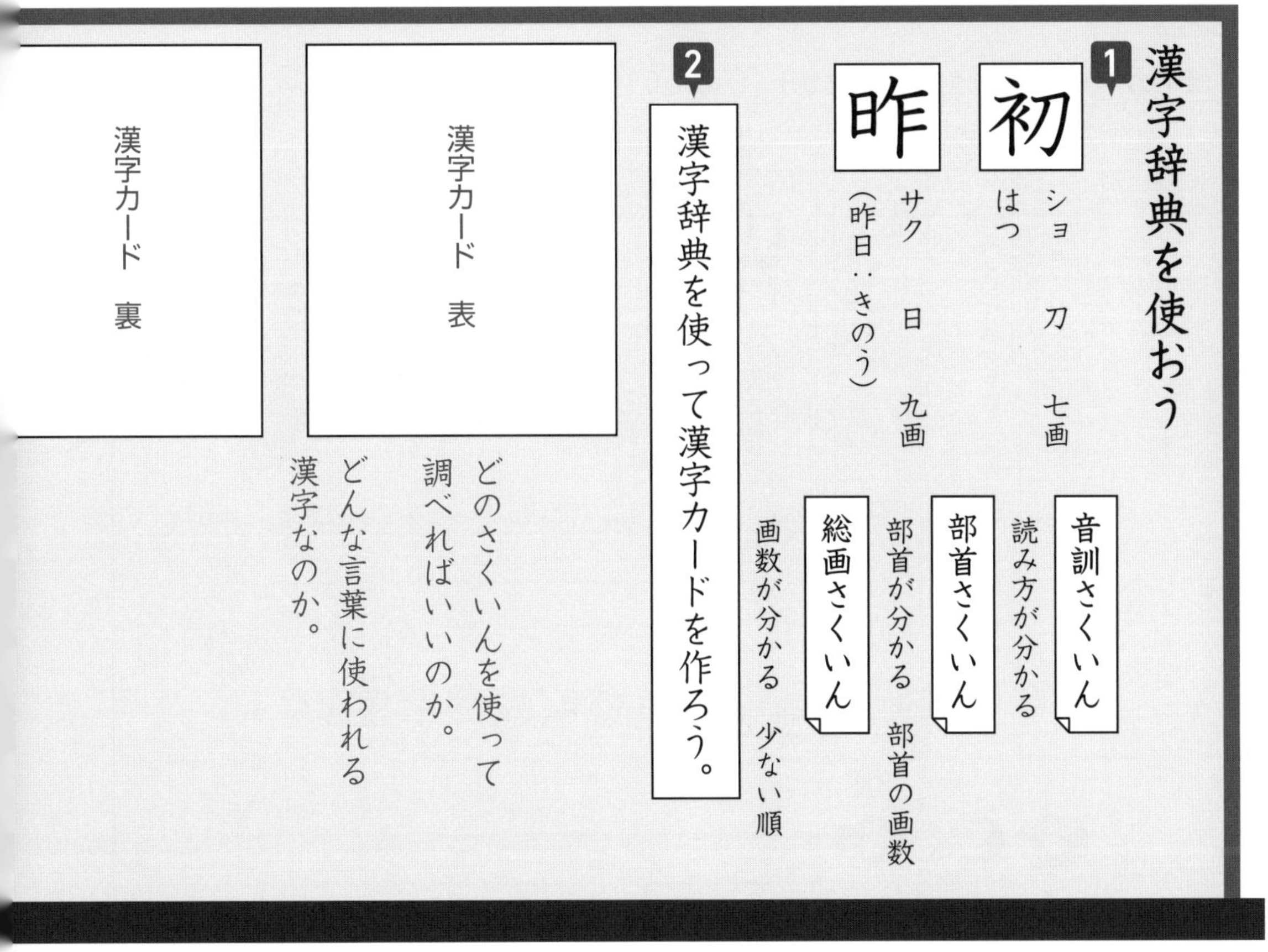
1 漢字辞典を使おう
初
ショ
はつ
刀　七画
昨
サク
日　九画
（昨日：きのう）
音訓さくいん
読み方が分かる
部首さくいん
部首が分かる　部首の画数
総画さくいん
画数が分かる　少ない順
2 漢字辞典を使って漢字カードを作ろう。
漢字カード　表
漢字カード　裏
どのさくいんを使って調べればいいのか。
どんな言葉に使われる漢字なのか。

3 漢字辞典の使い方について自分の気付きをまとめる〈10分〉

T　漢字辞典はこれからどんなときに使えそうだろう。

・意味が分からない漢字がたくさんあるから、これから調べてみようと思った。

・１つの索引だけだと調べられないときもあるけれど、３つの索引で何を使うといいのかを考えるといい。

・本やタブレットなどで出てきた読めない漢字も、漢字辞典を使うと意味が分かって、自分の言葉でまとめられるかも。

・漢字は１つだけどその中にたくさんの意味があることが分かった。

T　国語辞典と同じように、分からないことを調べることでもっといろいろな言葉を知ることができましたね。

よりよい授業へのステップアップ

漢字カードからオリジナル漢字辞典へ

　漢字カードは漢字辞典の使い方に慣れ親しむだけではなく、共有することで学級のオリジナル漢字辞典となる。自主学習などでも子供たちが取り組めるよう漢字辞典は教室に常備しておきたい。ICT 端末の文書作成ソフトでテンプレートを用意し、それを学習支援ソフトで共有することでデジタル漢字辞典にしていくことも可能であろう。単元で終わりにするのではなく、各教科等や各単元での学びと関連付けながら、自然と辞典を使って調べようとする子供を育てていきたい。

資 料

1 漢字カードで遊ぼう！（具体例） 06-01

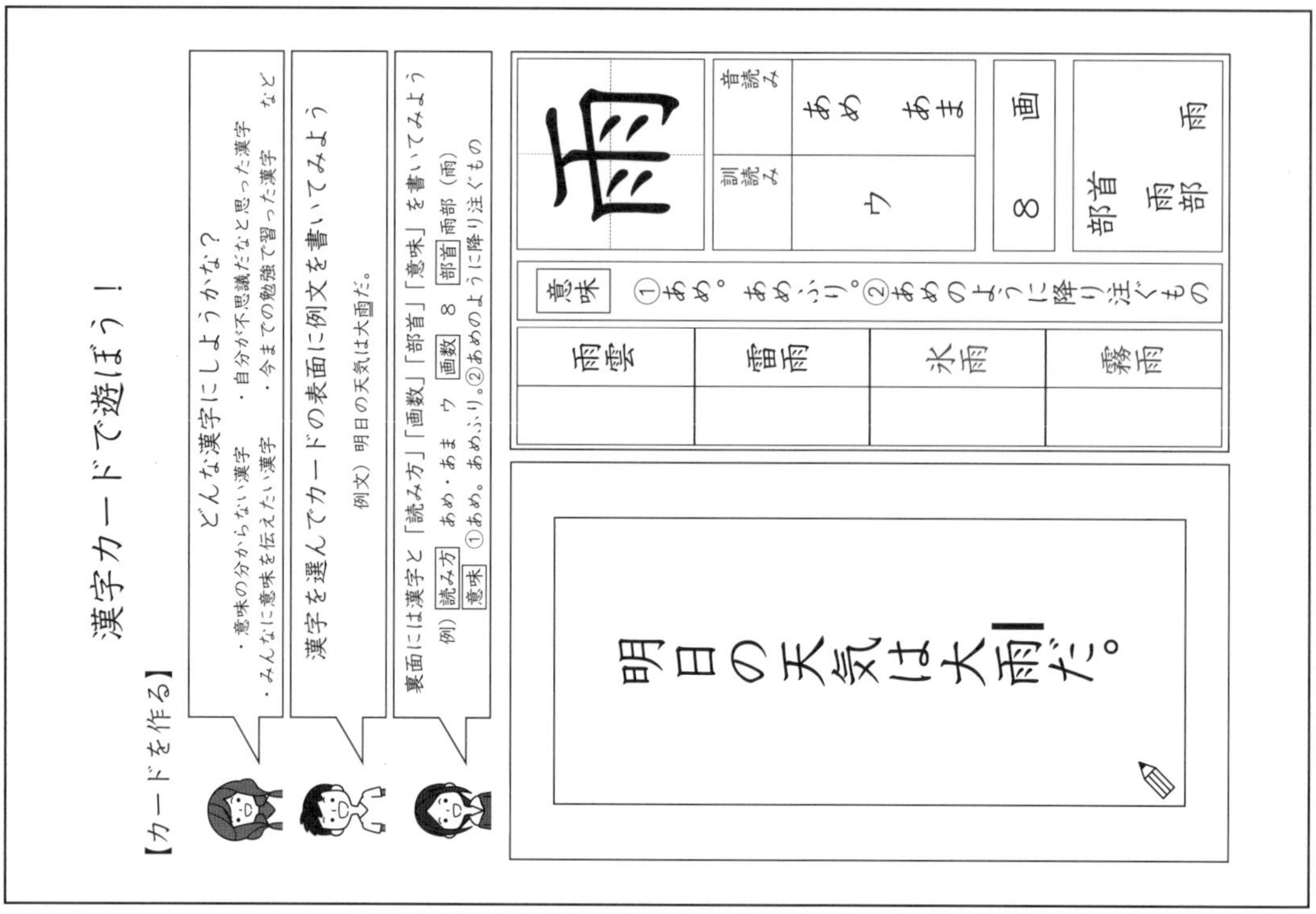

2 漢字カードで遊ぶ 06-02

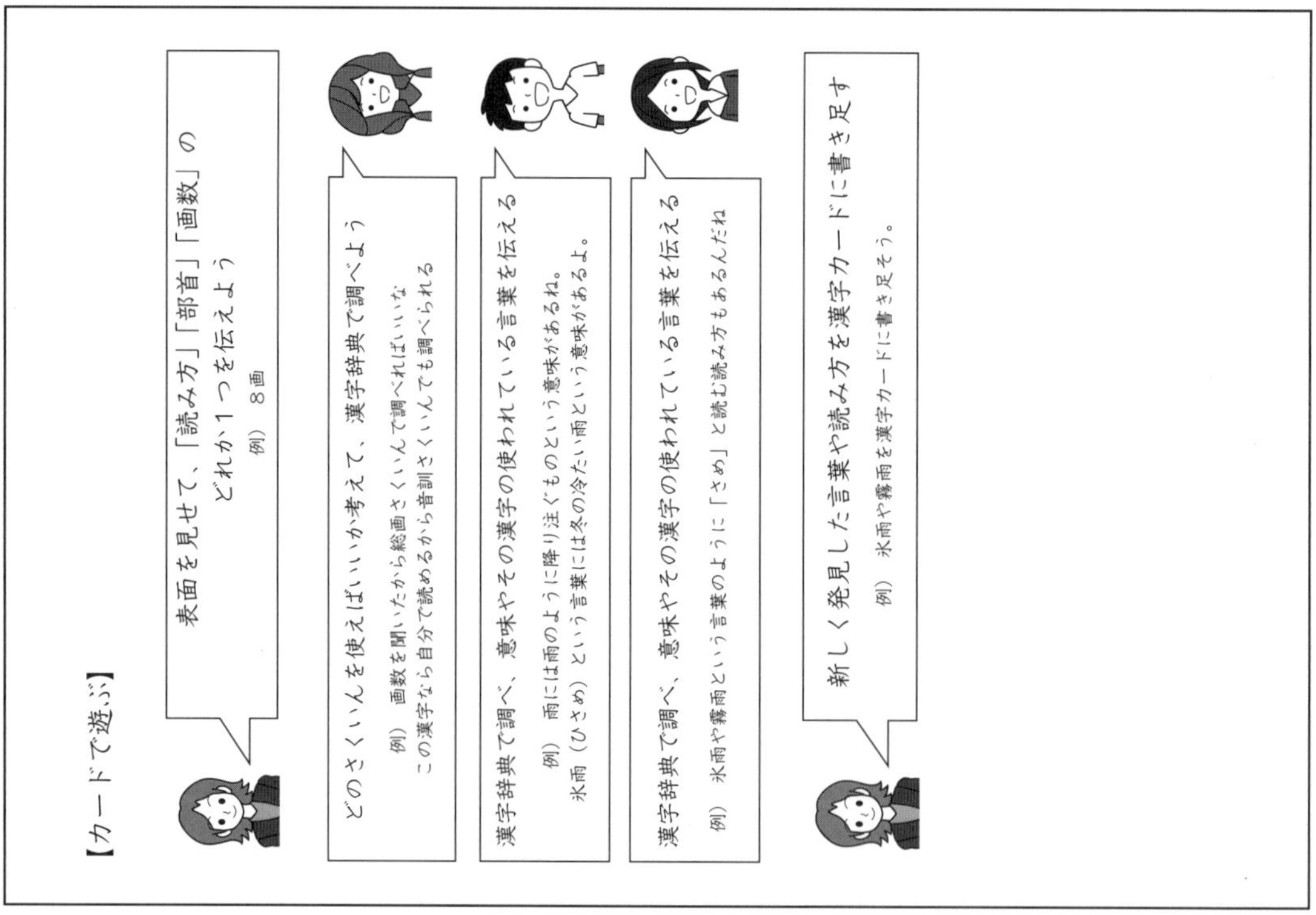

3 漢字カード（裏面） 06-03

音読み

訓読み

画

部首

意味

漢字カード（表面） 06-04

きせつの言葉 1

春の楽しみ　（2時間扱い）

単元の目標

知識及び技能	・様子や行動を表す語句の量を増し、文章の中で使い、語彙を豊かにすることができる。((1)オ)
思考力、判断力、表現力等	・相手や目的を意識して、経験したことや想像したことなどから書くことを選び、集めた材料を比較したり分類したりして、伝えたいことを明確にすることができる。(B ア)
学びに向かう力、人間性等	・言葉がもつよさに気付くとともに、幅広く読書をし、国語を大切にして、思いや考えを伝え合おうとする。

評価規準

知識・技能	❶様子や行動を表す語句の量を増し、文章の中で使い、語彙を豊かにしている。(〔知識及び技能〕(1)オ)
思考・判断・表現	❷「書くこと」において、相手や目的を意識して、経験したことや想像したことなどから書くことを選び、集めた材料を比較したり分類したりして、伝えたいことを明確にしている。(〔思考力、判断力、表現力等〕B ア)
主体的に学習に取り組む態度	❸粘り強く経験したことや想像したことなどから書くことを選び、伝えたいことを明確にして、手紙を書こうしている。

単元の流れ

次	時	主な学習活動	評価
一	1	**学習の見通しをもつ** 教科書 p.42–43を読み、春の行事について知っていることを発表し合う。 学習のおおよその見通しをもち、学習課題を設定する。 **春の楽しみを、手紙に書いて伝えよう**	❷
二	2	自分が知っていたり調べたりした春の行事について、伝えたい相手に対して手紙を書く。 **学習を振り返る** 書いた手紙を友達と読み合い、感想を伝え合う。	❶ ❸

授業づくりのポイント

〈単元で育てたい資質・能力〉

本単元では、行事に焦点を当てながら「春の言葉」について学ぶ。昔から伝わる春の行事や、春に関係する言葉はたくさんある。自分が知っている言葉や、調べて知った言葉を、手紙に書いて伝えることが主な言語活動となる。言葉だけでなく、自分の思いも伝わるように、相手意識をもちながら手紙を書くことをねらいとする。

伝えたいことを明確にするためには、書くための素材から必要な事柄を選ぶ過程を大切にしたい。選ぶための基準を教師から示すことも考えられるが、子供たちがどのように選ぶか、その観点を出し合う時間もあると、より主体的に書く活動に向かえるだろう。

〈教材・題材の特徴〉

春に関係する言葉は、子供もある程度は知っているだろう。日常生活や3年生までの学校生活において、春を感じる言葉に触れたり行事を経験したりしていることが予想される。それらの経験を想起しながら、また、教科書の言葉や挿絵を参考にしながら、春の言葉を共有する。共有した後は、それらの言葉についての説明を、自分の思いも含めて手紙として書く活動を行う。

〈言語活動の工夫〉

子供は、活動の目的がはっきりしたときに意欲的になると考えられる。本単元では「手紙で伝える」ことが主な言語活動であり、手紙には受け取る相手が存在する。そこで、誰に手紙を書き、どんな内容を書くのかを明確にするため、これまでに手紙を書いた経験を思い出す時間を設けてから、実際に手紙を書き始めるようにする。

[具体例]

○手紙を書いた経験を共有し、手紙には受け取り手がいることを確認する。まずは、誰に対して、春のことを伝える手紙を書くかを決めるようにする。次に、春について何を伝えるかを考える。行事・食べ物・植物・二十四節気など、幅広い種類から選べるようにすると、子供が自分の興味に沿って内容を決めることができる。

〈ICT の効果的な活用〉

調査：春を表す言葉の中には、子供にとってあまり馴染みのないものもある。分からない、初めて聞いた言葉は、ICT 端末の検索機能を使って調べるとよい。調べていく中で興味をもち、誰かに伝えたいと思うようになることも期待できる。言葉の意味を調べ、言葉への興味をもつようになると、今後の言葉の学びにも意欲的になるだろう。

記録：単元は、「春の楽しみ」である。この後、「夏」「秋」「冬」と、それぞれの楽しみを表現する学びが設定されている。手紙は、一度出すと自分の手元には残らないが、ICT 端末等で写真を撮影しておくと、「夏の楽しみ」で振り返りながら学びを進めることができる。いわゆるポートフォリオのようにできるとよい。「春夏秋冬」の楽しみを閲覧できるようにしておくことで、年度末に、年間を通した言葉の学びを振り返ることもできる。

本時案

春の楽しみ 1/2

本時の目標

・春の行事について共有し、学習の見通しをもつことができる。

本時の主な評価

❷春の行事について調べ、伝えるために必要な内容を選んでいる。【思・判・表】
・春の行事について知り、学習の見通しをもっている。

資料等の準備

・春の行事の絵、または写真
・図鑑

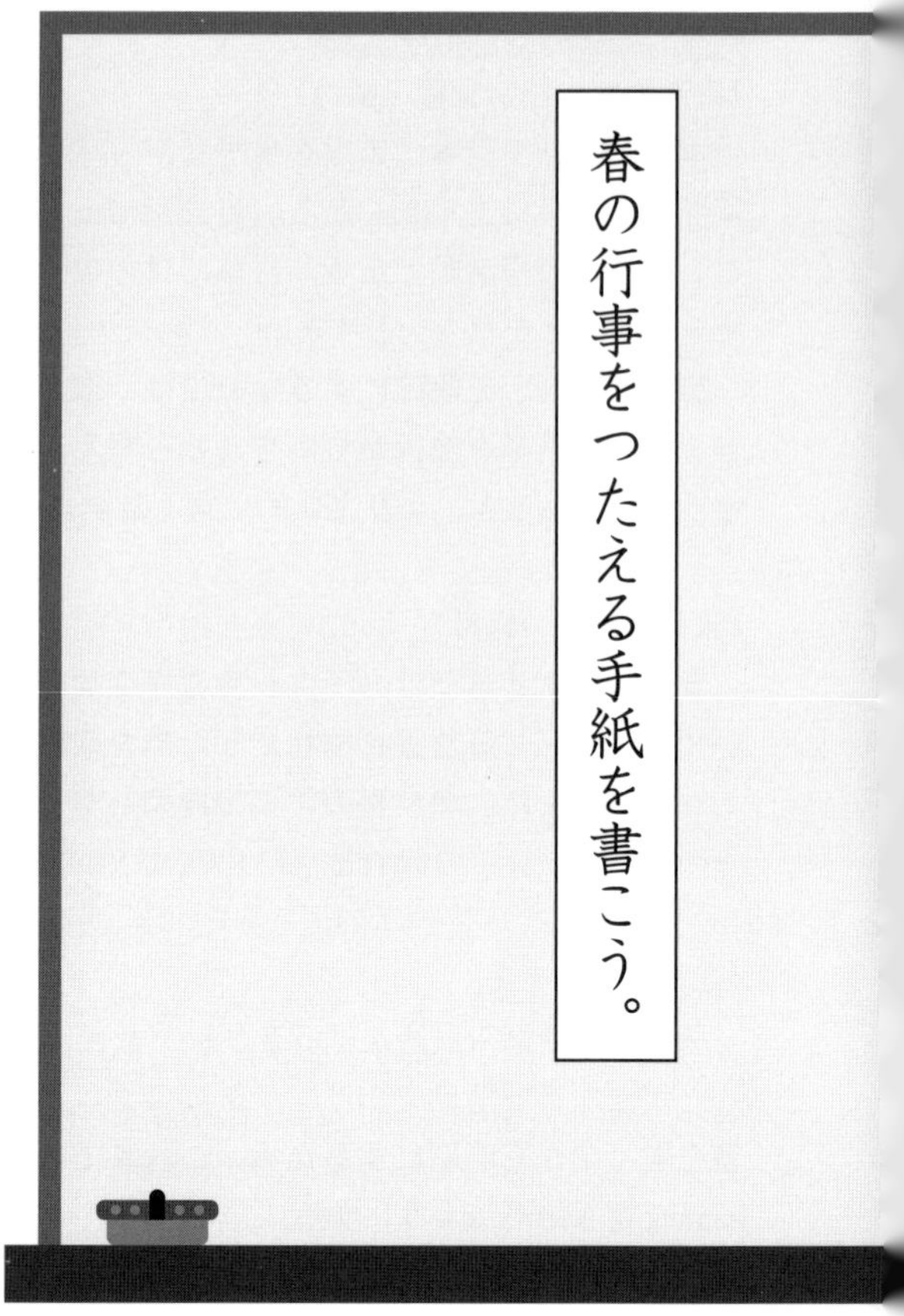

授業の流れ ▷▷▷

1 春の行事について、知っていることを共有する 〈15分〉

○「行事」とは、毎年決められた日程で行われるものであることを確認しておく。
T　春になると、いろいろな行事が行われますね。どんな行事があるでしょうか。
・入学式　・始業式　・卒業式
・１年生を迎える会
・ひな祭り　・お花見　・端午の節句
T　皆さんもいろいろな行事を経験していると思います。では、その行事ではどんなことをして、どんな意味があるかを知っていますか。
・ひな祭りは、お雛様を飾る。
・端午の節句は、こどもの日にやるから、子供に関係することかな。
・入学式は、１年生を迎える行事。

2 学習の見通しをもつ 〈10分〉

T　春の行事について、友達に手紙を書いて伝えていきます。何について伝えるか、春の行事の中から選びましょう。
・ひな祭りにしようかな。
・入学式にしようか。だけど、ほとんどの人がどんな行事か知っているかな。
・こどもの日のことは知っているけど、端午の節句のことは知らない人がいるかもしれない。
○伝えたい相手を明確にした上で、どの行事について伝えるのかを決めるようにする。

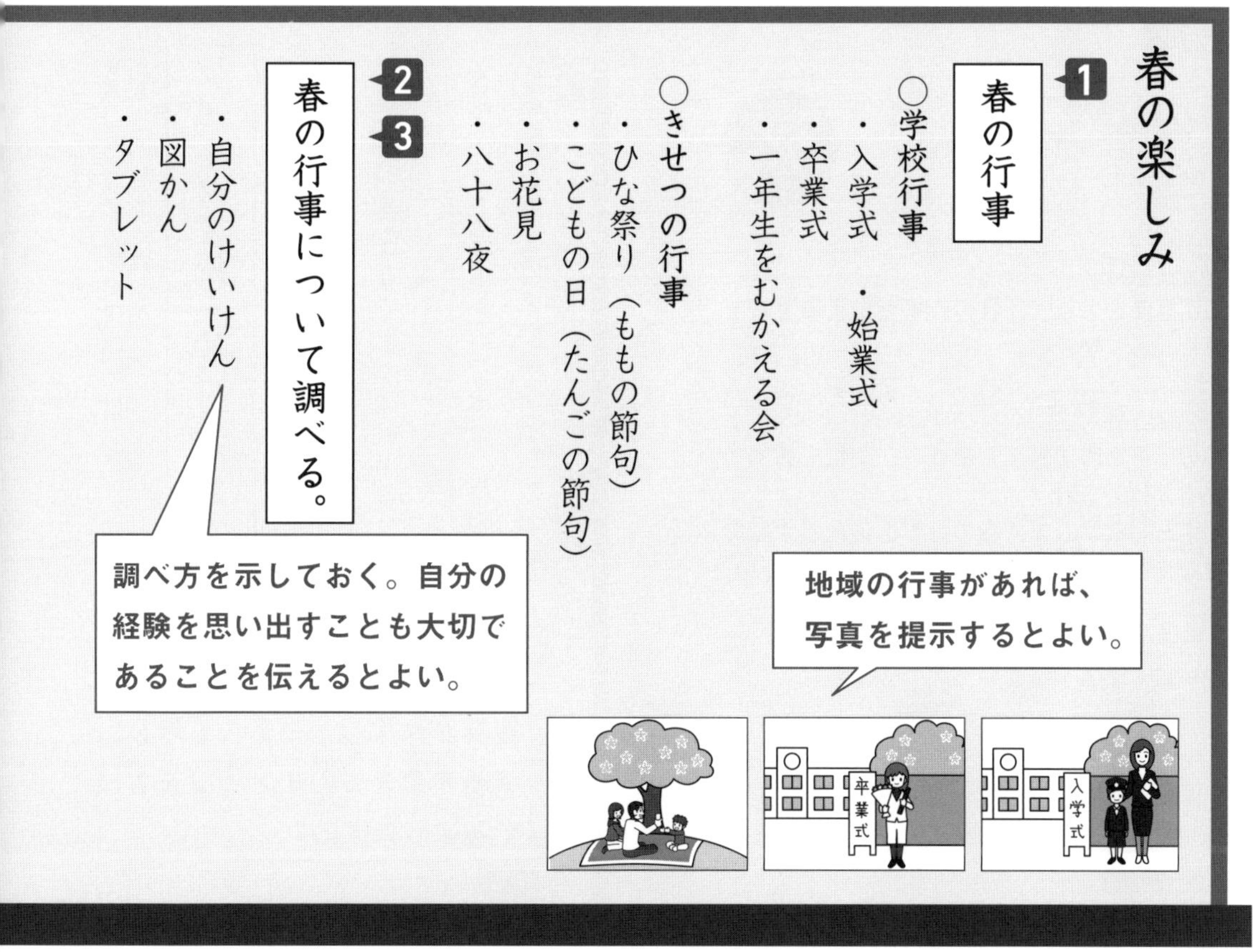
春の楽しみ
1
春の行事
○学校行事
・入学式　・始業式
・卒業式
・一年生をむかえる会
○きせつの行事
・ひな祭り（ももの節句）
・こどもの日（たんごの節句）
・お花見
・八十八夜
2
3
春の行事について調べる。
・自分のけいけん
・図かん
・タブレット
地域の行事があれば、写真を提示するとよい。
調べ方を示しておく。自分の経験を思い出すことも大切であることを伝えるとよい。
卒業式
入学式

3 春の行事について調べる〈20分〉

○伝えたい行事が決まったら、その行事について調べる。

T　伝えたい行事について調べましょう。図鑑やタブレットを使います。自分が経験したときのことをノートに書いてもいいですよ。

・ひな祭りには、子供をけがや病気から守る意味があるのか。
・端午の節句は、子供が無事に成長してくれることを願うための行事だな。
・ひなあられが４色なのは、春夏秋冬を表しているなんて知らなかった。

ICT 端末の活用ポイント

検索機能を使って、春の行事について調べると、短時間で多くの情報を得られる。

よりよい授業へのステップアップ

当たり前に過ごしていた行事の意味や由来を考える

　春に行われる行事は、子供たちもたくさん経験しているだろう。学校行事については、３年生までにも経験しており、自分たちの学校行事の様子をイメージしやすい。

　しかし、各行事の意味を知っている子供はそれほど多くないのではないか。本単元では、何気なく過ごしていた行事について、その意味や由来まで考えることで、日本文化への理解を深めることもねらいとしている。

本時案

春の楽しみ

2/2

本時の目標

・相手意識をもって、春の行事を伝える手紙を書くことができる。

本時の主な評価

❶春の行事を表す言葉を使って、手紙を書いている。【知・技】

❸相手を明確にして、春の行事を伝える手紙を書こうとしている。【態度】

資料等の準備

・モデルとなる手紙文

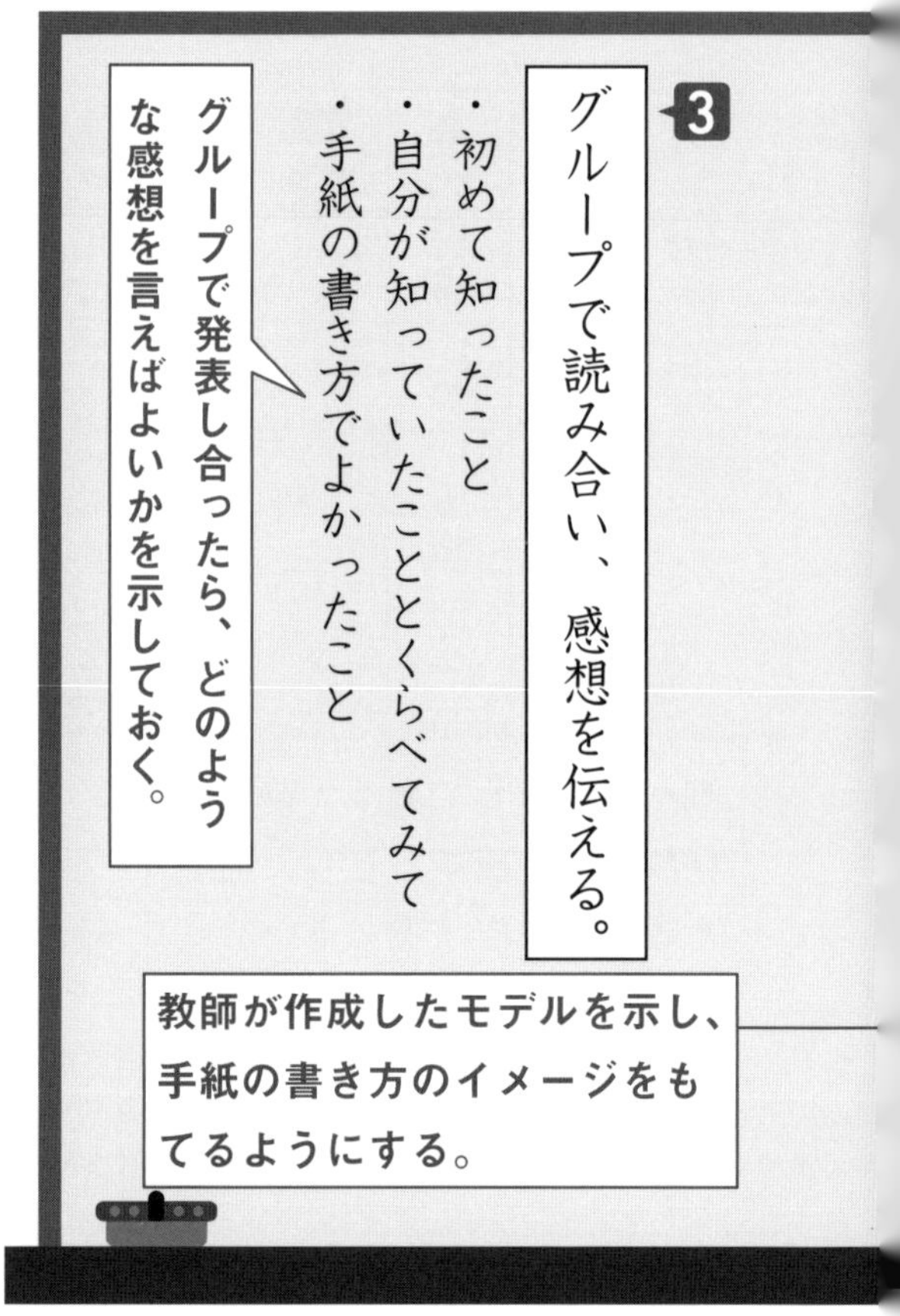

3
グループで読み合い、感想を伝える。
・初めて知ったこと
・自分が知っていたこととくらべてみて
・手紙の書き方でよかったこと
グループで発表し合ったら、どのような感想を言えばよいかを示しておく。
教師が作成したモデルを示し、手紙の書き方のイメージをもてるようにする。

授業の流れ ▷▷▷

1 手紙の書き方を確認する〈10分〉

○手紙にどんなことを書けばよいかを確認する。

T　前の時間に調べた春の行事のことを手紙に書いていきます。手紙には、春の行事だけ書けばよいでしょうか。

・相手の名前も書かないといけない。

・自分の名前も。

・あとは、日付を書く。

T　そうですね、日付・自分の名前・宛名の書き方は、教科書の「お礼の気持ちを伝えよう」というページに載っているので、確認しましょう。

・自分の名前や相手の名前は最後に書くのか。

・相手の名前には「様」を付けるんだね。

2 春の行事を伝える手紙を書く〈25分〉

T　では、春の行事を伝える手紙を書きましょう。自分の経験したことも入れると、読み手も楽しく読めますよ。

・ひな祭りのことを伝えます。3月3日に行われる行事です。桃の節句とも呼ばれています。ひな祭りには、ひな人形を飾ります。ひな人形には、子供を怪我や病気から守る願いが込められています。

・入学式について伝えます。〇〇小学校の入学式は、体育館で行われます。1年生が一人一人名前を呼ばれて返事をします。校長先生のお話や、6年生が歌を歌って1年生を歓迎します。

○学校行事を書く場合、その学校独自の内容を盛り込めるとよい。

春の楽しみ

春の行事を伝える手紙を、友達に書こう。

1

2

ひな祭りのことをつたえます。ひな祭りは、もも
の節句ともよばれ、毎年三月三日に行われます。
ひな祭りには、ひな人形をかざります。ひな人形
には、子供をけがやびょう気から守ってほしいと
いうねがいがこめられています。
　わたしの家にもひな人形があります。毎年、お
うちの人といっしょに、そうっとひな人形をかざ
っています。ひな祭りのことをもっと知ってもら
えたらうれしいです。

四月三十日

○○○○

○○○○様

3 手紙を読み合う 〈10分〉

T　書いた手紙をグループで読み合いましょう。

・僕も入学式のことを書いたよ。６年生が歌を歌うのはこの学校だけなのかな。

・八十八夜というのは初めて知ったよ。「八」という漢字は縁起がいいんだね。

○読み合い、感想を伝え合ったら、友達に手紙を渡す。全員に手紙が届くように、教師が誰に渡すかを指定するか、席が隣の人に渡すといったように決めておいてもよい。もらえない子供がいないような配慮が必要である。

ICT 端末の活用ポイント

手紙を読み合い、行事について共有する中で、具体的にイメージしたいときには、ICT 端末でその行事について調べてみてもよい。

よりよい授業へのステップアップ

手紙の書き方を確認しておく

　本単元では、書く内容・日付・送り手・宛名の書き方を確認した上で、春の行事を伝える手紙を書く。

　何かを伝えるために重要となるのは、相手・目的・内容である。誰に宛てて書くのか、何のために書くのか、どのようなことを書くのか、これらが曖昧なままだと、書くことが苦手だと感じる子供が出てくるかもしれない。また、内容については自分の体験談を入れることで、読み手がより具体的に行事のイメージをもつことができることも、子供に伝えておくとよい。

大事なことを落とさずに聞こう

聞き取りメモのくふう　（6時間扱い）

単元の目標

知識及び技能	・相手を見て話したり聞いたりするとともに、言葉の抑揚や強弱、間の取り方などに注意して話すことができる。（⑴イ） ・必要な語句などの書き留め方を理解し使うことができる。（⑵イ）
思考力、判断力、表現力等	・必要なことを記録したり、質問したりしながら聞き、話し手が伝えたいことや自分が聞きたいことの中心を捉え、自分の考えをもつことができる。（A エ）
学びに向かう力、人間性等	・粘り強く必要なことを記録したり質問したりしながら聞き、話の中心を捉え、学習の見通しをもって、聞いたことを伝えるためにメモを取ろうとする。

評価規準

知識・技能	❶相手を見て話したり聞いたりするとともに、言葉の抑揚や強弱、間の取り方などに注意して話している。（〔知識及び技能〕⑴イ） ❷必要な語句などの書き留め方を理解し使っている。（〔知識及び技能〕⑵イ）
思考・判断・表現	❸「話すこと・聞くこと」において、必要なことを記録したり質問したりしながら聞き、話し手が伝えたいことや自分が聞きたいことの中心を捉え、自分の考えをもっている。（〔思考力、判断力、表現力等〕A エ）
主体的に学習に取り組む態度	❹粘り強く必要なことを記録したり質問したりしながら聞き、話の中心を捉え、学習の見通しをもって、聞いたことを伝えるためにメモを取ろうとしている。

単元の流れ

次	時	主な学習活動	評価
一	1	学習の見通しをもつ ・メモを取った経験を振り返る。 ・教師の体験談を聞き、先生たちが小学生の頃、夢中になっていたことを想像して、題材への関心を高める。	
二	2	メモの取り方について考える。 ・話を聞き、工夫してメモを取る。 ・グループで互いのメモの取り方を比べる。 ・記号や線を用いたり、箇条書きにしたりするなど、メモの取り方の工夫を考える。	❷
	3	学校の先生に話を聞き、メモを取る。	❸
	4	・誰に何を聞くかを決め、聞きたいことを整理する。 ・話を聞き、工夫してメモを取る。	❹

	5	聞き取りメモを基に、話の内容を学級の友達に伝える。	❶
三	6	学習を振り返る ・メモの取り方を中心に、学習の振り返りを行う。	

授業づくりのポイント

〈単元で育てたい資質・能力〉

本単元のねらいは、必要なことを記録しながら聞き、話し手が伝えたいことや自分が聞きたいことの中心を捉えることである。そのうち、特に聞き取りメモを取ることに重点をおいている。メモの取り方を振り返る観点としては、話のどこを中心として捉えたか、どのくらい長くあるいは短く書きとったか、事柄と事柄の並べ方や関連付け方などが挙げられる。状況に応じてどのような工夫をしてメモを取ったらよいか、子供たち自身が判断し実行できるよう育てていきたい。

〈教材・題材の特徴〉

話を聞く相手の選択は、メモを工夫して取る動機付けに大きく関わる。話を聞く相手の選択・依頼を含めて、子供自身に行わせたい。話を聞く相手の選択・依頼をする過程では、なぜ、話を聞きたいか、何を聞き取りたいかを改めて明らかにすることになるであろう。

〈言語活動の工夫〉

自分が取ったメモを読み返したり、メモを使った友達の発表を聞いた後にメモを見せてもらったりしながら、目的に合ったメモの取り方について考え、まとめていく。その際、メモの工夫について学級で共有できるよう、必要に応じて学習支援ソフトを用いる。

[具体例]

自分のメモに足りなかったことやメモの工夫のよさを自覚するきっかけとして、自分が取ったメモを基に発表することや、発表したことに対しての質問に答えることを設定する。メモの取り方の気付きは、見出しを書く、短い言葉で書く、記号を使う、といった書き方のコツだけでなく、質問したいことを間を空けて書き出しておくといった準備のコツ、話を聞き終わったらすぐにメモを読み返して必要なことを書き足すといった、終わった後にしたいことの気付きなどがあるだろう。それらを後から自分が見やすいようにまとめることを呼びかける。

〈ICT の効果的な活用〉

調査：教科書に掲載されている二次元コードを使って音声を聞き、メモを取る。必要に応じて繰り返し聞き、自分のペースで聞き取ることができる。また、繰り返し聞くことでメモを更新し、工夫してメモを取ることについて考えを深めたい。

共有：学習支援ソフトを用いて、自分が工夫したことについてまとめていくことで、その場で友達と考えを共有できるだけでなく、その後の校外学習でのインタビューなどで生かせるようにする。

記録：インタビューや口頭での連絡などの音声言語は、その場限りで消えてしまうもので後から振り返ることが難しい。メモが適切であったかの振り返りにおいては、ICT 端末などの録画機能やボイスレコーダーを活用して、活動を共有したり振り返ったりしていきたい。

本時案

聞き取りメモのくふう

1/6

本時の目標

・メモを取った経験を想起し、目的に合った聞き取りメモを取るための工夫に関心をもつことができる。

本時の主な評価

・目的に合った聞き取りメモを取るための工夫について、考えようとしている。

資料等の準備

・ワークシート

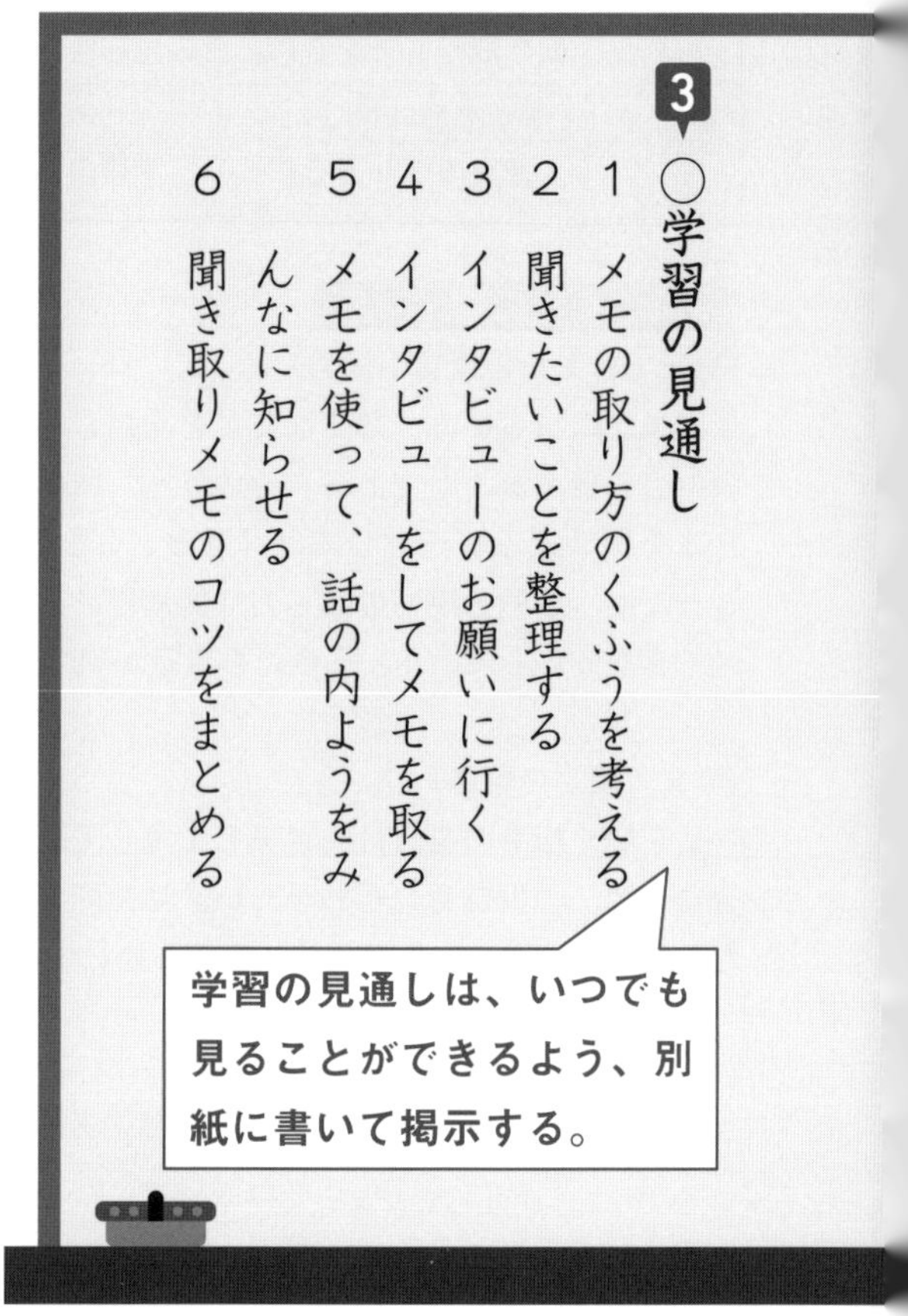
3
○学習の見通し
1 メモの取り方のくふうを考える
2 聞きたいことを整理する
3 インタビューのお願いに行く
4 インタビューをしてメモを取る
5 メモを使って、話の内ようをみんなに知らせる
6 聞き取りメモのコツをまとめる
学習の見通しは、いつでも見ることができるよう、別紙に書いて掲示する。

授業の流れ ▷▷▷

1 メモを取った経験を想起し、学習の見通しをもつ 〈10分〉

T　皆さんは、話を聞いてメモを取った経験がありますね。どんなときにメモを取りますか。

・校外学習のインタビュー
・連絡帳
・自由研究
・絶対に忘れたくないと思ったとき

T　そのとき、「メモを取ってよかったな」ということや、「困ったな、こんなメモを取ればよかった」と思ったことはありますか。

・時間がなくて、聞いたことを全部書ききれなかった。
・書いてあることが分からなくて、後で使えなかった。

2 話を聞き、メモを取る 〈25分〉

T　メモを取る前に、どんな準備が必要かな。

・日付や話す人の名前を書く。
・ノートやワークシートを書きやすい平らな場所に置く。
・鉛筆をもち、いつでも書き出せるようにする。

T　では、これから先生が小学生の頃夢中になったことを２つ話します。１つ目は…

○話す分量や速さ、内容は子供の実態に応じて工夫する。また、後ほど話したこととメモの内容を確かめるために、教師は話すことを事前に整理しておくことが望ましい。時間や場所等に関する情報を加えると、メモを工夫して取りやすくなり、また、メモを取る必然性が生まれる。

聞き取りメモのくふう

1

・れんらくちょう ←
・社会科見学でのインタビュー
・自由研究

○メモを取るときに困ったこと
・時間がない
・書ききれない
・後から読んでもよく分からない
・大事なことを書き落としてしまった

話を聞きながらメモを取り、メモの取り方について考えよう。

2

○聞き取りメモの工夫
・二つのこと…①、②
・小見出しをつけた。
〈自転車〉〈バスケットボール〉
・大事なところに線を引く
・しつ問したいことに［?］

3 メモの取り方について振り返り、今後の見通しをもつ 〈10分〉

T　メモを取るときに、どんなことを工夫しましたか？
・夢中になったことが２つあったので、①、②と書きました。
・「○年生のころ」という言葉が大事だと思ったので、線を引いて目立たせました。
・どうやって練習したのか気になったので、［?］と書きました。

T　次回は、今の工夫を意識しながらもう一度メモを取っていきます。みんなで工夫を確かめたら、実際に、先生方にインタビューに行きますよ。どの先生にお話を伺いたいか、考えておきましょう。

よりよい授業へのステップアップ

学習の見通しを掲示

　単元の流れを教室に掲示しておくことで、学習の見通しをもたせる。学習の計画を立てる中で、社会科見学などと関連付けることで、より自発的な学びを促すことも可能である。

●学習の見通し
□メモの取り方の工夫を考える。
□聞きたいことを整理する。
□インタビューのお願いに行く。
□インタビューしてメモを取る。
□メモを使って、話の内容を皆に知らせる。
□聞き取りメモのコツをまとめる。

本時案

聞き取りメモのくふう　2/6

本時の目標

・目的に合った聞き取りメモを取るための工夫について考え、使おうとしている。

本時の主な評価

❷必要な語句などの書き留め方を理解し使っている。【知・技】

資料等の準備

・教科書の二次元コードを読み取るICT端末等

中川先生の話
教科書 p.45 の二次元コードを読み取った画面を映す。

授業の流れ ▷▷▷

1　前時の学習を振り返り、本時の見通しをもつ　〈5分〉

T　前回の学習では、先生の話を聞いてメモを取りましたね。今日は、その活動を生かしながら、聞き取りメモの工夫について皆さんで考えていきましょう。前回は、どんな工夫をしていましたか。

○前時を振り返り、本時の学習で意識できるようにする。

・大事なところに線を引く。
・小見出しを付けて整理して書く。
・後で質問したいところに印を付ける。

2　メモを取る　〈20分〉

T　教科書の二次元コードを読み取って話を聞き、メモを取りましょう。

○必要に応じて繰り返し聞いたり、再生を止めたりするなど、工夫してメモを取ることができるように促す。

○工夫してメモを取っている姿を見たら個別に声かけをし、そのよさを認める。一方、うまくメモが取れずに全文を書いたり、焦ってメモが見づらくなったりしている場合は、前時の工夫を振り返るよう声かけをする。

ICT端末の活用ポイント

自分のペースで、繰り返し聞くことでメモを更新し、工夫してメモを取ることについて考えを深めたい。

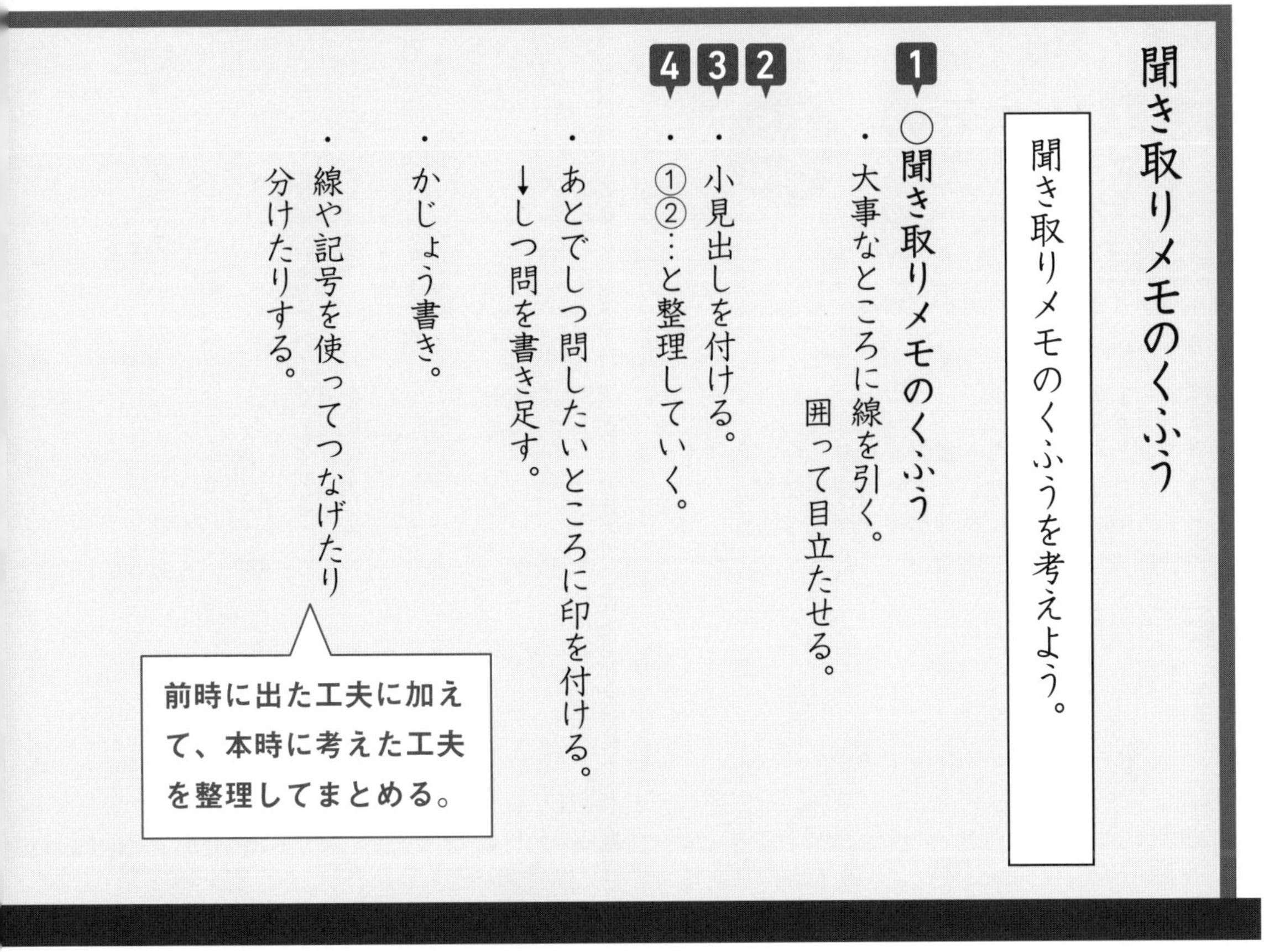
聞き取りメモのくふう
聞き取りメモのくふうを考えよう。
1
○聞き取りメモのくふう
・大事なところに線を引く。
囲って目立たせる。
2
・小見出しを付ける。
3
・①②…と整理していく。
4
・あとでしつ問したいところに印を付ける。
↓しつ問を書き足す。
・かじょう書き。
・線や記号を使ってつなげたり
分けたりする。
前時に出た工夫に加えて、本時に考えた工夫を整理してまとめる。

3 メモの取り方について振り返り、考える 〈15分〉

T　どのようなメモを取りましたか？　班の友達とメモを見合い、似ているところや違うところを見つけましょう。友達が工夫しているところも見つけられるといいですね。

・使っている記号は違うけれど、まとめ方は似ているね。

・ここは、何て言っていたかな。もう一度聞いてみよう。

○グループ活動では、必要に応じて声をかけ、子供たちがお互いの工夫に気付けるようにする。

○もう一度、教科書の話を聞き直したいという声があがったら、どの部分を聞くのかを確認してから、聞き直すよう声をかけ、目的をもって活動できるように促す。

4 メモの取り方について聞き合い、まとめる 〈5分〉

T　聞き取りメモには、どんな工夫がありましたか。

・①、②と整理した。

・もっと聞いてみたいことを書き足した。

・大事なところに線を引いたり、囲んだりして目立たせた。

・箇条書きをして見やすくした。

・線や記号を使って、つなげたり、分けたりした。

T　メモを取るときに自分が工夫したことを、学習支援ソフトを使って記録しておきましょう。いつでもお互いの工夫を見返すことができるといいですね。

本時案

聞き取りメモのくふう　3/6

本時の目標

・相手に聞きたいことを挙げ、整理することができる。

本時の主な評価

❸必要なことを記録したり質問したりしながら聞き、話し手が伝えたいことや自分が聞きたいことの中心を捉え、自分の考えをもっている。【思・判・表】

資料等の準備

・ワークシート

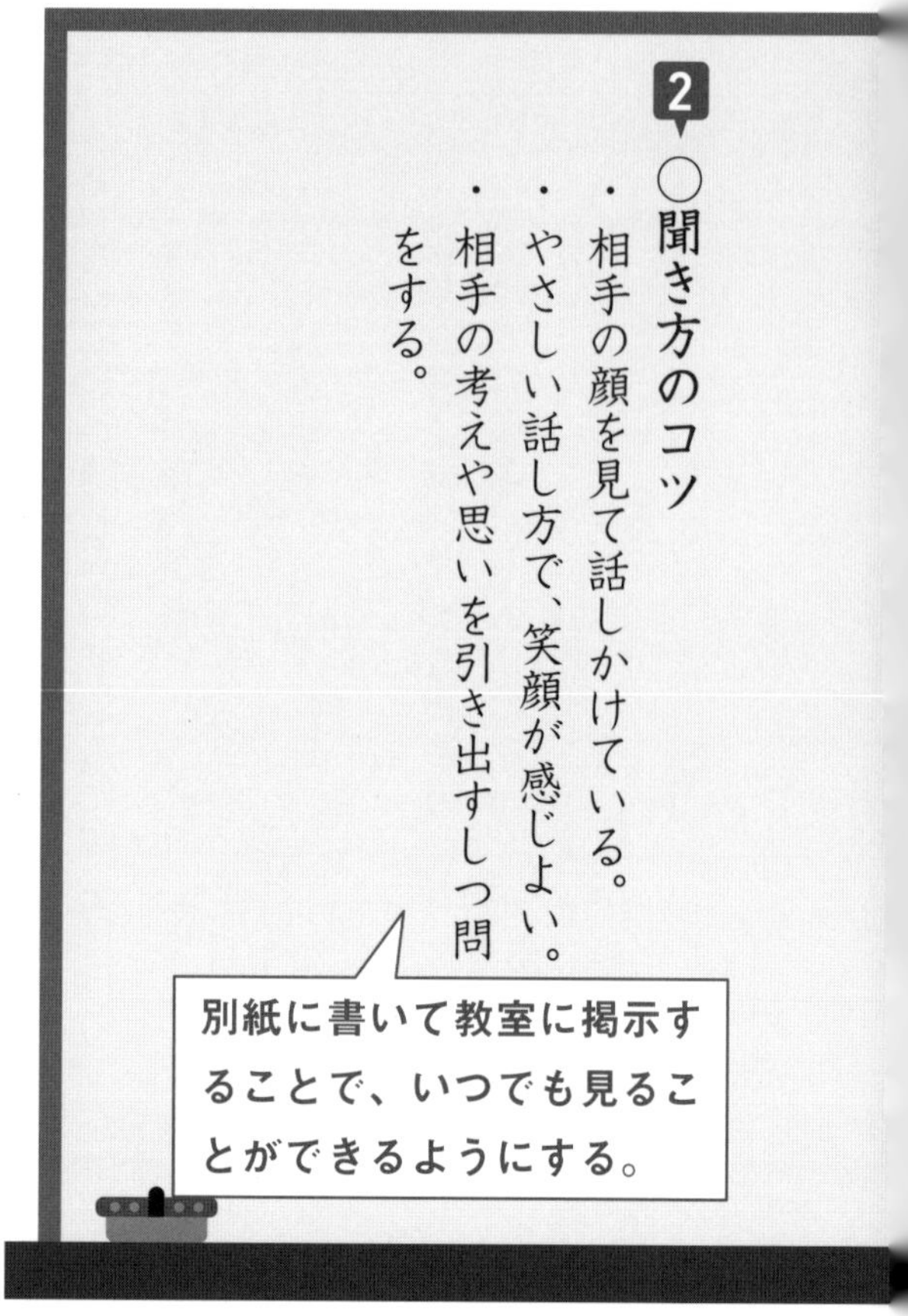

2
○聞き方のコツ
・相手の顔を見て話しかけている。
・やさしい話し方で、笑顔が感じよい。
・相手の考えや思いを引き出すしつ問をする。
別紙に書いて教室に掲示することで、いつでも見ることができるようにする。

授業の流れ ▷▷▷

1 インタビューの相手を決め、聞きたいことを整理する〈20分〉

T　今日は、先生方に「小学校の頃、夢中になっていたこと」についてインタビューをするために、聞きたいことを整理します。誰に、どんなことを質問したいですか。また、何を質問したら、詳しく話が聞けるでしょうか。

・そのときの気持ち。
・家族の反応。
・どのくらい練習をしたのか。
・今も続けていることはありますか。
・そのときから、小学校の先生になりたいと思っていましたか？

T　質問したいことを考えてノートまたはワークシートに書き出しましょう。また、質問する順番が分かるようにしましょう。

2 聞き方のコツを考える　〈20分〉

T　実際にインタビューをするときは、どのように聞いたらよいでしょう。

○よい例と悪い例を実演し、２つを比較することで聞き方のコツを見つける。教科書 p.48–49も参考にするとよい。

〈良い例〉

・相手の顔を見て話しかけている。
・優しい話し方で、笑顔が感じよい。
・相手の考えや思いを引き出す質問をする。

〈悪い例〉

・相手の顔を見ないで、返事をしたりメモを取ったりしている。
・ぶっきらぼうな言い方で、不機嫌に見える。
・はい、いいえで終わってしまう質問をする。

聞き取りメモのくふう

1 聞きたいことを整理しよう。

○だれに
・となりのクラスの□□先生
・去年担任だった◇◇先生
・算数の先生　・ほ健室の先生
・校長先生　…

3 ○何を？
「小学生のころ、むちゅうになっていたこと」
←くわしく聞くためのしつ問
・そのときの気持ちは？
・家族の反応はどうでしたか？
・どのくらい練習をしていましたか？
・今も続けていることはありますか？
・そのときから、小学校の先生になりたいと思っていましたか？
◎「はい」「いいえ」で終わらないしつ問
◎相手の考えや思いを引き出すしつ問

3 インタビューの依頼の仕方を考え、ノートに書く 〈5分〉

T　インタビューのお願いをするときは、どう伝えたら快く引き受けてもらえるかな。
・4年1組の○○です。（自己紹介）
・国語の時間に「聞き取りメモのくふう」という学習をしています。（目的）
・「先生が小学生の頃に夢中だったこと」について、お話を聞きたいのですが、よろしいですか。（聞きたいこと）
・□月△日の○時間目は空いていますか。中休みにお時間いただけますか。（予定の調整）

ICT 端末の活用ポイント

表などを共有し、インタビューする相手とその時間を記入させることで、教師も子供たちも、活動の様子を一覧することができる。

よりよい授業へのステップアップ

聞く相手の選択や依頼は子供が行う

話を聞く相手の選択は、メモを工夫して取る動機付けに大きく関わる。誰に何を聞くかは、学校行事や、子供の実態に応じて柔軟に対応したい。校外学習と関連してインタビューを行ったり、委員会について高学年に教えてもらったりする機会とすることもできる。また、教師に話を聞く場合も、「何を」については、いくつか選択肢を用意し、その中から選ばせたい。依頼も含めて子供自身で行うことで、なぜ話を聞きたいのかを改めて明らかにする過程になるであろう。

本時案

聞き取りメモのくふう 4/6

本時の目標

・話を聞き、工夫してメモを取ることができる。

本時の主な評価

❹必要なことを記録しながら聞き、話し手が伝えたいことや自分が聞きたいことの中心を捉えようとしている。【態度】

資料等の準備

・ワークシート 08-01、08-02

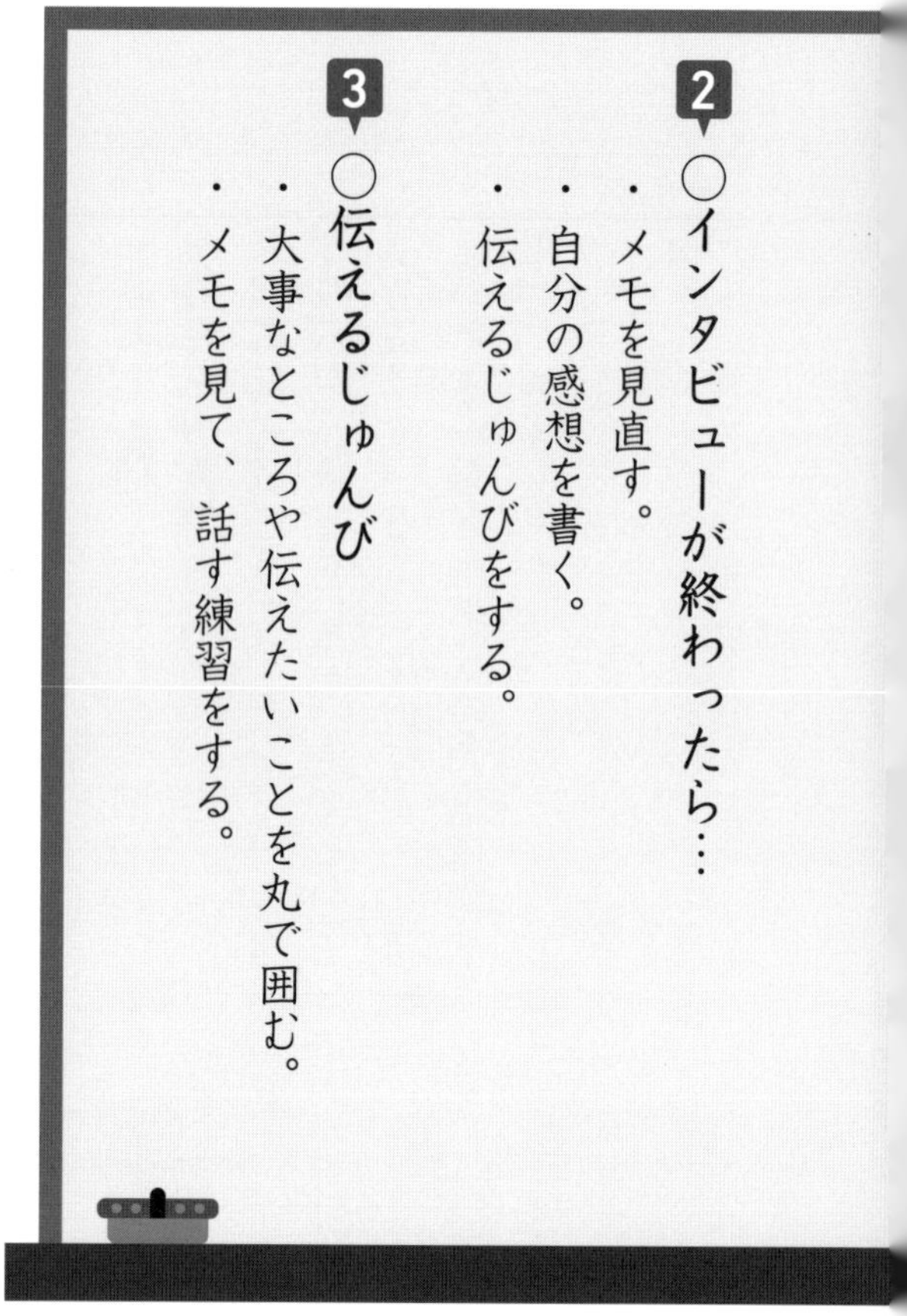
2
○インタビューが終わったら…
・メモを見直す。
・自分の感想を書く。
・伝えるじゅんびをする。
3
○伝えるじゅんび
・大事なところや伝えたいことを丸で囲む。
・メモを見て、話す練習をする。

授業の流れ ▷▷▷

1 インタビューをして、工夫してメモを取る 〈20分〉

T　今日は、これまで学習したことを生かして、インタビューを行います。お忙しい中、先生方にお時間をいただいています。よく聞いて、しっかりメモを取りましょう。

○前時までにまとめた、聞き取りメモの工夫や聞き方のコツを再掲しておく。

○どうしてもインタビューがこの時間に合わなかった子供については、本時までに休み時間等を使って終えておくよう伝える。その子供は、本時は2から行うこととする。

ICT 端末の活用ポイント

インタビューを録音または録画させてもらい、後で聞き返せるようにする。聞き取りメモの内容と擦り合わせることができるようにする。

2 メモを見直し、自分の感想を書く 〈10分〉

T　メモを見直して、後から読んだときに分かるように、インタビュー中に書き取れなかったことを足したり、気付いたことや思ったことを書いたりしましょう。

・内容を覚えていたからすぐに書き足せた。
・質問と答えは線でつなぐと分かりやすいな。
・自分が質問したことは、書き足しておこう。

○必要に応じて、インタビューした動画や録音を聞き返すことを認めたい。しかし、それありきでインタビューをし、メモが疎かになることは避けたいため、子供の実態に応じて事後に伝えることとする。

ICT 端末の活用ポイント

録音や録画は、自分の質問や相槌などインタビューの様子を振り返り、次につなげる。

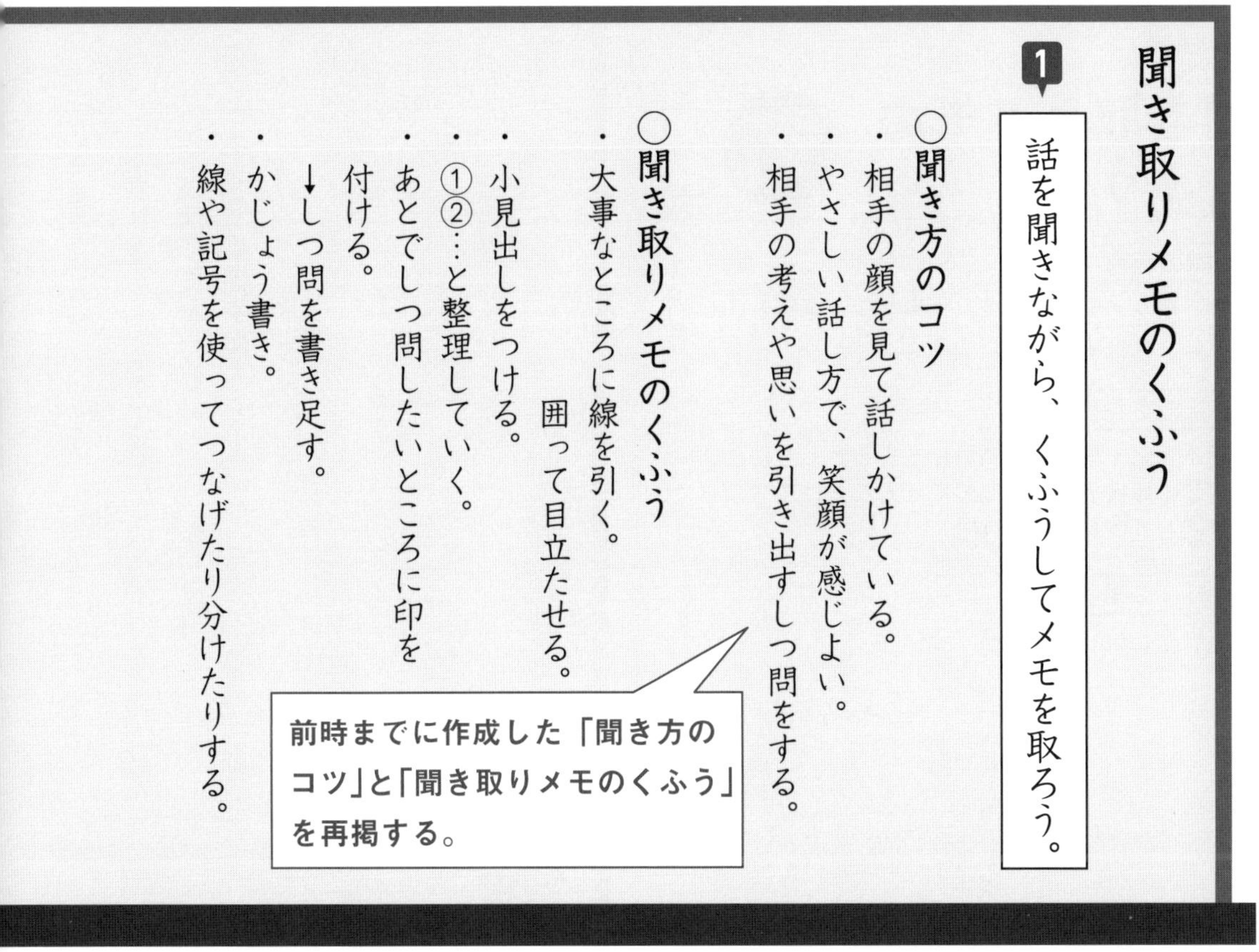
聞き取りメモのくふう
1
話を聞きながら、くふうしてメモを取ろう。
○聞き方のコツ
・相手の顔を見て話しかけている。
・やさしい話し方で、笑顔が感じよい。
・相手の考えや思いを引き出すしつ問をする。
○聞き取りメモのくふう
・大事なところに線を引く。
囲って目立たせる。
・小見出しをつける。
・①②…と整理していく。
・あとでしつ問したいところに印を付ける。
↓しつ問を書き足す。
・かじょう書き。
・線や記号を使ってつなげたり分けたりする。
前時までに作成した「聞き方のコツ」と「聞き取りメモのくふう」を再掲する。

3 伝える準備をする 〈15分〉

T　大事なことや伝えたいことを丸で囲んで、みんなに伝える準備をしましょう。
・〇〇先生が、夢中になっていた理由に感動した。みんなにも伝えたい。
・インタビューをしたら校長先生の意外な一面を知ることができておもしろかった。発表したらみんなも驚くだろう。

ICT 等活用アイデア

インタビューは記録を残し、振り返ることで次に生かす

インタビューなどの音声言語は、その場限りで消えてしまうものであり、また、今回のように活動相手が複数に渡る場合は、後から振り返ることが難しい。ICT 端末を活用し、一人一人が自分のインタビューを記録することで、自分の質問や聞き方を振り返る機会を設けたい。また、教師も直接見ることができない子供のインタビュー場面を、動画を通して見ることで、子供の評価に生かすこともできる。その際、動画ではその場の雰囲気や状況が全て記録しきれないことを十分に考慮する。

本時案

聞き取りメモのくふう

5/6

本時の目標

・聞き取りメモを使って、大事なことを落とさずに、発表することができる。

本時の主な評価

❶相手を見て話したり聞いたりするとともに、言葉の抑揚や強弱、間の取り方などに注意して話している。【知・技】

資料等の準備

・特になし

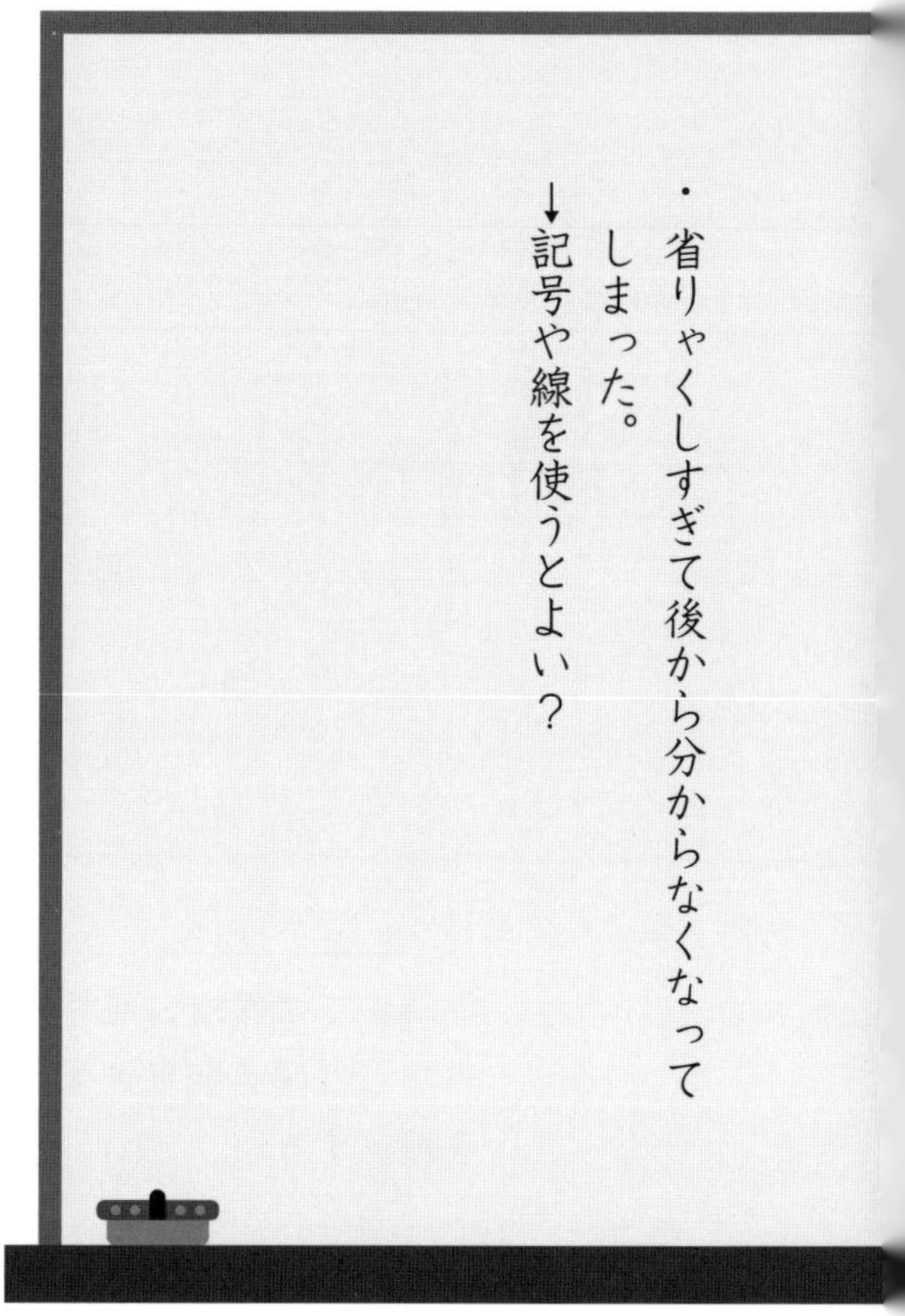
・省りゃくしすぎて後から分からなくなって
しまった。
↓記号や線を使うとよい？

授業の流れ ▷▷▷

1 聞き取りメモを使って、聞いてきた内容を伝える〈20分〉

T　今日は、皆さんがインタビューしてきたことをグループで伝え合います。前回インタビューをして、どんなことが分かりましたか。メモを見ながら、グループの人に伝えましょう。

○メモと話し手のまとめ方、話し方をつなげて振り返りを行いたいため、全体ではなく、グループで発表を行う。

・校長先生にインタビューをしました。校長先生が小学生の頃に夢中になっていたことは…。

・A 先生の言葉で印象に残ったのは「…」という言葉です。どうしてかと言うと、小学校の頃に習っていた…。

2 聞き取りメモの工夫をまとめる〈15分〉

T　聞き取りメモを使って伝えてみて、どうでしたか。メモの取り方で工夫したことは役に立ったでしょうか。うまくいったことや、困ったことを書きましょう。

・大事なことを丸で囲んだので、落とさずに話すことができました。

・小見出しのおかげで、聞いたことを整理して、２つのことを話すことができました。

・メモを工夫して取ることに集中しすぎて、相手に待ってもらうことになってしまいました。簡単な言葉で、速く、分かりやすく、メモが取れるようになりたいです。

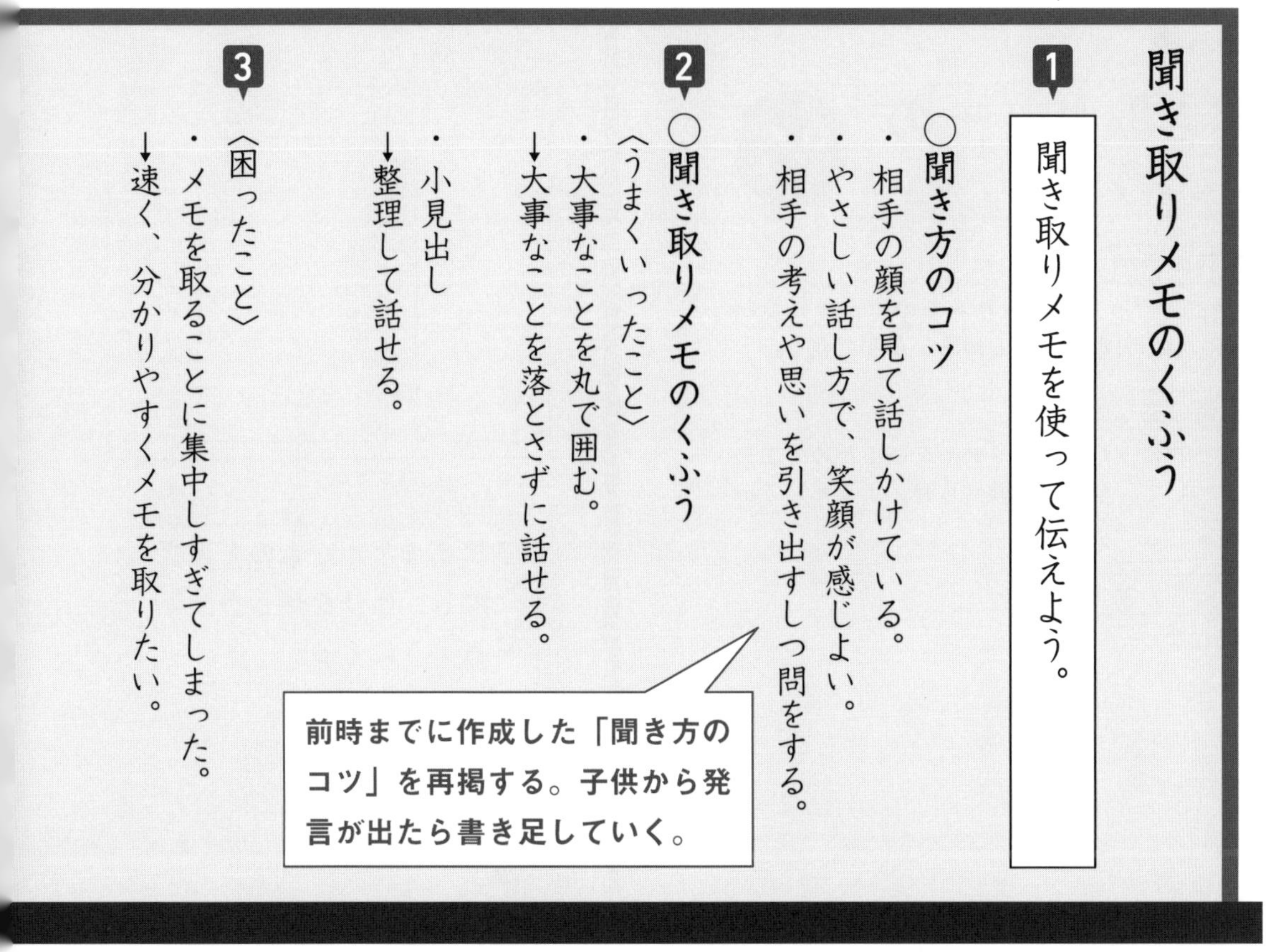

聞き取りメモのくふう
1
聞き取りメモを使って伝えよう。
○聞き方のコツ
・相手の顔を見て話しかけている。
・やさしい話し方で、笑顔が感じよい。
・相手の考えや思いを引き出しつつ問をする。
2
○聞き取りメモのくふう
〈うまくいったこと〉
・大事なことを丸で囲む。
→大事なことを落とさずに話せる。
・小見出し
→整理して話せる。
3
〈困ったこと〉
・メモを取ることに集中しすぎてしまった。
→速く、分かりやすくメモを取りたい。
前時までに作成した「聞き方のコツ」を再掲する。子供から発言が出たら書き足していく。

3 まとめた工夫について、聞き合う〈10分〉

T　うまくいったことや、困ったことはどのようなことでしたか？

・Bさんは、省略して書くのが苦手と言っていたけれど、私は、省略の記号や線を使って書く方が分かりやすくていいなと思いました。

・人によって書く速さや、話し手によって話す速さや量は違うので、そのときに合った工夫を使いたいです。

○聞き取りメモの工夫については、その状況によって使い分けなければならないものや、聞き手によって使いやすいと感じるものとそうでないものがある。自分が書きやすく、また、後で使いやすい方法を選択できるようにしていきたい。

よりよい授業へのステップアップ

子供自身が学習を振り返る習慣を付ける

日頃から、子供が自分の言葉で学習をまとめ、振り返る習慣を身に付けたい。振り返ることは、学んだ事柄について認識する力を育て、学びの定着や他の場面での応用につながっていく。また、自分がその学びにどのような姿勢で参加していたかを見つめ直すきっかけにもなる。

振り返りを学習時間の最後に共有したり、次時のはじめに教師から紹介したりすることで、その子供だけでなく、学級全体の学びとしても広がっていく。

本時案

聞き取りメモのくふう

6/6

本時の目標

・目的に合った聞き取りメモのくふうについて、自分の考えをまとめることができる。

本時の主な評価

・目的に合った聞き取りメモを取るための工夫について、自分の経験から考えようとしている。

資料等の準備

・特になし

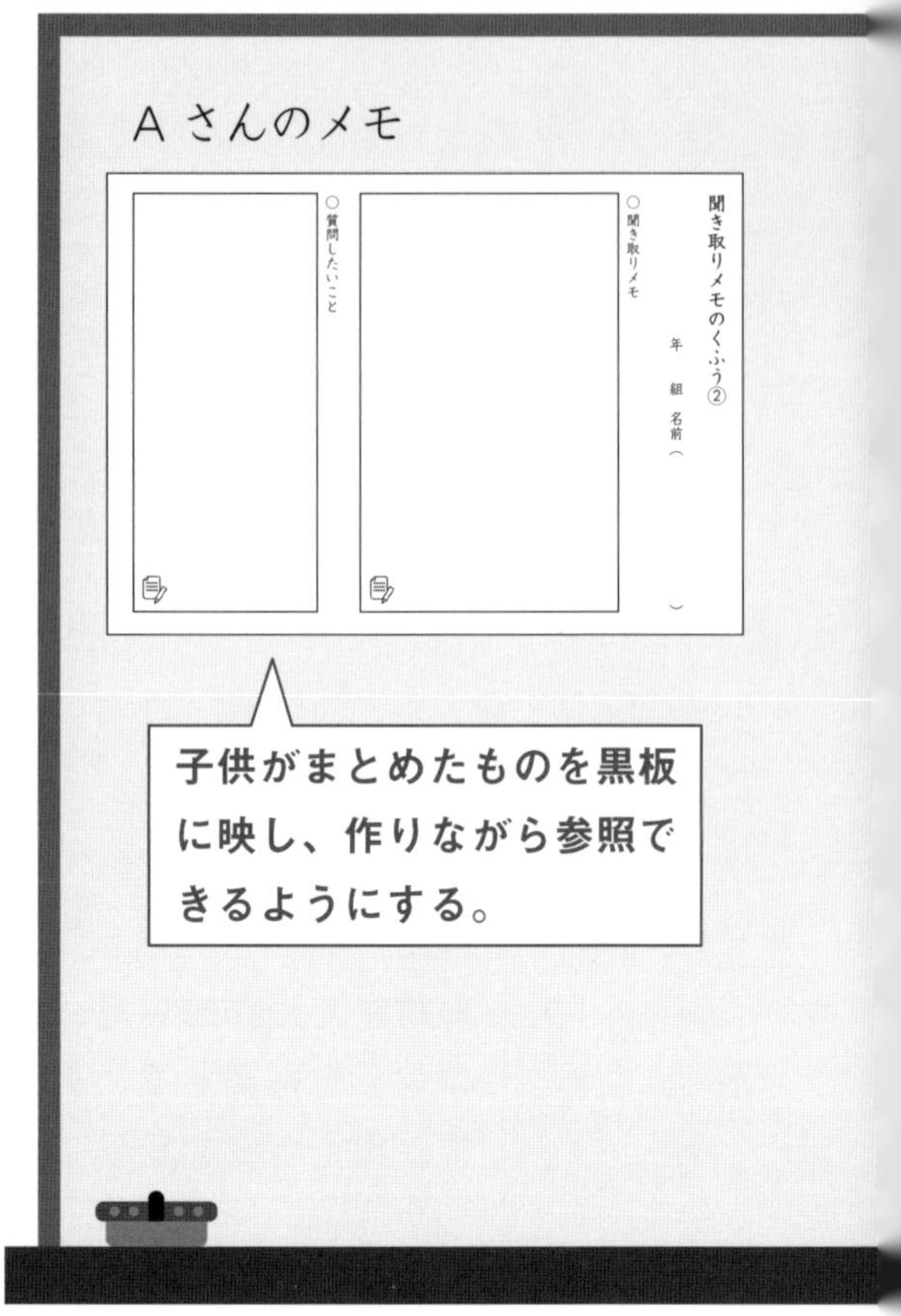
A さんのメモ
聞き取りメモのくふう②
年　組　名前（　）
○聞き取りメモ
○質問したいこと
子供がまとめたものを黒板に映し、作りながら参照できるようにする。

授業の流れ ▷▷▷

1 これまでの学習を振り返る 〈5分〉

T　これまでの学習を通して、皆さんは、たくさんの聞き取りメモの工夫を見つけてきましたね。自分が発見した工夫や、友達が見つけた工夫で、「やってみたらうまくいった」「これからも取り入れたい」と思ったものはありますか。

・聞くときに、相手の思いを引き出す質問を考えておく。
・聞いたことを、小見出しを付けて整理する。
・インタビューが終わったら、すぐにメモを読み返し、書き足したり整理したりする。

○学習の振り返りを補うために、必要に応じて教科書の文言を参考にさせてもよい。

2 学習を通して、今後も使いたい工夫をまとめる 〈30分〉

T　たくさんの工夫がありましたね。今後、自分がインタビューをするときに使えるよう、工夫をまとめましょう。実際に使えるように具体的に書くといいですよ。

・たくさんの工夫があるから、〈聞く前〉〈聞いている間〉〈聞いた後〉と分けてまとめてみようかな。
・絵や図を入れて整理しよう。
・今回できたことと、これからやってみたい工夫をあげてみよう。

○まとめる視点が子供から出ない場合は、教師が示してもよい。

ICT 端末の活用ポイント

学習支援ソフト等を活用し、お互いのものを共有したり、書き加えたりできるようにする。

聞き取りメモのくふう

聞き取りメモのくふうをまとめよう。

1 ○聞き方のコツ

・相手の顔を見て話しかけている。
・やさしい話し方で、笑顔が感じよい。
・相手の考えや思いを引き出すしつ問をする。

前時までに作成した「聞き方のコツ」を再掲する。

2 ○聞き取りメモのくふう

3
・大事なところに線を引く。
　囲って目立たせる。
・小見出しをつける。
・①②…と整理していく。
・あとでしつ問したいところに印をつける。
　↓しつ問を書き足す。
・かじょう書き。
・線や記号を使ってつなげたり分けたりする。

3 学習の振り返りを行う 〈10分〉

T　学んだことをまとめることができましたね。来月、校外学習の際には、これらの工夫を思い出して使えるといいですね。
・今回は、知っている先生だから落ち着いて質問できたけれど、工場の方へのインタビューは緊張しそうだな。
・社会科見学は時間が決まっているから、メモを取る時間を短くできるよう工夫しよう。
・今度、校長先生のお話のメモをとろうかな。
○今後、実践できそうな場面を想起させ、できるだけ学びが日常に生かされるよう促す。

ICT 端末の活用ポイント

作成したまとめは、いつでも読み返すことができるようにする。社会科見学などの際は印刷して持たせ、活用できるようにする。

ICT 等活用アイデア

いつでも読み返し、書き加えられるまとめを

まとめの際に ICT 端末を活用することで、お互いの書いたものを簡単に共有することができるのはもちろん、自分のものをいつでも読み返し、書き加えることができるというよさがある。社会科見学などでメモを取る機会があれば、その後に振り返りを行い、新たな工夫やできるようになったことを書き加えさせたい。

自己の学びを可視化することは、自身の変容に目を向けるきっかけにもなる。

資料

1 聞き取りメモのくふう① 08-01

聞き取りメモのくふう①

年　組　名前（　　　　　）

○聞き取りメモ

2 聞き取りメモのくふう② 08-02

聞き取りメモのくふう②

年　　組　　名前（　　　　　　　　　　　　）

○聞き取りメモ

○質問したいこと

カンジーはかせの都道府県の旅 1 （2 時間扱い）

単元の目標

知識及び技能	・第 4 学年までに配当されている漢字を読むとともに、漸次書き、文や文章の中で使うことができる。((1)エ)
学びに向かう力、人間性等	・言葉がもつよさに気付くとともに、幅広く読書をし、国語を大切にして、思いや考えを伝え合おうとする。

評価規準

知識・技能	❶第 4 学年までに配当されている漢字を読むとともに、漸次書き、文や文章の中で使っている。(〔知識及び技能〕(1)エ)
主体的に学習に取り組む態度	❷進んで第 4 学年までに配当されている漢字を読むとともに、漸次書き、学習課題に沿って、都道府県名を使った文を作ろうとしている。

単元の流れ

時	主な学習活動	評価
1	**学習の見通しをもつ** p.50–51の例文の全体を読み、どこに行ってみたいかを伝え合う。 漢字辞典や教科書 p.151を参考に新出漢字の読み方や意味を確認する。 学習のおおよその見通しをもち、学習課題を設定する。 **これまで使った漢字を使ってオリジナル旅行計画書を作ろう** 例文を参考にしながら、オリジナル旅行計画書を書いていく。 ・行きたい都道府県を 3 つ選ぶ。 ・教科書の例文を参考に地図帳や ICT 端末を使いながら、その都道府県の見どころや魅力を調べる。 ・既習の漢字とつなぎ言葉を用いながら、文章にまとめていく。	❶
2	p.50–51の例文を読み、漢字辞典を使いながら読み方や意味を確認する。 前時までに書いたオリジナル旅行計画書を見合いながら、グループでどのような漢字が使われているかを確認する。 **学習を振り返る** グループでの交流を生かし、都道府県名を使った言葉を書き足しながら、自分の文章を再度まとめていく。 漢字の学習から気付いた発見や今後に生かしていきたいことを発表する。	❷

授業づくりのポイント

〈単元で育てたい資質・能力〉

これまで学習してきた漢字、これから学習する漢字を自分の表現の中で活用しようとする意識を高めていく。それが漢字を学習する意味を実感したり、自ら書くことによる表現の幅の広がりに気付いたりすることが漢字を学んでいく意欲へとつながっていく。本単元は都道府県の漢字を中心に扱うことで、他教科等や生活場面でのつながりを実感しやすい。漢字辞典の扱いと合わせながら、より多面的な視野をもって漢字を用いた文や文章を書くことができるようにする。

[具体例]

○例えば、「富山」には呉羽丘陵が高岡市から見て外側にあったことから「外《と》山《やま》」と呼ばれ、縁起のいい「富山」にしたとする説や多くの山が連なり「富める山の国」の意味からとする説など、諸説あるがいずれも「富」という漢字の意味が与える感じ方が影響している。このように漢字のもつ意味も含めて、漢字を見ていくことで、漢字のおもしろさに気付くことができる。

〈他教科等や他教材との関連〉

社会科等の学習との親和性が高く、難解な漢字であっても読むことができる子供も多いことが予想される。しかし、茨城の「城」を「き」と読んだり、三重の「重」を「え」と読んだりと特殊な読み方も多い。都道府県名を覚えることに重点を置くのでなく、国語としての力（漢字の他の使われ方や意味、言葉の広がり）を意識しながら指導に当たる必要がある。

〈言語活動の工夫〉

本単元では都道府県名の漢字を使いながら文章を書く。教科書を読み、真似をして書くことを基本としているが、練習問題的な取り扱いにならないよう個に応じた配慮や協働での学びを大切にした活動を意識したい。また、後に「カンジーはかせの都道府県の旅２」を学ぶことになる。どのように漢字への意識を高め、漢字を主体的に文章に取り入れていけるようになったかなど、子供自身に実感させる工夫も必要であろう。

[具体例]

○例文の提示「最初は飛行機で青森県に向かいます。青森は、青い海などきれいな風景が広がっています。また、リンゴが特産品の１つです。次に、様々な種類のサクランボが生産されている山形県へ行きます。…」。このように書いていく文型を提示したり、友達と書いている中でも自由に見合ったりできるようにすることで、どの子供も主体的に取り組むことができる。

〈ICT の効果的な活用〉

調査：検索機能を用いて都道府県のことについて調べることにより、書く意欲・伝えたいという目的意識が高まっていくようにする。

表現：文書作成ソフトを用いることで、書き足しや書き直しが容易になっていく。また、都道府県名の漢字は書き慣れないものも多く、漢字を使うことへの苦手意識が高い子供が敬遠しがちな一面もある。「書く」ということを大切にしながらも、文章の中で漢字を使っていこうとする意識のバランスも考えて効果的に活用していくことも考えられる。

本時案

カンジーはかせの都道府県の旅 1　1/2

本時の目標

・都道府県名を表す漢字を扱いながら、オリジナル旅行計画書を書くことができる。

本時の主な評価

❶漢字の意味や書き方を捉えながら、オリジナル旅行計画書の中で漢字を用いている。【知・技】

資料等の準備

・教科書 p.50–51の拡大コピー
・日本地図
・オリジナル旅行計画書のモデル文

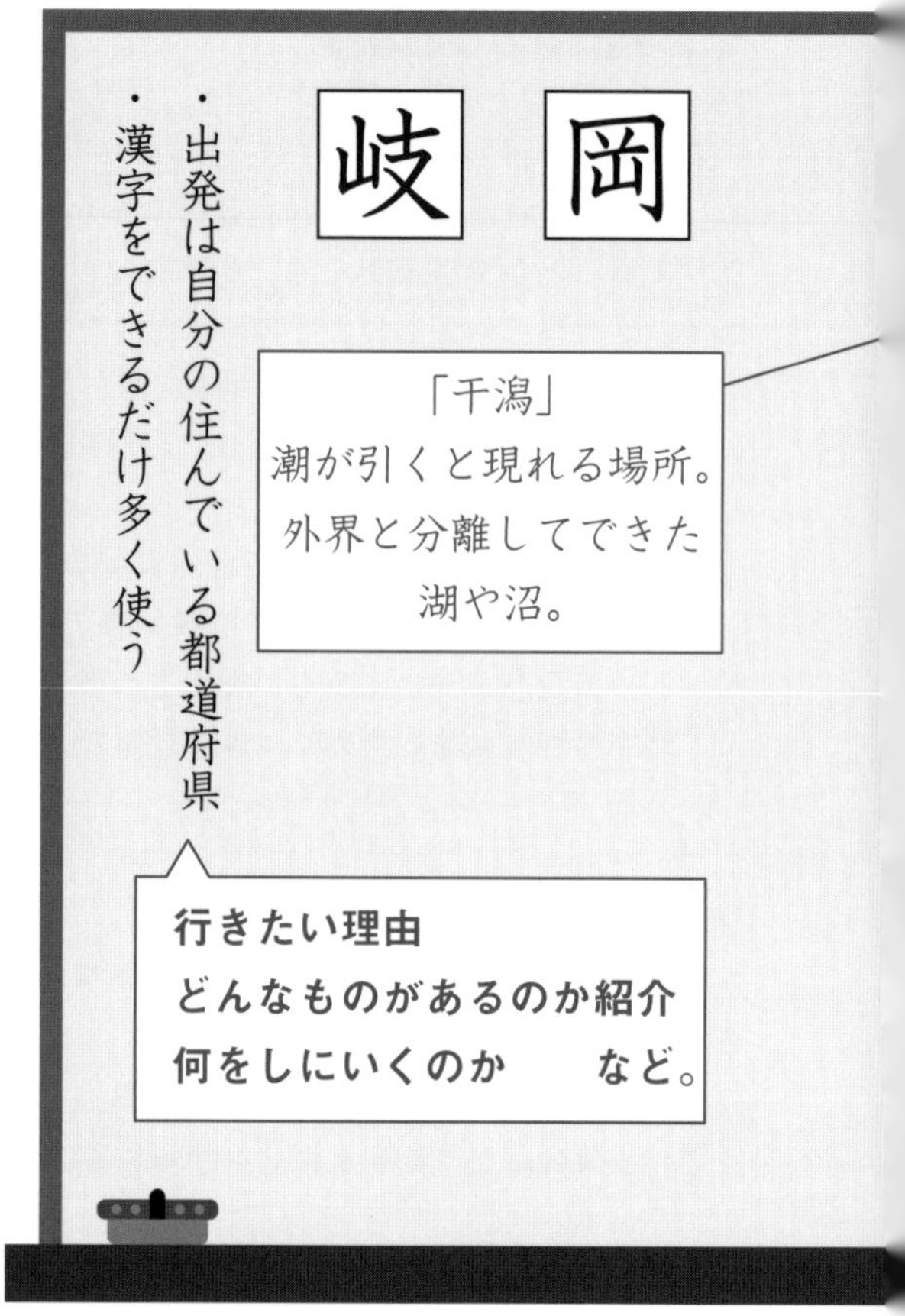

岡
岐
「干潟」
潮が引くと現れる場所。
外界と分離してできた
湖や沼。
・出発は自分の住んでいる都道府県
・漢字をできるだけ多く使う
行きたい理由
どんなものがあるのか紹介
何をしにいくのか　など。

授業の流れ ▷▷▷

1 例文から、お気に入りの都道府県を見つけ、交流する　〈10分〉

○日本地図を提示し、例文の都道府県を確かめたり、行ったことがあるかなどの経験を話したりしながら例文を読み合う。

T　旅行に行ってみたいところを見つけながら文章を音読していきましょう。

○地図帳や ICT 端末などを用意し、子供がすぐに調べられる環境を作りたい。

T　都道府県の読み方や書き方が難しい漢字はありましたか。

・宮城は「ぎ」で、茨城は「き」なのは不思議。
・新潟の「潟」は書くのが大変そうだ。

ICT 端末の活用ポイント

都道府県について互いに知っていることをホワイトボード機能で共有したり、検索機能を用いて調べたりすることで活動への意欲を高める。

2 新出漢字を確認し、学習の見通しをもつ　〈15分〉

○子供から出た問いや困りを中心に、新出漢字について辞典や教科書を使って調べる。

○漢字の書き方・読み方だけではなく、意味についても考えている子供を価値付ける。

○旅行計画書を作るという活動を知り、書く条件や書いた後の活動の見通しをもつ。

T　どんなことが計画書にあるといいかな。

・そこにどうやって行くのか、何をするのかは知りたいな。
・何でその都道府県を選んだかも知りたい。

○旅行計画書のモデル文を提示する。

ICT 端末の活用ポイント

書き順アニメーションなどを活用することで、字形や画と画の関係などを理解しやすくなる。

カンジーはかせの都道府県の旅1

1

教科書 p.50 ／ p.51 例文

みやぎ　牛タン　どこに

ほっかいどう　時計台　五稜郭《ごりょうかく》　何で

しずおか　お茶　富士山　どうして

にいがた　お米　行きたいのか

3

漢字を使って旅行計画書を書こう。

潟

2

新しくできた土地？

かくれていた土地？

意味と都道府県の名前は関係している？

ICT 等活用アイデア

3 オリジナル旅行計画書を書く〈20分〉

T　これまで習った漢字もどんどん使いながら、旅行計画書を書いてみましょう。

○旅行計画書の手順としては、①行きたい都道府県を選ぶ（出発地は自分のいる都道府県）、②どうやって行くのか、何をするのかやどんなものがあるのか、感想などを書く、を繰り返す。その中でつなぎ言葉や漢字を多く使っている姿を価値付けていく。

○モデル文を参考にさせたり、場合によっては文型を示したりして、どの子も書けるということを重視していく。友達と自由に見合ったり、相談したりと取り組ませ方を選択しながら活動をしていく。

T　次の時間は旅行計画書を読み合いながら、どんな漢字を使えているか確認してみよう。

自分で書くよさとICT 端末活用のバランス

　身に付けたい力は何かを整理していく中で、ICT 端末を活用するよさと自分で書くよさを考えていきたい。本時では、漢字を調べて、自分で書くことを重視した。しかし、ICT 端末は漢字を使うことに苦手意識がある子供への手立てともなり得る。文章の中で漢字を使おうとする意識とのバランスを考え、ICT 端末を活用していきたい。また、共有の場面では互いの旅行計画書を写真で撮影したものを見合い、書き込んだり、よさを見つけたりしながら活動する手立てが考えられる。

本時案

カンジーはかせの都道府県の旅 1　2/2

本時の目標

・新出漢字を活用した旅行計画書を読み合いながら、漢字の学習で得た気付きをまとめることができる。

本時の主な評価

❷旅行計画書を見直しながら、新出漢字を進んで使い、漢字の学習での学びを自分の言葉でまとめようとしている。【態度】

資料等の準備

・日本地図
・オリジナル旅行計画書のモデル文

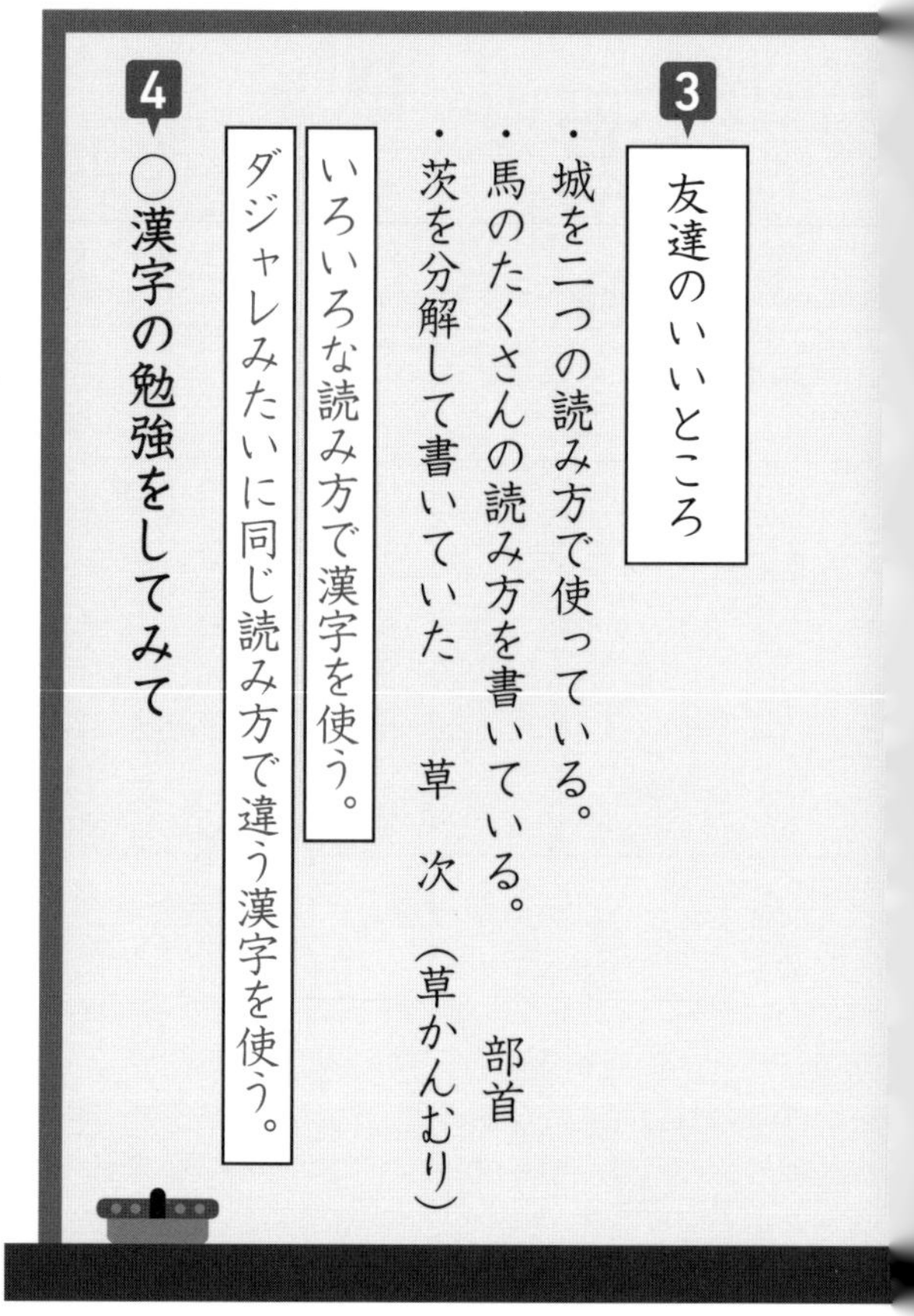
3
友達のいいところ
・城を二つの読み方で使っている。
・馬のたくさんの読み方を書いている。
・茨を分解して書いていた
草　次　（草かんむり）
部首
いろいろな読み方で漢字を使う。
ダジャレみたいに同じ読み方で違う漢字を使う。
4
○漢字の勉強をしてみて

授業の流れ ▷▷▷

1 都道府県に使われる漢字の意味を確認する〈10分〉

○前時の学習の様子から苦手意識の高い漢字をいくつか選び、漢字辞典で調べたり、書き順を確認したりする（「潟」や「栃」）など。
T　一番、難しいと思った漢字は何だろう。覚え方や書き方のコツはあるか考えてみよう。
・「潟」は潮が引いていくという意味があるから、すきまを開けて書くと覚えたらいい。
○どんな意味があるのか、その意味と字形などのつながりを考えていけるよう声をかける。
T　漢字の意味を知ると、都道府県の名前の由来が見えてくるのかもしれないね。

ICT 端末の活用ポイント

検索機能を用いると都道府県の由来は諸説出てくる場合があるが、漢字の意味とのつながりを考えていくことで定着を図りたい。

2 互いの旅行計画書を読み合う〈10分〉

T　友達の旅行計画書を読んで、どんな漢字が使われているかを確認してみよう。
・「城」を２つの読み方で使っている。
・「茨」は次の草というように、分解して文章にしているところがいいと思った。
○新出漢字の発見だけではなく、どんな文章にしているのか、どのような漢字を使って書いているかなど、漢字の扱い方や読み方に着目している子供の作品を共有していきたい。
○自分の旅行計画書に生かしていくという視点をもたせることで、もっと漢字を使っていこうとする意識を高める。

ICT 端末の活用ポイント

学習支援ソフトを用いて、コメントやアドバイスができるように共有の場を設定する。

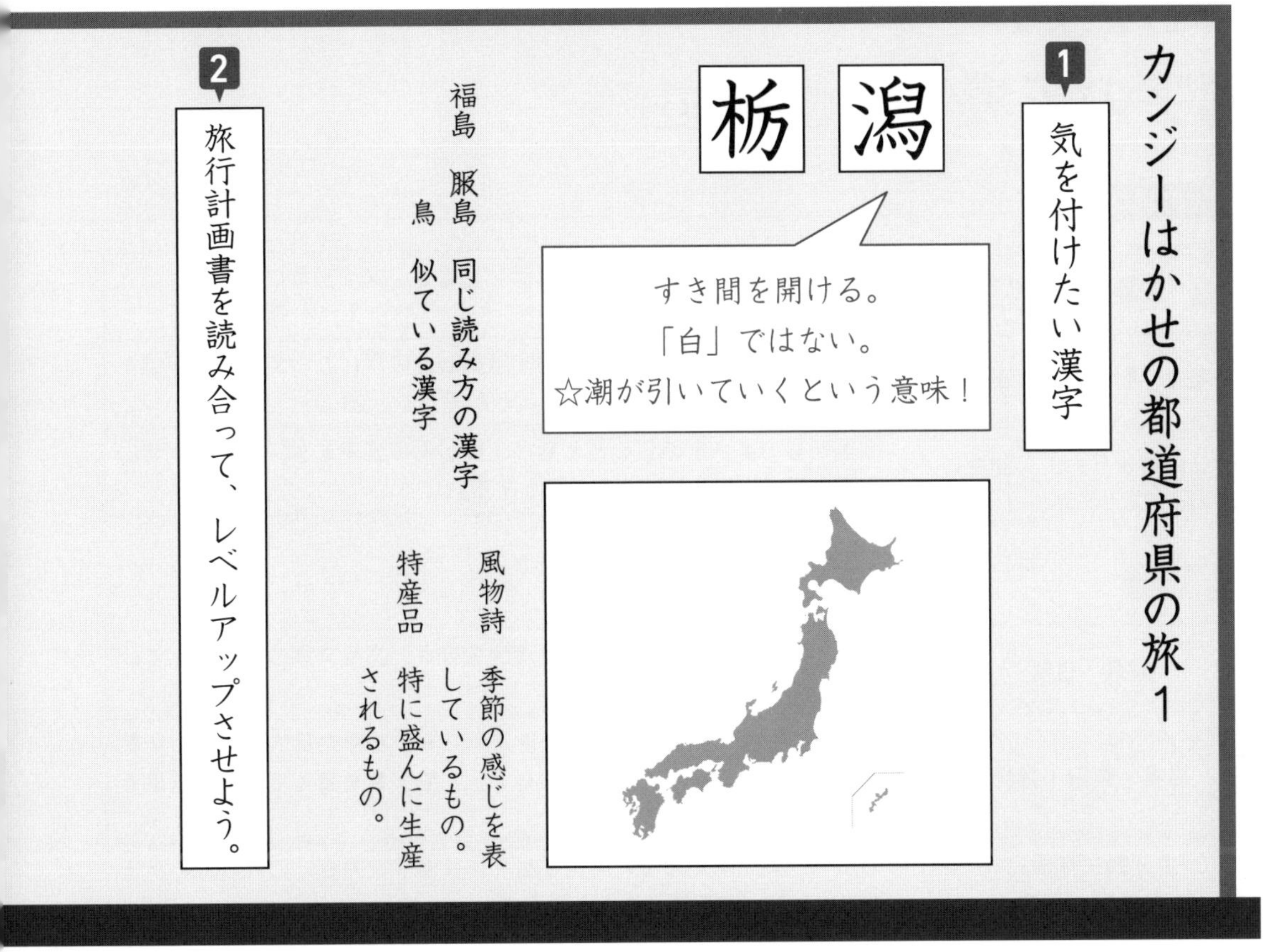
カンジーはかせの都道府県の旅1
1
気を付けたい漢字
潟
栃
すき間を開ける。
「白」ではない。
☆潮が引いていくという意味！
福島　服島　同じ読み方の漢字
鳥　似ている漢字
風物詩　季節の感じを表しているもの。
特産品　特に盛んに生産されるもの。
2
旅行計画書を読み合って、レベルアップさせよう。

3 都道府県名を使った言葉を旅行計画書に書き足す　〈15分〉

T　友達の旅行計画書を読んでみて、どんなところを真似してみようと思ったかな。

○異なる読み方での使い方、同音異義語を用いるなど工夫が見られた旅行計画書を価値付け、その都道府県に行きたい理由や特徴などを書き足しながら、再度まとめ直す。

・富士山はないけれど、富山県で「富」の読み方を使って文章を書き足したよ。

・服がいっぱい福井県で「ふく」と読む漢字を増やしたよ。

・習ってない漢字だけど使ってみよう。

○漢字を正確に書いていることも重要なことではあるが、ここでは楽しんで文章を作ろうとしている姿や漢字に対する気付きを重視して評価につなげていく。

4 漢字の学習を通して気付いたことを振り返る　〈10分〉

○都道府県と漢字の関係や様々な読み方など、子供が発見した学びを共有することで、今後学ぶ漢字への興味・関心を高めていく。

T　漢字の勉強をしてみて、どんなことが役に立つと思ったかな。

・漢字の意味が実際の都道府県のイメージと合っていることが分かった。

・今まで習った漢字でも新しい読み方や特別な読み方があることが分かった。

○「カンジーはかせの都道府県の旅２」があることを伝え、社会科の学習と関連させながら、漢字を活用していくことを確認する。

ICT 端末の活用ポイント

振り返りは文書作成ソフト等を用いて、「カンジーはかせの都道府県の旅２」でも活用する。

3年生で習った漢字

漢字の広場①　2時間扱い

単元の目標

知識及び技能	・第3学年までに配当されている漢字を書き、文や文章の中で使うことができる。((1)エ)
思考力、判断力、表現力等	・間違いを正したり、相手や目的を意識した表現になっているかを確かめたりして、文や文章を整えることができる。(Bエ)
学びに向かう力、人間性等	・言葉がもつよさを感じるとともに、楽しんで読書をし、国語を大切にして、思いや考えを伝え合おうとする。

評価規準

知識・技能	❶第3学年までに配当されている漢字を書き、文や文章の中で使っている。(〔知識及び技能〕(1)エ)
思考・判断・表現	❷「書くこと」において、間違いを正したり、相手や目的を意識した表現になっているかを確かめたりして、文や文章を整えている。(〔思考力、判断力、表現力等〕Bエ)
主体的に学習に取り組む態度	❸進んで、第3学年までに配当されている漢字を書き、これまでの学習を生かして、文を書こうとしている。

単元の流れ

時	主な学習活動	評価
1	学習の見通しをもつ 教科書の絵を見て、町やまわりの様子を想像し、提示された言葉を使いながら、町のことを紹介する文を書く。	❶
2	書いたものを読み返し、間違いを正すなどして文を整える。 書いたものを友達と読み合い、漢字を正しく用いることのよさを実感する。 学習を振り返る 本単元の学習を振り返る。	❷ ❸

授業づくりのポイント

〈単元で育てたい資質・能力〉

4年生になって1か月がたったころに学習する単元である。すでに3年生までの漢字440字については、読んだり書いたりすることができるように求められている。しかし、その量の多さや、複数の音訓の読み方の難しさ等から、漢字に対する苦手意識をもつ子供も出てくる。

本教材では、楽しみながら漢字を使って文章を書く経験を充実させ、漢字に親しめるようにしていく。子供が学習や生活の中で、既習の漢字を進んで使っていくことができるようにするとともに、3年生までに習った漢字は、どの子供も正確に読み書きできるようにしたい。また、4年生で学習する漢字には、平成29年度版の学習指導要領から、都道府県の漢字20字が追加され、さらに漢字学習の難易度は高まっている。漢字には同じ部分の組み合わせで構成されている字が多く、漢字の構成要素に意味や音が含まれている場合があることに気付かせ、熟語の意味を類推する力も育てていきたい。そうすることで、高学年での学習を見通した漢字の読み書きの定着をより促すことができると考える。

〈教材・題材の特徴〉

本教材で使われている漢字は、町の施設やまわりの様子に関するものである。町の住人になりきって、町やまわりの様子を紹介する文章を書くことができるよう、特に場所を表す言葉が多く使われている。文章を書くときには、町の住人になりきって、町を練り歩くように様々な場所を訪れるつもりで書くと、次々に絵の中の漢字を使うことができる。

〈言語活動の工夫〉

紹介する文章を書くといっても、紹介の仕方は様々である。文例を発展させ、旅番組のリポート、道案内、町をヘリコプターから見下ろしてニュース番組のリポートをするなどの設定で書くことができる。

また、本教材で使われている漢字について、正しく読み書きすることができているかを確かめるために、文例「わたしの家は農家です。春には、畑にたくさんの野菜のなえを植えます」のように、使った漢字には傍線を引くようにするとよい。こうすることで、推敲の視点が明確になり、正しく書くことができているか、子供自身が自覚しやすくなる。傍線を引くことで、絵の中の他の漢字を使おうとする意欲をもつことにもつながると考える。友達と読み合う際にも、互いに傍線の漢字に注目して読むことができる。

[具体例]

旅番組であれば、例えば、「本日は放送局から飛び出して、安売り中のこちらの商店にやって来ました。見てください、この行列。店主も大いそがしです」のように書く。４年生になって最初の「漢字の広場」を使った学習である。子供が活動の見通しをもつことができるよう、教師から文例を提示したり、子供とのやりとりで黒板に文例を作ったりするとよい。

完成した文章を読み合う際は、まずは友達の書いた文章を楽しむことを大切にし、傍線を引いた漢字については正しく書くことができたか確かめ合うようにする。文章は、はがき新聞等に書いて掲示すれば、単元の時間だけでは読むことができなかった友達の文章もじっくり読み合うことができる。

〈ICT の効果的な活用〉

表示：学習者用デジタル教科書を用いて、教科書の文例を手元の ICT 端末で読みながら文章を書く。黒板と手元に目線を往復して書くことが難しい特性のある子供の負荷を、軽減することができる。

共有：子供が自身の文章を撮影したり、教師がスキャンしたりして学習支援ソフトに文章を保存すると、授業時間内では読み合うことのできなかった友達の文章も読むことができる。また、漢字を正しく用いている子供の文章を教師が意図的に共有することもできる。

本時案

漢字の広場①

1/2

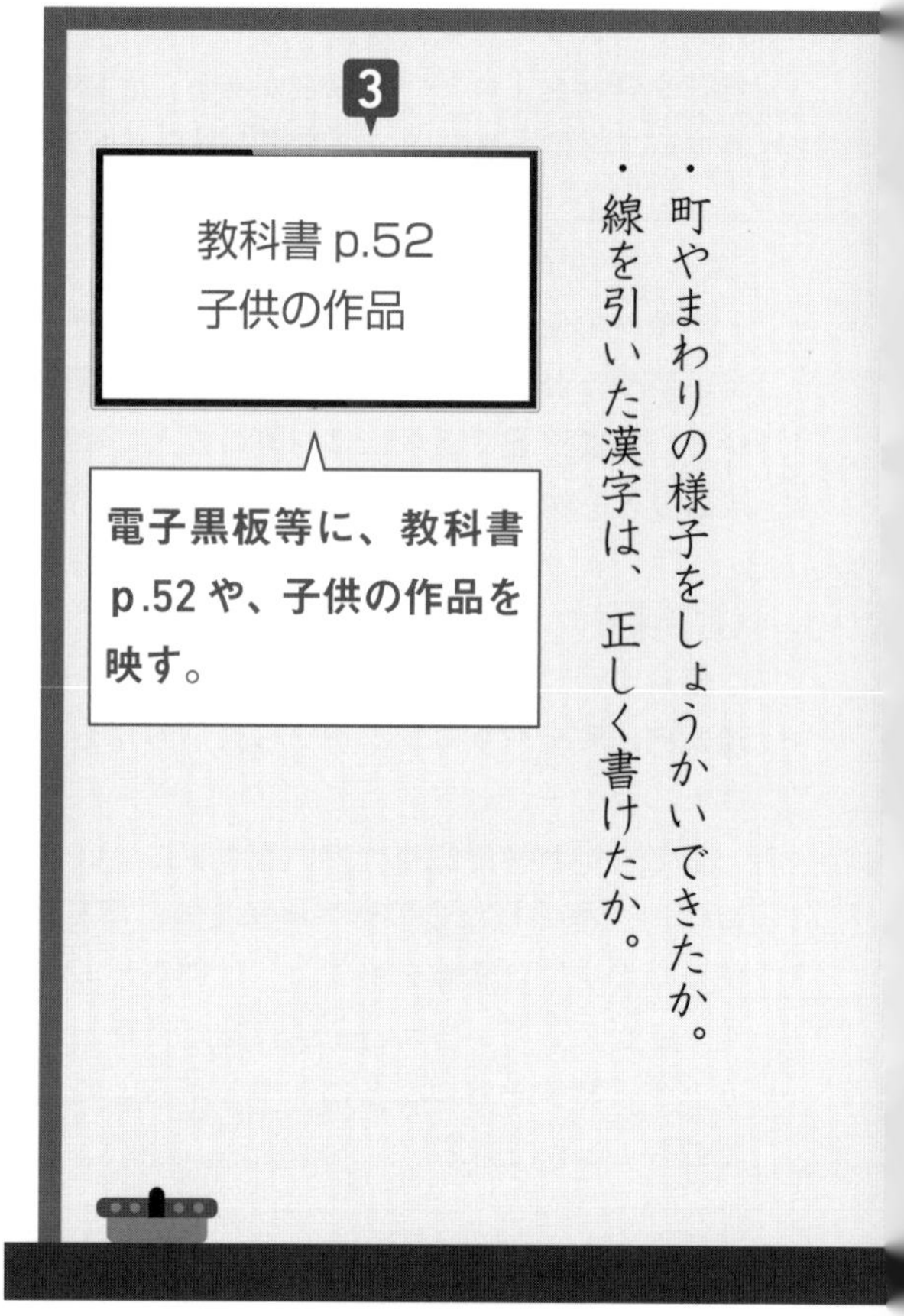
3
教科書 p.52
子供の作品
電子黒板等に、教科書 p.52 や、子供の作品を映す。
・町やまわりの様子をしょうかいできたか。
・線を引いた漢字は、正しく書けたか。

本時の目標

・第 3 学年までに配当されている漢字を書き、町やまわりの様子を紹介する文章を書くことができる。

本時の主な評価

❶第 3 学年までに配当されている漢字を書き、町やまわりの様子を紹介する文章を書いている。【知・技】

資料等の準備

・教科書 p.52の拡大（電子黒板等にデジタル教科書で映す）
・はがき新聞等のワークシート（掲示する場合）

授業の流れ ▷▷▷

1 絵の中の漢字を読み、町やまわりの様子を話し合う〈10分〉

○教科書 p.52の絵を見て、漢字の読み方を確かめる。
・湖、港。
・放送局、薬局。
・都合。「都会」なら「都」（と）とも読むね。
T　まずは、絵を見て、町の様子を想像してみましょう。
・商店に行列ができている。にぎわっているようです。
・湖から長い川が、鉄橋をこえて港につながっています。
T　今日は、この絵の中の漢字を使って、町やまわりの様子を紹介する文章を書きましょう。
○本時のめあてを板書する。

2 文例を読み、町の様子を紹介する文章の書き方を知る〈10分〉

T　町の様子を紹介する文章の書き方を確かめましょう。
○ p.52の文例を読む。
T　町の住人になってお出かけしたつもりでも、旅番組のリポーターになったつもりでもいいですね。
・「本日は、放送局を飛び出して、こちらの商店にやって来ました」は、どうでしょう。
・おもしろいです。私も書いてみたいです。

漢字の広場①

絵の中の漢字を使って、町の様子をしょうかいする文章を書こう。

1

湖　みずうみ　　港　みなと

都合　つごう　　都会　とかい

放送局　ほうそうきょく　　薬局　やっきょく

2

本日は放送局から飛び出して、安売り中のこちらの商店にやって来ました。見てください、この行列。店主も大いそがしです。

3 絵の中の言葉を使い、町のことを紹介する文を書く　〈25分〉

T　絵の中の漢字を使って、町やまわりの様子を紹介する文章を書きましょう。

○旅番組のリポーター、道案内、ヘリコプターから町を見下ろしてニュース番組のリポーターなどの設定で書くよう促してもよい。

・今日は、農家さんの畑におじゃまします。たくさんの野菜が植えられて、羊もいます。

・地区センターの隣の、県立図書館にはたくさんの本があります。この図書館、なんと3階建てです。

ICT 端末の活用ポイント

学習者用デジタル教科書で p.52の文例を表示し、ICT 端末で文例を読みながら文章を書くことで、視線を移す負荷を軽減することができる。

よりよい授業へのステップアップ

文章を書く時間を確保し、その後の柔軟な学習活動へ

この時間のねらいは、あくまで「第3学年までに配当されている漢字を書き、町やまわりの様子を紹介する文章を書くこと」であるため、まずは3の活動に十分な時間を確保したい。書き終えた子供から推敲に進むことができるようにするために、板書に推敲の視点を示しておくとよい。第3学年で習った漢字の間違いは、確実に推敲したい。声に出して推敲すると、間違いに気付きやすくなる。

本時案

漢字の広場①

2/2

本時の目標

・文章の間違いを正し、文や文章を整えることができる。

本時の主な評価

❷文章の間違いを正し、文や文章を整えている。【思・判・表】

資料等の準備

・教科書 p.52の拡大（電子黒板等にデジタル教科書で映す）

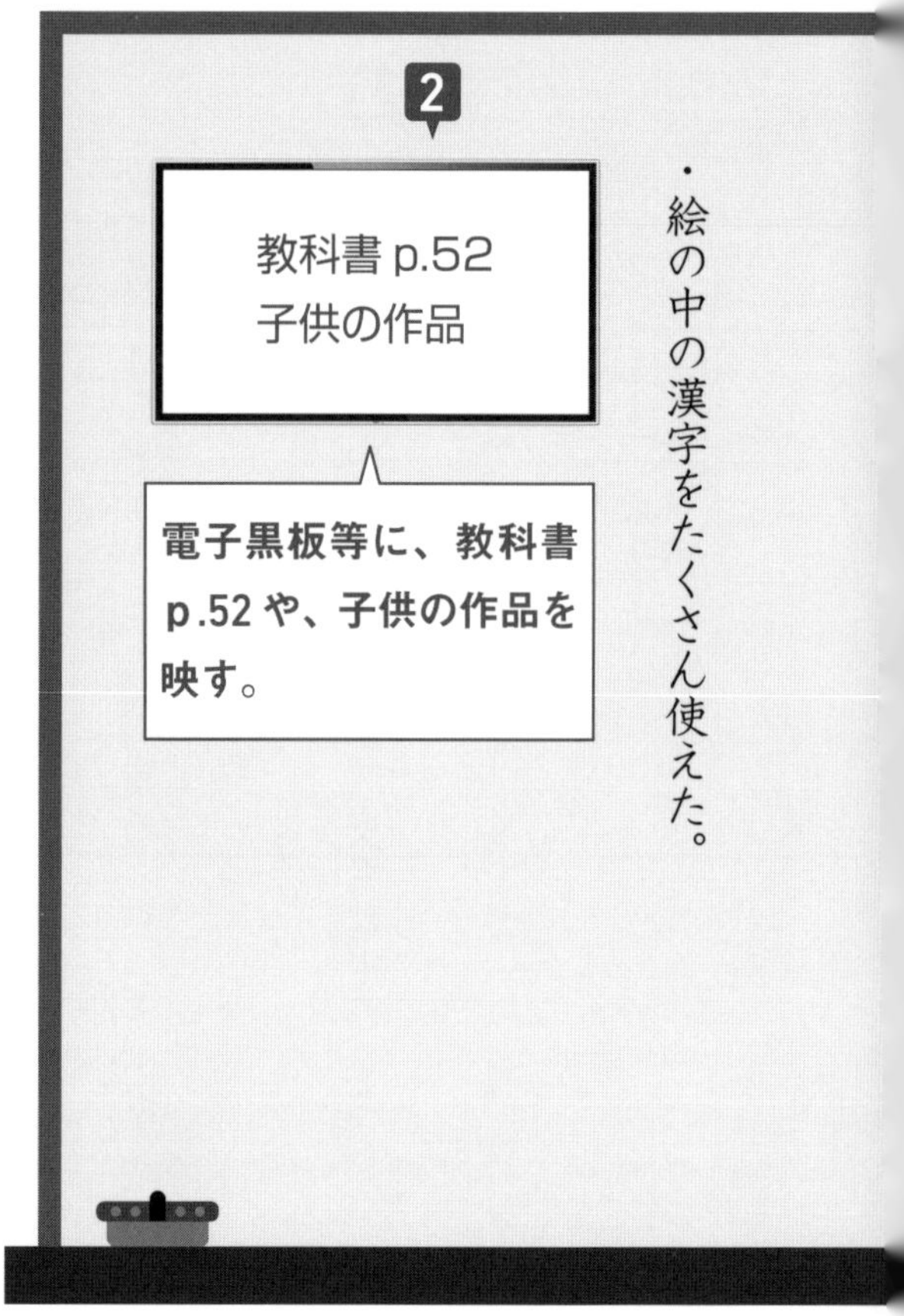

2
教科書 p.52
子供の作品
電子黒板等に、教科書 p.52 や、子供の作品を映す。
・絵の中の漢字をたくさん使えた。

授業の流れ ▷▷▷

1 書いた文章を読み返し、間違いを正して文章を整える 〈10分〉

・リポーターになって書いた文章ができました。

T　友達と読み合う前に、まずは自分で声に出して読み返してみましょう。

○前時に推敲を始めている子供に、読み返す際に気を付けたことを話してもらう。

・絵の中にある、3年生までに習った漢字は、特に正しく書けたか確かめました。

・町やまわりの様子を紹介できているか、読み返して確かめました。

T　今日は、リポーターになって書いた文章を読み合いましょう。

○本時のめあてを板書する。

2 書いた文章を友達と読み合う 〈25分〉

T　書いた文章を読み合いましょう。正しく漢字が使えているか確かめましょう。

○ペアで横並びに座り、間に文章を置いて書き手が読むと、聞き手は字を目で追いながら聞くことができ、漢字の誤りにも気付きやすくなる。

・鉄橋を通過した電車のことを書いたんだね。「鉄」の「失」が「矢」になっているよ。

・「放送局」は正しく書けているけれど、「薬局」の「局」が間違えているよ。

○すでに自分で推敲はしているが、初読の友達が読むと、新たな間違いに気付く場合がある。文章を読むことを楽しむ前提でよいが、新たな間違いに気付いた場合は伝えてよい。

漢字の広場①

旅番組やニュース番組のリポーターになって、町の様子をしょうかいしよう。

1 本日は放送局から飛び出して、安売り中のこちらの商店にやって来ました。見てください、この行列。店主も大いそがしです。

・町やまわりの様子をしょうかいできたか。

・線を引いた漢字は、正しく書けたか。

3 ・自分で読み返して「局」を正しい漢字に直せた。

・「鉄」の「失」が「矢」になっていることに、友達が気づいてくれた。

3 本単元の学習を振り返る〈10分〉

T　町の様子を紹介する文章で、よく読み返して直すことができましたね。

・自分で漢字の「局」の間違いに気付いて直すことができました。

・友達が漢字の「鉄」の間違いに気付いてくれて、文章がもっとよくなりました。

・絵の中の漢字をたくさん使って書けました。

○絵の中の漢字をいくつ使えたか、自分で読み返したり、友達と読み合ったりしていくつ間違いを正せたかを振り返る。

ICT 端末の活用ポイント

子供の文章を学習支援ソフトに保存すると、授業時間内で読み合えなかった友達の文章を読んだり、教師が意図的に漢字を正しく用いている子供の文章を共有したりすることもできる。

よりよい授業へのステップアップ

正しく書けたこと、間違いを正せたことに喜びと自覚を

絵の中の漢字は、教科書を読み返せば確かめることができる。加えて、漢字辞典を手元に置いておくと、文章の中で使った他の漢字についても自ら確かめる習慣づくりにつながる。

推敲に関する指導事項を扱うため、漢字を正しく書くことができているかどうかは重点的に確かめたい。友達と読み合って文章を楽しむとともに、間違いに気付いた場合は、赤や青で修正するとよい。

筆者の考えをとらえて、自分の考えを発表しよう

思いやりのデザイン／アップとルーズで伝える／考えと例　（8時間扱い）

単元の目標

知識及び技能	・主語と述語との関係、修飾と被修飾との関係、指示する語句と接続する語句の役割、段落の役割について理解することができる。(⑴カ) ・考えとそれを支える理由や事例、全体と中心など情報と情報との関係について理解することができる。(⑵ア)
思考力、判断力、表現力等	・段落相互の関係に着目しながら、考えとそれを支える理由や事例との関係などについて、叙述を基に捉えることができる。(C ア) ・文章を読んで理解したことに基づいて、感想や考えをもつことができる。(C オ)
学びに向かう力、人間性等	・言葉がもつよさに気付くとともに、幅広く読書をし、国語を大切にして、思いや考えを伝え合おうとする。

評価規準

知識・技能	❶主語と述語との関係、修飾と被修飾との関係、指示する語句と接続する語句の役割、段落の役割について理解している。(〔知識及び技能〕⑴カ) ❷考えとそれを支える理由や事例、全体と中心など情報と情報との関係について理解している。(〔知識及び技能〕⑵ア)
思考・判断・表現	❸「読むこと」において、段落相互の関係に着目しながら、考えとそれを支える理由や事例との関係などについて、叙述を基に捉えている。(〔思考力、判断力、表現力等〕C ア) ❹「読むこと」において、文章を読んで理解したことに基づいて、感想や考えをもっている。(〔思考力、判断力、表現力等〕C オ)
主体的に学習に取り組む態度	❺粘り強く、筆者の考えとそれを支える理由や事例との関係を理解して、学習課題に沿って、文章を読んだり自分の説明に活用したりしようとしている。

単元の流れ

次	時	主な学習活動	評価
一	1	『思いやりのデザイン』を読んで、分かったことを共有する。 分かったことがどの段落にあるのかについて話し合い、各段落の役割について確かめる。 筆者の考えとそれを支える理由や事例について、段落相互の関係から捉える。	 ❶ ❷❸
二	2	学級写真を「アップ」と「ルーズ」で見せて、感想を交流する。 『アップとルーズで伝える』を読んで、「アップ」と「ルーズ」について理解する。 学習の見通しをもつ 筆者が「アップ」と「ルーズ」について、どのように説明しているかを読み取るというめあてをもつ。	❶ ❷❸

	3	筆者が「アップ」と「ルーズ」について、どのように段落ごとに書き分けているのか文章の特徴を読み取る。	❷ ❸
	4	第7段落と第8段落の役割について、第6段落までの役割との相違点に着目して、筆者の考えとそれを支える理由や事例について読み取る。 **学習を振り返る**	❷ ❸
	5	『アップとルーズで伝える』を読んで理解したことに基づいて、感想をもつとともに、自分が情報の送り手の立場として、どのように情報を受け手に伝えるか考えて発表し合う。	❹ ❺
三	6	「考えと例」を読んで、『思いやりのデザイン』と『アップとルーズで伝える』の叙述に基づいて、筆者の考えと例を取り上げる。	❷ ❸
	7 8	身の回りのことで、自分の考えに対して例を挙げて説明する。	❹ ❺

授業づくりのポイント

〈単元で育てたい資質・能力〉

本単元で育てたい資質・能力は、段落相互の関係に着目しながら、筆者の考えとそれを支える理由や事例との関係を叙述に基づいて読み取ることができることである。そのために、段落には意味があり、説明していることのまとまりとして一つ一つの段落があるということ、更に筆者が自分の考えを読み手に分かってもらうために、どのように自分の論理をつないでいるかを読むことが求められる。

〈教材・題材の特徴〉

本教材の特徴について、まず練習教材の扱いになっている『思いやりのデザイン』では、「インフォグラフィック」という馴染みのない用語について、A 地図と B 地図という 2 つの事例を比較して分かりやすく説明している。『アップとルーズで伝える』においては、子供でも視聴した経験が考えられるテレビのスポーツ中継を通して、情報の送り手が「アップ」と「ルーズ」という 2 つのことを、それぞれの長所や短所を例に挙げて比較しながら説明しているという点で類似している。また、使う側や受け手という相手を意識した情報の発信という側面が、情報の送受信者の立場になりうる子供にとっては、意味をもつ教材と言えるだろう。

〈言語活動の工夫〉

主な言語活動としては、段落意識をもたせるために、筆者がどのような段落のつながりで説明しているかということを読み取ることが中心になる。また、第 6 段落で、テレビ中継の「アップ」と「ルーズ」の説明は終わっているが、第 7・第 8 段落で新聞を例に出したり、「送り手」や「受け手」といったことを付け加えたりしていることに、文章の全体と中心（筆者の考え）を考える活動を取り入れたい。

〈ICT の効果的な活用〉

共有：「考えと例」の学習活動の際に、ICT 端末を使って自分が情報の送り手となって、「アップ」と「ルーズ」を使い分けて説明するという場面を入れることができるだろう。例えば、体育の授業で、跳び箱を使って運動しているときに、ビデオや写真でフォームを撮影することがあるだろう。全体のフォームを「ルーズ」で撮影し、跳び箱への手のつき方を「アップ」で撮影したものを使って説明するということも可能だろう。

本時案

思いやりのデザイン／アップとルーズで伝える／考えと例　1/8

本時の目標

・段落相互の関係に着目しながら、筆者の考えとそれを支える事例との関係について、叙述を基に捉えたり、『思いやりのデザイン』について理解したりすることができる。

本時の主な評価

❶❷段落相互の関係に着目しながら、筆者の考えとそれを支える事例との関係について、叙述を基に捉えたり、『思いやりのデザイン』について理解したりしている。【知・技】

資料等の準備

・特になし

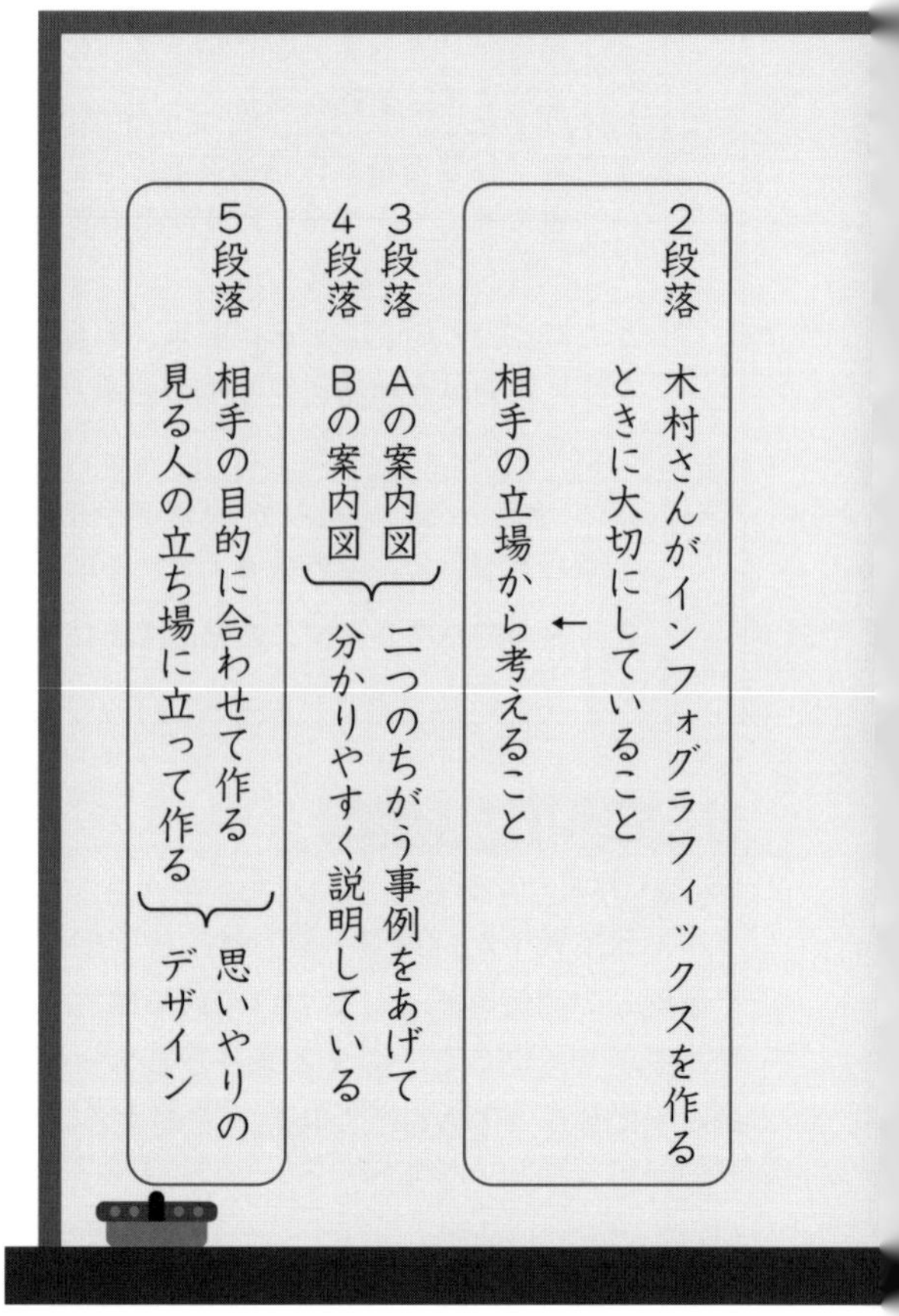

授業の流れ ▷▷▷

1 『思いやりのデザイン』という題名について考える　〈10分〉

○『思いやりのデザイン』という題名から、どのようなことが考えられるか話し合う。

T　皆さんは、思いやりのデザインという言葉を知っていますか。初めて耳にする人がほとんどですね。何のことでしょうね。

・例えば、エレベーターのボタンが、車いすに乗っている人でも届くようにデザインされているということかな。

・外国の人は日本語が分からないから、トイレのマークとか絵にしていることが、思いやりのデザインかもしれない。

T　皆さん、具体例が出てきて素晴らしいですね。

2 文章を読んで、学習の見通しをもつ　〈10分〉

○学習の見通しをもつ。

T　それでは、今日はこの『思いやりのデザイン』という文章を読んで、筆者がどのように説明しているのかを学びましょう。

・本当だ。教科書に説明が書いてある。

・今日は、説明文を読むんだ。

T　そうですね。「思いやりのデザイン」について説明した文章です。では、先生が読むので、思いやりのデザインが何かが分かる部分に線を引きましょう。後で聞きますよ。

○教師の範読を聞く。

ICT 端末の活用ポイント

紙の教科書に線を引くでもよいが、どこに線を引いたかを画面を通して共有したい場合は、学習支援ツールを用いる方法もある。

思いやりのデザイン　木《き》村《むら》博《ひろ》之《ゆき》

1

○「思いやりのデザイン」という言葉から考えられること

・エレベーターのボタンの位置

↓車いすの人のことを考えている。

・トイレのマークなど（絵やイラスト）

↓日本語が分からない外国人のことを考えている。

2

めあて

『思いやりのデザイン』を読んで、筆者の考えをどのように説明しているか読み取ろう。

3

○読んで分かったこと

・相手の立場を考えて、インフォグラフィックスを作ること。

・だれが見ても分かるようなデザインのこと。

・相手の目的に合わせて、見え方を考えてデザインすること。

4

○筆者の考えの説明のしかた　考え→事例→考え

1段落　インフォグラフィックスとは何か

3　分かったことを共有する　〈15分〉

○分かったことを各自が整理する。

T　さて、先生が読みましたが、皆さんも黙読でよいので、一度読んでみて、「思いやりのデザイン」とはどんなものかをタブレットに入力しましょう。後で、共有しますよ。

・インフォグラフィックスは、インフォメーションとグラフィックスを合わせた言葉。

・「思いやりのデザイン」は、相手の立場を考えてインフォグラフィックスを作ること。

・誰が見ても分かるようなデザインのこと。

・相手の目的に合わせて、見え方を考えてデザインすること。

ICT 端末の活用ポイント

分かったことについて、各自 ICT 端末に入力し、共有する。

4　分かったことの段落を確かめ、各段落の役割を読み取る〈10分〉

○分かったことを本文と結び付けて、段落の役割を読む。

T　皆さん、「思いやりのデザイン」について分かりましたね。それでは、筆者はどのように考えを説明しているのか読み取ることができましたか。

・１段落で、インフォグラフィックスとは何かという説明をしています。

・思いやりのデザインとどう関係しているかは、２段落に書いてあります。

・５段落でも、「このように」とまとめています。

T　どうして、筆者の木村さんは、５段落で「このように」という言葉を使ってまとめているのでしょうか。

本時案

思いやりのデザイン／アップとルーズで伝える／考えと例　2/8

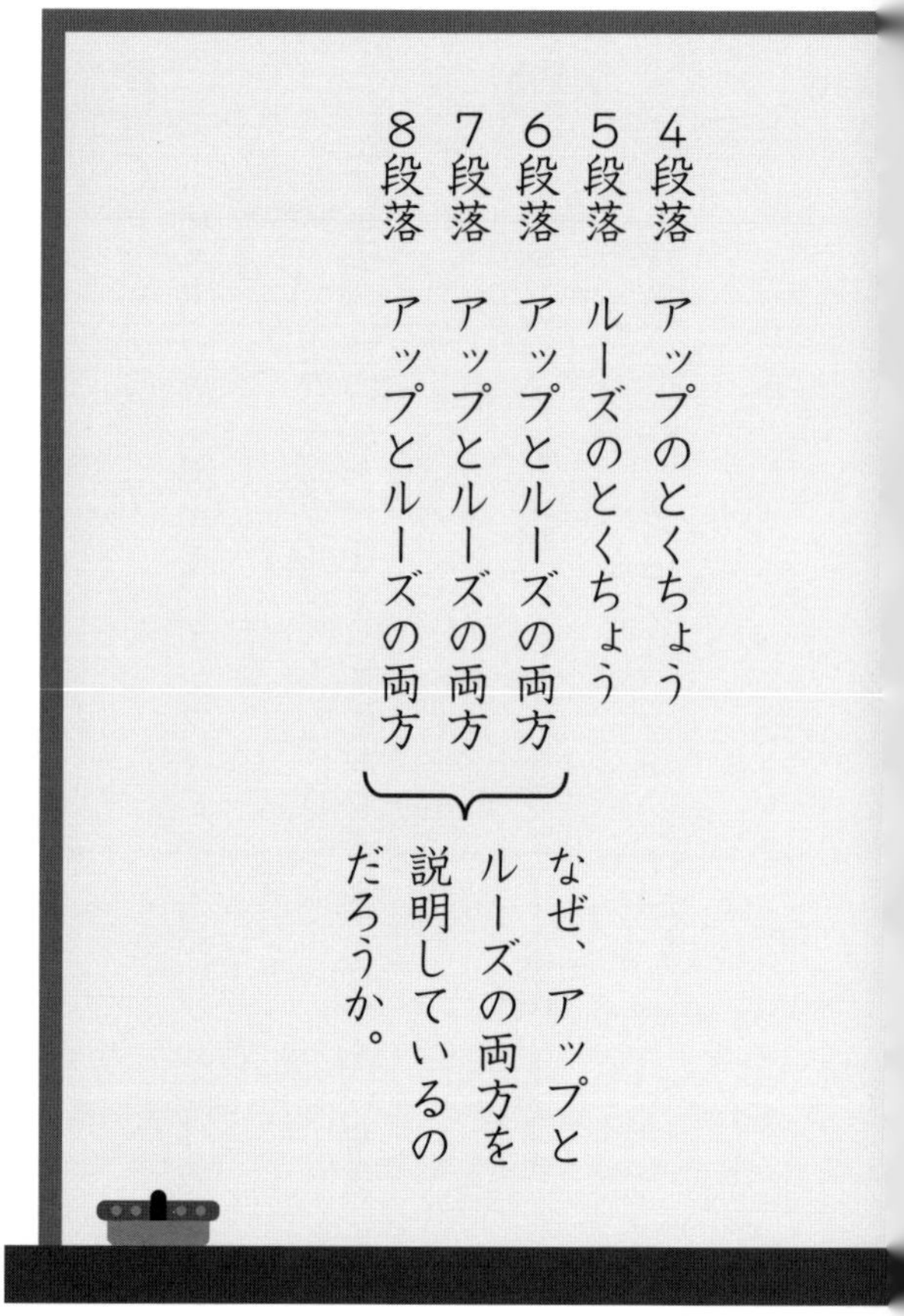

本時の目標

・『アップとルーズで伝える』を読んで、『思いやりのデザイン』の説明の仕方と比べたり、「アップ」と「ルーズ」の違いについて理解したりすることができる。

本時の主な評価

❶❷『アップとルーズで伝える』を読んで、『思いやりのデザイン』の説明の仕方と比べたり、「アップ」と「ルーズ」の違いについて理解したりしている。【知・技】

資料等の準備

・２種類の学級写真
・ワークシート　11-01

授業の流れ ▷▷▷

1 学級写真を見て、学習の見通しをもつ　〈10分〉

○学級写真の「アップ」と「ルーズ」の写真を見て、気付いたことを発表する。

T　この２つの写真を見比べて、気付いたことはありますか。

・上（ルーズ）は、学級のみんなが写っています。

・下（アップ）は、多分、上と同じ写真だと思うのですが、先生しか写っていません。

T　そうですね。同じ写真でもどのように見せるかで、見え方は違いますね。今日は、このような見え方の違いについて説明している文章を読みますよ。

ICT 端末の活用ポイント

学級写真を各自の ICT 端末に送付して、手元で確認できるようにする。

2 文章を読み、分かったことを整理する　〈15分〉

『アップとルーズで伝える』を読む。

T　『アップとルーズで伝える』を読んで、分かったことは何ですか。

・広い範囲を写す撮り方が「ルーズ」です。

・ある部分を大きく写す撮り方が「アップ」です。

T　先ほど見せた学級写真だとどうですか。

・学級のみんなが写っているのが「ルーズ」で撮っていて、先生だけが写っているのは「アップ」です。

T　説明の仕方では、どんなことが分かりましたか。

アップとルーズで伝える

中《なか》谷《や》日《ひ》出《で》

1 2

・みんながうつっている

ルーズ

・先生だけがうつっている
・他のみんながうつっていない

アップ

めあて

3

『アップとルーズで伝える』を読んで、「アップ」と「ルーズ」がどのように説明されているかを読み取ろう。

ルーズ…広いはんいをうつすとり方
アップ…ある部分を大きくうつすとり方

4

○アップとルーズは、どの段落に説明されているか

1段落　ルーズ
2段落　アップ
3段落　アップとルーズについての説明

3 「アップ」と「ルーズ」についての説明の仕方を読み取る 〈10分〉

「アップ」と「ルーズ」について、どの段落に書かれているのか整理する。

T　「アップ」と「ルーズ」については、その違いがよく分かりましたね。

T　皆さんが分かったのは、説明の仕方が工夫されているからですね。どんな工夫がされているか見つけられますか。

・『思いやりのデザイン』みたいに、どの段落に何が書かれているか確かめれば、工夫が見つかると思います。

T　いい方法ですね。やってみましょう。

ICT 端末の活用ポイント

『思いやりのデザイン』の板書記録を各自の ICT 端末に送信して、各自が振り返られるようにする（自分のノートを見てもよい）。

4 各段落の役割について読み取る 〈10分〉

T　まず、いくつ段落がありましたか。

・8段落です。

T　「アップ」について説明している段落と「ルーズ」について説明している段落というように分けられそうですか。

・はっきりと分けられる段落もあれば、両方のことを説明している段落もあります。

・1段落は、会場全体が写し出されているから「ルーズ」の説明です。

・2段落は、1人の選手だけが写されているから「アップ」の説明です。

・3段落は、1段落と2段落のことをまとめて「アップ」と「ルーズ」の説明です。

本時案

思いやりのデザイン／アップとルーズで伝える／考えと例　3/8

本時の目標

・「アップ」と「ルーズ」の説明の仕方について、写真と言葉（情報と情報）との関係を読むことができる。
・段落相互の関係に着目しながら、筆者の伝えたいことを叙述に基づいて読むことができる。

本時の主な評価

❷「アップ」と「ルーズ」の説明の仕方について、写真と言葉（情報と情報）との関係を読んでいる。【知・技】
❸段落相互の関係に着目しながら、筆者の伝えたいことを叙述に基づいて読んでいる。【思・判・表】

資料等の準備

・ワークシート 11-02

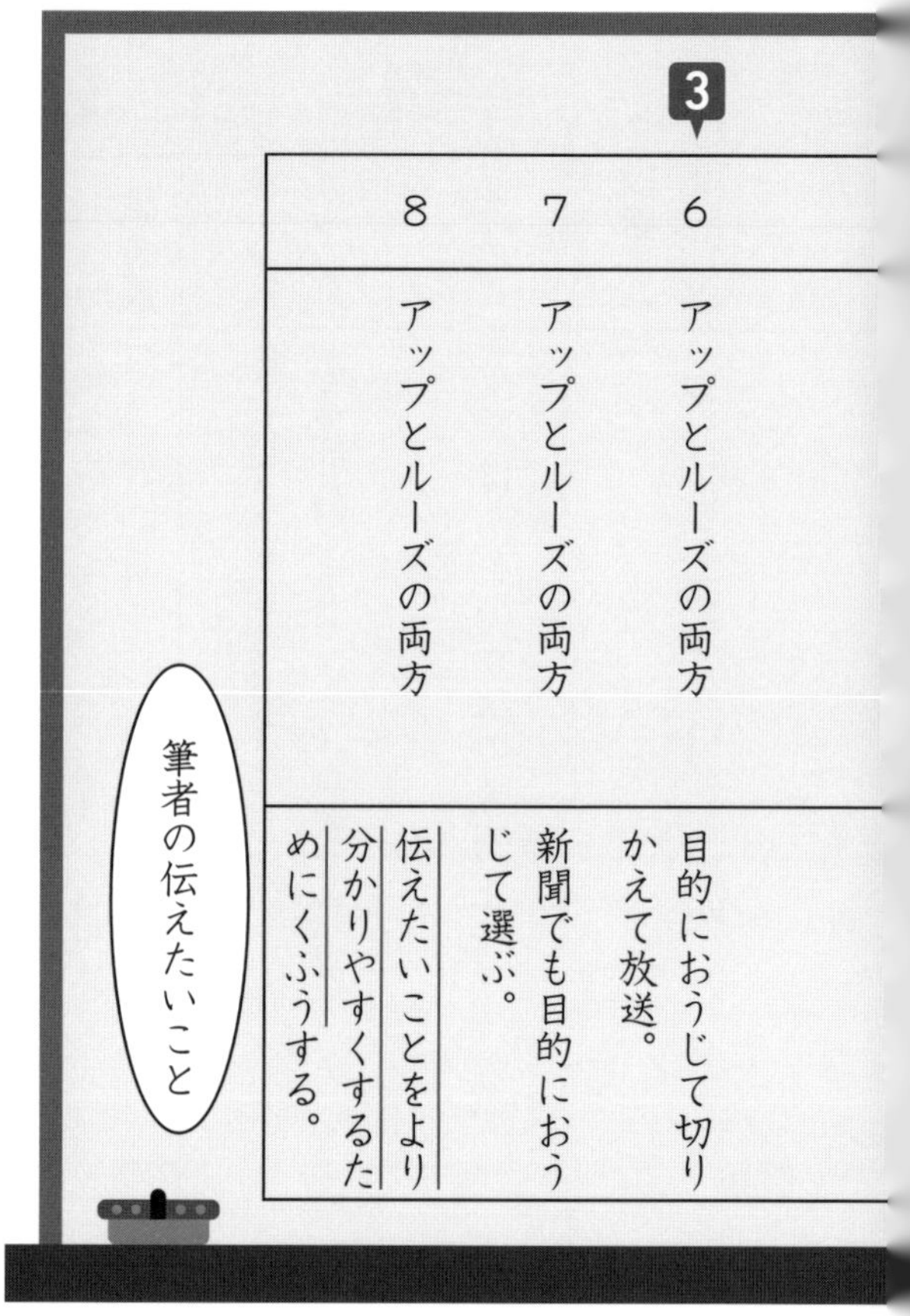

3
6
アップとルーズの両方
目的におうじて切りかえて放送。
7
アップとルーズの両方
新聞でも目的におうじて選ぶ。
8
アップとルーズの両方
伝えたいことをより分かりやすくするためにくふうする。
筆者の伝えたいこと

授業の流れ ▷▷▷

1 前時の感想や疑問から、学習のめあてをもつ 〈10分〉

T 前回、感想や疑問を書いてもらいました。友達の文章を読んで、いいなと思うものを発表してください。
・前半はアップとルーズが順番に説明されているのに、後半は、アップとルーズが一緒に説明されているかという疑問が多いです。
・A さんはアップとルーズを比べて説明しているから、どちらのことも分かりやすいというのがなるほどと思いました。
T 今日は、この『アップとルーズで伝える』の説明の仕方の特徴を探ってみましょう。

ICT 端末の活用ポイント

前時の振り返りを書く際に、ICT 端末に入力しておくと本時に全体で共有しやすい。ノートに書いて、写真を撮って共有することもできる。

2 1～5段落の説明の仕方の特徴を見つける 〈20分〉

T 前回、どの段落にアップとルーズが説明されているかを整理したものを示します。
・1段落はルーズ、2段落はアップを説明しているけど、写真があって分かりやすい。
・4段落と5段落も写真があるから、アップとルーズの説明が分かりやすい。
・4段落は、アップの長所と短所が書かれています。5段落は、ルーズの長所と短所が書かれいます。
T 皆さんの言う通りですね。他の段落はどうでしょうか。

ICT 端末の活用ポイント

前時に黒板に整理したものを教師がワークシートで作り直し、そのワークシートに各自で気付いたことを書き込むことができる。

アップとルーズで伝える

中谷日出《なかやひで》

1 めあて

『アップとルーズで伝える』の説明のしかたのとくちょうを見つけよう。

2

段落	アップとルーズの説明	とくちょう
1	ルーズ	写真でも説明
2	アップ	写真でも説明
3	アップとルーズについての説明（結び付けて）	初めの画面のように 次の画面のように
	ちがいをはっきり	
4	アップのとくちょう	良いところ・悪いところ
5	ルーズのとくちょう（写真）	良いところ・悪いところ

3 6～8段落の説明の仕方の特徴を見つける 〈15分〉

T　6段落から読んでみましょう。

・6段落の最初に「このように」とあります。

・「アップとルーズには、それぞれ伝えられることと伝えられないことがあります」とあるから、4段落と5段落の良いところと悪いところをまとめています。

・「目的におうじてアップとルーズを切りかえながら放送をしています」とあるから、筆者はこのことを伝えたかった。

T　どうして、筆者はその部分を伝えたいと思ったのでしょう。

ICT端末の活用ポイント

『アップとルーズで伝える』で、筆者が伝えたいことについて各自がICT端末に入力することで、授業時間内で共有することができる。

よりよい授業へのステップアップ

各段落に見出しを付ける

前時の板書にあるように、アップとルーズがどの段落に説明されていることは理解している。特に、第1段落から第5段落までは、アップとルーズがそれぞれどの段落に書かれているのかが明確であるため、1～3の活動をしながら、教師と一緒にみんなで見出しを考えてもよい。第6段落以降は、筆者の伝えたいことにもつながっていくので、各自がどのように段落を読み取ったのかを評価することも、見出しを付けることで可能になる。

本時案

思いやりのデザイン／アップとルーズで伝える／考えと例 4/8

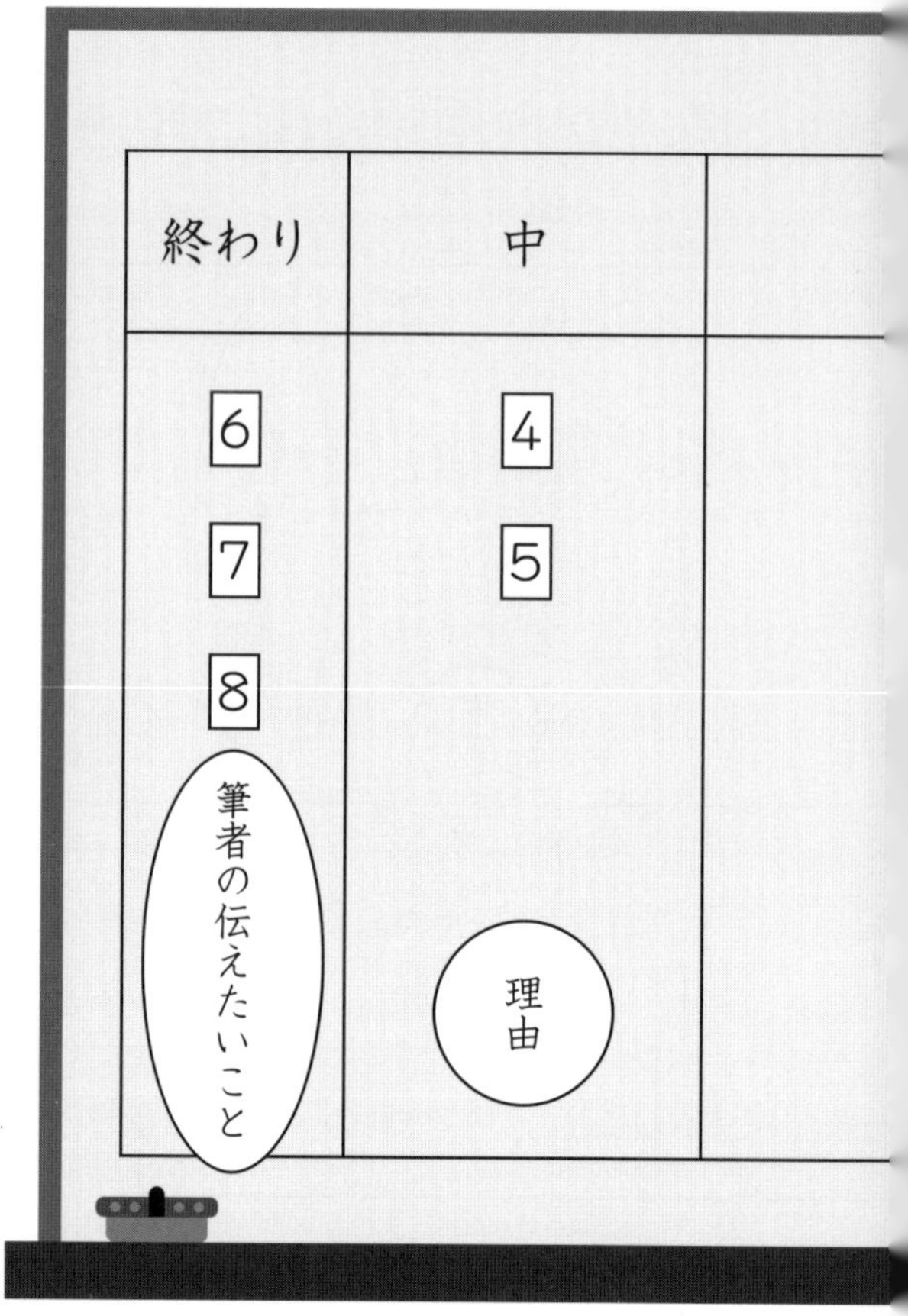

本時の目標

・段落相互の関係に着目しながら、筆者の伝えたいこととそれを支える理由や事例との関係などについて、叙述を基に捉えることができる。

本時の主な評価

❸段落相互の関係に着目しながら、筆者の伝えたいこととそれを支える理由や事例との関係などについて、叙述を基に捉えている。【思・判・表】

資料等の準備

・特になし

授業の流れ ▷▷▷

1 筆者の伝えたいことを確かめる 〈15分〉

○前時を振り返る。

T　前回は、どんなことが分かりましたか。

・６段落で、アップとルーズのまとめをしていました。７段落は、テレビだけでなく新聞でもアップとルーズがあることを説明していました。８段落は、筆者の伝えたいことが書いてありました。

T　筆者の伝えたいことは、どんなことだったのでしょうか。

・伝えたいことを送るときは、受け手のことを考えて、アップとルーズを選んで伝える。

ICT 端末の活用ポイント

前時の振り返りをICT 端末に入力し保存しておくことで、友達の感想を共有したり学習を振り返ったりすることに活用できる。

2 学習のめあてをもつ 〈10分〉

○学習のめあてをもつ

T　『アップとルーズで伝える』では、アップとルーズのことを説明するだけではなかったのですね。筆者は、どのようにして伝えたいことを説明してきたのでしょうか。１段落目に８段落に書いてあることを書いておけばよかったのではないでしょうか。

・例を出した方が、読者の私たちに分かりやすいと思って、実際のテレビのアップとルーズのことを使ったのだと思います。

・アップとルーズでの伝え方は、テレビだけでなくて、新聞などでもあるから、そのことも伝えたかったんだと思います。

T　これまで学習してきたことが整理できていますね。みんなで確かめましょう。

アップとルーズで伝える

中《な》谷《か》日《や》出《ひで》

2 めあて

筆者は伝えたいことをどのように説明しているのかを読み取ろう。

1 ○筆者の伝えたいこと

8段落…伝えたいことをより分かりやすくするためにくふうする。

3 ○事例

テレビ（画面） → 新聞（写真）

アップとルーズを選んだり、組み合わせたりする。

○文章全体を「初め・中・終わり」に分ける

初め
1 2 3 事例

3 筆者の考えを支える理由や事例について読み取る 〈20分〉

T　筆者の伝えたいことは、「伝えたいことに合わせたり相手に合わせたりして、アップとルーズを使い分けたり組み合わせたりすること」だということが分かりましたね。この文章を「初め、中、終わり」のまとまりに分けるとどうなるでしょうか。

○「初め、中、終わり」というまとまりを捉えることで、筆者の考えとそれを支える理由や事例の示し方を読み取る。

・第1段落と第2段落は「初め」だと思うんだけど、第3段落は、アップとルーズのことをまとめているから、どうなんだろう。

・第4段落と第5段落は、アップとルーズのそれぞれ特徴を説明しているから、まとめていいと思います。

ICT 等活用アイデア

各段落を「初め」「中」「終わり」に操作しながら捉える

下のシートを ICT 端末に作成して、各段落がどのようなまとまりに分けられるのか、段落番号を容易に操作して、試行錯誤できるようにする。

終わり	中	初め
6 7 8	4 5	1 2

3

どちらにした方が、よりしっくりくるのかを実際に分けて検討しやすいようにする。他の段落についても同様である。

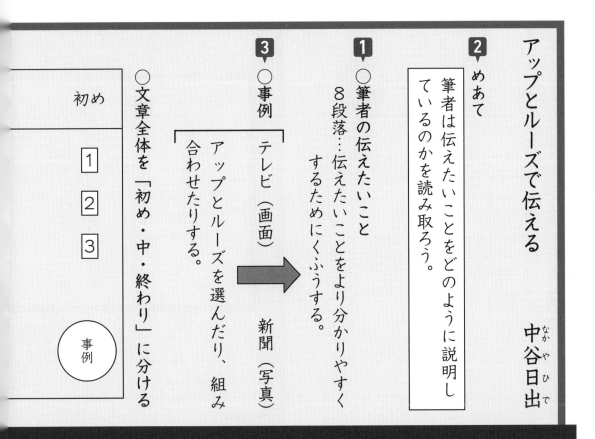

本時案

思いやりのデザイン／アップとルーズで伝える／考えと例　5/8

本時の目標

・『アップとルーズで伝える』を読んで理解したことに基づいて、感想を伝え合うことができる。

本時の主な評価

❹『アップとルーズで伝える』を読んで理解したことに基づいて、感想を伝え合っている。【思・判・表】

資料等の準備

・実際の新聞やインターネットの写真

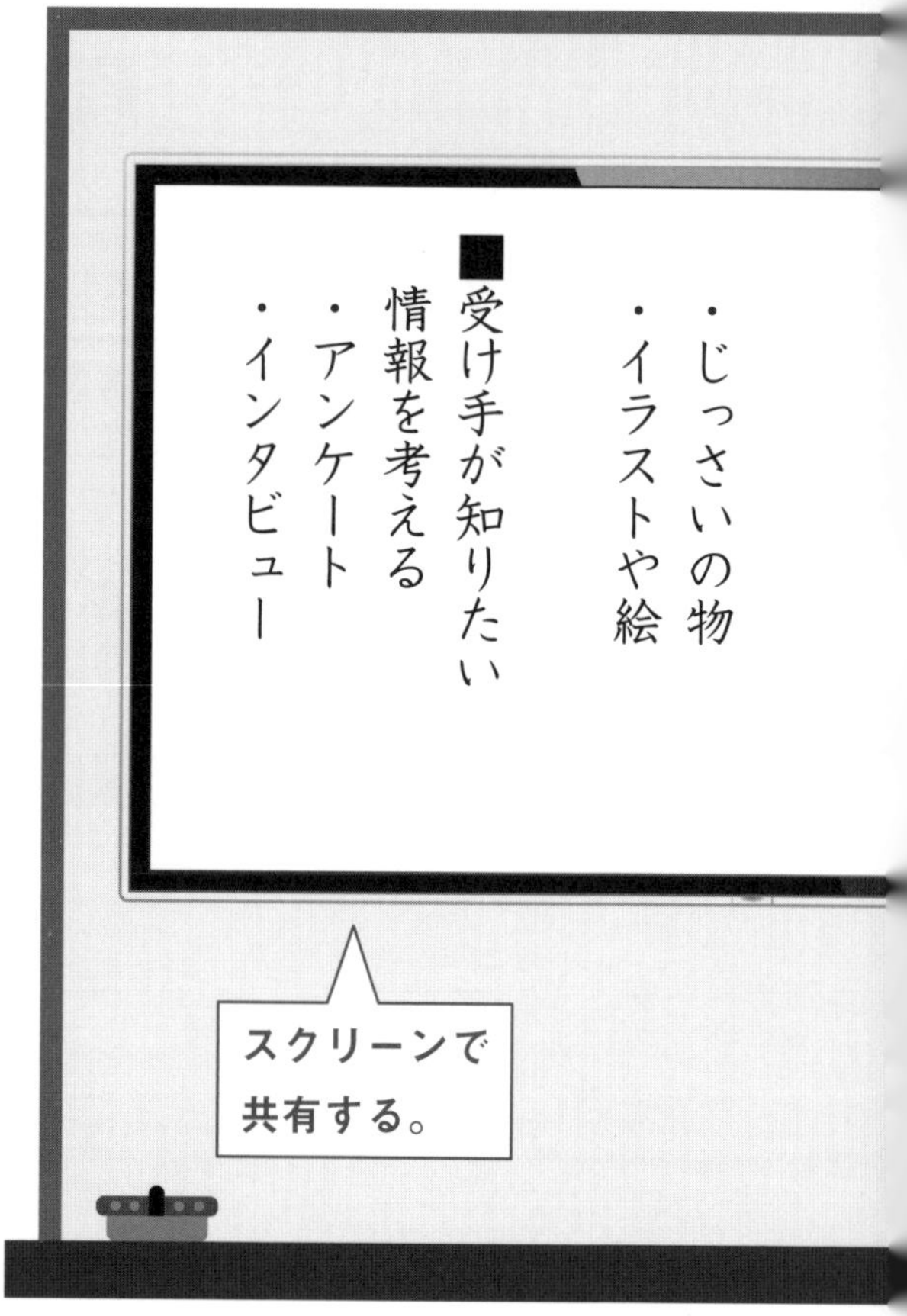

・じっさいの物
・イラストや絵
■受け手が知りたい
情報を考える
・アンケート
・インタビュー
スクリーンで共有する。

授業の流れ ▷▷▷

1 これまでの学習を振り返り、本時のめあてをもつ 〈10分〉

T　これまで、『アップとルーズで伝える』を読んできて、どんな感想をもちましたか。

・毎日観ているテレビでアップとルーズが使い分けられているなんて思っていなかったので、これからはアップとルーズに気を付けて観たいと思いました。

・僕はサッカーが好きでよくインターネットで試合を観ているけど、『アップとルーズで伝える』を読んで、シュートを決めた選手のけり方を観たいと思ったときに、アップになって観れるのも、こんな工夫がされているんだっていうことが分かりました。

ICT 端末の活用ポイント

これまでの各自の学習感想がすぐに見られるように、１つのファイルに保存しておくとよい。

2 『アップとルーズで伝える』で理解したことを伝え合う 〈15分〉

T　『アップとルーズで伝える』を読んで、情報を伝えるということについて深く学んだことは何でしょうか。

○情報を伝えるという観点で理解したことについて、自分の考えをまとめる。

T　自分の考えがまとまった人は、端末に入力して全体で共有できるようにしましょう。

・自分が伝えたいことが分かりやすいように、アップとルーズのように、反対のことについても説明するとよいということが分かりました。

○友達のまとめでよいものを選び、互いのよさを語ることで学びを深める。

ICT 端末の活用ポイント

授業中に全体で共有できるように、ICT 端末に入力して見られる学習支援ツールを活用する。

アップとルーズで伝える　中《なか》谷《や》日《ひ》出《で》

1 めあて

『アップとルーズで伝える』を読んで、学んだことを伝え合おう。

2 ○感想

・アップとルーズが使い分けられていることにびっくりした。
・これからは、アップとルーズに気を付けてテレビを観たい。
・サッカーの映像を観るときに、自分が観たいと思ったこと（例えば、シュートを決めた選手のけり方）をアップで見せてくれていたことに気が付いた。

3 ○情報を伝える立場として学んだこと

■具体例を示す
・写真

3 情報の送り手の立場として、どのように伝えるか発表し合う　〈20分〉

T　自分が情報の送り手として、何かを伝えるときには、どのようなことに気を付けて伝えたいですか。

・具体的な例を挙げて伝えたいと思います。

T　具体的な例とは例えばどんなことですか。

・例えば、『アップとルーズで伝える』では、写真を見せながら、アップの特徴やルーズの特徴を説明していました。そのように具体的な例を示した方がいいと思いました。

・受け手がどのような情報を知りたいか考えて伝えようと思います。

T　それでは、次の時間からは自分の身の回りのことで情報を伝える学習をしましょう。

よりよい授業へのステップアップ

新聞やインターネットの写真から伝えたいことを推論する

筆者は、情報の送り手が伝えたいことに合わせて、アップとルーズを選んだり組み合わせたりしていると述べている。実際の新聞やインターネットの写真を見せながら、写真が伝えたいことを推論する言語活動に取り組む。伝えたいことを推論した後で、その写真に関連する記事を見せたり読んだりして、何を伝えようとしているかを確かめる。こうして、写真の見方や情報の捉え方について学習したことを活用する意識を育みたい。

本時案

思いやりのデザイン／アップとルーズで伝える／考えと例　6/8

本時の目標

・「考えと例」を読んで、身の回りのことを説明する材料を見つけることができる。

本時の主な評価

❷「考えと例」を読んで、身の回りのことを説明する材料を見つけている。【知・技】

資料等の準備

・特になし

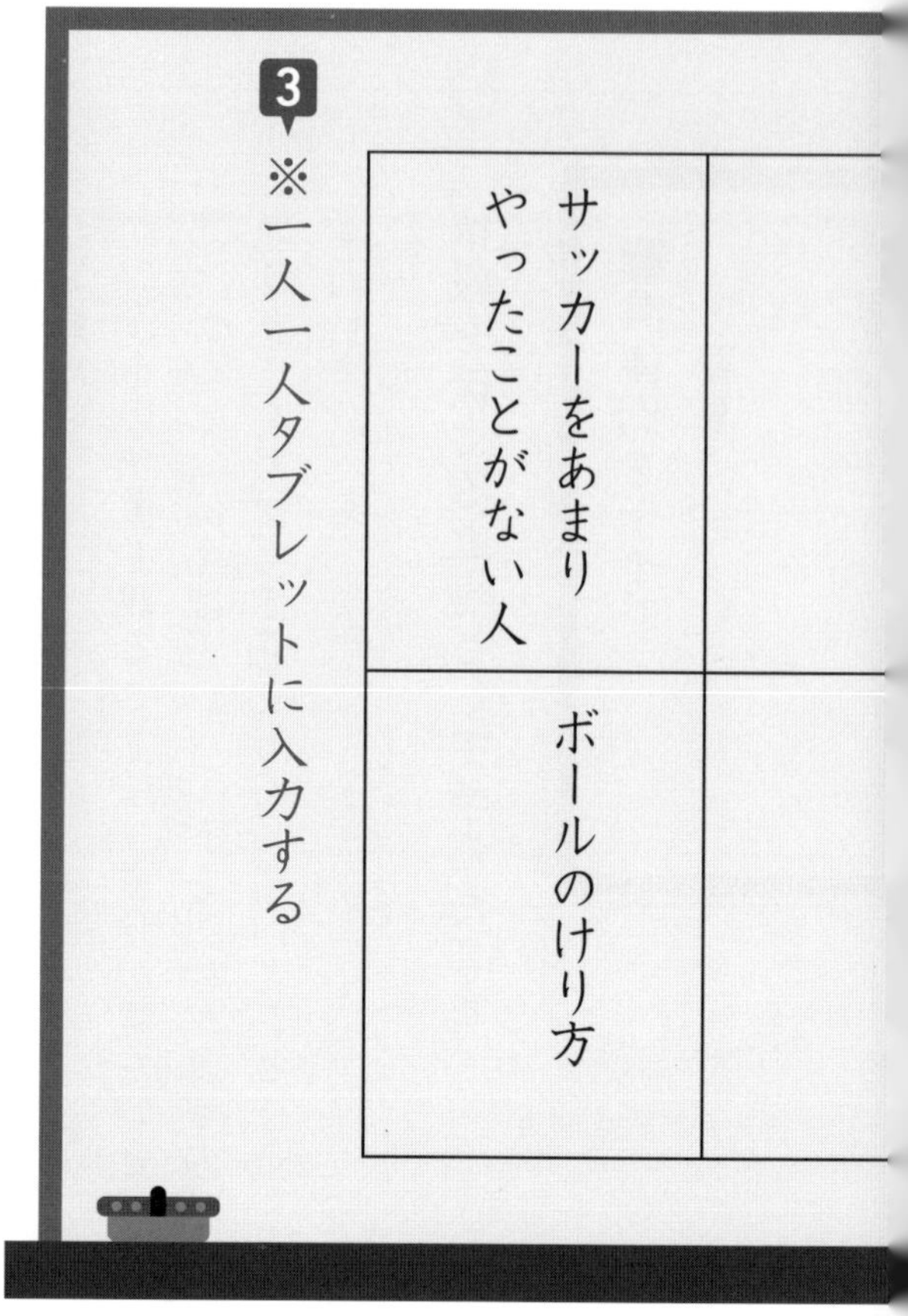

授業の流れ ▷▷▷

1 前時を振り返り、「考えと例」を読んで、学習のめあてをもつ〈15分〉

○前時を振り返る。

T　前回まで情報の送り手として気を付けることについて学びましたね。

・情報の受け手のことを考えてアップにするかルーズにするか考えることです。

・自分の伝えたいことを伝えるためには、例を挙げて伝えることが必要だと思います。

T　そうしたことを意識しながら、自分の身の回りのことについて情報を伝えようということになりましたね。今日は、どんな情報を伝えるか考えていきましょう。

ICT 端末の活用ポイント

前時の振り返りを ICT 端末に入力し保存しておくことで、友達の感想を共有したり学習を振り返ったりすることに活用できる。

2 身の回りのことで誰に何を伝えるか考える〈15分〉

T　教科書 p.65では、どんな遊びが好きかということを伝えようとしていますが、自分は誰にどんなことを伝えようか考えていきましょう。もう考えている人はいますか。

・はい。僕はサッカーが好きなので、サッカーボールのけり方をサッカーをあまりやったことがない人に伝えたいと思っています。そういうのでもいいですか。

T　とても素晴らしいと思いますよ。自分が得意なことをそうではない人に伝えて、一緒にできるようになるといいですね。

・じゃあ、僕は、折り紙にしようかな。

・私は、どうしようかな。

T　友達と相談してもいいですね。

考えと例

1 めあて

自分の身の回りのことで、だれにどんなことを伝えるか決めよう。

○情報の送り手として気を付けたいこと
・情報の受け手のことを考えてアップにするかルーズにするかを考える。
・情報の受け手のことを考えることを大切にしたい。
・自分の伝えたいことを伝えるためには、例を挙げて伝える。

2 ○自分の身の回りのことで伝える内容

だれに	どんなことを

3 各自、誰に何を伝えるかを決める〈15分〉

T　決まったことを発表し合おうと思いますが、「誰にどのようなことを」ということが入力できるファイルを１人ずつに送信しましたので、そこに入力してみましょう。

○子供は、自分の ICT 端末を使って、自分が何を誰に伝えるか入力する。

T　みんな自分が得意なことや好きなことを選んでいますね。まだ、自分が伝えたいことが見つかっていない人には、決まった人が提案してみましょう。

○自分では決められない子供もいると考えられる。決まった人が助言をしたり相談に乗ったりするという方法も考えられる。

T　全員が決めることができましたね。次回は、伝え方について考えていきましょう。

ICT 等活用アイデア

各自、決まったことを記録し共有する

これまでも「ICT 端末の活用ポイント」や「ICT 等活用アイデア」で述べているように、ICT 等の活用として全体での共有が即時的にできることに利便性がある。3の学習活動で、決まったことを教師がひと目で分かることで支援の相手を決めることができる。さらに、子供同士でも、決まった人のものを参考にすることや決まった人同士でどんなふうに伝えるか、例えば撮影を協力して行うということも、誰がどのようなことをするのかがひと目で分かるので相談しやすくなる。

本時案

思いやりのデザイン／アップとルーズで伝える／考えと例　7/8

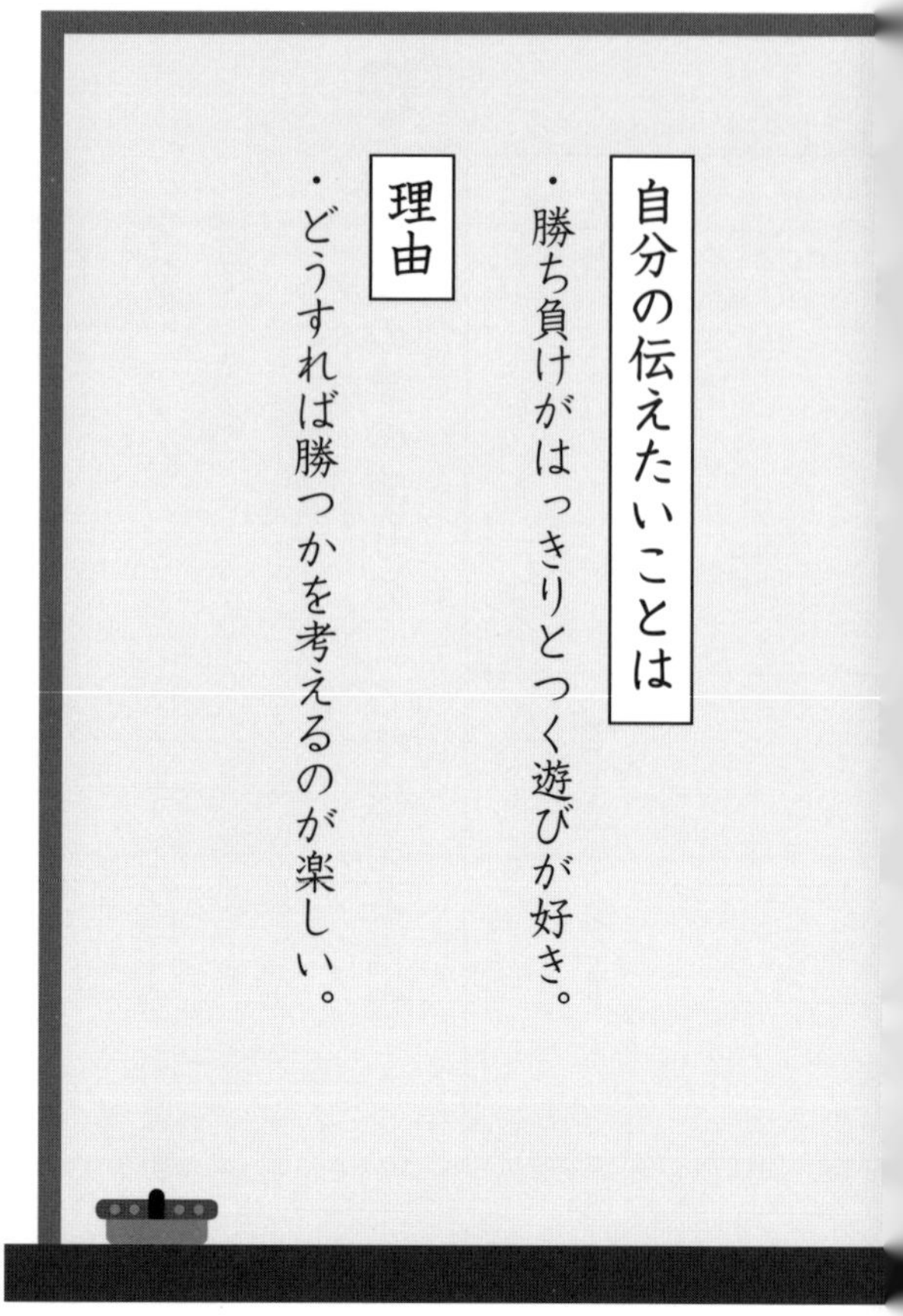

自分の伝えたいことは
・勝ち負けがはっきりとつく遊びが好き。
理由
・どうすれば勝つかを考えるのが楽しい。

本時の目標

・身の回りについての説明する文章を書くために、構成を考えたり撮影したりすることができる。

本時の主な評価

❺身の回りについての説明する文章を書くために、構成を考えたり撮影したりしようとしている。【態度】

資料等の準備

・教科書 p.65の文例の拡大

授業の流れ ▷▷▷

1 学習の仕方を確かめて、めあてをもつ　〈15分〉

T　「考えと例」を読んで、自分の身の回りのことで伝えたいことを決めましたね。自分や他のみんなが誰にどのようなことを伝えようとしているか振り返ってみましょう。

・皆、得意なことを説明しようとしているな。

・学級の人に説明する人が多いな。

・たくさんの人に説明したいな。

T　学級の友達に得意なことを説明する人が多いですね。もし、上手に説明できたら、学年の他のクラスや家の人にも発表できるように取り組んでみましょう。

ICT 端末の活用ポイント

前時の振り返りを ICT 端末に入力し保存しておくことで、友達の感想を共有したり学習を振り返ったりすることに活用できる。

2 文例を読んで、伝えたいことと事例を明確にする　〈15分〉

○教科書 p.65の文例を読んで、説明の仕方を考えたり、撮影するものを考えたりする。

T　教科書 p.65に例が出ていますので、どのような説明の仕方がよいかを考えてみましょう。

・「初め」に、自分がどんなことが好きかを説明しています。

・何が好きかというよりも、どういう遊びが好きかを言っています。

・「中」で、例を挙げています。

・「終わり」で、他の遊びについても例を挙げているよ。

T　この説明の場合、伝えたいことはどんなことでしょうか。

考えと例

1 めあて

3 自分の伝えたいことの構成を考えたり、撮影したりしよう。

教科書p.65の文例

2 ○教科書65ページの例を読んで

・「初め」に、自分がどんなことが好きかを説明している。

・何が好きかというよりも、どういう遊びが好きかを説明。

・「中」で、例を挙げている。

・「終わり」で他の遊びについても例を挙げている。

3 伝えたいことを考えたり撮影したりする 〈15分〉

T 『アップとルーズで伝える』でも、アップやルーズの説明は、筆者の伝えたいことの事例でした。「考えと例」でも、ドッジボールやトランプというのは事例ですね。ドッジボールやトランプが好きということを伝えたいのではなくて、勝ち負けがはっきりとつく遊びが好きな事例として、ドッジボールやトランプを述べているのですね。

・じゃあ、僕だったら、サッカーが好きなだけではなくて、けり方によってボールの強さを変えられて楽しいということが伝えたいことだな。

T Aさんの場合はそうなりますね。では、伝えたいことが伝わるように取り組んでみましょう。

ICT等活用アイデア

伝えたいことの事例（例）を撮影する

子供のICT端末を活用する能力は、使いながら試しながら上達していく。本単元では、アップとルーズを使い分けて伝えることを文章から学習している。学習したことを実際に活用することが、子供に学習の有用感をもたせることにつながる。

自分が得意なことや好きなことを様々な視点でアップやルーズで撮影することで、新たな気付きにつながることも期待できる。

本時案

思いやりのデザイン／アップとルーズで伝える／考えと例　8/8

本時の目標

・身の回りについての説明する文章を書くために、構成を考えたり撮影したりすることができる。

本時の主な評価

❺身の回りについての説明する文章を書くために、構成を考えたり撮影したりしようとしている。【態度】

資料等の準備

・振り返りシート

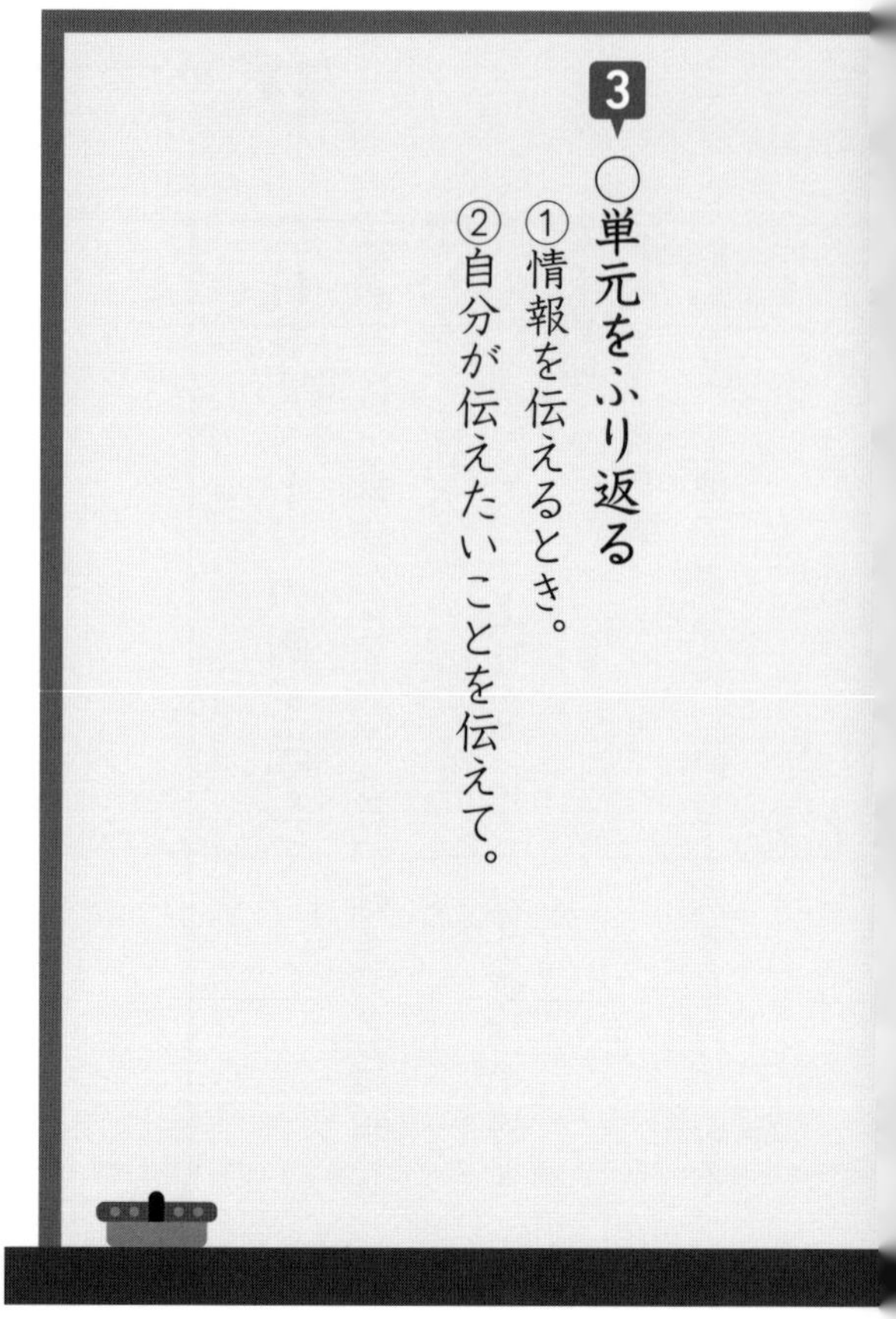
3
○単元をふり返る
①情報を伝えるとき。
②自分が伝えたいことを伝えて。

授業の流れ ▷▷▷

1　自分が説明することを確かめる　〈10分〉

○本時のめあてを確認する。

T　今日は、自分の伝えたいことをみんなに説明します。自分が説明することの確認をしましょう。端末に保存されていますか。

・大丈夫です。

T　保存できていない人も、前回先生に送信してくれていますから、先生が保存しています。大丈夫ですか。

T　では、事前に決めたグループで発表し合います。

○学級の人数によって発表形態は考慮する。

ICT 端末の活用ポイント

前時の終了時に、各自の ICT 端末から教師の端末に送信して、教師も保存しておくことで発表できない子供がいないように留意する。

2　グループで発表し合う　〈25分〉

○プレゼンテーションソフトを活用して、発表する際の注意点を確認する。

T　皆さんが発表するときに、注意することはどんなことでしょうか。

・タブレットの画面ばかり見て話すのではなくて、聞いてくれる人の方を見ながら話す。

・話す速さが速過ぎないか聞いている人に確かめながら話す。

T　皆さん素晴らしいですね。よく覚えています。それも、情報を伝えるときには大切なことですね。それでは、始めましょう。

○グループで発表し合う。

T　この説明の場合、伝えたいことはどんなことでしょうか。

考えと例

1 めあて

自分の伝えたいことを発表し合おう。

2 ○発表するときのポイント

伝える人（情報の送り手）

・タブレットの画面ばかり見て話さない。
・聞いてくれる人の方を見ながら話す。
・話す速さが速すぎないか確かめながら話す。

聞く人（情報の受け手）

・送り手が伝えたいことは何かを聞き取る。
・ひつようがあれば、メモをする。
　← メモに夢中にならない。

○グループで感想を伝え合う

3 単元を振り返る 〈10分〉

T　はい。全員の発表が終わりました。皆さん、自分が伝えたいことは、伝わりましたか。グループで感想を伝え合いましょう。
・伝えたいことが伝わってよかったです。
・どうして、僕がサッカーを好きなのか、伝えることができてうれしいです。
T　皆さん、よくがんばりましたね。『思いやりのデザイン』『アップとルーズで伝える』を読んで、「考えと例」で自分が情報を伝える側になって伝えました。
○振り返りシートを配布して書く。もしくは、ICT 端末に入力する。

ICT 端末の活用ポイント

振り返り用のワークシートを配布するか、ICT 端末に入力して全体で共有する。

ICT 等活用アイデア

プレゼンテーションソフトを活用して発表する

発表に際して、ICT 端末のプレゼンテーションソフトを活用する。このときに注意することとして、ICT 端末の画面を見るだけの発表にならないように指導する。

このような指導は、本単元に限ったことではなく、ICT 端末を活用して発表する際には、随時指導することが必要である。そのために、発表を動画として撮影しておいて、前回の発表の反省点を自覚できるようにする。

資料

1 第2時資料「ワークシート」 11-01

アップとルーズで伝える

〈2時間目〉　　　年　　組　名前（　　　　　　　　　　）

◯アップとルーズはどの段落に説明されているか整理しよう

段落	アップ・ルーズ・両方
1	
2	
3	
4	
5	
6	
7	
8	

2 第３時資料「ワークシート」 11-02

アップとルーズで伝える

〈3時間目〉　　年　　組　名前（　　　　　　　　）

○アップとルーズの説明のしかたのとくちょうを段落ごとにまとめよう

段落	説明のしかたのとくちょう
1	
2	
3	
4	
5	
6	
7	
8	

気持ちが伝わる手紙を書こう

お礼の気持ちを伝えよう　（4時間扱い）

単元の目標

知識及び技能	・言葉には、考えたことや思ったことを表す働きがあることに気付くことができる。(⑴ア) ・丁寧な言葉を使うとともに、敬体と常体との違いに注意しながら書くことができる。(⑴キ)
思考力、判断力、表現力等	・相手や目的を意識して、経験したことや想像したことなどから書くことを選び、集めた材料を比較したり分類したりして、伝えたいことを明確にすることができる。(B ア)
学びに向かう力、人間性等	・言葉がもつよさを感じるとともに、楽しんで読書をし、国語を大切にして、思いや考えを伝え合おうとする。

評価規準

知識・技能	❶言葉には、考えたことや思ったことを表す働きがあることに気付いている。(〔知識及び技能〕⑴ア) ❷丁寧な言葉を使うとともに、敬体と常体との違いに注意しながら書いている。(〔知識及び技能〕⑴キ)
思考・判断・表現	❸「書くこと」において、相手や目的を意識して、経験したことや想像したことなどから書くことを選び、集めた材料を比較したり分類したりして、伝えたいことを明確にしている。(〔思考力、判断力、表現力等〕B ア)
主体的に学習に取り組む態度	❹進んで相手や目的を意識して伝えたいことを明確にし、学習の見通しをもって、お礼の手紙を書こうとしている。

単元の流れ

次	時	主な学習活動	評価
一	1	学習の見通しをもつ (p.66-67) ・お礼の手紙を書きたい相手を考えて、活動への意欲を高める。 ・「問いをもとう」「目標」を基に、学習課題を設定し、学習計画を立てる。 誰に何のお礼を伝えるのかを決める。	❹
二	2	改まった手紙の型に沿って、内容を考える (p.68) ・「初めのあいさつ」「本文」「結びのあいさつ」「後付け」といった、改まった手紙の型を確かめる。 ・何に対してお礼を言いたいのかを明確にするため、詳しく書き出す。	❸
	3	手紙を書いて、読み返す (p.68-69) ・文末の表現や文字の間違い、言葉遣いに誤りがないかを確認する。	❷

三	4	手紙を送る ・p.69を参考にして、封筒に宛名と差出人の名前と住所を書く。 学習を振り返る ・手紙で気持ちを伝えることのよさを話し合う。 ・「ふりかえろう」で単元の学びを振り返るとともに、「たいせつ」「いかそう」で身に付けた力を押さえる。	❶

授業づくりのポイント

〈単元で育てたい資質・能力〉

本単元のねらいは、相手や目的を意識して、経験したことや想像したことなどから書くことを選び、集めた材料を比較したり分類したりして、伝えたいことを明確にする力を育むことである。お世話になった人へ自分の気持ちが伝わるよう、「何に対するお礼か」「相手がしてくれたこと、そのときに感じたこと」「してくれたことをどう生かせたか」など、経験したことを想起する必要がある。どんなことを書くと相手にお礼の気持ちが伝わるのかを考える中で、伝えたいことを明確にすることができるようにする。

〈教材・題材の特徴〉

手紙という題材は、明確に送る相手が決まっているものである。そのため、校外学習や総合的な学習の時間でお世話になった施設や人、普段からお世話になっている人など、具体的に想像できる相手がいると、より子供が「伝えたい」「書きたい」と意識をもって取り組むことができる。行事の後に取り組ませるなど、合科的な指導にも生かせる単元である。また、もらった相手の姿を思い浮かべることで、手紙で気持ちを伝えることのよさにも気付かせていきたい。

〈言語活動の工夫〉

単元の導入では、具体的に手紙を書く相手を決め、どんな内容がよいか、どんなことに気を付けて書けばよいかなど、具体的なゴールを想定して書き進めさせる。このとき、見直しチェックシートの内容を全員で確認する。単元の最後には、相手にお礼の気持ちが伝わる内容になっているか、誤字脱字や敬体・常体の表記に誤りがないかなど、読み返して見直すことも大切である。

[具体例]

○例えば、見直しチェックシートを活用し、書いた手紙を友達同士で読み合う。伝えたいことが伝わる内容になっているか、表記に誤りはないかなど、初めて読んだ相手にも分かる手紙になっているか確認することができる。

〈ICT の効果的な活用〉

調査：お世話になった施設等がある場合は、体験内容を想起するためにインターネットを活用し、ホームページを見て、再確認することができる。また、宛先の検索にも活用できる。

共有：ICT 端末の文書作成ソフトなどを用いて、毎時間の振り返りをまとめることで、学級で交流したり、実際にお手紙を書く際に生かしたりできるようにする。

記録：「相手がしてくれたこと、そのとき感じたこと」「知らせたいこと」について、ホワイトボード機能を使って情報を集め、その中から情報を選んで構成できるようにする。

本時案

お礼の気持ちを伝えよう　1/4

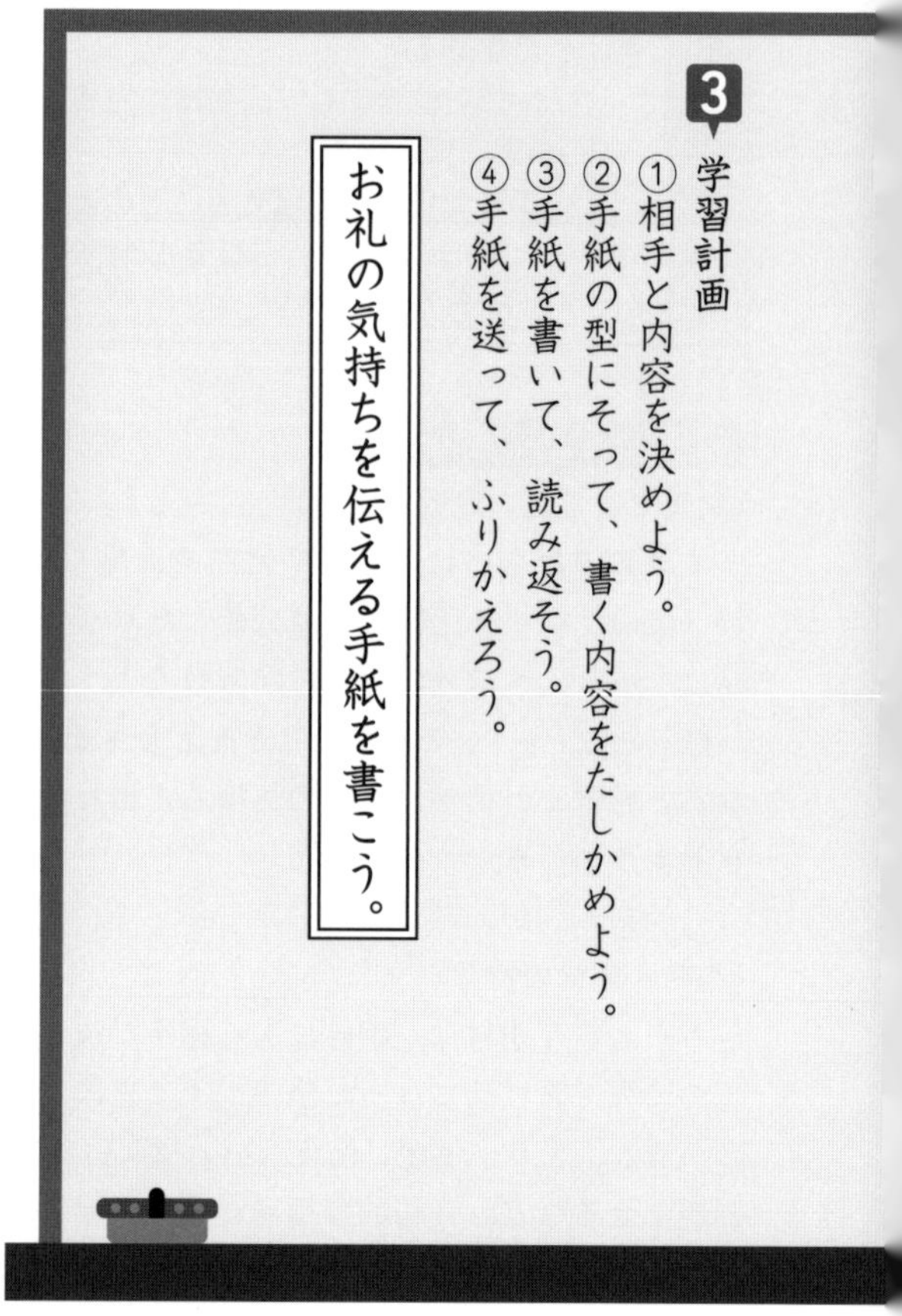
3
学習計画
①相手と内容を決めよう。
②手紙の型にそって、書く内容をたしかめよう。
③手紙を書いて、読み返そう。
④手紙を送って、ふりかえろう。
お礼の気持ちを伝える手紙を書こう。

本時の目標

・お礼の手紙を書きたい相手や内容を決め、学習計画を立てることができる。

本時の主な評価

❹進んで相手や目的を意識して伝えたいことを明確にし、学習の見通しをもって、お礼の手紙を書こうとしている。【態度】

資料等の準備

・ICT 端末

授業の流れ ▷▷▷

1 手紙をもらったり出したりした経験を発表する〈10分〉

○手紙をもらったときのうれしい気持ちや送ったときの相手の反応など、手紙にまつわる経験を想起させる。

T　今までに手紙をもらったり出したりしたことはありますか。

・おばあちゃんから手紙をもらったときは、うれしかったです。

・年賀状を送ったことがあります。

・離任式でお世話になった先生にお手紙を書きました。がんばっていることやありがとうの気持ちを伝えたら、先生が喜んでくれて、うれしかったです。

T　手紙をもらったり送ったりするとうれしい気持ちになりますね。

○本時のめあてを確認する。

2 お礼の気持ちを伝えたい相手にどんなことを伝えたいかを決める〈25分〉

T　お礼を伝えたい相手と伝えたいことを決めましょう。

○子供の持っている ICT 端末の付箋アプリ等を活用して、メモをする。

・総合的な学習でお話をしてくれた A さんに写真や実物を見せてもらいました。分かりやすく教えてくれました。

・社会科見学でお世話になった清掃工場の皆さんや施設を案内してくれたガイドさんが詳しく教えてくれました。質問したら丁寧に答えてくれました。

T　皆さんが決めた相手に、お礼の気持ちがきちんと伝わるようなお手紙を書きたいですね。

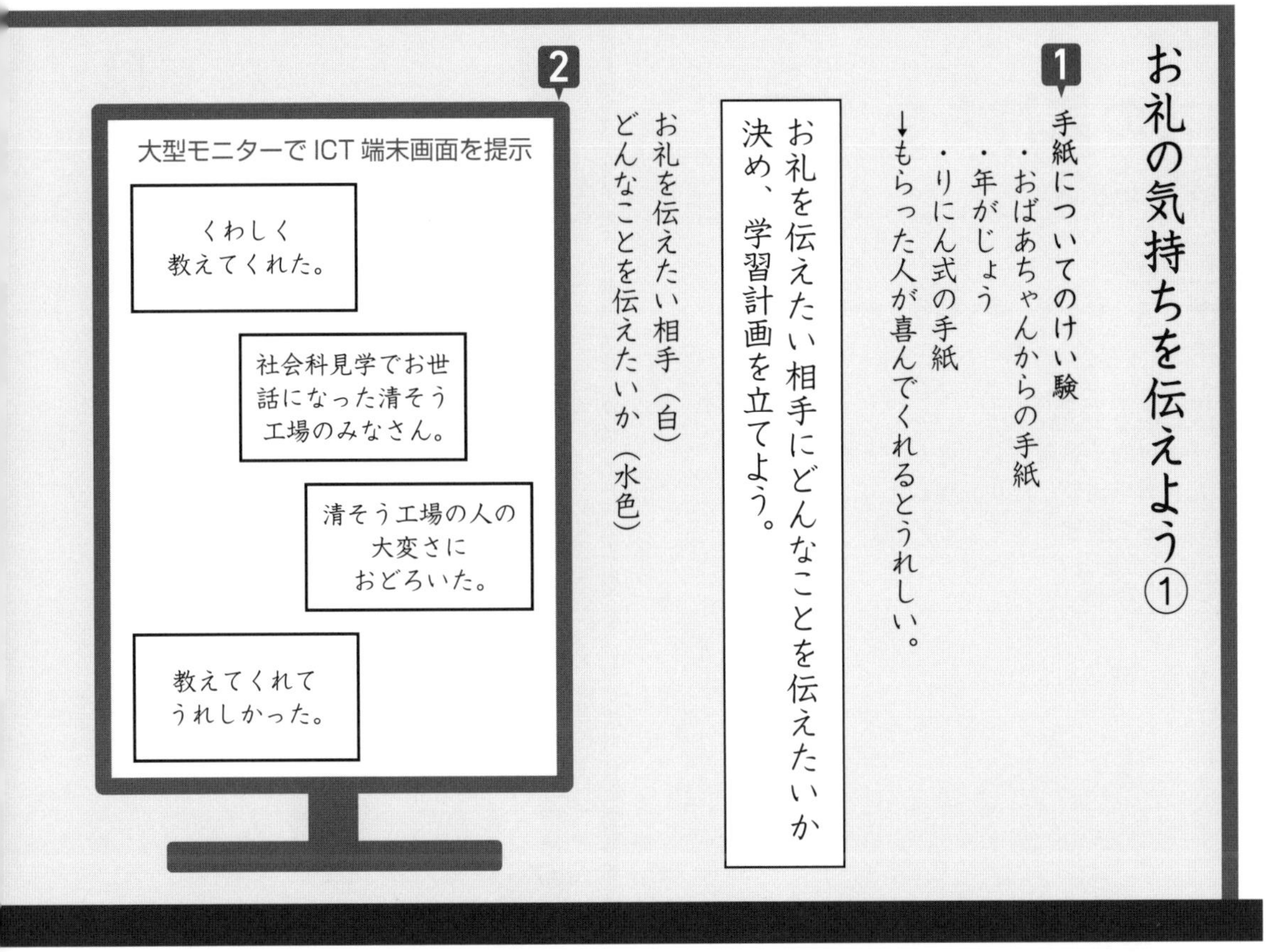
お礼の気持ちを伝えよう①
1
手紙についてのけい験
・おばあちゃんからの手紙
・年がじょう
・りにん式の手紙
→もらった人が喜んでくれるとうれしい。
お礼を伝えたい相手にどんなことを伝えたいか決め、学習計画を立てよう。
お礼を伝えたい相手（白）
どんなことを伝えたいか（水色）
2
大型モニターでICT端末画面を提示
くわしく教えてくれた。
社会科見学でお世話になった清そう工場のみなさん。
清そう工場の人の大変さにおどろいた。
教えてくれてうれしかった。

3 学習計画を立て、本時の振り返りを行う　〈10分〉

T　お礼の手紙を書き上げるためには、どんな活動が必要か、教科書を参考にしながら学習計画を立てましょう。
○教科書 p.66–67を読む。
・書く内容をもっと詳しく決めたいです。
・手紙の書き方を知りたいです。
・間違いがないか読み返したいです。
○子供の発言から学習計画を立てる。
①相手と内容を考える。
②手紙の型にそって書く内容を確かめる。
③手紙を書いて、読み返す。
④手紙を送って、振り返りをする。
T　学習を振り返りましょう。分かったことやできたこと、次の時間に取り組みたいことを書きましょう。

ICT 等活用アイデア

本時の振り返りに ICT を活用し、記録に残す

子供の持っている ICT 端末の文書作成ソフトなどを用いて、毎時間の振り返りをまとめていく。そうすることで、学級全体で子供の振り返りを交流することが容易になる。

また、子供の学んだことや気付き、次の時間に取り組みたいことを教師が見取り、次の時間の冒頭で子供に紹介する。振り返りを活用しながらめあてを設定することで、自らの学びを調整しながら学習に向かう子供を育てることができる。

本時案

お礼の気持ちを伝えよう 2/4

本時の目標

・手紙の型に沿って、書く内容を決めることができる。

本時の主な評価

❸相手や目的を意識して、書くことを選び、集めた材料を比較したり分類したりして、伝えたいことを明確にしている。【思・判・表】

資料等の準備

・ICT 端末
・教科書 p.68の拡大コピー

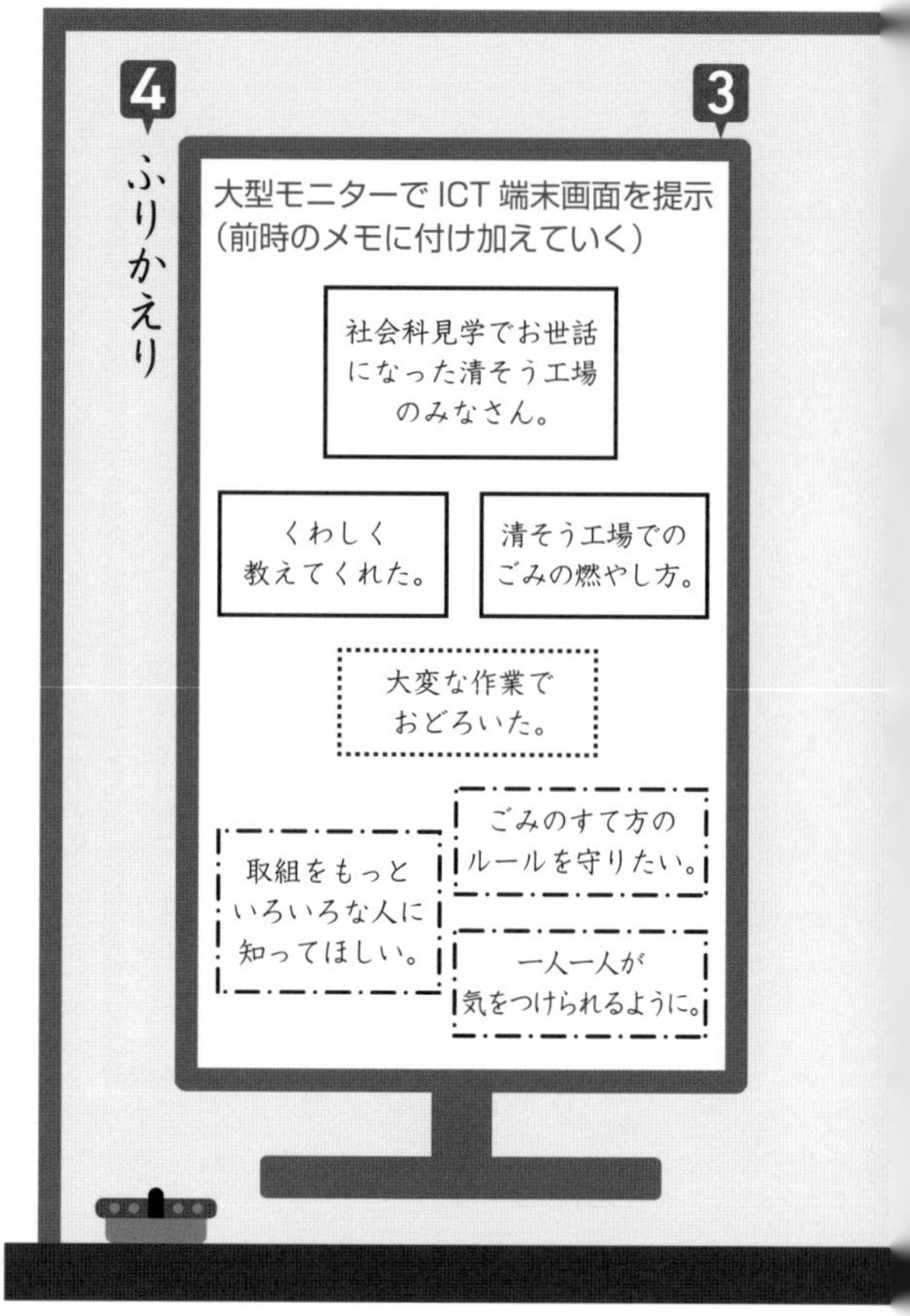

4
3
ふりかえり
大型モニターで ICT 端末画面を提示
（前時のメモに付け加えていく）
社会科見学でお世話になった清そう工場のみなさん。
くわしく教えてくれた。
清そう工場でのごみの燃やし方。
大変な作業でおどろいた。
ごみのすて方のルールを守りたい。
取組をもっといろいろな人に知ってほしい。
一人一人が気をつけられるように。

授業の流れ ▷▷▷

1 前時の振り返りから、本時のめあてを確かめる 〈5 分〉

T　前回は、送る相手を決めました。今日のめあては何ですか。
・手紙の型や書き方を知りたいです。
・書く内容を決めたいです。
〇本時のめあてを確認する。
T　送る相手に感謝が伝わるような手紙にするためにがんばりましょう。
〇常に子供に相手意識と目的意識をもたせられるように、この単元のゴールを確認する。

2 手紙の型を確認する 〈10分〉

T　教科書の文例を読んで、手紙の型を確認しましょう。
〇教科書 p.68を読む。
T　どんな順番になっていますか。
・初めのあいさつ、本文、むすびのあいさつ、後づけです。
T　相手にお礼を伝える上で大切な部分は本文です。書かれていることを見てみましょう。
・本文には、【相手がしてくれたこと】や【そのときに感じたこと】を具体的に書いています。
・してくれたことをどう生かせたかや自分にとってどんな変化があったかなど、【知らせたいこと】が書かれています。

お礼の気持ちを伝えよう②

1 手紙の型にそって、書く内容を決めよう。

2

①初めのあいさつ

②本文

【伝えたい相手　白色】

【相手がしてくれたこと　水色】

【そのときに感じたこと　ピンク】

【知らせたいこと　黄色】

③むすびのあいさつ

④後づけ

教科書にある文例を提示（教科書 p.68）
本文のポイントとなる箇所に色付ける。

3 手紙の型に沿って書く内容を決める　〈25分〉

T　本文について、書く内容を具体的に決めるためにメモを書きましょう。

【相手がしてくれたこと】（水色）

・清掃工場でのごみの燃やし方を知った。

・中央制御室では24時間監視している。

【そのときに感じたこと】（ピンク）

・大変な作業でおどろいた。

【知らせたいこと】（黄色）

・多くの人に清掃工場の取組を知ってほしい。ごみの捨て方のルールを守っていきたい。

ICT 端末の活用ポイント

ホワイトボード機能を用いて、情報ごとに色を変えながら書きたいことを整理する。できたメモを全体で共有することで、どうしたら相手によりお礼の気持ちが伝わるかを確認する。

4 本時の振り返りを行う　〈5分〉

T　作ったメモを発表してください。

○数名の子供の取組を紹介する。

・清掃工場の皆さん（白色）。

・中央制御室で24時間監視している（水色）。

・大変な仕事を区民のためにやっている（ピンク）。

・ゴミの捨て方を一人一人が気を付けられるようにしたい（黄色）。

T　本文に書きたいことが決まりましたね。次の時間は、実際に手紙に書いていきましょう。

本時案

お礼の気持ちを伝えよう　3/4

本時の目標

・文章を書き、文字の間違いや言葉遣いに誤りがないかを確認することができる。

本時の主な評価

❷丁寧な言葉を使うとともに、敬体と常体の違いに注意しながら書いている。【知・技】

資料等の準備

・ICT 端末
・手紙を書く便箋
・見直しチェックシート 12-01
・教科書 p.68の拡大コピー

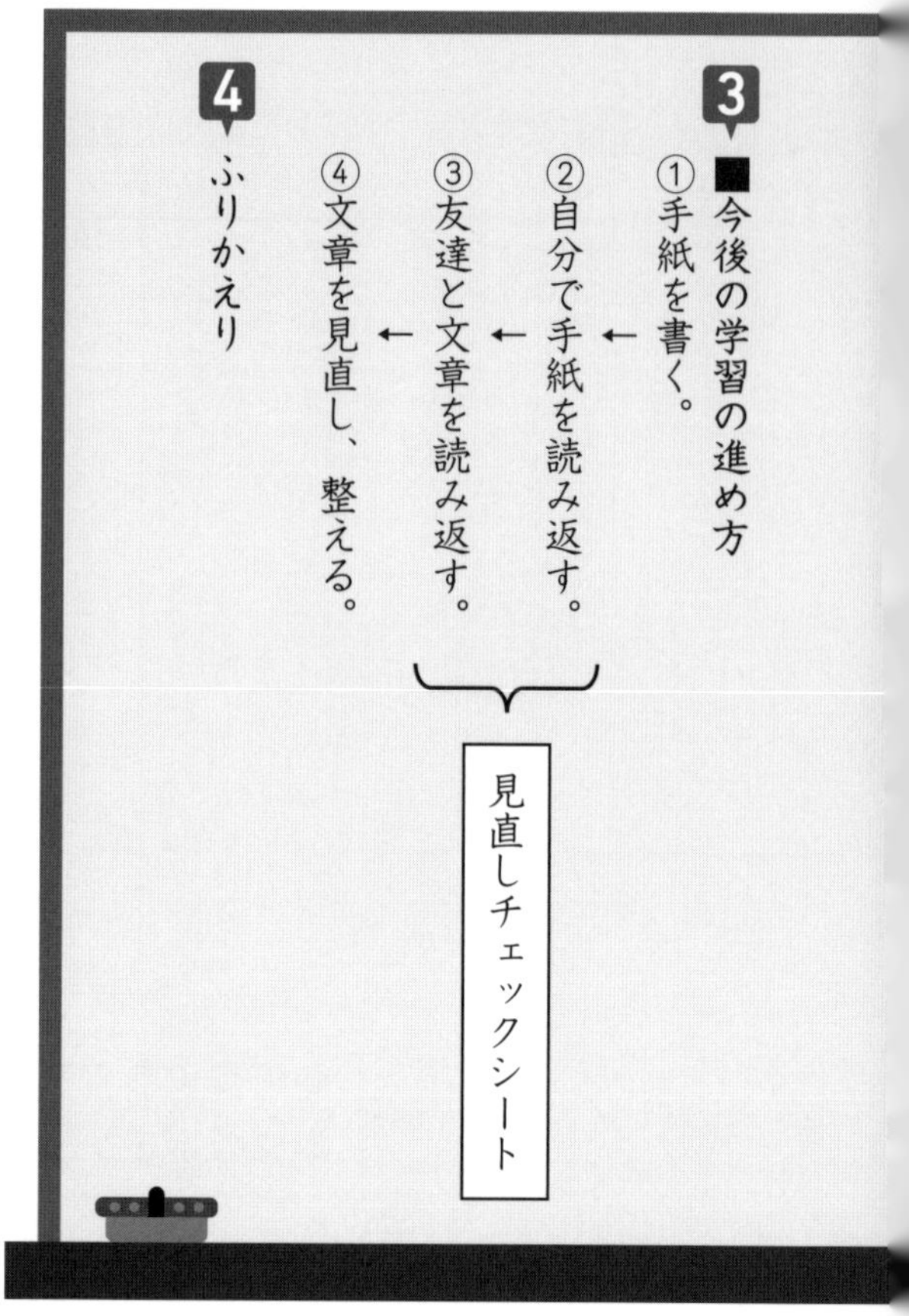
3
■今後の学習の進め方
①手紙を書く。
②自分で手紙を読み返す。
③友達と文章を読み返す。
④文章を見直し、整える。
見直しチェックシート
4
ふりかえり

授業の流れ ▷▷▷

1 前時の振り返りから、本時のめあてを確かめる〈5分〉

T　前回は、本文の内容を確認しました。今日のめあては何ですか。
・実際に手紙を書きます。
・書いたら読み直します。
○本時のめあてを確認する。
T　何か心配なことはありますか。
・初めのあいさつの季節の言葉が心配です。
T　今の季節に合う言葉を一緒に考えましょう。
・暑い日も多く、毎日校庭で汗をかきながら元気よく遊んでいます。
・校庭のあじさいがきれいに咲いています。
・そろそろ梅雨入りも近いようです。
T　例を参考にしながら、相手にお礼の気持ちが伝わるような手紙を書いていきましょう。

2 手紙を書く〈25分〉

T　教科書の文例やみんなで出し合った季節のあいさつの例などを参考にしながら手紙を書きましょう。書き終わった人から、見直しチェックシートを活用して読み返しましょう。
○手紙を書くスピードは、子供によって異なる。個別最適な学びとなるよう、教師の支援がほしい場合や友達にアドバイスをもらいたい場合には、教室前方に【相談コーナー】を設けることで先に進めるようアドバイスを行う。
○早く終わってしまう子供については、自分でまず手紙を読み直し、見直しチェックシートを基に推敲する。

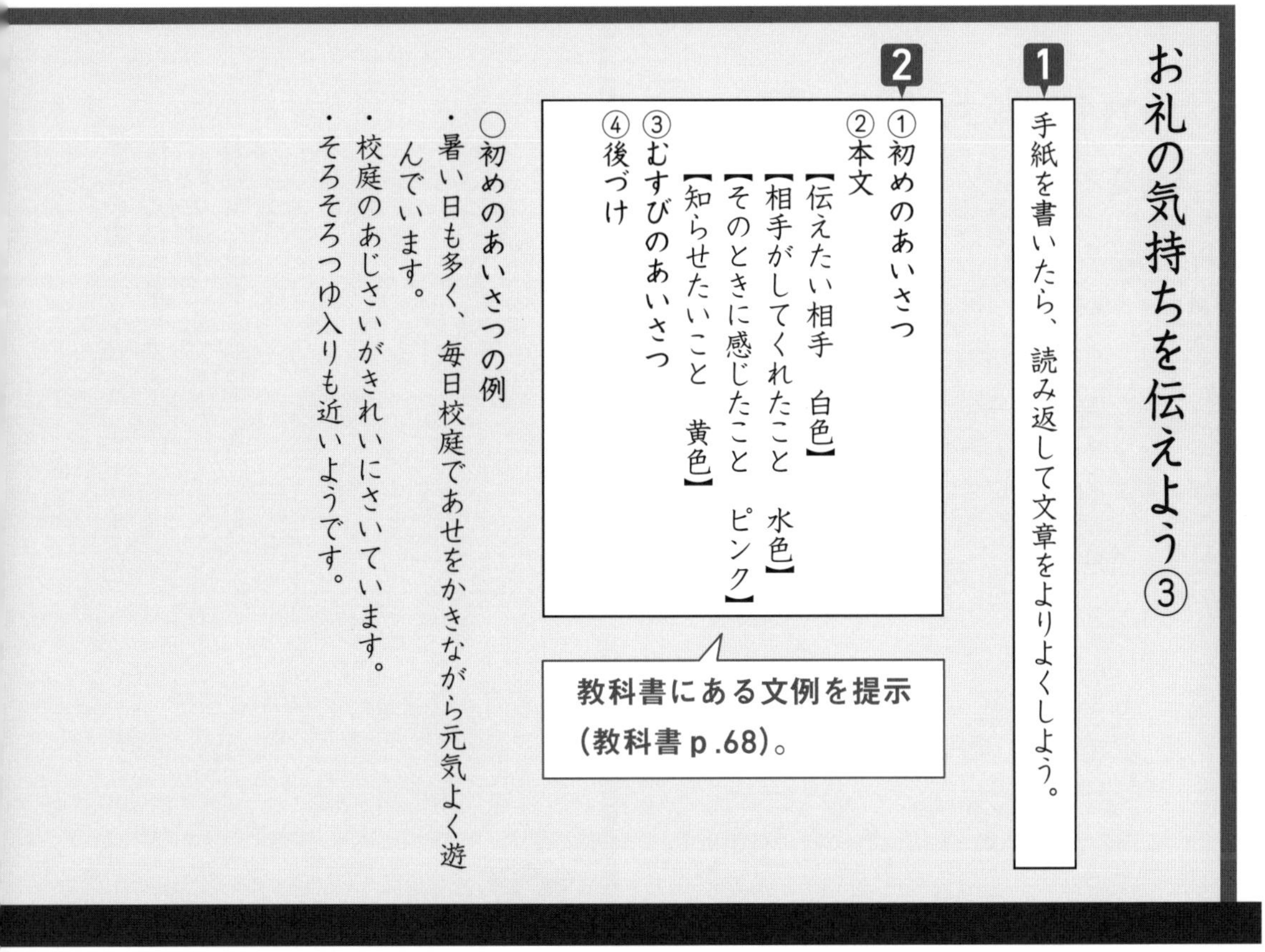
お礼の気持ちを伝えよう③
1
手紙を書いたら、読み返して文章をよりよくしよう。
2
①初めのあいさつ
②本文
【伝えたい相手　白色】
【相手がしてくれたこと　水色】
【そのときに感じたこと　ピンク】
【知らせたいこと　黄色】
③むすびのあいさつ
④後づけ
教科書にある文例を提示（教科書p.68）。
○初めのあいさつの例
・暑い日も多く、毎日校庭であせをかきながら元気よく遊んでいます。
・校庭のあじさいがきれいにさいています。
・そろそろつゆ入りも近いようです。

3 手紙を読み返し、文章を推敲する〈10分〉

T　見直しチェックシートを基に、文章を読み直しましょう。自分で読み直し終わった人は、友達にも読んでもらいましょう。

・漢字など、字の間違いはないかな。
・丁寧な言葉遣いで書かれているかな。
・手紙の型に沿って手紙が書けているかな。
・相手にお礼の気持ちが伝わる文章になっているかな。
・友達に読んでもらったら、1か所言葉遣いが丁寧になっていないところを見つけたよ。直そう。

4 本時の振り返りを行う　〈5分〉

T　推敲して、よりよくなったことを発表してください。

・相手に伝わる手紙になっているか、友達に読んでもらうことで確認することができました。
・字の間違いに気付くことができました。
・丁寧な言葉遣いで書くことができました。
・「気持ちが伝わる手紙だよ」と言われて、うれしかったです。早く送りたいです。

T　よい手紙ができましたね。次の時間は、手紙を送る準備をしましょう。

本時案

お礼の気持ちを伝えよう 4/4

本時の目標

・手紙を送る準備をし、振り返りをすることができる。

本時の主な評価

❶言葉には、考えたことや思ったことを表す働きがあることに気付いている。【知・技】

資料等の準備

・ICT 端末
・封筒

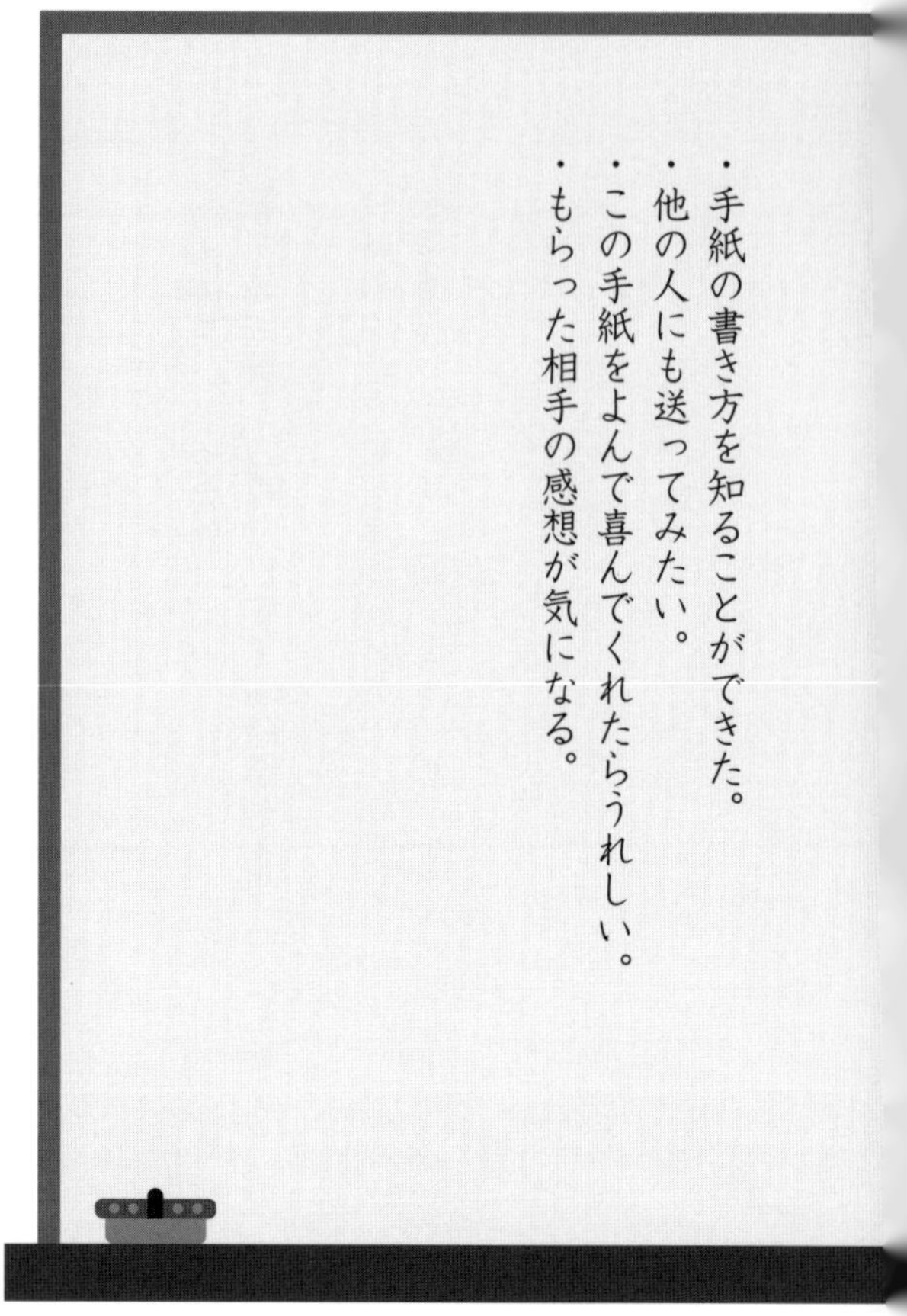

・手紙の書き方を知ることができた。
・他の人にも送ってみたい。
・この手紙をよんで喜んでくれたらうれしい。
・もらった相手の感想が気になる。

授業の流れ ▷▷▷

1 前時の振り返りから、本時のめあてを確かめる 〈5分〉

T　前回は手紙を書き、読み返して文章をよりよくしました。今日のめあては何ですか。
・手紙を送ります。
T　このまま手紙を書いた便箋をポストに入れれば、相手に届きますか。
・届きません。
T　何が必要ですか。
・住所と宛名です。
○本時のめあてを確認する。

2 封筒に住所と宛名を書く 〈25分〉

T　教科書の書き方を確認しましょう。
○教科書 p.69を読む。
T　封筒の書き方に気を付けて、住所と宛名を書きましょう。
○住所や宛名が分からない場合は、インターネットを活用して調べることも考えられる。
○宛先が教室内でいくつかのグループに統一できる場合は、手紙をまとめて表紙を付けて装飾をする。まとめて1つの封筒に入れた方が相手方にとっても、見る手間がかからない。
○封筒は個人、またはグループで協力して書きあげる。

お礼の気持ちを伝えよう④

1 手紙を送る準備をし、学習をふりかえろう。

2 郵便番号は数字
住所の丁目や番地は漢数字

教科書 p.69 をデジタル教科書で示して書き方を確認する。

封筒
・グループ で まとめて書く。
・個人 で 書く。

手紙
相手に喜んでもらえるように
・色ぬり
・そうしょく

3 学習のふりかえり
・お礼の気持ちを伝えることができてよかった。
・お礼の気持ちを伝えることができて、うれしい。

3 全体を通しての振り返りを行う〈15分〉

T　手紙を書いてみてどうでしたか。
・手紙の書き方を知ることができました。他の人にも送ってみたいです。
・お礼を伝える手紙を書くことができて、うれしいです。
・相手が私の手紙を読んで喜んでくれたら、うれしいです。
・もらった相手の反応が気になります。
・ちゃんと書けてよかった。
T　相手にお礼の気持ちがどうしたら伝わるのか、よく考えて文章を書くことができましたね。
○教科書 p.69の「たいせつ」「いかそう」にもふれ、学習の成果を全体で共有する。

よりよい授業へのステップアップ

子供が文章を書いてよかったと思える経験をさせる

　文章をなんのために書いているのか、子供の相手意識や目的意識などがはっきりしないまま書くことの学習を進めると、子供は「書きたい」ではなく「書かされている」という感覚に陥ってしまう。実際にポストに手紙を投函しに行ったり、手紙を送った相手から返信が来た場合は全体の前で紹介してみたりすることで、「書いてよかった」という充実感を味わわせたい。

資料

1 見直しチェックシート 12-01

『お礼の気持ちを伝えよう』見直しチェックシート

年　　組　名前（　　　　　　　　　　　　）

よくできている：◎　できている：○　もう少し：△

	3時間目	自分	友達（　　）	友達（　　）	友達（　　）
①	文のまとまりごとに、最初の1文字は空いていますか。				
②	漢字や言葉などの使い方のまちがいは、ありませんか。				
③	言葉づかいが全てていねいに書かれていますか。				
④	手紙の型にそって手紙が書けていますか。				
⑤	相手にお礼の気持ちが伝わる手紙になっていますか。				

他にも友達によく見てほしいところがあったら、書きましょう。

例	読みにくい文章は、ないですか。				

よりよい手紙にするために、
しっかり見直そう！

2 見直しチェックシート（記入例） 12-02

『お礼の気持ちを伝えよう』見直しチェックシート

年　　組　名前（　　　　　　　　　　）

よくできている：◎　できている：○　もう少し：△

	3時間目	自分	友達（Aさん）	友達（Bさん）	友達（Cさん）
①	文のまとまりごとに、最初の1文字は空いていますか。	◎	◎	◎	◎
②	漢字や言葉などの使い方のまちがいは、ありませんか。	○	○	○	○
③	言葉づかいが全てていねいに書かれていますか。	○	○	◎	○
④	手紙の型にそって手紙が書けていますか。	○	◎	◎	◎
⑤	相手にお礼の気持ちが伝わる手紙になっていますか。	○	◎	◎	◎

他にも友達によく見てほしいところがあったら、書きましょう。

	読みにくい文章は、ないですか。	○	○	○	○

よりよい手紙にするために、
しっかり見直そう！

3年生で習った漢字

漢字の広場②　(2時間扱い)

単元の目標

知識及び技能	・第3学年までに配当されている漢字を書き、文や文章の中で使うことができる。(⑴エ)
思考力、判断力、表現力等	・間違いを正したり、相手や目的を意識した表現になっているかを確かめたりして、文や文章を整えることができる。(Bエ)
学びに向かう力、人間性等	・言葉がもつよさを感じるとともに、楽しんで読書をし、国語を大切にして、思いや考えを伝え合おうとする。

評価規準

知識・技能	❶第3学年までに配当されている漢字を書き、文や文章の中で使っている。(〔知識及び技能〕⑴エ)
思考・判断・表現	❷「書くこと」において、間違いを正したり、相手や目的を意識した表現になっているかを確かめたりして、文や文章を整えている。(〔思考力、判断力、表現力等〕Bエ)
主体的に学習に取り組む態度	❸進んで、第3学年までに配当されている漢字を書き、これまでの学習を生かして、文を書こうとしている。

単元の流れ

時	主な学習活動	評価
1	学習の見通しをもつ 教科書の絵を見て、それぞれの場面を想像し、提示された言葉を使いながら、夏の楽しみを説明する文や文章を書く。	❶
2	書いたものを読み返し、間違いを正すなどして文を整える。 書いたものを友達と読み合い、漢字を正しく用いることのよさを実感する。 学習を振り返る 本単元の学習を振り返る。	❷ ❸

授業づくりのポイント

〈単元で育てたい資質・能力〉

子供は3年生までに440字の漢字を学習してきた。しかし、字形の似た漢字を混同していたり、画数の多い漢字の細部や送り仮名を書き誤ったりすることが多くなってくる。また、字画の配置が取りにくく、なかなか覚えられないことも漢字学習の負担になっているため、漢字学習に対する苦手意識をもつ子供もいるだろう。既習の漢字を進んで、正しく使っていけるようにしたい。

3年生までに配当された漢字は、おおむね生活語彙の範囲にあり、抽象的な概念を含むことによる難しさは少ない。漢字を文や文章の中で使う経験をこつこつと積み重ね、漢字に慣れ親しませていきたい。本単元では、3年生までの漢字を使って、絵に合わせた文章を作ったり、それを使ってお話づくりをしたりして、楽しく漢字を読んだり書いたりする力を付けさせたい。生活に密着した漢字を使って文や文章を作ることをきっかけに、日常的に既習の漢字を使って書く力につなげたい。

〈教材・題材の特徴〉

本教材で使われている漢字は、「夏の楽しみ」を題材にしている。水泳や夏休み、バーベキュー、自由研究などに関する漢字と挿絵が扱われているため、夏の楽しみを書く文章の幅が広がっていくと考える。６月頃に学習する夏休み前の子供が、それぞれの楽しみに合わせて主体的に書くことができるだろう。

文章を書くときには、できるだけ絵の中の漢字を多く使うことができるようにしたい。

〈言語活動の工夫〉

子供が夏休みを楽しみに思う気持ちを生かし、それぞれにとっての楽しみを書くことも、絵の中の人物になり切って楽しみを書くこともできる。

絵の中の漢字をできるだけ多く使って書くことができるよう、都度友達と書いている内容を伝え合うなど、他の夏の楽しみについても書きたくなる工夫があるとよい。同じ漢字でも異なる文章の内容になることや、異なる漢字でも楽しみな気持ちが共通することなど、友達と文章を読み合うことで様々な気付きが得られるだろう。

ねらいは、子供が３年生までの漢字を正しく読み書きし、書いたものを読み返して間違いを正したりよりよい表現になるよう修正したりすることである。推敲する必要感をもたせるには、文や文章を書く前に、友達などに読んでもらう意識をもつようにするとよい。

[具体例]

文や文章を書く前に、それぞれの夏の楽しみを書いて共有する見通しをもつようにする。書く事柄の見通しをもつことができるよう、挿絵を見ながら子供自身の夏休みについて考えたり、書きたい夏の楽しみを友達と話し合ったりする。

友達の文章内容にも興味をもつことが、「他のことも書いてみたい」という思いの広がりや、絵の中のたくさんの漢字を使って書くことにつながる。そのため、文章を書き終えた後に読み合うことはもちろん、書き上げる前にも気軽に読み合うようにする。書く内容に迷った子供が集まって話し合ったり、書き上げた子供同士で読み合ったりする場を設置する。これにより、書く過程で、改めて書きたい事柄が見つかったり、さらに書きたい思いが高まったりすると考える。

〈ICT の効果的な活用〉

共有：学習支援ソフトに、教師の文例を保存しておく。子供は、文例を手元の ICT 端末で読みながら文章を書くことができる。また、子供が自身の文章を撮影したり、教師がスキャンしたりして学習支援ソフトに文章を保存すると、授業時間内では読み合うことのできなかった友達の文章も読むことができる。さらに、教師が漢字を正しく用いている子供の文章を意図的に共有することもできる。

本時案

漢字の広場②

1/2

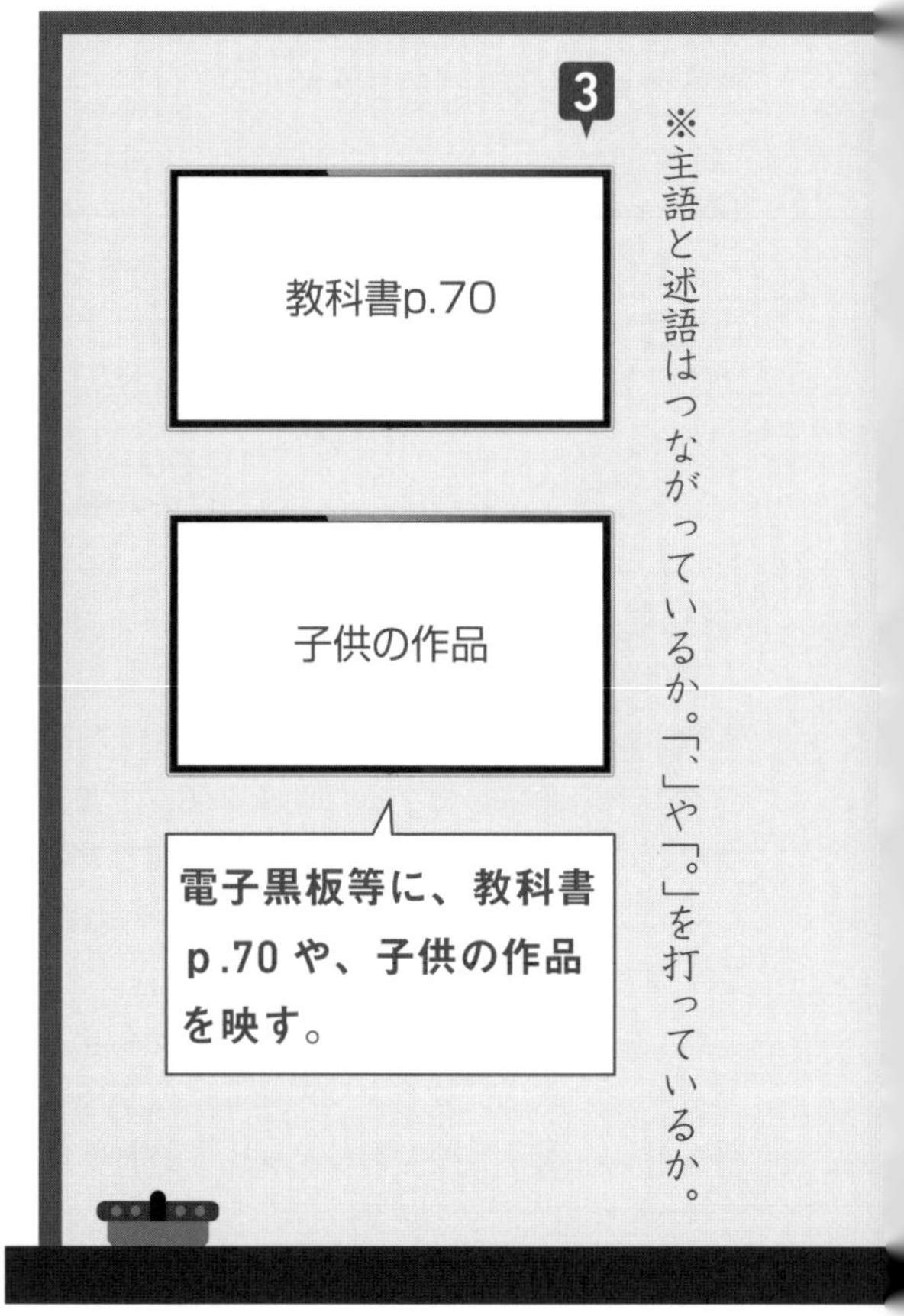
3
教科書p.70
子供の作品
電子黒板等に、教科書p.70 や、子供の作品を映す。
※主語と述語はつながっているか。「、」や「。」を打っているか。

本時の目標

・第3学年までに配当されている漢字を書き、夏の楽しみを説明する文章を書くことができる。

本時の主な評価

❶第3学年までに配当されている漢字を書き、夏の楽しみを説明する文章を書いている。【知・技】

資料等の準備

・教科書 p.70の拡大（電子黒板等にデジタル教科書で映す）
・教科書 p.70の挿絵の拡大コピー
・はがき新聞等のワークシート（掲示する場合）

授業の流れ ▷▷▷

1 平仮名の文を漢字に直し、学習の見通しをもつ 〈10分〉

○教科書 p.70の絵を見て、漢字の読み方を確かめる。
・練習、波、暑い、泳ぐ、太陽…。
T　絵を見て、夏に楽しみなことを想像してみましょう。
・友達と夏祭りに行くのが楽しみです。
・今年の自由研究では、家の畑で育てているスイカの観察をしたいと思っています。
・久しぶりにおばあちゃんに会えるので、早く行きたいです。
T　今日は、この絵の中の漢字を使って、夏に楽しみなことを説明する文章を書きましょう。
○本時のめあてを板書する。

2 漢字の読み方を確かめ、挿絵から想像を広げる 〈10分〉

T　夏の楽しみを説明する文章の書き方を確かめましょう。
○子供とやりとりしながら、文例を作る。
T　教科書の漢字を使いながら、絵を見て文を作ってみましょう。
・九州のおばあちゃんの家に出発です。
・息つぎをして泳ぐ練習をしています。
・有名人が夏祭りのステージに立った。
・お父さんが焼いてくれた肉を味わう。
・緑色の葉が、さらにふえていきそう。
○自分の夏の楽しみに近い挿絵に注目するよう促すと、文章を書き出しやすくなる。

漢字の広場②

絵の中の漢字を使って、夏の楽しみを書こう。

1

夏休み　家族

わたしは、なつやすみに、かぞくで

九州　旅行　行

きゅうしゅうへりょこうにいきます。

2

九州のおばあちゃんの家に出発です。

息つぎをして泳ぐ練習をしています。

有名人が夏祭りのステージに立った。

お父さんが焼いてくれた肉を味わう。

緑色の葉が、さらにふえていきそう。

3 絵の中の言葉を使い、夏の楽しみを説明する文を書く　〈25分〉

T　絵の中の漢字を使って、夏の楽しみを説明する文章を書きましょう。

・夏休みに入ってすぐ、九州に住むおじいちゃんとおばあちゃんの所へ行く予定です。
九州では、おじいちゃんとおばあちゃんの家でバーベキューをしたり、夏祭りに行ったりするのが楽しみです。

○必要に応じて、同じ挿絵・漢字に注目した子供同士で話し合いながら書いてもよい。

○書き終えた子供から推敲できるよう、板書に視点を示しておくとよい。

ICT 端末の活用ポイント

学習支援ソフトに、子供と作成した文例を保存する。文例を手元の ICT 端末で読みながら、子供は文章を書くことができる。

よりよい授業へのステップアップ

選択して取り組める学習活動を設定する

子供の実態に応じて、1つの挿絵についてのお話づくりにしたり、いくつかの絵について短文を書いたりすることができる。ストーリー仕立てにすることに楽しみを見いだす子、絵の中の漢字をたくさん使うことを目標にする子というように様々に想定されるため、子供自身が選択してもよい。

文や文章ができた子供から、推敲することができるように板書に推敲の視点を示しておき、読み合えるようにしておく。このように、子供が自分のペースで学べるようにする。

本時案

漢字の広場②

2/2

本時の目標

・文章の間違いを正し、文や文章を整えることができる。

本時の主な評価

❷文章の間違いを正し、文や文章を整えている。【思・判・表】

資料等の準備

・教科書 p.70の拡大（電子黒板等にデジタル教科書で映す）

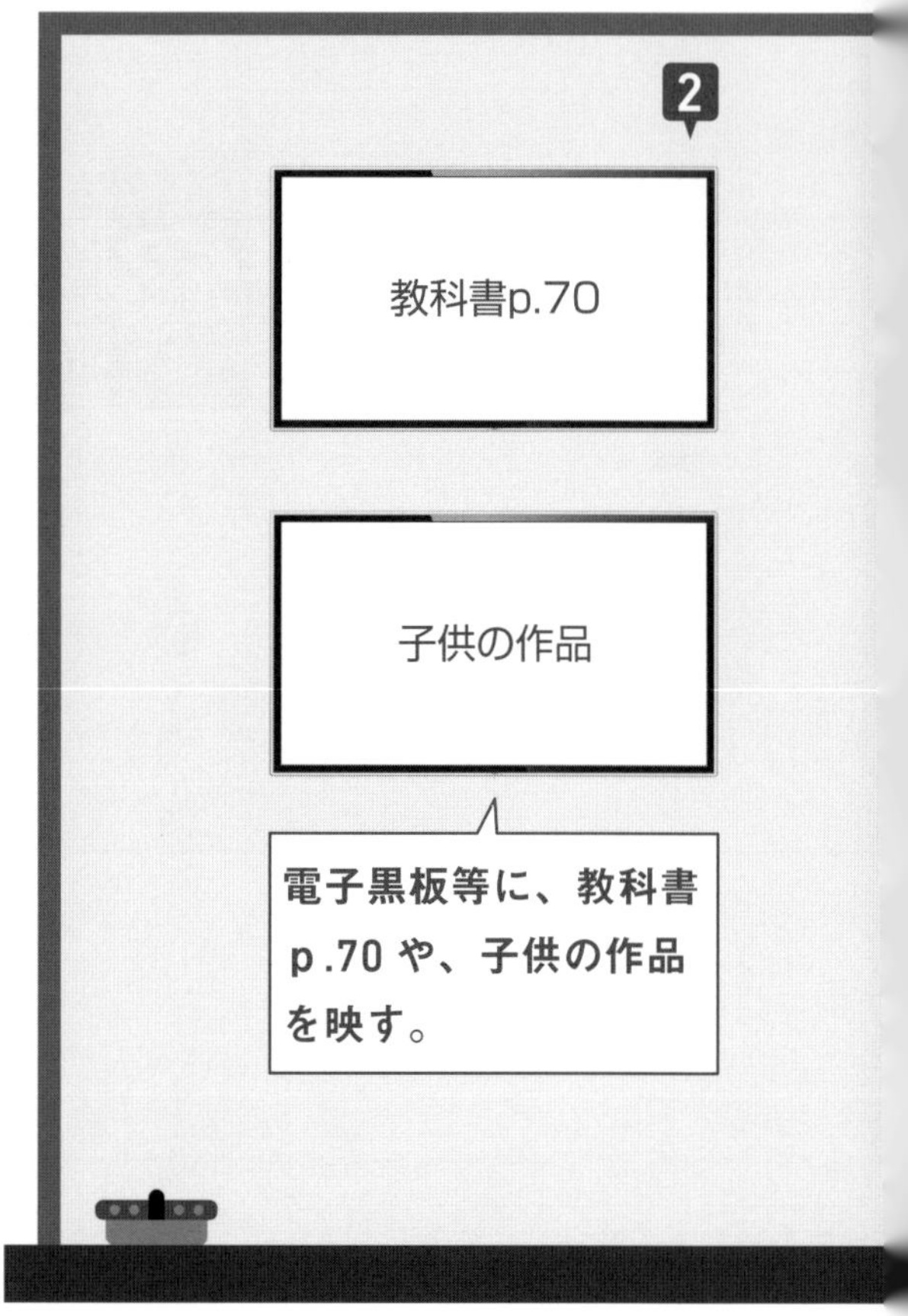

2
教科書p.70
子供の作品
電子黒板等に、教科書p.70や、子供の作品を映す。

授業の流れ ▷▷▷

1 書いた文章を読み返し、間違いを正して文章を整える 〈10分〉

・夏の楽しみについて書いた文章ができました。

T 友達と読み合う前に、まずは自分で声に出して読み返してみましょう。

○前時に推敲を始めている子供に、読み返す際に気を付けたことを話してもらう。

・絵の中にある、3年生までに習った漢字は、特に正しく書けたか確かめました。

・主語と述語がつながっているか、読み返して確かめました。

T 今日は、夏の楽しみについて書いた文章を読み合いましょう。

○本時のめあてを板書する。

2 書いた文章を友達と読み合う 〈25分〉

T 書いた文章を読み合いましょう。正しく漢字が使えているか確かめましょう。

○ペアで横並びに座り、間に文章を置いて書き手が読むと、聞き手は字を目で追いながら聞くことができ、漢字の誤りにも気付きやすくなる。

・炭でバーベキューをするんだね。

・いいな。私は海で泳ぐことを書いたよ。

・鉄橋を通過した電車のことを書いたんだね。

・「配る」の「酉」が「西」になっているよ。

○すでに自分で推敲はしているが、初読の友達が読むと、間違いに気付く場合がある。文章を読むことを楽しみながらも、間違いに気付いた場合は伝えてよい。

漢字の広場②

文章を読み合い、夏の楽しみを伝え合おう。

1
- 絵の中の漢字を正しく書けたか。
- 「、」や「。」を打っているか。
- 主語と述語はつながっているか。

3
- 自分で読み返して「発」を正しい漢字に直せた。
- 「配る」の「酉」が「西」になっていることに、友達が気づいてくれた。
- 絵の中の漢字をたくさん使ってお話にできた。

3 本単元の学習を振り返る〈10分〉

T　夏に楽しみなことを説明する文章で、よく読み返して直すことができましたね。
・「発」の間違いに気付いて直しました。
・友達が漢字の「配」の間違いに気付いてくれて、文章がもっとよくなりました。
○漢字を正しく用いることのよさを実感できるよう、絵の中の漢字をいくつ使えたか、自分で読み返したり、友達と読み合ったりして、いくつ間違いを正せたかを振り返る。

ICT 端末の活用ポイント

子供の文章を学習支援ソフトに保存すると、授業時間内では読み合うことのできなかった友達の文章も読むことができる。また、教師が意図的に漢字を正しく用いている子供の文章を共有することもできる。

よりよい授業へのステップアップ

活動の形態や掲示の工夫を

読み合う時間でも、交流するペースはそれぞれだろう。多くの友達に書いたことを伝えるためにペアで読み合う、1人の文章について複数人で感想を伝えるためにグループで読み合う、同じ絵を基に考えた子供同士で感想を伝え合うなど、文章を読み合う活動1つとっても、形態は様々である。教師の意図に応じて工夫したい。また、授業の時間の中では交流できる人数に限りがある。ワークシート等に書くようにすると、授業後も読んだり、感想を伝え合ったりすることができる。

場面をくらべて読み、心にのこったことを伝え合おう

一つの花　7時間扱い

単元の目標

知識及び技能	・様子や行動、気持ちや性格を表す語句の量を増し、話や文章の中で使い、語彙を豊かにすることができる。((1)オ)
思考力、判断力、表現力等	・登場人物の気持ちの変化や性格、情景について、場面の移り変わりと結び付けて具体的に想像することができる。(C エ)
学びに向かう力、人間性等	・言葉がもつよさに気付くとともに、幅広く読書をし、国語を大切にして、思いや考えを伝え合おうとする。

評価規準

知識・技能	❶様子や行動、気持ちや性格を表す語句の量を増し、話や文章の中で使い、語彙を豊かにしている。(〔知識及び技能〕(1)オ)
思考・判断・表現	❷「読むこと」において、登場人物の気持ちの変化や性格、情景について、場面の移り変わりと結び付けて具体的に想像している。(〔思考力、判断力、表現力等〕C エ)
主体的に学習に取り組む態度	❸登場人物の気持ちの変化や性格、情景について、場面の移り変わりと結び付けて具体的に想像することに粘り強く取り組み、学習の見通しをもって、心に残ったところを伝え合おうとしている。

単元の流れ

次	時	主な学習活動	評価
一	1	学習の見通しをもつ 全文を読み、観点に沿って感想を伝え合う。	
	2	観点…〈心に残った場面〉〈みんなで話し合いたいこと〉 学習課題を設定し、学習計画を立てる。 場面をくらべて読み、心にのこったことを伝え合おう	
二	3	戦時中と戦後の場面を比べる観点を確かめる。観点に沿って比べ、分かったことや考えたことを話し合う。 比べる観点例:〈ゆみ子やお母さん〉〈コスモス〉〈食の様子〉〈町の様子〉等	❷
	4	〈みんなで話し合いたいこと〉の中から話し合いたいことを選びグループで話し合う。	❶
	5	例:「なぜお父さんは一輪のコスモスをゆみ子にあげたのだろう。」「なぜ題名が『一つの花』なのだろう。」「それぞれの場面のお父さんの気持ちについて」等	
	6	心に残ったことと、その理由をまとめる。	❷
三	7	心に残ったことと、その理由を伝え合う。注目したことが似ている友達と話し合う。 友達と似ていたこと、違っていたことはどのようなことだったか振り返る。 学習を振り返る 単元を振り返り、今後の読書や物語文を読む学習に生かしたいことは何か、まとめる。	❸

授業づくりのポイント

〈単元で育てたい資質・能力〉

本単元のねらいは、登場人物の気持ちの変化や性格、情景について、場面の移り変わりと結び付けて具体的に想像する力を育むことである。戦時中と戦後の場面の様子を比べると、ゆみ子やお母さんの気持ちの変化を想像することができる。また、気持ちの変化の他にも、両方の場面に出てくる言葉に注目して比べることを通して、場面の様子の変化を具体的に想像することができる。何に注目して比べるか、比べる観点を子供とともに確かめ、その違いから気持ちや場面の様子について具体的に想像できるようにする。

〈教材・題材の特徴〉

『一つの花』は、戦時中の場面と戦後の場面と、大きくは２つの場面に分けられる。どちらの場面にも描かれているものは〈ゆみ子やお母さん〉〈コスモス〉〈食の様子〉〈町の様子〉である。これらを「観点」として２つの場面を比べることで、その違いから戦時中の貧しく不安な様子と戦後の豊かで安らかな様子が際立ってくる。〈町の様子〉〈食の様子〉の変化からは戦争が終わったことが分かり、そのことによって〈ゆみ子やお母さん〉が安らかに生活している様子が想像できる。戦時中は幼さゆえに「一つだけ」と何でも欲しがるばかりだったゆみ子が、お母さんに「あげる」立場へと成長したことも、場面を比べることで捉えやすくなるだろう。本教材は三人称視点で描かれている物語である。特定の人物に寄り添って描かれてはいないが、お父さんとお母さんの心情や行動の理由は前後の描写から想像することができる。

[具体例]
戦時中の場面と戦後の場面の変化
〈ゆみ子〉　いくらでもほしがる、お母さんからもらう→お母さんにあげる
〈町の様子〉次々に焼かれて灰に…→肉と魚が買える場所、ゆみ子が一人で買い物に行ける場所
〈食の様子〉食べるものと言えば、おいもや豆…→肉と魚が食べられる
〈コスモス〉一輪のコスモス、「一つだけのお花」→ゆみ子の家をいっぱいに包む

〈言語活動の工夫〉

本単元では「場面を比べて読み、心に残ったことを伝え合う」という言語活動を設定した。導入では初めて読んで心に残ったことを伝え合う。その後、場面を比べて読み、改めて心に残ったことをまとめ、伝え合うことによって、自分自身の読みの変化に気付きやすくなるだろう。また、「観点を決めて場面を比べて違いに注目して読むと、様々なことを具体的に想像することができる」ということも実感できるだろう。第三次の伝え合う時間には、互いの考えの違いに注目させたい。注目していることが同じでも、考えていることが違うということに気付けるような学習にしていく。

〈ICT の効果的な活用〉

共有：第１時の感想を伝え合う場面では、学習支援ソフトを用いて観点に沿って感想を共有する。観点ごとに短くまとめた感想を共有し似ているものを分類することを通して、学級全体の感想の傾向を確かめ、学習計画に生かすようにする。

表現：自分が心に残ったこととその理由をまとめる際に、プレゼンテーションソフトを用いてシートに分けて考えをまとめることで、論理的に考えを伝えやすくなるだろう。

本時案

一つの花

1/7

本時の目標

・全文を読み、観点に沿って感想を伝えたり、学習の見通しをもったりすることができる。

本時の主な評価

・物語の感想をもったり、学習の見通しをもとうとしたりしている。

資料等の準備

・白紙の短冊

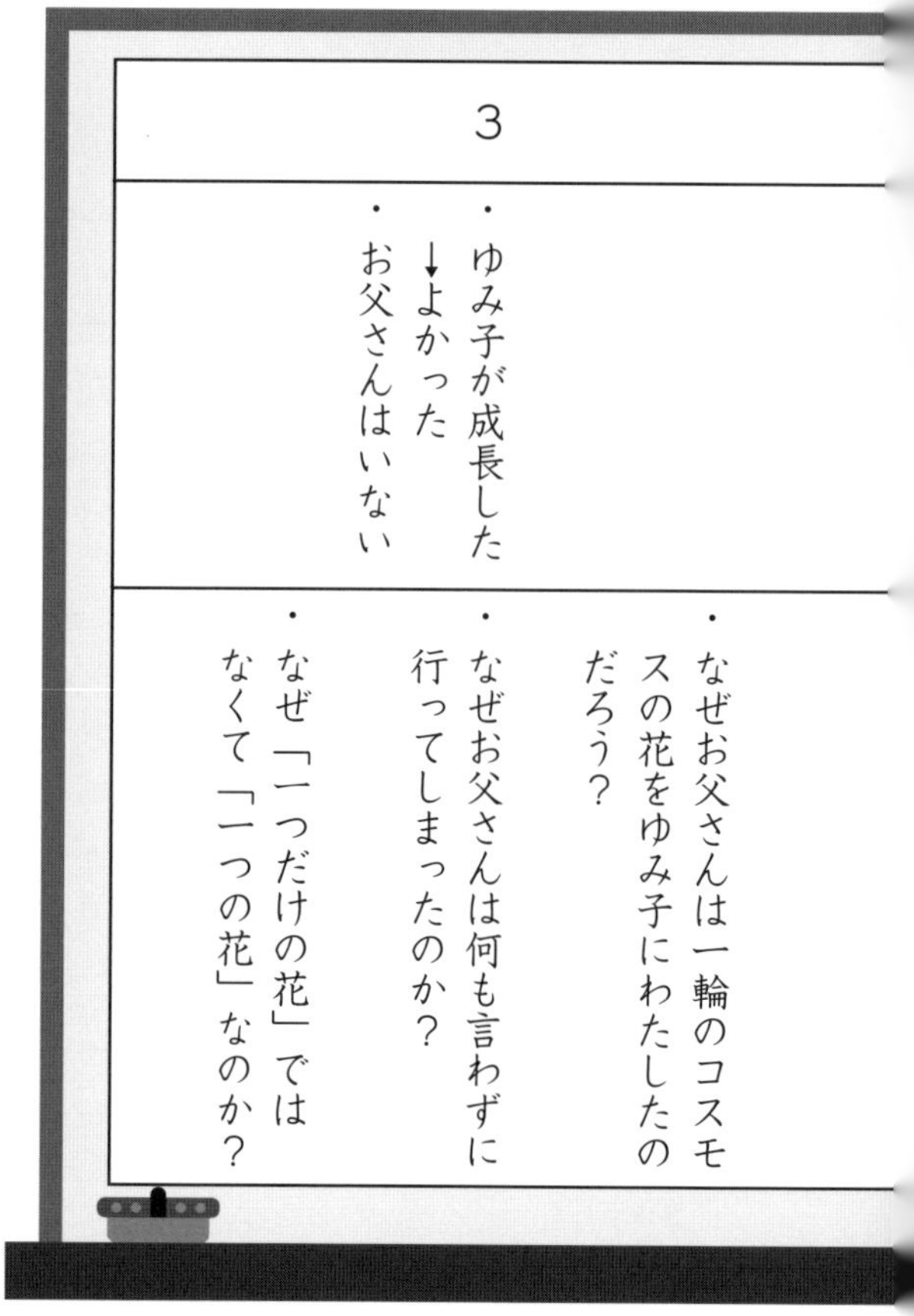

3
・ゆみ子が成長した
↓よかった
・お父さんはいない
・なぜお父さんは一輪のコスモスの花をゆみ子にわたしたのだろう？
・なぜお父さんは何も言わずに行ってしまったのか？
・なぜ「一つだけの花」ではなくて「一つの花」なのか？

授業の流れ ▷▷▷

1 物語を読むときに注目してきたことを確かめる〈5分〉

○これまでの物語を読む学習や経験を思い出し、どのようなところに注目してきたか確かめることで、本教材を読むときも注目できるようにする。

T　これまで物語を読んできて、どのようなところに注目してきましたか。

・人物の気持ち。

・行動。スイミーが何をしたか、とか。

・気持ちの変化にも注目したよ。

T　これから読む『一つの花』も、今出てきた観点に注目して読んでいきましょう。今日ははじめて読んだ感想を伝え合いましょう。

○本時のめあてを板書する。

2 本文の範読を聞き、観点に沿って感想を書く〈15分〉

○表を板書し、項目名（場面、心に残った場面、皆で話し合いたいこと）を書き込む。

T　これから先生が本文を読みます。心に残った場面や疑問に思うところがあったら線を引きながら聞いてください。

○教師の範読を聞く。

○自分が引いたサイドラインの箇所を中心に読み直し、心に残った場面をノートに書く。〈みんなで話し合いたいこと〉があれば、それは短冊に書いておく。

・お父さんが戦争に行ってしまう場面が悲しくて、心に残りました。

・どうしてお父さんはゆみ子とお母さんに何も言わずに行ってしまったのだろう。みんなで話し合いたいです。

○物語を読む　どのようなところに注目してきたか

1

・人物の気持ち　・行動　・会話

・気持ちの変化　・行動の理由

・題名

一つの花　今西《いまにし》 祐行《すけゆき》　作

2

はじめて読んだ感想を伝え合おう。

3

場面	心に残った場面	話し合いたいこと
1	・「一つだけ」がお母さんとゆみ子の口ぐせになってしまった	
2	・ゆみ子がほしがる場面	・なぜお父さんは「きまって」ゆみ子をめちゃくちゃに高い高いするのか？
	・戦争へ行く前のお父さん ↓つらいだろうな	・なぜお父さんは「戦争になんか行く人ではないかのように」していたのか？

3 感想を伝え合う　〈25分〉

○まずは班など少人数で感想を伝え合うことで、全ての子供が感想を表現できるようにしたい。その後、学級全体で感想を共有する。そこで出された考えを分類しながら板書していく。

T　心に残ったことやみんなで話し合いたいことを伝え合いましょう。自分が書いたところと同じ場面についての感想や考えが出されたら、「似ています」と付け足して教えてください。

・私は２場面のお父さんが戦争に行く前の駅での場面が心に残りました。なぜかと言うと…

・僕は同じ場面で疑問に思ったことなんですけど、なぜお父さんは何も言わずに…

ICT 等活用アイデア

感想を分類しながら話し合う

学習支援ソフトのカードを使って感想を伝え合うことで、一人一人の感想が視覚的に分かりやすくなり、似ているところにも気付きやすくなる。

子供は場面ごとの感想を分けてカードに打ち込む。班での話合いでは、全員のカードを読み合い、似ているものを分類しながら話し合う。「これはどういう意味？」と尋ねたり、「これとこれは似てる？」と確かめたりしながら分類する。教師は予め、班で感想を共有できるよう、学習支援ソフトに班で１枚のページを作成しておく。

本時案

一つの花

2/7

本時の目標

・学習の見通しをもつことができる。

本時の主な評価

・比べる観点について考えたり、学習の見通しをもとうとしたりしている。

資料等の準備

・特になし

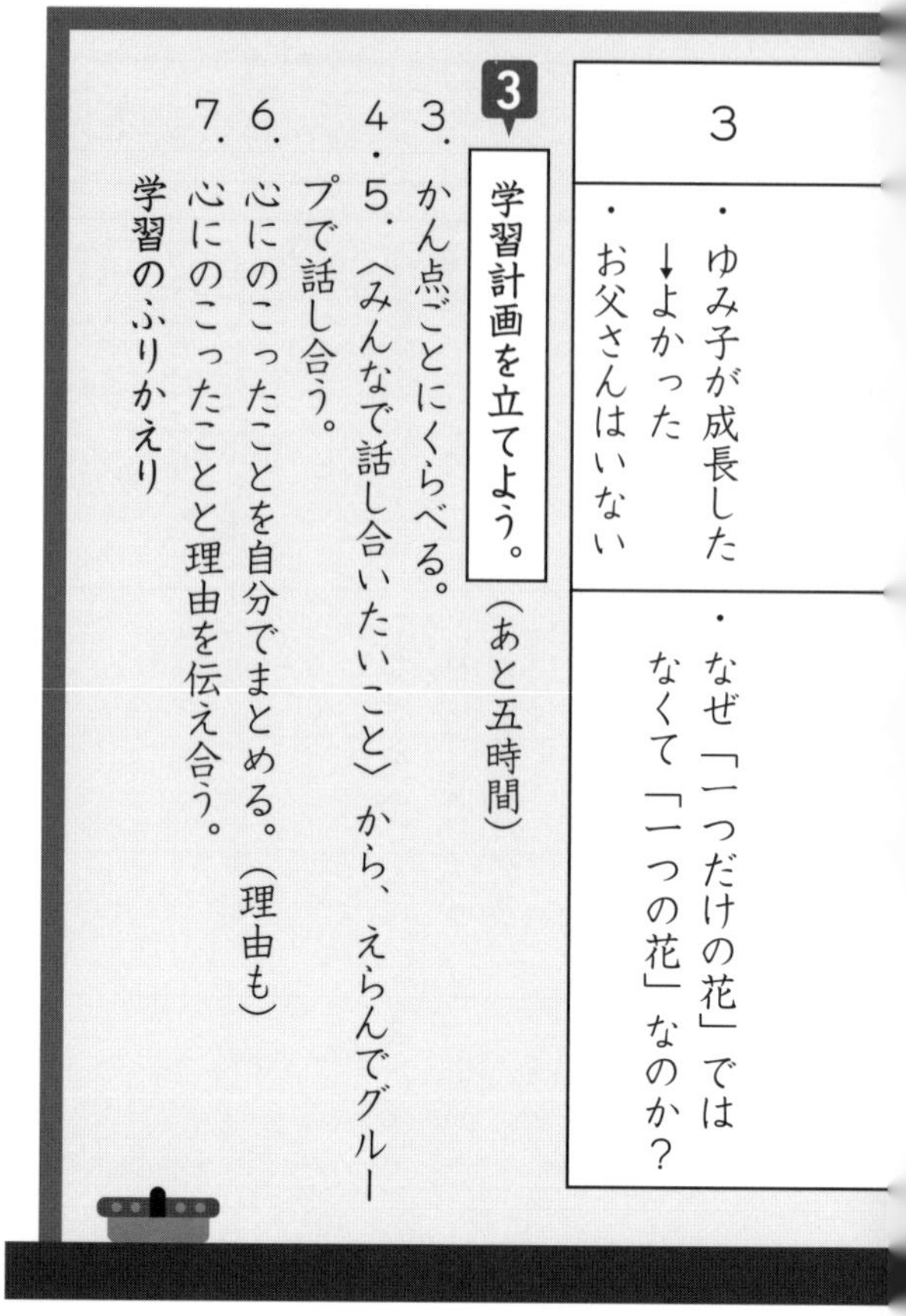
3
・ゆみ子が成長した
↓よかった
・お父さんはいない
・なぜ「一つだけの花」ではなくて「一つの花」なのか？
3
学習計画を立てよう。
（あと五時間）
3. かん点ごとにくらべる。
4・5. 〈みんなで話し合いたいこと〉から、えらんでグループで話し合う。
6. 心にのこったことを自分でまとめる。（理由も）
7. 心にのこったことと理由を伝え合う。
学習のふりかえり

授業の流れ ▷▷▷

1 単元の目標を確かめる　〈5分〉

○単元の目標を板書する。

T　場面を比べて読み、『一つの花』をより詳しく読んでいきましょう。詳しく読むと、心に残ったことが増えたり、最初の考えと変わったりするかもしれませんね。このお話は、大きく2つに分けると、どのように分かれますか。

・戦争中と戦争が終わった後の場面です。

・戦争が終わった後の場面は短いね。

○それぞれの場面がどこからどこまでかを確認する。

2 何に注目して比べるか、比べる観点を確かめる　〈25分〉

T　何に注目して比べるとよいでしょう。両方の場面で描かれていることは何ですか。読んで確かめましょう。

○範読をするか、一人一人が黙読をして確かめるかは、子供の実態に応じて決める。

・お父さんは戦争が終わった後の場面では出てこないけど、ゆみ子とお母さんは出てくるから比べられると思います。

・コスモスもどちらの場面にも出てきます。

T　今出てきた観点で比べると、どのようなことが分かりそうですか。

・戦争が終わって、どのように変化したのかが分かると思います。

・ゆみ子の気持ちの変化も分かるんじゃないかなと思います。

一つの花

今西《いまにし》　祐行《すけゆき》　作

1 場面をくらべて読み、心にのこったことを伝え合おう。

2 戦時中の場面　↕　戦争が終わった後の場面

○場面の中の、何と何をくらべるか？
（両方の場面にえがかれていること）
・ゆみ子とお母さんのようす　・コスモス
・食べもののようす　・町のようす

○くらべると分かること
・場面のようすの変化　・気持ちの変化

場面	心に残った場面	話し合いたいこと
2	・ゆみ子がほしがる場面 ・戦争へ行く前のお父さん ↓つらいだろうな	・なぜお父さんは「きまって」ゆみ子をめちゃくちゃに高い高いするのか？ ・なぜお父さんは「戦争になんか行く人ではないかのように」していたのか？ ・なぜお父さんは一輪のコスモスの花をゆみ子にわたしたのだろう？ ・なぜお父さんは何も言わずに行ってしまったのか？

3 学習計画を立てる　〈15分〉

T　学習計画を立てましょう。次の時間は今出てきた観点ごとに比べて読みましょう。その後は、この単元の目標に向かって、どのように学習を進めていくとよいでしょうか。あと５時間あります。近くの人と話し合いながら考えてもよいです。

・心に残ったことを伝え合う時間は最後の時間で、なぜそこが心に残ったのか、理由も伝え合うといいと思います。
・ノートに書いておくとよいと思います。
・〈みんなで話し合いたいこと〉を話し合えていないから、それを先にした方がいいと思います。
・話し合いたいことが同じ人同士で話し合いたいです。

よりよい授業へのステップアップ

学習計画に子供の意見を反映させる

子供の意見を反映させながら学習計画を立てられるようにする。自ら学習計画を立てる経験をあまりしてきていない場合は、学習活動を短冊などに書いておき、順番を考えさせるところから始めてもよい。学習計画を立てることに慣れている場合は、それぞれの学習活動にどのくらいの時間を要するか、どのような方法で取り組むとよいか考えるようにし、具体的な学習計画を立てられるようにするとよい。「自分たちで学習計画を立てた」という実感を伴った経験を積み重ねられるようにする。

本時案

一つの花

3/7

本時の目標

・戦時中の場面と戦後の場面の変化を結び付けて、ゆみ子とお母さんの気持ちの変化や性格、情景について具体的に想像することができる。

本時の主な評価

❷戦時中の場面と戦後の場面の変化を結び付けて、ゆみ子とお母さんの気持ちの変化や性格、情景について具体的に想像している。【思・判・表】

資料等の準備

・表と項目名（観点）を書いたワークシート（子供の実態に応じて配布する）。

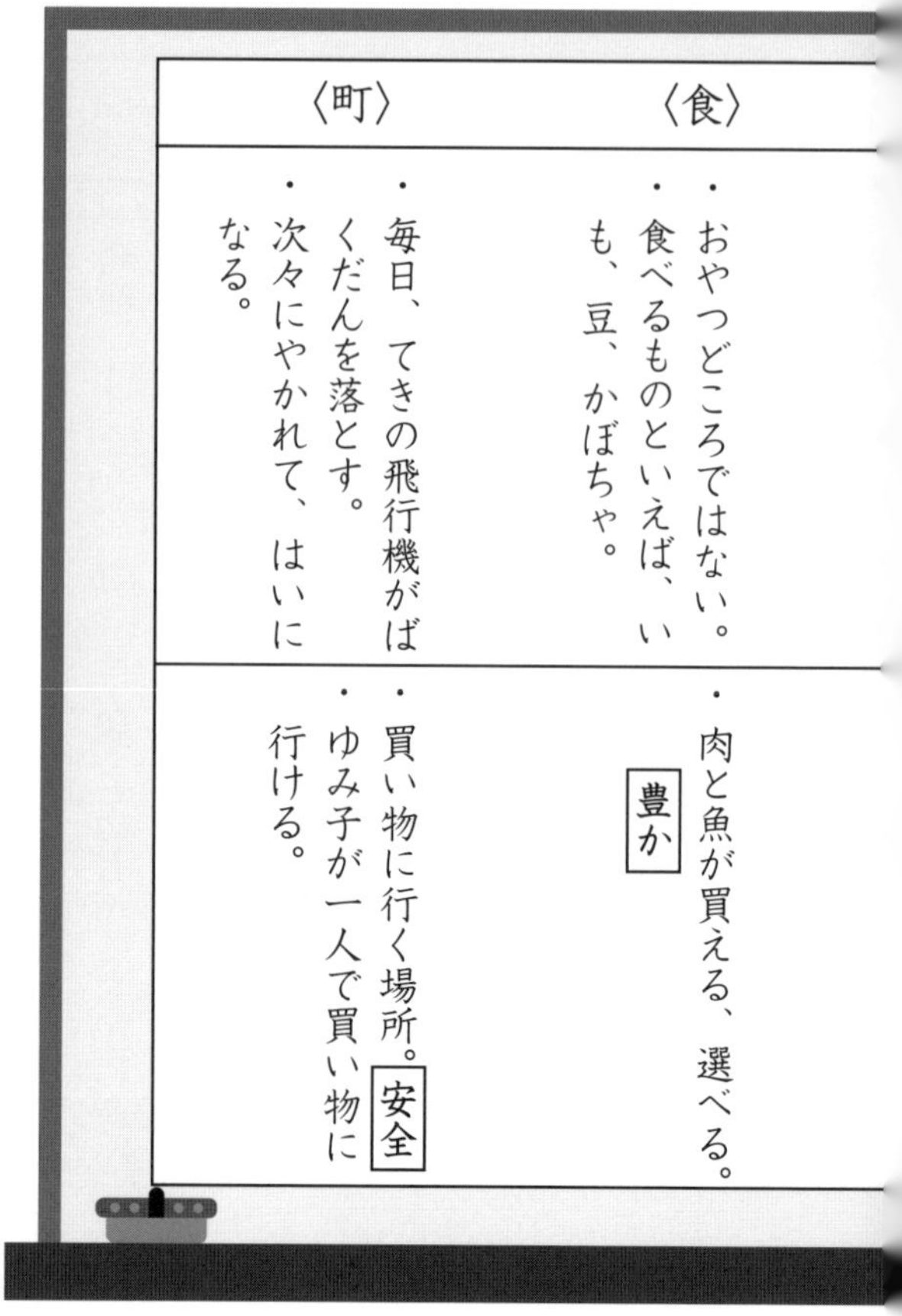
〈食〉
〈町〉
・おやつどころではない。
・食べるものといえば、いも、豆、かぼちゃ。
・毎日、てきの飛行機がばくだんを落とす。
・次々にやかれて、はいになる。
・肉と魚が買える、選べる。
豊か
・買い物に行く場所。
安全
・ゆみ子が一人で買い物に行ける。

授業の流れ ▷▷▷

1 本時のめあてを確かめ、読み方とまとめ方を捉える〈10分〉

○本時の目標を板書する。

T　何に注目して比べるのでしたか。

・ゆみ子とお母さんの様子、コスモス…

○比べるための表と項目（観点）を板書する。

○どのように読み取っていくとよいか、読み取ったことをどのようにノートに書くとよいか、子供が理解してから１人で読む時間に入れるようにする。そのために、まず「ゆみ子、お母さん」について分かることを全員で考える。

T　まず、戦争中の場面の〈ゆみ子、お母さん〉について、分かることは何ですか。

・ゆみ子はもっともっとと、いくらでもほしがっています。

○子供から挙げられた内容を板書する。

2 一人一人が観点ごとに比べながら読む〈15分〉

T　２人の様子が分かるところに線を引いて、それからノートに書いていくとよいですね。他の観点についても読み取っていきましょう。

○一人一人が読み取る時間を設定し、その間は机間指導をする。観点が複数あるため、何から考えるとよいか混乱する子供もいることが予想される。そのような場合は、注目する観点を１つに決めさせ、分かるところにサイドラインを引くよう促す。

T　まず、〈コスモス〉について分かるところにサイドラインを引いてみよう。

○ノートやワークシートに書き込むことが難しい場合は、本文にサイドラインを引くだけでもよいこととする。

一つの花

今西《いまにし》 祐行《すけゆき》 作

1 戦争中の場面と戦後の場面をくらべて読もう。

2 かん点	3 〈ゆみ子、お母さん〉	〈コスモス〉	
戦争中	・もっともっとと、いくらでもほしがる。「一つだけ」が口ぐせ。 ・お母さんからもらう。	・わすれられたようにさく。 ・一輪のコスモス。 ・一つだけ	・おまんじゅうだの…そんなものはどこへ行ってもない。
戦後	・お母さんに「どっちがいいの。」と聞いている。 ・町に買い物に行く。日曜日はお昼を作る。 ・お母さんにあげる。 成長	・ゆみ子の小さな家をいっぱいに包む。 ・コスモスのトンネル。	

3 サイドラインやまとめたことを基に話し合う 〈20分〉

T　読み取ったことを基に、みんなで話し合いましょう。どの観点からにしますか。

・〈コスモス〉について戦争中の場面には「一輪のコスモス」と出てくるけど、戦争が終わった後は「コスモスのトンネル」と書かれていて、たくさんあることが分かります。

・お父さんからもらって、ゆみ子はコスモスのことを好きになったのではないかな。

・〈食〉についても、戦争が終わった後は貧しくなくなったことが分かると思います。ゆみ子が「どっちがいいの」と聞いていて、選べるほどになったことが分かります。

○読み取ったことを挙げさせながら、それらの変化からどのようなことが分かるか考えさせることで目標が達成できるようにする。

よりよい授業へのステップアップ

サイドラインの種類を変える

観点によってサイドラインの色や種類を変えさせ、分かりやすくなるようにするとよい。

例、〈食〉に関する箇所：波線、

〈町〉に関する箇所：二重線など

大切な言葉を強調して板書する

本時では各場面の情景や、場面の変化を表す言葉を押さえたい。「一つだけ」「いっぱいに」など本文にある表現や、「ゆみ子が成長している」など子供の発言のキーワードを目立たせて板書し、全員が意識できるようにするとよい。

本時案

一つの花

4・5/7

本時の目標

・様子や行動、気持ちや性格を表す語句の量を増し、話や文章の中で使うことができる。

本時の主な評価

❶様子や行動、気持ちや性格を表す語句の量を増し、話や文章の中で使っている。【知・技】

資料等の準備

・第一次で出された〈みんなで話し合いたいこと〉を一つ一つ書いた短冊、班での話合いをまとめるためのミニホワイトボードや模造紙など

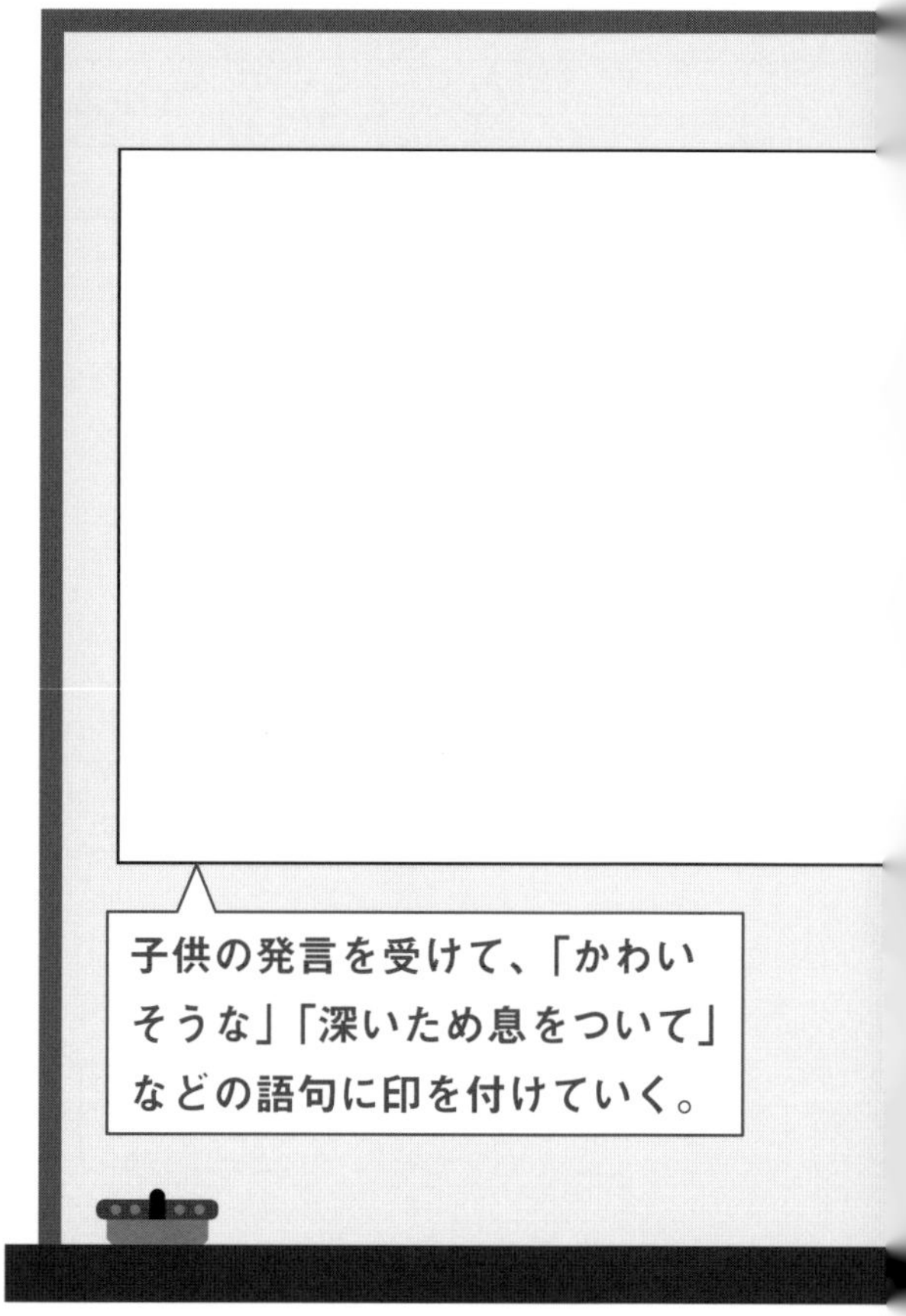
子供の発言を受けて、「かわいそうな」「深いため息をついて」などの語句に印を付けていく。

授業の流れ ▷▷▷

1 話し合いたいことを確かめ、グループを作る 〈10分〉

○第一次で出された〈みんなで話し合いたいこと〉を基に、学級全体で問いや課題を確かめる。

T　1、2時間目のときに出された〈みんなで話し合いたいこと〉は、これらでしたね。

○短冊を黒板に貼る。

T　これらの他に、〈みんなで話し合いたいこと〉が出てきた人はいますか。

○第3時の学習を通して、話し合いたいことが新たに出てきた子供がいないか確かめる。いた場合は、その問いや課題を追記する。

T　これらの中から自分が話し合いたいことを決めましょう。

○考える時間を設定する。その後、同じものを選んでいる子供同士のグループを作る。

2 問いや課題に対する自分の考えをノート等にまとめる 〈10分〉

T　選んだ問いや課題に対する自分の考えをノートや端末のカードにまとめましょう。話合いのときに、本文のどの表現から考えたのか、根拠を示せるようにしましょう。

○本時は知識及び技能に関する目標を設定している。「様子や行動、気持ちや性格を表す語句」に子供が注目できるようにしたい。そのため、それらの語句が出てくる部分を短く提示し、その中から気持ちが想像できる語句を挙げさせることで、全員が語句に注目して考えていけるようにする。

T　この部分で、お母さんやお父さんの気持ちが想像できる言葉はどれですか。

・お母さんのせりふの「かわいそうな」という言葉です。他にも…。

一つの花　今西《いまにし》 祐行《すけゆき》 作

1 〈話し合いたいこと〉を決め、グループで話し合おう。

3 〈みんなで話し合いたいこと〉

2
- ・なぜお父さんは一輪のコスモスをゆみ子にあげたのだろう。
- ・なぜ題名は「一つの花」なのだろう。
- ・お父さんの気持ちについて、くわしく考えて話し合いたい。
- ・お父さんとお母さんのゆみ子に対する気持ち、願い

4 （本文の2場面の最初の部分の文章）

3 グループで見通しをもって話し合う 〈45分〉

○話し合う時間を２時間設定している。そのため、まずは時間をどのように使うかグループで確かめてから取り組むことができるようにする。時間の使い方や学習方法を自ら考えることを通して、主体的に学習に取り組む態度が育っていく。

○話合いで出された気付きや考えを、ミニホワイトボードや紙に記録しておくよう促す。

・お父さんは何かを渡してゆみ子を最後に喜ばせたかったんじゃないかな。

・お父さんは「一つの花を見つめながら」行ってしまったと書いてあるから、何か気持ちを込めてゆみ子に渡したんだと思う。

4 話し合ったことを全体で共有する 〈25分〉

○全体で共有することを子供が望んでいる場合は、この時間を設定する。望んでいない場合は、グループでの話合いで終わってもよい。

T　グループで話し合ったことを共有しましょう。異なる問いや課題について話し合っていても、気付いたことや考えたことが似ている場合があります。他のグループの話を聞いて「似ているな」と思ったら、続けて話すようにしましょう。

○グループで話し合った際に記録していたミニホワイトボードや紙を提示させる。

・私たちは「なぜ一つだけの花、ではなくて一つの花という題名なのか」について話し合ったんですけど、「一つだけ」と言うと「これしかない」という印象があるけど…

本時案

一つの花

6/7

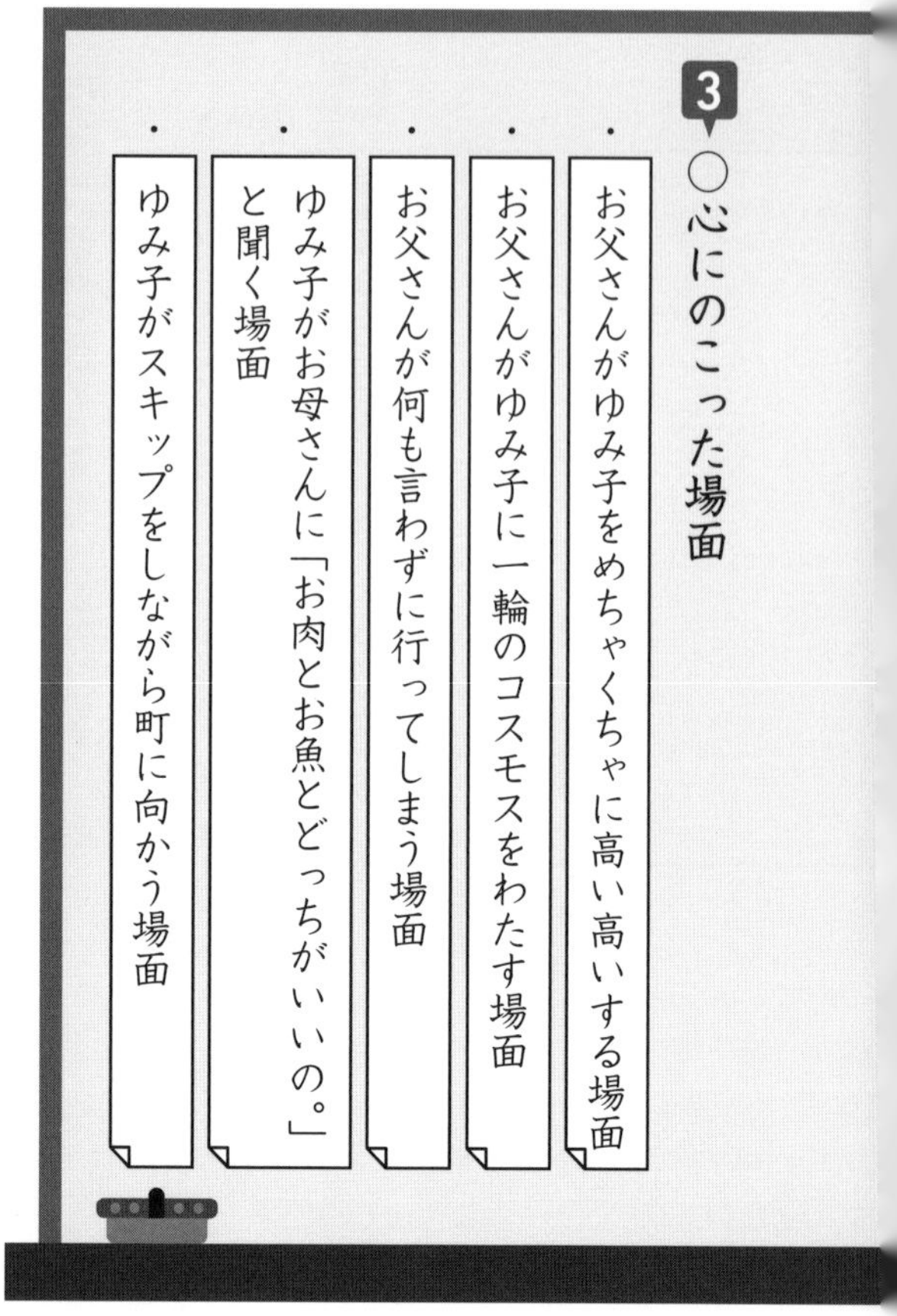

3
○心にのこった場面
お父さんがゆみ子をめちゃくちゃに高い高いする場面
お父さんがゆみ子に一輪のコスモスをわたす場面
お父さんが何も言わずに行ってしまう場面
ゆみ子がお母さんに「お肉とお魚とどっちがいいの。」と聞く場面
ゆみ子がスキップをしながら町に向かう場面

本時の目標

・登場人物の気持ちの変化や性格、情景について具体的に想像することができる。

本時の主な評価

❷登場人物の気持ちの変化や性格、情景について、場面の移り変わりと結び付けて具体的に想像している。【思・判・表】

資料等の準備

・まとめ方の例を書いた紙
・白紙の短冊

授業の流れ ▷▷▷

1 本時のめあてを確かめ、まとめ方を捉える 〈5分〉

○本時のめあてを板書する。

T　初めて読んだときにも「心に残ったこと」を書きました。今日はこれまで詳しく読んできたことを振り返って、改めて、心に残ったことをまとめます。

○まとめ方の例を示す。電子黒板やスクリーンに教師の画面を提示する。

T　プレゼンテーションソフトを使ってまとめていきます。最初のシートには、一番心に残ったことを書きます。次のように書きましょう。

○シートを１枚ずつ提示し、「心に残った場面」→「その理由」という順序でまとめることを伝える。

2 これまでの学習を思い出す 〈10分〉

T　これまでの学習で、みんなが注目してきた場面はどのような場面でしたか。

・お父さんがゆみ子に一輪のコスモスを渡す場面です。
・ゆみ子が買い物に出かける場面です。

○子供の発言を受け、子供が注目していた具体的な場面や人物の行動を書いた短冊を黒板に貼っていく。それらの中から特に心に残った場面を選ばせることで、子供たち全員が考えやすくなる。

一つの花

今西《いまにし》　祐行《すけゆき》　作

1

心にのこったことと、その理由をまとめよう。

2

（1 枚め）
特に心に残った場面を書く。

（2 枚め）
理由を書く。

（1 枚め）
例、「お父さんがゆみ子にコスモスをあげた場面」

（2 枚め）
例、「お父さんの、最後にゆみ子の泣き顔は見たくない、という気持ちが伝わってきて切なくなったから」

3 心に残った場面とその理由をまとめる　〈30分〉

○一人一人が心に残った場面とその理由をまとめる様子を机間指導する。ICT 端末の扱いに自信がない子供がいる場合は、席を近くに設定し、まとめて指導しやすくするとよい。

T　心に残った場面がいくつかある場合は、1つまとめた後に付け足してもよいですね。まとめ終わった人は、終わった人同士で共有を始めましょう。

○子供によって進度が異なることが予想される。終わった子供がいる場合は、次にするべきことを提示する。

ICT 等活用アイデア

プレゼンテーションソフトを用いて考えをまとめる

考えをまとめるとき、筋道立ててまとめることが難しい子供がいるだろう。プレゼンテーションソフトを用いてシートに分けて考えをまとめることで、論理的に考えを伝えやすくなる。

また、この後の共有場面においても、最初に心に残った場面を紹介することで、聞き手が「自分と同じだ」「自分とは違う」と、興味をもって聞くことにつながるだろう。

プレゼンテーションソフト以外にも、カードを連結させて表現できるソフトを活用してもよいだろう。

本時案

一つの花

7/7

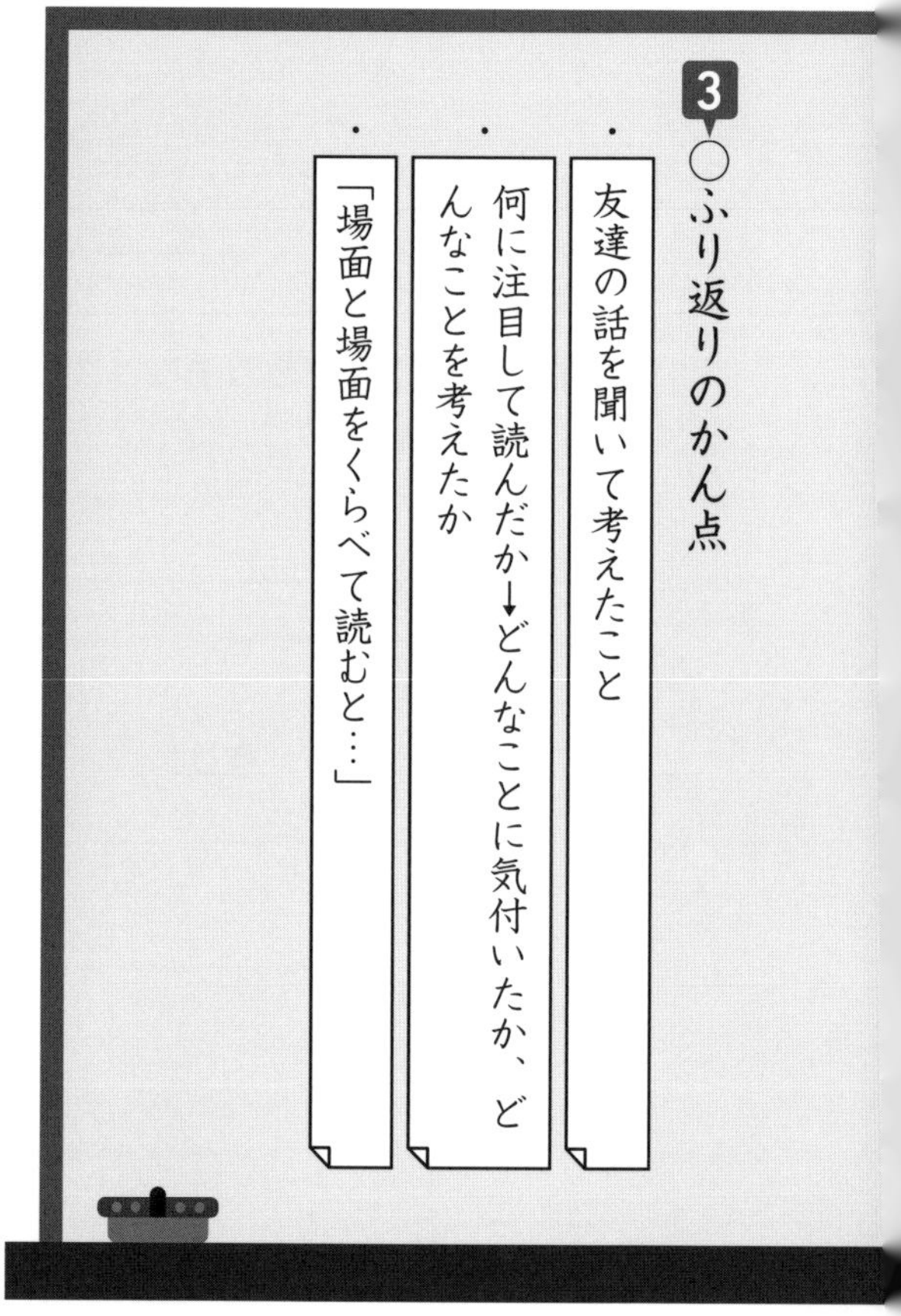
3
○ふり返りのかん点
・友達の話を聞いて考えたこと
・何に注目して読んだか→どんなことに気付いたか、どんなことを考えたか
・「場面と場面をくらべて読むと…」

本時の目標

・登場人物の気持ちの変化や性格、情景について、場面の移り変わりと結び付けて具体的に想像することに粘り強く取り組み、学習の見通しをもって、心に残ったところを伝え合おうとすることができる。

本時の主な評価

❸登場人物の気持ちの変化や性格、情景について、場面の移り変わりと結び付けて具体的に想像することに粘り強く取り組み、学習の見通しをもって、心に残ったところを伝え合おうとしている。【態度】

資料等の準備

・まとめ方の例を書いた紙
・振り返りの観点を短冊にまとめたもの

授業の流れ ▷▷▷

1 本時のめあてと伝え合い方を確かめる 〈7分〉

○本時のめあてを板書する。

T この時間は考えたことを伝え合う時間でしたね。前の時間にまとめたものを見直しましょう。どのような順序で伝えるのでしたか。

・まず、特に心に残った場面を伝えて、その後に理由を伝えます。

○前時に提示したまとめ方の例を黒板に貼る。

T 今から先生と○○さんでやってみせます。伝え方のイメージをつかんでください。

○モデルになってくれる子供をあらかじめ決めておき、実際に伝え合う様子を見せることで単なる発表会にならないようにする。具体的には聞き手が質問をしたり、考え方や感じ方が違っていたところを伝えたりする姿を示す。

2 グループで伝え合う 〈28分〉

○子供の実態に応じて、生活班で伝え合ってもよいし、心に残った場面が同じ人同士でグループを作ってもよい。どのようなグループで話し合いたいか、子供とともに決めたい。

T 友達が話している場面や根拠となる言葉を確かめながら、友達の話を聞きましょう。

・私はゆみ子がお母さんに「お肉とお魚とどっちがいいの」と聞く場面が心に残りました。理由は戦時中はお母さんに「一つだけちょうだい」と言って、「もらう」だけだったゆみ子が、「どっちがいいの」と聞いていて、お母さんに「あげられる」立場に成長したことが分かって感動したからです。

・ゆみ子の成長、という言葉を聞いてなるほどと思いました。私はゆみ子が幸せそうで…。

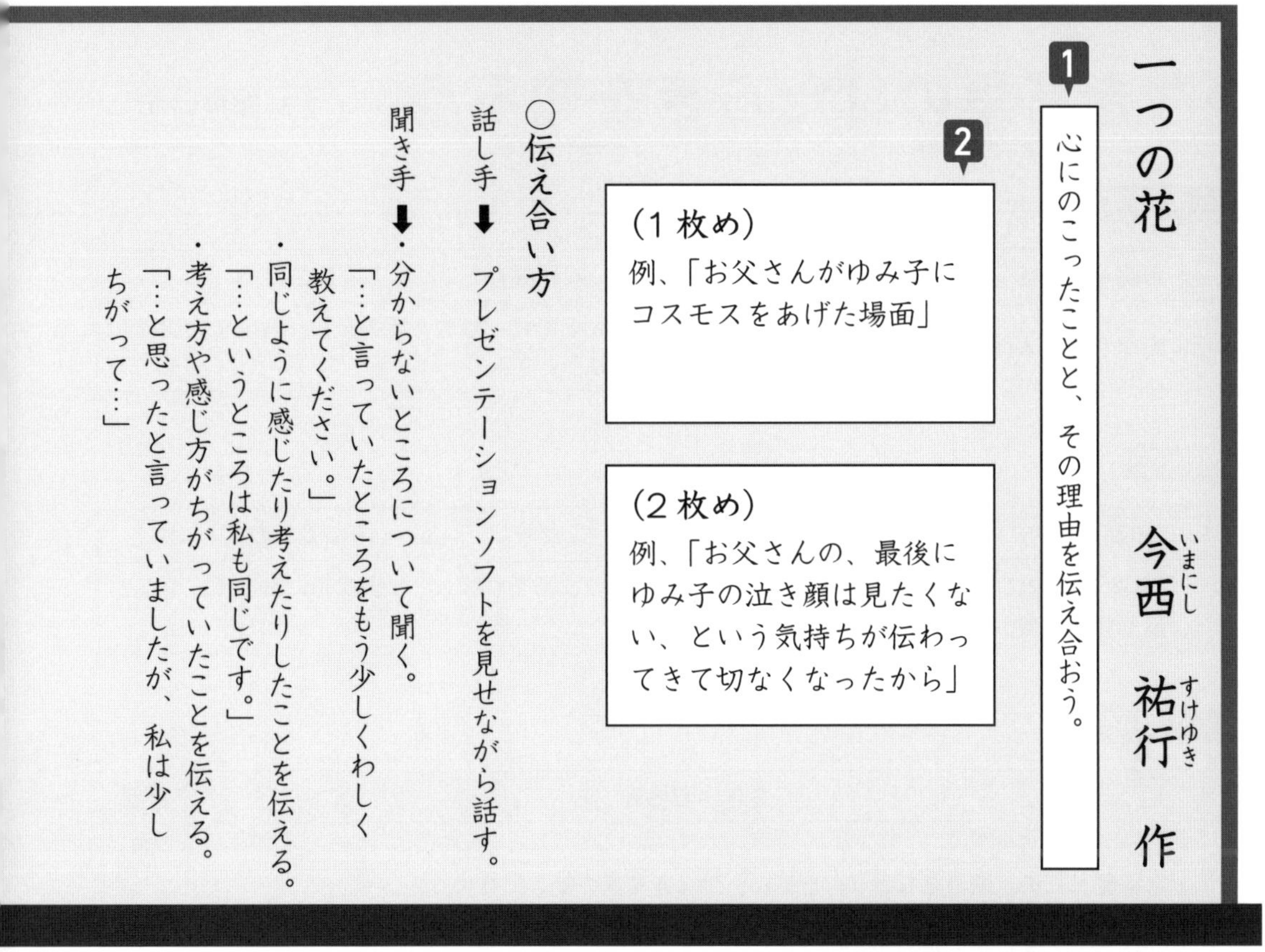
一つの花
今西《いまにし》　祐行《すけゆき》　作
1
心にのこったことと、その理由を伝え合おう。
2
（1枚め）
例、「お父さんがゆみ子にコスモスをあげた場面」
（2枚め）
例、「お父さんの、最後にゆみ子の泣き顔は見たくない、という気持ちが伝わってきて切なくなったから」
○伝え合い方
話し手 ➡ プレゼンテーションソフトを見せながら話す。
聞き手 ➡ ・分からないところについて聞く。
「…と言っていたところをもう少しくわしく教えてください。」
・同じように感じたり考えたりしたことを伝える。
「…というところは私も同じです。」
・考え方や感じ方がちがっていたことを伝える。
「…と思ったと言っていましたが、私は少しちがって…」

3 これまでの学習を振り返る 〈10分〉

T　これまでの学習を振り返りましょう。次の観点から選んで書きましょう。もちろん他のことについて書いてもよいです。

○「ふり返りのかん点」と板書し、短冊を貼っていく。

ICT 端末の活用ポイント

ICT 端末のメモ機能や文書作成機能を用いて振り返りを書き、共有スペースに送らせることでそれぞれの学びを共有できるようにするとよい。

ICT 等活用アイデア

プレゼンテーションソフトを用いて考え伝え合う

ICT 端末のプレゼンテーションソフトの画面を聞き手に提示しながら話すようにする。作ったものを共有し、そこから話している友達がまとめたものを聞き手が見ながら聞くことも考えられる。話し手の考えを集中して聞くことができるようにしたい。ICT 端末をどのように使って話し合うのか、イメージをもてるように1のモデルを示す際は、ICT 端末の見せ方も示すようにする。

言葉

つなぎ言葉のはたらきを知ろう

2時間扱い

単元の目標

知識及び技能	・接続する語句の役割について理解することができる。((1)カ)
学びに向かう力、人間性等	・言葉がもつよさに気付くとともに、幅広く読書をし、国語を大切にして、思いや考えを伝え合おうとする。

評価規準

知識・技能	❶接続する語句の役割について理解している。(〔知識及び技能〕(1)カ)
主体的に学習に取り組む態度	❷積極的に、接続する語句の役割を理解し、学習課題に沿って、つなぎ言葉を使って文を書こうとしている。

単元の流れ

時	主な学習活動	評価
1	学習の見通しをもつ ・教科書 p.85の「問いをもとう」を基に、つなぎ言葉の働きに気付く。 ・教科書 p.86のつなぎ言葉の働きを整理した表を参考にして、p.87の学習に取り組む。 ・教科書 p.87の学習に取り組んだ結果を、子供同士で確認し合う。	❶
2	・教科書 p.87の課題のうち、多くの子供が誤答した課題について確認する。 ・教科書 p.86のつなぎ言葉の働きを整理した表にあるつなぎ言葉を使って短い文を書き、子供同士で紹介し合う。 学習を振り返る 接続する語句の役割の学習について、これからの学習に生かしたいこと等をまとめる。	❶ ❷

授業づくりのポイント

〈単元で育てたい資質・能力〉

本単元のねらいは、接続する語句の役割を理解することができるようにすることである。

つなぎ言葉を使って短い文を書き、友達と紹介し合う学習活動等を通して、接続する語句の役割について理解することができるようにする。

〈教材・題材の特徴〉

つなぎ言葉がないとどのように感じるのかを話し合う活動や、つなぎ言葉の働きを整理した表を使って文の続きを考えて書く学習活動を通して、接続する語句の役割を理解する構成となっている。また、つなぎ言葉には、書き手の気持ちや意図を表現する役割があることについても扱っている。

〈言語活動の工夫〉

教科書 p.86の表を参考に、「全員そろったね。(　　　)、○○○」といった文の続きを考えて書く学習活動において、評価規準について「努力を要する」状況（C）の子供がいることも想定される。この場合、「子供の実態を踏まえた学習活動をいくつか用意し、子供が選択して取り組むことができるようにすること」などの指導の手立てが考えられる。

［具体例］

○教科書 p.86のつなぎ言葉の働きを整理した表を参考に、「全員そろったね。(　　　)、○○○」といった文の続きを考えて書く学習活動に取り組むことを苦手とする子供に対しては、「全員そろったね。だから、遠足に出発することができない」など、つなぎ言葉の働きに合わない文章を書き直す学習活動に取り組ませるなどの工夫が考えられる。全ての子供に資質・能力を身に付けさせることができるように、子供の実態を踏まえた学習活動をいくつか用意し、子供が選択して取り組むことができるようにするとよい。

〈ICT の効果的な活用〉

調査：ウェブサイトで、つなぎ言葉を使った例文を検索できるようにすることで、検索した例文を参考にしながら、つなぎ言葉を使った短い文を書くことができるようにする。

表現：文の続きを考えて書く学習活動に取り組むことが苦手な子供が、文書作成ソフトなどを用いて、教科書 p.86のつなぎ言葉の働きを整理した表を参考に、つなぎ言葉の働きに合わない文章を書き直す学習活動に取り組ませることができるようにする。

共有：学習支援ソフトなどを用いて、つなぎ言葉を使って書いた短い文をお互いに見合えるようにすることで、他の子供の文を参考に、つなぎ言葉を使った短い文を書くことができるようにする。

本時案

つなぎ言葉のはたらきを知ろう

1/2

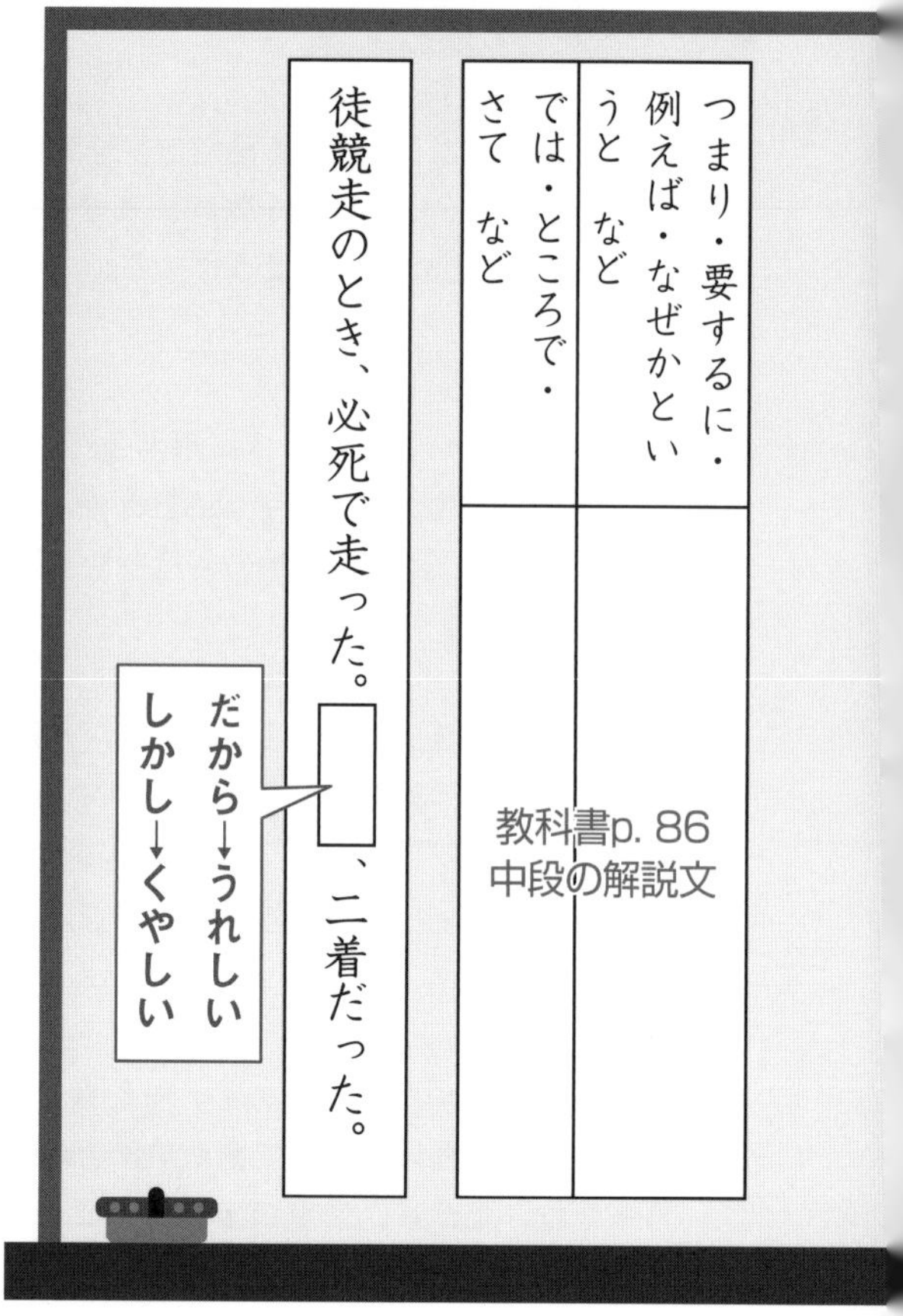

つまり・要するに・例えば・なぜかというと　など
では・ところで・さて　など
教科書p. 86
中段の解説文
徒競走のとき、必死で走った。
、二着だった。
だから→うれしい
しかし→くやしい

本時の目標

・接続する語句の役割について理解することができる。

本時の主な評価

❶接続する語句の役割について理解している。【知・技】

資料等の準備

・つなぎ言葉のはたらきの拡大表

授業の流れ ▷▷▷

1 教科書 p.85の「問いをもとう」を基に、つなぎ言葉の働きに気付く〈5分〉

○導入時に教科書 p.85の「問いをもとう」を基に、接続する語句の役割について確認する。

T　次の文の、――の言葉がないと、どう感じるでしょうか。

・前の文と後ろの文の関係が分かりにくくなると思います。

・前の文と後ろの文のつながり方がはっきりしないと思います。

○つなぎ言葉が「前と後ろの文のつながり方をはっきりさせる言葉」だと押さえた上で、教科書 p.86の表を確認する。

2 教科書 p.86の表を参考にして、p.87の学習に取り組む　〈30分〉

T　教科書 p.86の表を参考にして、p.87の学習に取り組みましょう。

○教科書 p.86の文の続きを考えて書く学習活動に取り組むことを苦手とする子供は、「全員そろったね。だから、遠足に出発することができない」など、つなぎ言葉の働きに合わない文章を書き直す学習活動に取り組めるようにするとよい。文書作成ソフトなどを用いて、書き直す活動に取り組めるようにする工夫も考えられる。

○早く終わった子供は、取り組んだ学習を参考にして、問題づくりをする。

つなぎ言葉のはたらきを知ろう

1

つなぎ言葉のはたらきについて説明しよう。

教科書 p.85「問いをもとう」全文

・前の文と後ろの文の関係が分かりにくい。
・前の文と後ろの文のつながり方がはっきりしない。

2

前の文と後ろの文のつながり方をはっきりさせる言葉を、つなぎ言葉という。

つなぎ言葉	はたらき
だから・それで・そのため・このようなことから　など	教科書p. 86中段の解説文
しかし・それでも・でも・けれども　など	
しかも・また・そして・それに　など	
それとも・あるいは・または　など	

3 教科書 p.87の学習に取り組んだ結果を子供同士で確認し合う 〈10分〉

T　教科書 p.87の学習に取り組んだ結果を、隣の人と確認しましょう。

○子供同士で確認し合って、自分の考えを書き直す場合は赤字で書き直すようにするとよい。

○「徒競走のとき、必死で走った。[　　　]、二着だった」という問題については、接続する語句には気持ちを表す働きがあることを確認する。

○授業終了後、ノートを回収し、正しく書けているか確認する。

○正しく書けていない子供が多い課題については、次の時間の冒頭で確認するとよい。

よりよい授業へのステップアップ

個別最適な学びにつながる指導の工夫

文書作成ソフトを活用し、複数のデジタルワークシートを用意することで、子供が自分で課題を選んで取り組めるようにする。

「自分でつなぎ言葉を使って続きの文を書く学習活動」「教師がつなぎ言葉を使って書いた文章を書き直す学習活動」のどちらであっても、本時の評価規準の達成状況を確認できる。

本時案

つなぎ言葉のはたらきを知ろう

2/2

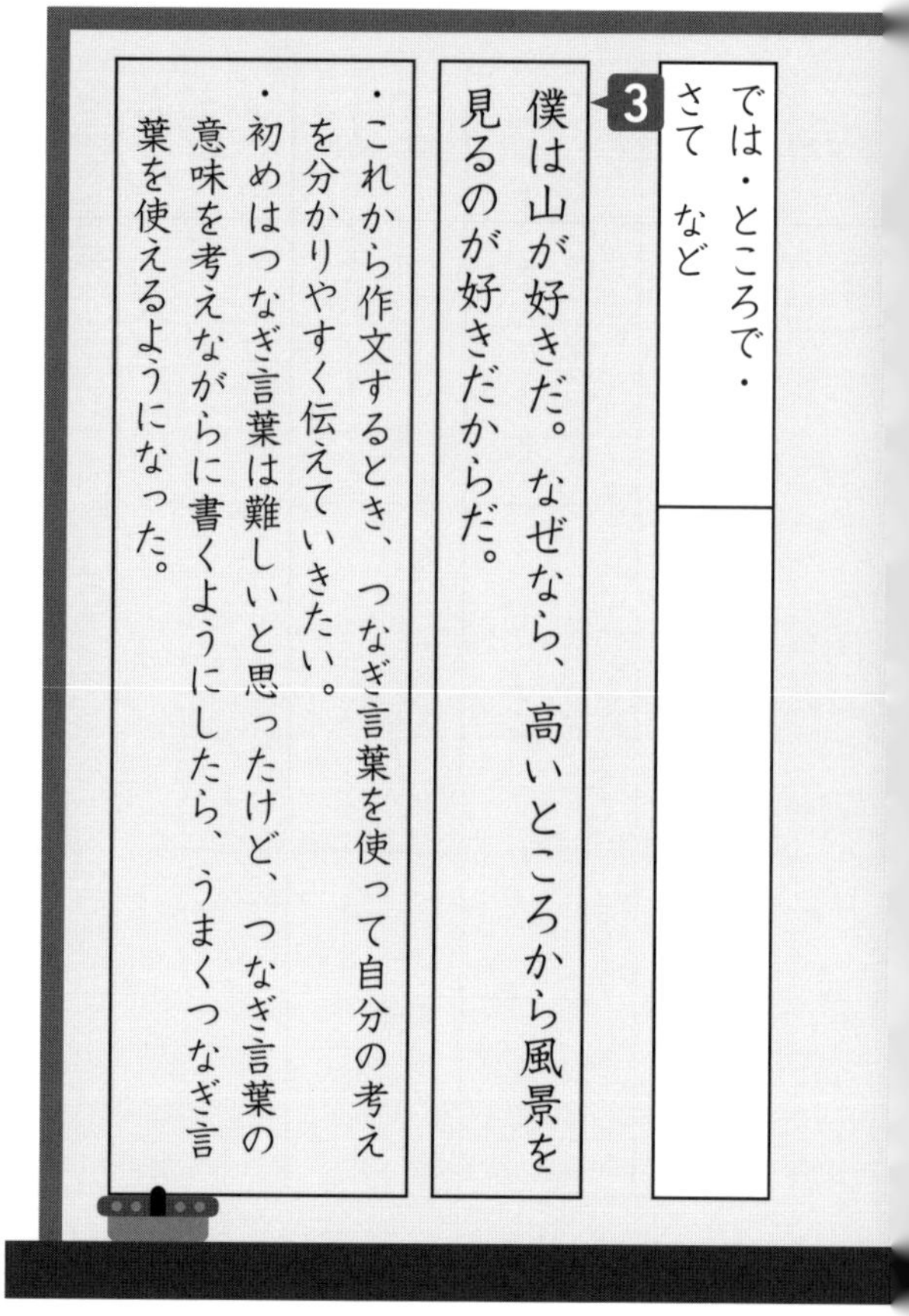

では・ところで・
さて　など
3
僕は山が好きだ。なぜなら、高いところから風景を見るのが好きだからだ。
・これから作文するとき、つなぎ言葉を使って自分の考えを分かりやすく伝えていきたい。
・初めはつなぎ言葉は難しいと思ったけど、つなぎ言葉の意味を考えながらに書くようにしたら、うまくつなぎ言葉を使えるようになった。

本時の目標

・積極的に接続する語句の役割について理解し、学習課題に沿って、文章を書こうとすることができる。

本時の主な評価

❶接続する語句の役割について理解している。【知・技】

❷積極的に、接続する語句の役割を理解し、学習課題に沿って、つなぎ言葉を使って文を書こうとしている。【態度】

資料等の準備

・つなぎ言葉のはたらきの拡大表

授業の流れ ▷▷▷

1 教科書 p.87の課題で、多くの子供が誤答した例文について確認する〈10分〉

T　教科書 p.87の課題について、このような考えを書いている人がいたとしたら、どのように教えてあげますか。

○前時の課題を確認する中で見つけた子供の考えを参考に、あえて誤った例文を示すことで、正しく直すことや直した理由を説明する必然性をもつことができるようにする。

○子供の考えの中で見つけた誤った例文を示し、「どのように修正すればよいのか」「どうしてそのように修正するのか」を確認する。

○修正の理由について確認する際、教科書 p.86の表を基に確認するとよい。

2 教科書 p.86の表のつなぎ言葉を使って短い文を書き、紹介し合う〈25分〉

T　p.86の表にあるつなぎ言葉を使って、短い文を書きましょう。

・僕は山が好きだ。なぜなら、高いところから風景を見るのが好きだからだ。

○課題に取り組むことが難しい子供に対して、ウェブサイトでつなぎ言葉を使った例文を検索できるようにするとよい。

T　他の人のノートを見て、ぜひみんなに紹介した方がよいと思った文章にシールを貼りましょう。

○まず隣同士で１つだけシールを貼らせる。１人につき３つ位シールを持たせるとよい。

T　シールが○つ以上の文章を紹介してください。

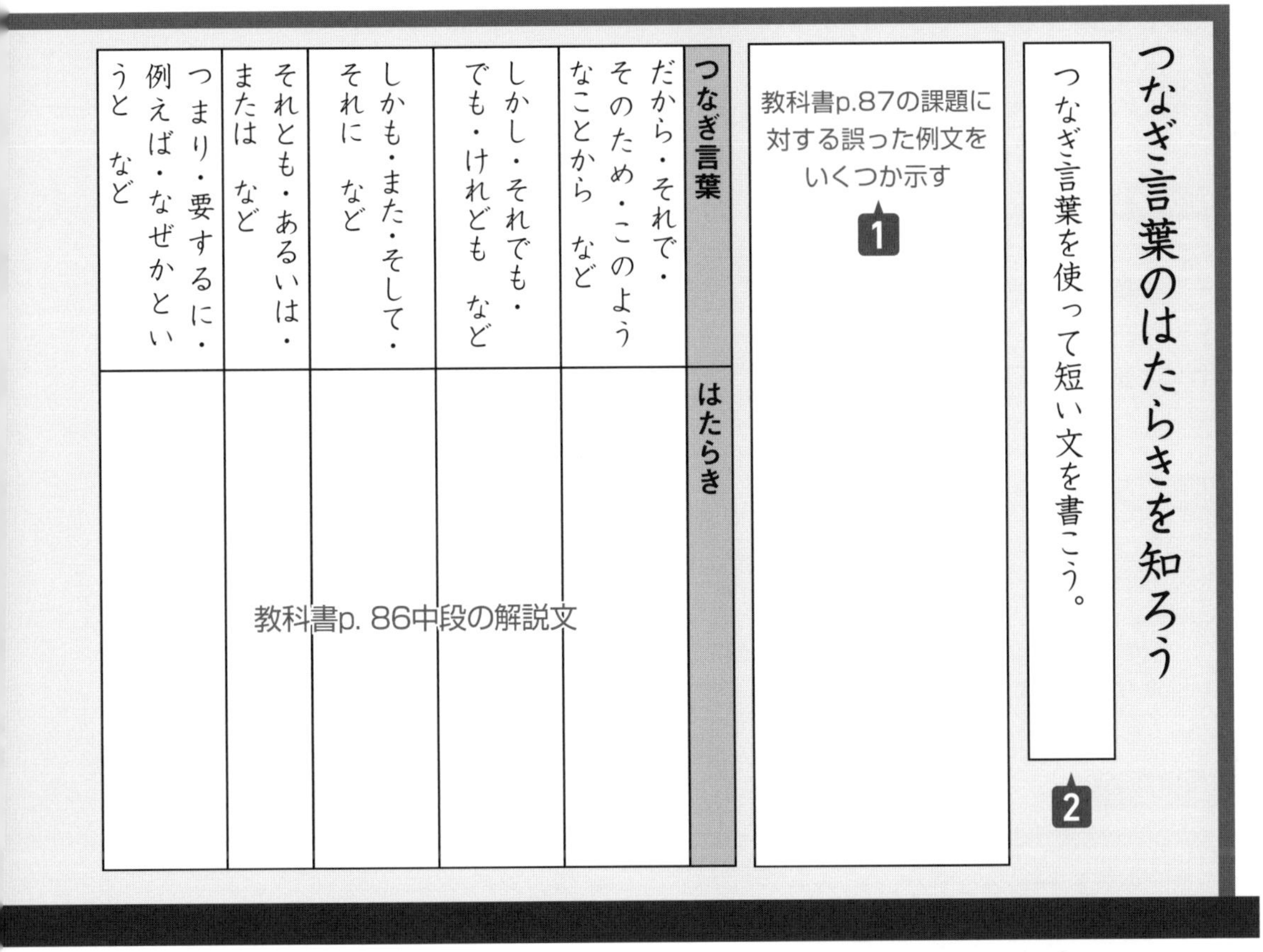
つなぎ言葉のはたらきを知ろう
つなぎ言葉を使って短い文を書こう。
2
教科書p.87の課題に対する誤った例文をいくつか示す
1
つなぎ言葉
だから・それで・そのため・このようなことから　など
しかし・それでも・でも・けれども　など
しかも・また・そして・それに　など
それとも・あるいは・または　など
つまり・要するに・例えば・なぜかというと　など
はたらき
教科書p. 86中段の解説文

3　これからの学習に生かしたいことをまとめる〈10分〉

T　教科書 p.87の「いかそう」を読んで、つなぎ言葉の役割や働きの学習について、がんばったことと、これからの学習に生かしたいことをまとめましょう。

・これから作文するとき、つなぎ言葉を使って自分の考えを分かりやすく伝えていきたい。

・初めはつなぎ言葉は難しいと思ったけど、つなぎ言葉の意味を考えながら書くようにしたら、うまくつなぎ言葉を使えるようになった。

○つなぎ言葉の働きの表は、教室に掲示し、今後の読むことや書くことの学習に活用する。

ICT 等活用アイデア

情報を共有するよさを生かす

本時の例では、ノートを使った全体共有の例を示したが、学習支援ソフトなどを用いて、つなぎ言葉を使って書いた短い文をお互いに見合えるようにするという指導の工夫も考えられる。

学習支援ソフトなどを用いて情報を共有することの長所としては、学級全体の活動を止めることなく、一人一人の子供が必要に応じて、情報を共有できることが挙げられる。

他の子供の意見を参考にして書いたところは赤字で書くなどのルールを設定するとよい。

声に出して楽しもう

短歌・俳句に親しもう（一）　（1時間扱い）

単元の目標

知識及び技能	・易しい文語調の短歌や俳句を音読したり暗唱したりするなどして、言葉の響きやリズムに親しむことができる。((3)ア)
学びに向かう力、人間性等	・言葉がもつよさに気付くとともに、幅広く読書をし、国語を大切にして、思いや考えを伝え合おうとする。

評価規準

知識・技能	❶易しい文語調の短歌や俳句を音読したり暗唱したりするなどして、言葉の響きやリズムに親しんでいる。(〔知識及び技能〕(3)ア)
主体的に学習に取り組む態度	❷進んで、文語調の短歌や俳句に親しみ、学習課題に沿って、音読している。

単元の流れ

時	主な学習活動	評価
1	学習の見通しをもつ 短歌3首をひらがなで提示して、音読する。 「五・七・五・七・七」のまとまりを見つけたり、教科書 p.88の漢字表記や現代訳を読んだりして、季節の様子や作者の思いを想像する。 短歌の余韻や間、抑揚を付けて読む方法を知り、学級で音読の仕方を工夫して読み上げる。 俳句に関しては、言葉の調子やひびきが好きな句を自分で選び、工夫をして音読する。 学習を振り返る	 ❶ ❷

授業づくりのポイント

〈単元で育てたい資質・能力〉

本単元で育てたい資質・能力は、言葉の調子やひびきに着目して易しい文語調に親しみをもって音読する力である。

子供たちは、これまでも短歌や俳句には触れてきているので、「五・七・五・七・七」や「五・七・五」という31音や17音のまとまりは知っていると考えられる。そして、3年生までに、リズムのよさに着目して音読するという経験をしてきているだろう。本単元で大切にしたい、言葉の調子とひびきについては、余韻や間を大切にするという読み方である。「競技かるた」を行うわけではないため、厳密な時間などを計る必要はないが、5や7の末尾の文字に着目して、ゆったりと情景を思い浮かべながら音読できるようにしたい。

そのために、春から夏にかけての季節が詠まれた歌や句であることから、作者が季節の様子を表現している言葉に着目して音読することも大切である。

〈教材・題材の特徴〉〈言語活動の工夫〉

本教材は、短歌が3首、俳句が3句である。1つずつ味わいたい名歌・名句ではあるが、1時間扱いの単元ということもあり、1つずつの歌や句の場面などを具体的に想像するということは難しい。そのような部分は、現代訳を頼りにしてもよいだろう。

短歌は、意味を理解するためには漢字表記も必要なのだが、音読に際してはひらがな表記したものを読むことで、例えば、上の句と下の句の間にひと呼吸入れたり、下の句の終わりの文字を長く読ませたりして余韻と間を感じ取らせたい。また、1の句、3の句、5の句と2の句、4の句の読み方に強弱を付けたり、句の中でも抑揚を付けたりするなどして、言葉の調子やひびきを感じて音読ができる。

[短歌の例]

いわばしるたるみのうえのさわらびのもえいづるはるになりにけるかも

（二重線強く、波線弱く）

いにしへのならのみやこのやえざくらきょうここのえにおひぬるかな

（□強く、下線伸ばす）

俳句は、短歌ほどに音読を工夫する楽しさは感じれないかもしれない。その一方で、暗唱しやすいという特徴があるため、自分が気に入った句を暗唱しながら、それぞれの句の場面を想像するということができるだろう。

〈ICT の効果的な活用〉

調査：教科書 p.89に二次元コードがあり、音声を聞くことができる。こちらは平板に読まれたものであるため、例えば、教師が準備した「競技かるた」の音源を流して比較すると、音読の仕方によって感じ方が異なることに気付くことができる。または、子供が自らの ICT 端末を使って、「百人一首の読み方」の動画を調べてみるのもよいだろう（「君がため…」は15番、「いにしへの…」は61番である）。

記録：短歌については、小倉百人一首があり、全部ではなくても覚えたいという子供はいる。当然ながら、そこまでの意欲をもてない子供もいる。学級や子供個々の実態にはよるが、小倉百人一首の20首ほどを一覧にしたプリントなどを教師が準備し、本単元で楽しく音読した経験を生かして、家庭学習でも短歌の音読を ICT 端末に録音・録画するなどして記録していくことも楽しくできるだろう。

本時案

短歌・俳句に親しもう（一）

1/1

本時の目標

・易しい文語調の短歌や俳句を音読したり暗唱したりするなどして、言葉の響きやリズムに親しむことができる。

本時の主な評価

❶易しい文語調の短歌や俳句を音読したり暗唱したりするなどして、言葉の響きやリズムに親しんでいる。【知・技】

資料等の準備

・「百人一首の読み方の動画」など、教師が事前に準備できるもの
・「小倉百人一首」から10首程度を一覧にしたもの 16–01
・教科書にのっている俳人の句 16–02

八重桜

いにしへの　奈良の都の
今日九重に　匂ひぬるかな

・九重…天皇《のう》の住むところ
・八重桜…花びらが重なった桜

3
○読み方のくふう
・上の句と下の句の間にひときゅうをいれる
（よいん・間）
・言葉のまとまりの最初を強く読む

授業の流れ ▷▷▷

1 短歌3首を音読し、学習の見通しをもつ 〈10分〉

○短歌3首をひらがなで提示して、音読する。
T　今日は、まずはじめに、ひらがなで書いた短歌を声に出して読んでみましょう。
・いわばしるたるみのうえのさわらびのもえいづるはるになりにけるかも
・何かの暗号ですか。
・すごく読みづらいです。
T　それでは、漢字の部分は漢字にしてみますから、もう一度読んでみましょう。
・石走る／垂水の上に／さわらびの／萌え出づる春に／なりにけるかも
・五七五七七になっている。
・短歌だったんだ。
T　そうですね。今日は、短歌や俳句を言葉のまとまりに気を付けて音読してみましょう。

2 季節の様子や作者の思いを想像して音読する 〈15分〉

○何を詠んだ歌なのか分かる語句を見つけて、季節の様子や作者の思いを想像する。
T　どんなことを表しているか、ヒントになる言葉を見つけて想像してみましょう。
・三首とも季節は春です。
・さわらびって何だろう。
T　分からない言葉は調べてみましょう。
・わらびってあるけど、これがわらびか。
・春の野に出ているのに雪が降っているっていうことは、まだ寒いのかな。
・それでも若菜を摘んでいるよ。

ICT 端末の活用ポイント

教科書 p.88には現代訳が付いているが、場面の様子や作者の思いを想像できる言葉を手がかりに考えさせる際、難語句を調べる。

短歌・俳句に親しもう（一）

めあて

1 言葉のまとまりに気を付けて短歌や俳句を音読しよう。

2 いわばしるたるみのうえのさわらびのもえいづるはるになりにけるかも

石走る　垂水の上の　さわらびの
萌え出づる春に　なりにけるかも

・わらびが芽を出して春になっていく様子

きみがためはるののにいでてわかなつむわがころもでにゆきはふりつつ

君がため　春の野に出でて　若菜摘む
我が衣手に　雪は降りつつ

・春だけど、雪が降っていて寒いのに、「君」のために若菜を摘んでいる場面

いにしへのならのみやこのやえざくらきょうここのえににおひぬるかな

3 余韻や間、抑揚など言葉のひびきやリズムに気を付けて音読する〈20分〉

〇音声を視聴して、音読の仕方を工夫する。

T　教科書の二次元コードと先生が準備した動画を聴いて、何か違いは感じられましたか。

・動画は「さわらびの〜」と伸ばしていた。

・余韻があるなって感じました。

・五七五と七七の間で間《ま》があった。

T　上の句と下の句と言いますね。

・「いにしへの」の「い」とか、最初の言葉は強めに読んでいていいなと思いました。

T　そういうところが、言葉のまとまりに気を付けて音読するということですね。

ICT 端末の活用ポイント

教科書 p.89の二次元コードには音声がある。これは平板なものなので、教師が事前に準備した読み方も示し、比べて自分の音読に活用する。

ICT 等活用アイデア

音読の様子を家庭学習で録画する

1時間の扱いのため、文語調の短歌や俳句に慣れてきたところで授業としては時間切れになる。繰り返し音読することで、声に出して読むことの楽しさは味わえるため、家庭で音読したものを録画して、学校で聴き合うことで、音読指導が可能になる。発展として、「君がため」や「いにしへの」が百人一首の一首であることを知れば、覚えたいと思うことも考えられる。そのため、小倉百人一首から10〜20首くらいを選び、音読したものを録画するのもよい。

資料

1 第1時資料「小倉百人一首の一例」 16-01

短歌・俳句に親しもう（一）

○小倉百人一首の中にある「季節」の歌を知って、古（いにしえ）の時代にタイムスリップしてみよう。（番号は百人一首の番号）

1 秋の田のかりほの庵《いほ》の苫《とま》をあらみわがころも手は露《つゆ》にぬれつつ　天智天皇《てんちてんのう》

2 春過ぎて夏来《き》にけらししろたへのころもほすてふあまの香具山《かぐやま》　持統天皇《じとうてんのう》

4 田子《たご》の浦《うら》にうち出《い》でて見ればしろたへのふじのたかねに雪はふりつつ　山部赤人《やまべのあかひと》

5 おくやまに紅葉《もみじ》ふみわけ鳴く鹿《しか》のこゑ《え》きく時ぞ秋はかなしき　猿丸大夫《さるまるだいふ》

6 かささぎの渡《わた》せる橋におく霜《しも》の白きを見れば夜《よ》ぞふけにける　中納言家持《ちゅうなごんやかもち》

9 花の色は移《うつ》りにけりないたづらにわが身《み》世《よ》にふるながめせしまに　小野小町《おののこまち》

15 君がため春の野にいでて若菜つむわがころも手に雪はふりつつ　光孝天皇《こうこうてんのう》

17 ちはやぶる神代《かみよ》もきかず竜田川《たつたがわ》からくれなゐ《い》に水くくるとは　在原業平朝臣《ありわらのなりひらあそん》

22 吹《ふ》くからに秋の草木のしをるればむべ山風をあらしといふ《う》らむ　文屋康秀《ぶんやのやすひで》

23 月見ればちぢにものこそ悲しけれわが身ひとつの秋にはあらねど　大江千里《おおえのちさと》

○小倉百人一首には、32首の季節の歌が入っています。他にも、恋や別れの歌などもあります。興味や関心をもった人は、自分で調べてみましょう。

出典　金子武雄（１９６６）『小倉百人一首詳講』石崎書店
※かなづかいや漢字は、出典に基づいています。

2 第１時資料「教科書にのっている俳人の句」 16-02

短歌・俳句に親しもう（一）

○教科書にのっている俳人《はいじん》の他の句も詠《よ》んでみよう。

■服部嵐雪

真夜中や　ふりかはりたる　天の川

→真夜中だなあ。天の川は時間が経つにつれてどんどんとその姿を変えていく。

元旦《がんたん》や　はれて雀《すずめ》の　ものがたり

→元旦の日だ。晴れて気持ちのいい朝を迎え、雀たちもさえずりでものを語り始めた。

■与謝蕪村

菜の花や月は東に日は西に

→一面に菜の花が咲いているよ。月は東にのぼり始め、日は西へしずもうとしている。

五月雨《さみだれ》や大河《たいが》を前に家二軒《にけん》

→五月雨が続いているよ。水かさを増《ま》した大河を前にして、心細げに二軒の家があることよ。

■小林一茶

雪解けて村いっぱいの子どもかな

→春が来て雪が解け、子どもたちが外に出て村じゅうで遊び回っているよ。

やせ蛙《かえる》負けるな一茶これにあり

→やせ蛙よ、ほかの強い蛙に負けるな。一茶がここに味方としてついているぞ。

集めて整理して伝えよう

要約するとき　（2時間扱い）

単元の目標

知識及び技能	・考えとそれを支える理由や事例、全体と中心など情報と情報との関係について理解することができる。((2)ア)
思考力、判断力、表現力等	・目的を意識して、中心となる語や文を見つけて要約することができる。(C ウ)
学びに向かう力、人間性等	・言葉がもつよさに気付くとともに、幅広く読書をし、国語を大切にして、思いや考えを伝え合おうとする。

評価規準

知識・技能	❶考えとそれを支える理由や事例、全体と中心など情報と情報との関係について理解している。(〔知識及び技能〕(2)ア)
思考・判断・表現	❷「読むこと」において、目的を意識して、中心となる語や文を見つけて要約している。(〔思考力、判断力、表現力等〕C ウ)
主体的に学習に取り組む態度	❸粘り強く目的を意識して、中心となる語や文を見つけ、学習課題に沿って、文章を要約しようとしている。

単元の流れ

時	主な学習活動	評価
1	学習の見通しをもつ ・教科書 p.90にある「親子の会話」の挿絵のような経験を語り合い、「要約」という言葉について知る（p.90下段、p.156を参考にする）。 ・『アップとルーズで伝える』の２種類の要約した文章を見て、要約するときのポイントを見つける（１種類は教科書 p.91のもの、１種類は教師が意図してポイントを外したもの)。 ・本時で見つけた要約のポイントを使って、次時に『思いやりのデザイン』(教科書 p.54) を要約する学習に取り組むことを知る。	❶
2	・教科書 p.54の『思いやりのデザイン』を、内容を知らない人に説明するつもりで、100字程度で要約する。 ・要約した文について、「中心となる語や文を明らかにしているか」「要約の目的に合わせているか」に気を付けて友達と読み合う。 学習を振り返る ・教科書 p.91の「いかそう」を読み、要約することの学習について、がんばったことと、これからの学習に生かしたいことをまとめる。	❷ ❸

授業づくりのポイント

〈単元で育てたい資質・能力〉

本単元のねらいは、目的を意識して、中心となる語や文を見つけて要約することができるようにすることである。

教科書 p.54の『思いやりのデザイン』を、内容を知らない人に説明するつもりで、100字程度で要約する学習活動を通して、目的を意識して、中心となる語や文を見つけて要約することができるようにする。

〈教材・題材の特徴〉

要約することは、ただ短くまとめればよいというものではない。このことを子供たちに認識させることが大切である。そこで、「単元の流れ」にも示したように、要点がまとまっていない要約を示すことで、要約に必要なことを気付かせたい。

> [具体例]：教科書 p.91「要約した部分」の悪い例
>
> ○アップとルーズには、それぞれ伝えられることと伝えられないことがあります。それでテレビでは、ふつう、何台ものカメラを用意していろいろなうつし方をし、目的におうじて、アップとルーズを切りかえながら放送をしています。写真にもアップでとったものとルーズでとったものがあり、新聞を見ると、伝えたい内容に合わせて、どちらかの写真が使われることが分かります。

〈言語活動の工夫〉

教科書 p.54の『思いやりのデザイン』を、内容を知らない人に説明するつもりで、100字程度で要約する学習活動において、評価規準について「努力を要する」状況（C）の子供がいることも想定される。この場合、「教師が ICT 端末を活用して非同期型の情報共有をさせること」などの指導の手立てが考えられる。

> [具体例]
>
> ○教科書 p.54の『思いやりのデザイン』を、内容を知らない人に説明するつもりで、100字程度で要約する学習活動に取り組むことを苦手とする子供に対しては、他の子供の要約した文章を参考にし、参考にした部分については、色を変えて書かせるといった工夫も考えられる。その際、学習支援ソフトなどを用いて、他の子供の要約した文章をお互いに見合えるようにするとよい。

〈ICT の効果的な活用〉

表現：ICT 端末の文書作成ソフトなどを用いて、文章を要約することで、簡単に加除修正できるようにする。

共有：学習支援ソフトなどを用いて要約した文章をお互いに見合えるようにすることで、他の子供の要約した文章を参考にできるようにする。

本時案

要約するとき 1/2

本時の目標

・全体と中心など、情報と情報との関係について理解することができる。

本時の主な評価

❶全体と中心など、情報と情報との関係について理解している。【知・技】

資料等の準備

・『アップとルーズで伝える』の要約の悪い例と教科書 p.91の文例の「要約した部分」の拡大

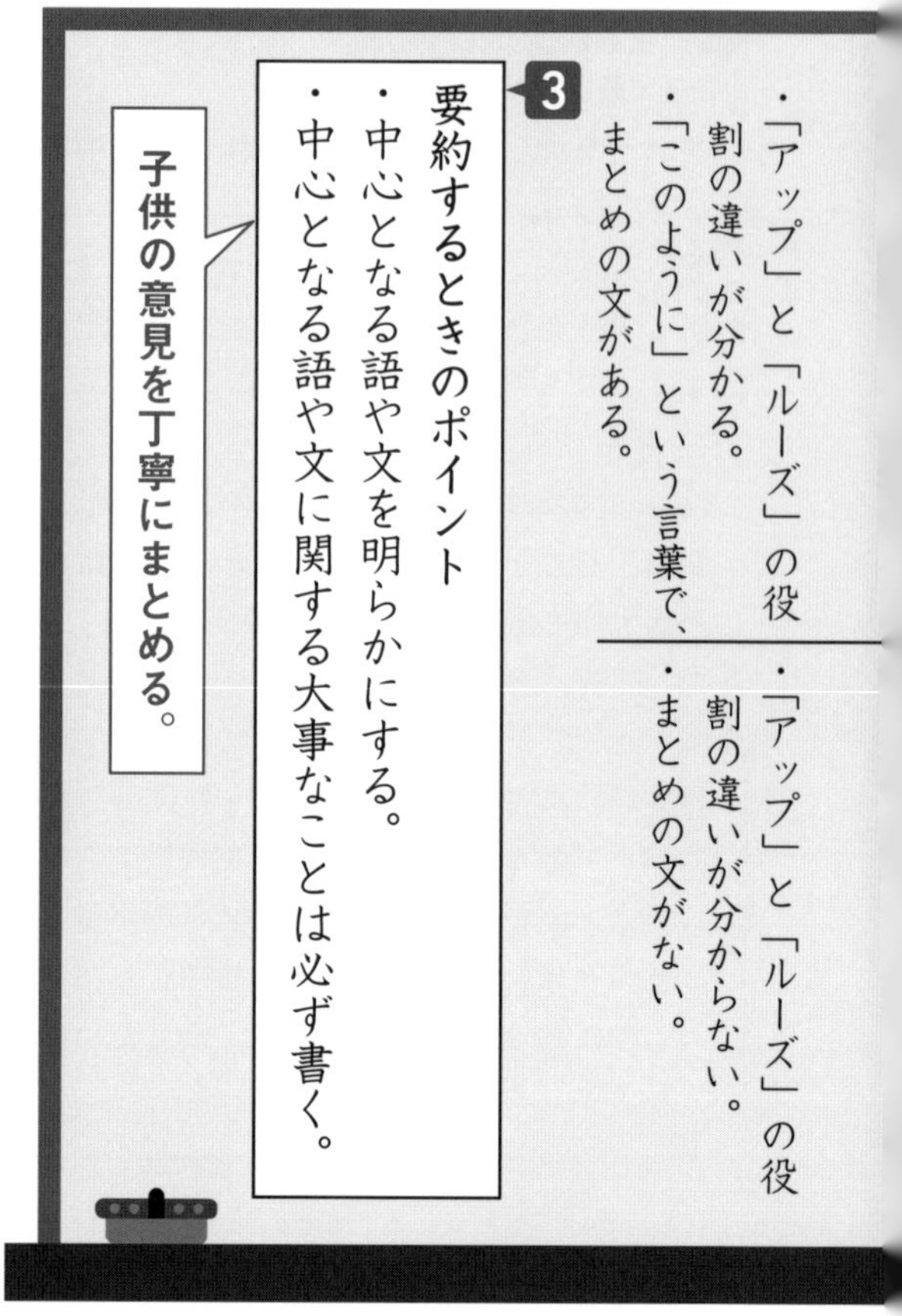

・「アップ」と「ルーズ」の役割の違いが分かる。
・「このように」という言葉で、まとめの文がある。
・「アップ」と「ルーズ」の役割の違いが分からない。
・まとめの文がない。
3
要約するときのポイント
・中心となる語や文を明らかにする。
・中心となる語や文に関する大事なことは必ず書く。
子供の意見を丁寧にまとめる。

授業の流れ ▷▷▷

1 「親子の会話」のような経験を語り合い、「要約」という言葉を知る 〈10分〉

○教科書 p.90にある「親子の会話」の挿絵の内容を確認する。

T　長い文章や出来事を、誰かに伝えたいなと思ったことはありませんか。

・学校の出来事を、家族に伝えるときに短くまとめて伝えたことがあります。

・学校で本の紹介カードを書くときに、大体の内容を短くまとめたことがある。

○教科書 p.90下段、p.156を確認し、「要約」という言葉について知る。

2 2種類の要約した文章を見て、要約するときのポイントを見つける〈25分〉

○既習の『アップとルーズで伝える』を基にして、要約するときのポイントを見つけるというめあてをもつ。

T　これから、すでに学習した『アップとルーズで伝える』の文章を要約したものを2つ示します。2つの文章を基に、要約するときのポイントを見つけましょう。

○よい例（教科書 p.91）は、アップとルーズについて説明していることや詳しく説明する事柄を簡潔に述べていること、まとめになる文があることなどについて押さえる。

○悪い例（本書 p.177）については、アップとルーズについての説明がない点などを確認する。

要約するとき

1

○長い文章や出来事をどのように伝えたことがあるか。

・学校の出来事を短くまとめて伝えた。

「ぼくと○○が～をしたよ。」

・本の内容を短くまとめたことがある。

「要約」する

要約…話や本、文章の内容を短くまとめること。

要約するときのポイントを見つけよう。

2

よい例
教科書p.91の
文例の「要約
した部分」の
拡大

よい例

・「アップ」と「ルーズ」の意味について説明している。

悪い例
教師の
準備したもの
（本書p.177
参照）

悪い例

・「アップ」と「ルーズ」の意味について説明がない。

3 要約のポイントを使って、『思いやりのデザイン』を要約することを知る 〈10分〉

T　それでは、今日見つけた要約するときのポイントを整理しましょう。

○**2**の活動で子供から出てきた気付きを基に、ポイントをまとめる。

・文章で何度も使われている言葉を確認して、中心となる語や文を見つけるとよいです。

・中心となる語や文に関する大事なことは、必ず書いた方がよいと思います。

○次時に、要約のポイントを活用して、『思いやりのデザイン』の文章を要約することを確認し、学習に見通しをもたせる。

よりよい授業へのステップアップ

要約についての経験を思い出す

子供は、無意識のうちに要約をしてきている。例えば、物語を読んで、「どんなお話か」と聞かれて、「○○が～する話」という要約をしたことや、作文の題名を付けるときに書いてあることを短くまとめたことを想起する。

目的と分量を合わせて要約する

本時の悪い例は、教科書 p.91の文例の分量に合わせているが、例えば、アップとルーズについて、100字で要約するなど、さらに短くまとめる活動を取り入れてもよい。

本時案

要約するとき 2/2

本時の目標

・目的を意識して、中心となる語や文を見つけて要約することができる。

本時の主な評価

❷「読むこと」において、目的を意識して、中心となる語や文を見つけて要約している。【思・判・表】

❸粘り強く目的を意識して、中心となる語や文を見つけ、学習課題に沿って、文章に要約しようとしている。【態度】

資料等の準備

・『思いやりのデザイン』（教科書 p.54）の拡大
・『思いやりのデザイン』の要約例
・要約した文章を読み合う際の観点評価カード

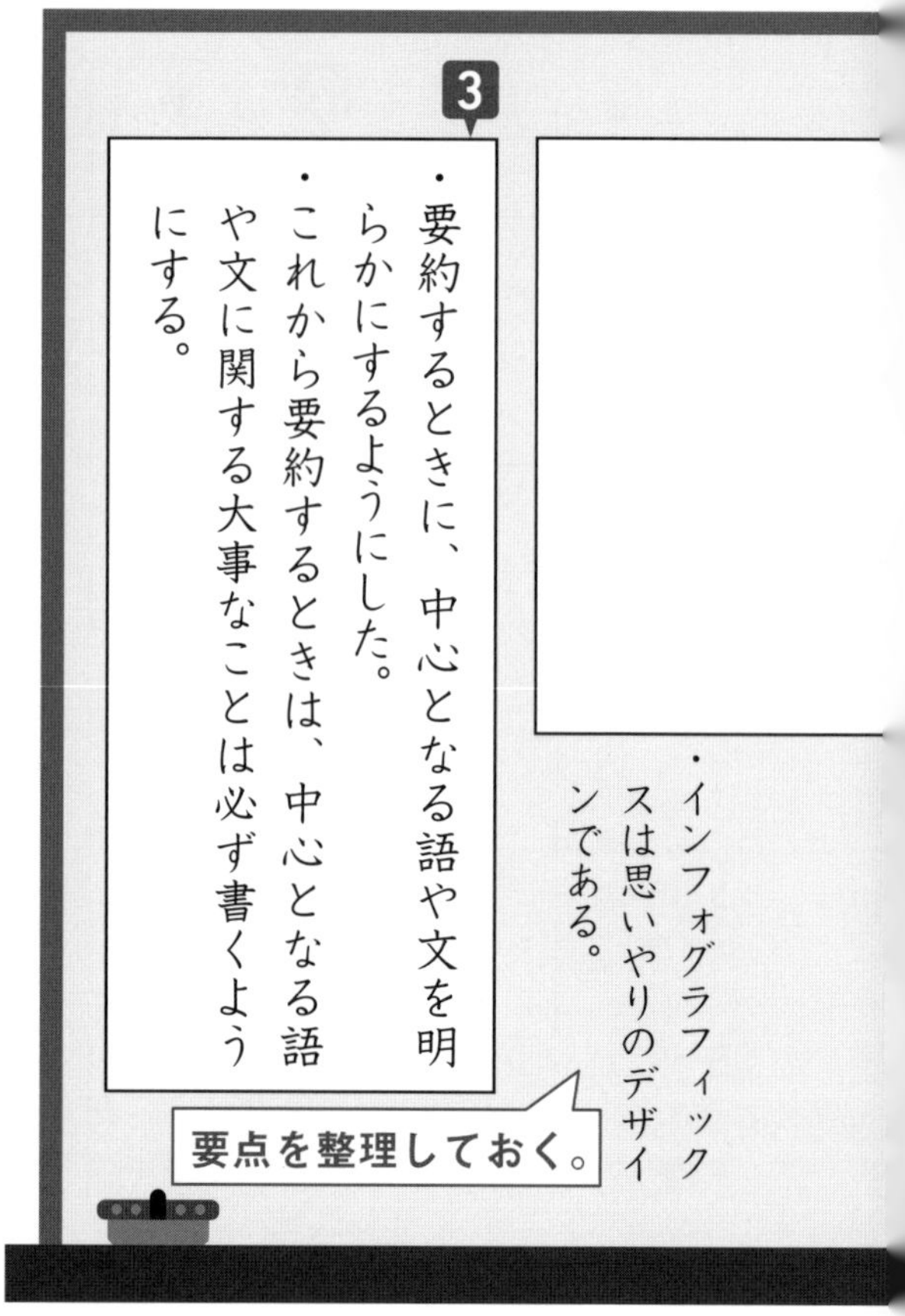

・インフォグラフィックスは思いやりのデザインである。
3
・要約するときに、中心となる語や文を明らかにするようにした。
・これから要約するときは、中心となる語や文に関する大事なことは必ず書くようにする。
要点を整理しておく。

授業の流れ

1 教科書 p.54『思いやりのデザイン』を100字程度で要約する 〈25分〉

○前時の学習を振り返り、本時のめあてをもつ。

T　前時に整理した「要約」のポイントを覚えていますか。

○ノートや教科書を読み、確かめる。

○教科書 p.54『思いやりのデザイン』を読み、要点を話し合う。

T　それでは、要約のポイントを基にして、『思いやりのデザイン』を要約してみましょう。

○要約することが困難な子供には、各段落の要点を整理させる。

2 「要約のポイント」に気を付けて子供同士で読み合う 〈10分〉

T　それでは、要約した文章を読み合います。まずは、隣の人と交換して読み合いましょう。

○要約した文章を読む際に、観点評価カードを配布する。

【観点評価カード】

中心となる語や文を明らかにしている	3・2・1
中心となる語や文に関する大事なことを書いている	3・2・1
要約の目的に合っている	3・2・1
要約の分量に合わせている	3・2・1

○時間に応じて、ペアを替えて行う。

要約するとき

1 『思いやりのデザイン』を要約しよう。

2 要約のポイント
・中心となる語や文を明らかにする。
・中心となる語や文に関する大事なことは必ず書く。
・要約の目的と分量に合わせて短くまとめる。

教科書p.54の
「思いやりのデザイン」の文章

○要約の目的
・内容を知らない人に説明する。
○中心となる語や文は
・インフォグラフィックス。
○中心となる語や文について大事なことは
・インフォグラフィックスは、絵や図、文字と合わせて見える形にしたもの。
・インフォグラフィックスは、相手の立場から考えることを大切にしている。

3 これからの学習に生かしたいことをまとめる 〈10分〉

T 教科書 p.91を読んで、要約することの学習について、がんばったことと、これからの学習に生かしたいことをまとめましょう。

・要約するときに、中心となる語や文を明らかにするようにした。
・これから要約するときは、中心となる語や文に関する大事なことは必ず書くようにする。

○子供のノートを見て、よいまとめを書いていたら、学級全体で共有する。
○要約のポイントは、教室に掲示し、今後の読むことや書くことの学習に活用する。

ICT 等活用アイデア

ICT 端末で要約する

教科書 p.54の『思いやりのデザイン』を、100字程度で要約する学習活動の際、ICT 端末の文書作成ソフトなどを用いて、文章を要約する工夫も考えられる。このことにより、簡単に加除修正できるようになり、要約が苦手な子供も取り組みやすくなると考えられる。また、学習支援ソフトなどを用いて、要約した文章をお互いに見合えるようにすることで、他の子供の要約した文章を参考にできるようにするとよい。参考にした部分は、色を変えて書かせるとよい。

見せ方を工夫して書こう

新聞を作ろう／［コラム］アンケート調査のしかた （10時間扱い）

単元の目標

知識及び技能	・比較や分類の仕方、必要な語句などの書き留め方を理解し使うことができる。（⑵イ）
思考力、判断力、表現力等	・相手や目的を意識して、経験したことや想像したことなどから書くことを選び、集めた材料を比較したり分類したりして、伝えたいことを明確にすることができる。（B ア） ・書く内容の中心を明確にし、内容のまとまりで段落を作ったり、段落相互の関係に注意したりして、文章の構成を考えることができる。（B イ）
学びに向かう力、人間性等	・言葉がもつよさに気付くとともに、幅広く読書をし、国語を大切にして、思いや考えを伝え合おうとする。

評価規準

知識・技能	❶比較や分類の仕方、必要な語句などの書き留め方を理解し使っている。（〔知識及び技能〕⑵イ）
思考・判断・表現	❷「書くこと」において、相手や目的を意識して、経験したことや想像したことなどから書くことを選び、集めた材料を比較したり分類したりして、伝えたいことを明確にしている。（〔思考力、判断力、表現力等〕B ア） ❸「書くこと」において、書く内容の中心を明確にし、内容のまとまりで段落を作ったり、段落相互の関係に注意したりして、文章の構成を考えている。（〔思考力、判断力、表現力等〕B イ）
主体的に学習に取り組む態度	❹粘り強く課題に向き合い、学習の見通しをもって新聞作りに取り組もうとしている。

単元の流れ

次	時	主な学習活動	評価
一	1	学習の見通しをもつ 実際の新聞や教科書のモデルを見て、新聞について知る。 学習計画を立て、見通しをもつ。	
二	2	新聞の工夫を確かめる。	
	3	班ごとに、どんな新聞を作るか話し合う。	
	4 5	取材の仕方を知り、必要な情報を集める。	❶
	6	割り付けについて考え、記事の大きさや場所を決める。	❸

	7 8	取材メモを基に、それぞれが担当する記事を書く。	❷ ❹
	9	それぞれが書いた記事をグループで読み合い、推敲する。 清書をして記事を貼り合わせる。	
三	10	学習を振り返る 完成した新聞を読み合い、感想を伝え合う。 単元の学びを振り返り、身に付けた力を確認する。	

授業づくりのポイント

〈単元で育てたい資質・能力〉

本単元で育てたい資質・能力は、書く内容の中心を明確にし、文章の構成を考えることである。学習指導要領における「構成の検討」に該当する部分であるが、本単元では主に割り付けを考える活動がこれに当たる。子供自身が「読む人に分かりやすく伝えるためにどのような工夫をすればよいか」という課題意識をもって、割り付けの仕方について考える時間を確保したい。

〈教材・題材の特徴〉

本単元では、新聞が教材となる。新聞の特徴には、事実が分かりやすく書かれていることや文章と写真・図表が組み合わさって１つの記事が構成されていることなどがある。昨今、新聞を購読している家庭が減少している。本単元では、教科書のモデルだけではなく、実際の新聞記事を提示しながら特徴を確かめる時間を確保することが必要である。その際、一般の新聞や子供用の新聞、複数の新聞社の新聞を用意することで、特徴となる共通点を発見させることができるようにする。

〈他教材や他教科等との関連〉

新聞作りは、様々な教科等で活用することができる。国語科の本単元において、見出しや割り付けの工夫などを習得し、それらを他教科等でも活用することで学びの定着が図られる。

[具体例]

○社会科「水はどこから」
　関連図書を用いて調べたことについて、絵や図を文章と組み合わせて新聞にまとめる。

○理科「電池のはたらき」
　課題に対する予想・実験・結果・考察などを新聞にまとめ、学習を振り返る。

○体育的行事「運動会」
　出場した種目ごとに割り付けを決め、写真を活用しながら新聞にまとめる。

〈ICT の効果的な活用〉

調査：必要に応じて検索機能を活用し、新聞記事に必要な情報を集める。その場合は、引用や出典についての指導を正しく行う。

記録：ICT 端末のカメラ機能を使って写真を撮影し、新聞に載せる。ただし、インタビューの様子などを写真に撮るときは、事前に撮影してよいかを相手に確認する。

表現：学級の実態として、ICT 端末での文章作成に慣れているならば、文書作成ソフトを使って新聞記事を作成することも考えられる。

本時案

新聞を作ろう／［コラム］アンケート調査のしかた 1/10

本時の目標

・新聞について知り、学習の見通しをもつことができる。

本時の主な評価

・学習の見通しをもって新聞作りに取り組もうとしている。

資料等の準備

・教科書の新聞の例（拡大コピー）

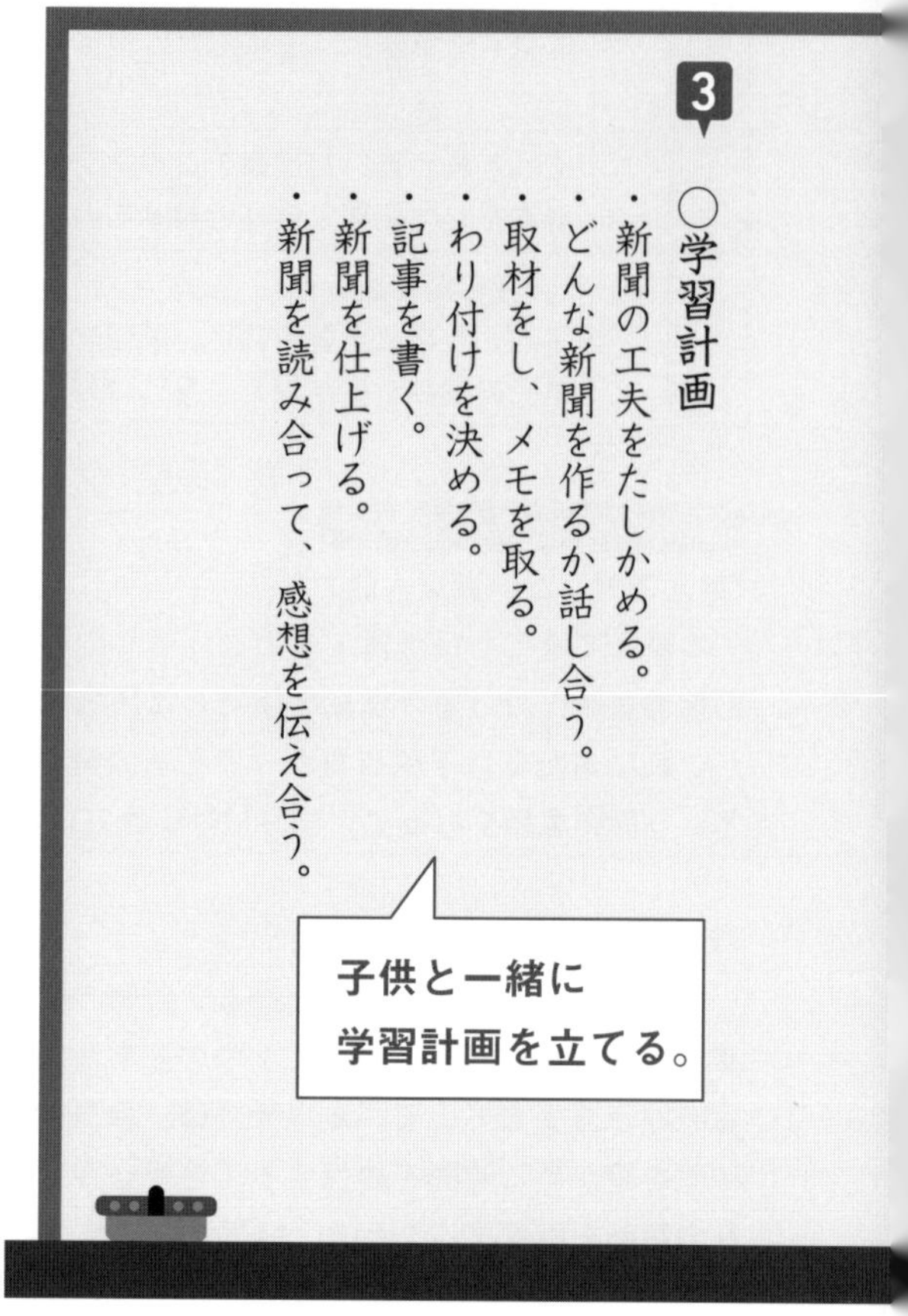
3
○学習計画
・新聞の工夫をたしかめる。
・どんな新聞を作るか話し合う。
・取材をし、メモを取る。
・わり付けを決める。
・記事を書く。
・新聞を仕上げる。
・新聞を読み合って、感想を伝え合う。
子供と一緒に学習計画を立てる。

授業の流れ ▷▷▷

1 新聞について知る 〈10分〉

T　新聞について知っていることはありますか。

○最近は、新聞を購読していない家庭も多い。まずは、新聞について知っていることを挙げさせながら子供の実態を確かめるとよい。

T　新聞にはどんなことが書かれていますか。

・事件　・スポーツ
・世界の出来事
・天気予報　など

T　新聞はどんな人が読みますか。

・大人　・会社員
・お父さん、お母さん
・子供用の新聞もある

○新聞は、様々な情報を多くの人に知らせる目的で作られていることを押さえる。

2 教科書の新聞の例を読み、学習のゴールを知る 〈20分〉

T　教科書の新聞には、どんなことが書かれていますか。

・新しい校長先生のこと
・昼休みの遊び
・ゴーヤのこと
・おすすめの本

○「知らせたいことが読む人に分かりやすく伝わる新聞を作る」という学習のゴールを知らせる。

○新聞を読んでもらう相手を子供とともに考える。

・他の学年の子供
・保護者の方々
・地域の方々　など

※ここでは、「学級の友達」とする。

見せ方を工夫して書こう

学習のゴールを知り、見通しをもとう。

1

○新聞に書かれていること

・事件、スポーツ、世界の出来事など

・天気予ほう

・テレビ番組表

○新聞を読む人

・大人（お父さん、お母さん、会社員など）

・子ども新聞もある

2

新聞は、さまざまなじょうほうを多くの人に知らせる目的で作られている。

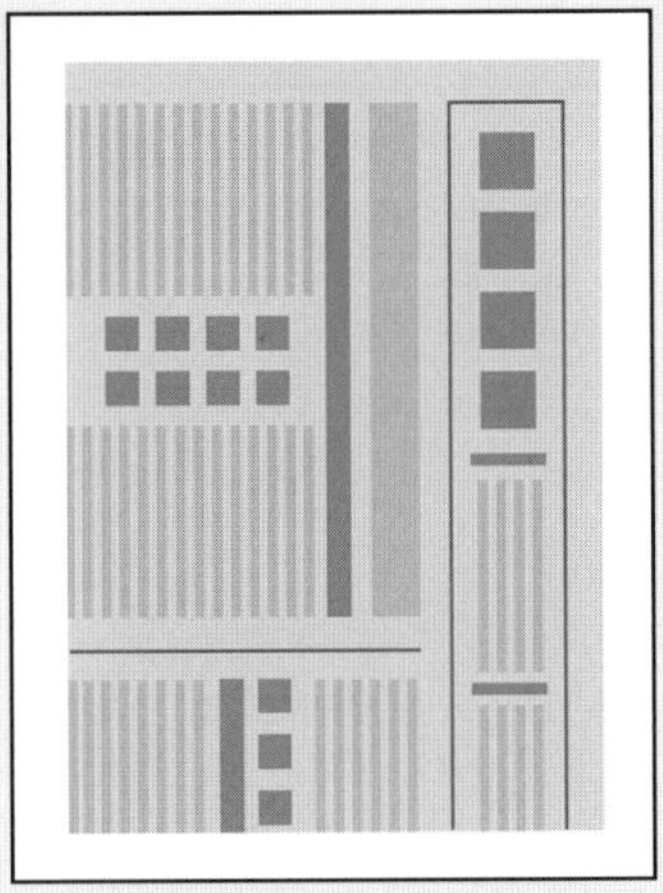

教科書p.96の新聞の例

○単元の学習のゴール

知らせたいことが読む人に分かりやすく伝わる新聞を作ろう。

3 学習計画を立て、見通しをもつ〈15分〉

T　学習計画を立てましょう。

・新聞の工夫を確かめる。

・どんな新聞を作るか話し合う。

・取材をし、メモを取る。

・割り付けを決める。

・記事を書く。

・新聞を仕上げる。

・新聞を読み合って、感想を伝え合う。

○教科書を参考にしながら、子供と一緒に学習計画を立てるようにする。

※毎時間の終末には、本時のめあてに沿った振り返りを行う。（以降省略）

よりよい授業へのステップアップ

教師による新聞の作成

教科書には、新聞の例が載っているが教師自身が事前に新聞を作成しておくことも重要である。単元に入る前に、必要な情報を取材し、割り付けを考え、新聞記事を書く。このような経験によって、子供の学習における思考を疑似体験することができる。そうすることで、「これは少し難しいかな」「こんなことに気を付けなくてはいけないな」という思いを指導に生かすことができる。

また、教師が作った新聞を例示し、授業で活用することもできる。

本時案

新聞を作ろう／［コラム］アンケート調査のしかた 2/10

本時の目標

・読む人に分かりやすく伝わる新聞の工夫について確かめることができる。

本時の主な評価

・新聞を見て、どんな工夫がされているか見つけている。

資料等の準備

・実際の新聞（グループの数）
・新聞の拡大コピー

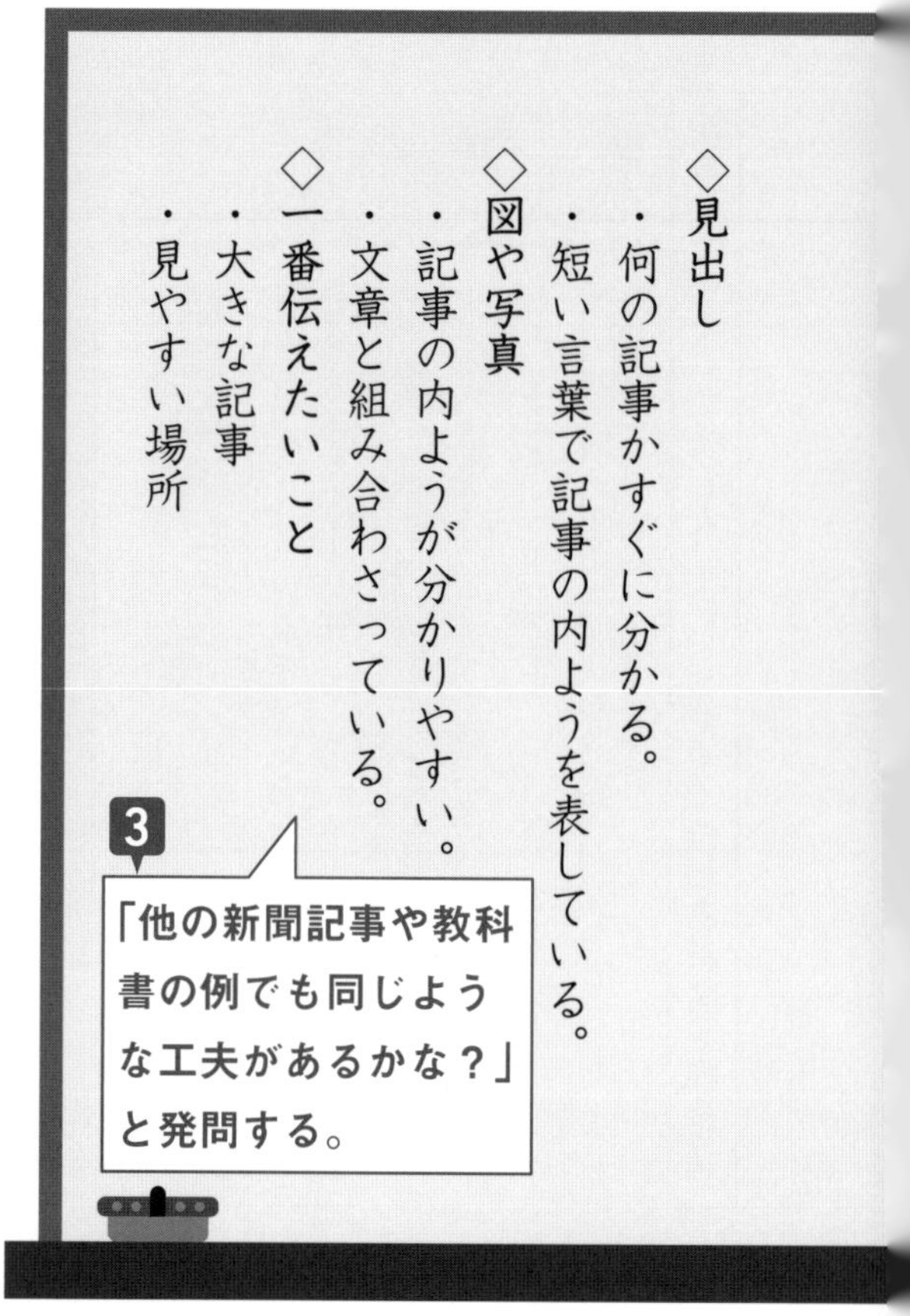

◇見出し
・何の記事かすぐに分かる。
・短い言葉で記事の内ようを表している。
◇図や写真
・記事の内ようが分かりやすい。
・文章と組み合わさっている。
◇一番伝えたいこと
・大きな記事
・見やすい場所
3
「他の新聞記事や教科書の例でも同じような工夫があるかな？」と発問する。

授業の流れ ▷▷▷

1 新聞にはどんなことが書かれているか確かめる〈15分〉

T　新聞にはどんなことが書かれていますか。
〇実際の新聞記事をグループごとに配布して、確かめられるようにする。
・新聞名、発行日、発行者
・見出し
・記事
・写真、絵、図、表など
〇拡大した新聞に書き込みながら確認する。

ICT 端末の活用ポイント

一人一人が新聞の画像を ICT 端末で確認し、「新聞名」や「見出し」などを見つけて、タッチペンで印を付ける活動も考えられる。

2 どのような工夫がされているか考える〈15分〉

T　読む人に分かりやすく伝えるために、どんな工夫がされていますか。
・見出しには、記事の内容が短い言葉で表されている。
・図や写真があって分かりやすい。
・図や写真は文章と組み合わせて使っている。
・一番伝えたいことは、大きな記事になっている。
・一番伝えたいことは、見やすい場所にある。
〇「もし、見出しがなかったら…」「もし、写真がなかったら…」「もし、一番伝えたい記事が小さかったら…」など、工夫されていない場合と比較しながら効果について確認させる。

新聞を作ろう

1

新聞の工夫をたしかめよう。

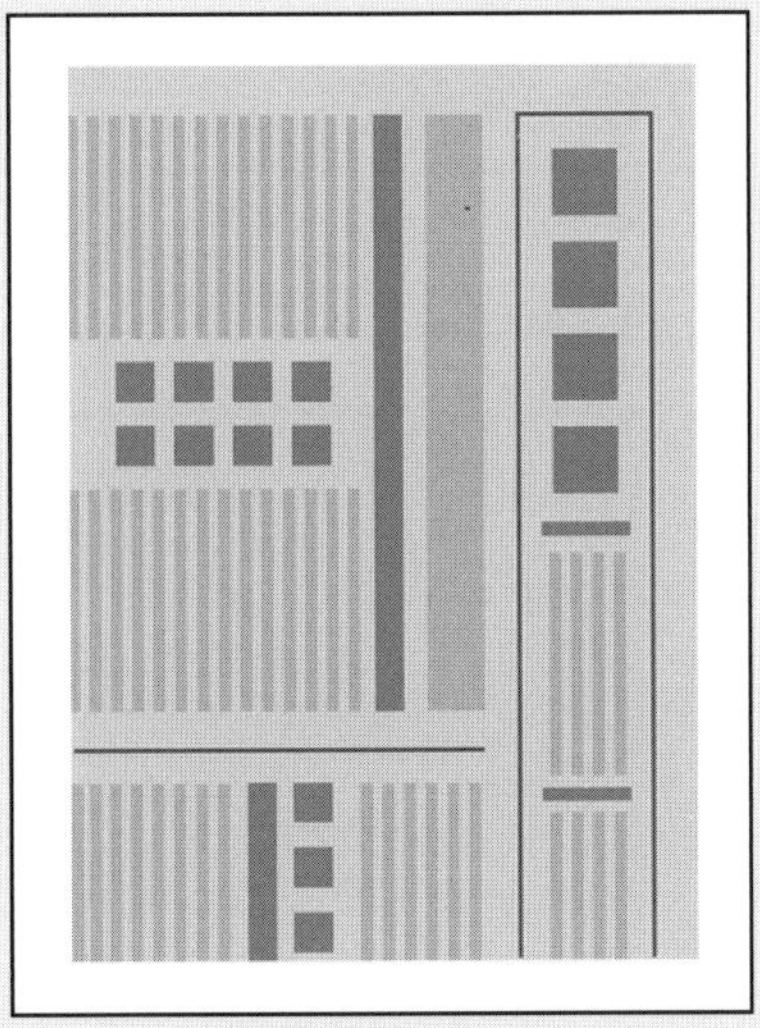

新聞の拡大コピー
（ICT機器を活用し電子黒板に映し出してもよい）

○新聞に書かれていること

・新聞名、発行日、発行者
・見出し
・記事
・写真、絵、図、表など

2

○読む人に分かりやすく伝えるための工夫

3 他の新聞でも同じような工夫があるか確かめる 〈15分〉

T 他の新聞記事でも確かめてみましょう。

○グループごとに違う新聞記事を提示し、特徴を確認させる。

・名前は違うけど、どの新聞にも新聞名が書かれている。
・どの新聞にも発行日が書かれている。
・どの新聞記事も見出しを読むと何の記事か分かる。

T 教科書に書かれている新聞にも工夫があるか確かめましょう。

・見出しには色が付いていて見やすい。
・棒グラフが使われていて分かりやすい。
・記事の内容にぴったりな写真が載っている。

よりよい授業へのステップアップ

実際の新聞を用意する

最近は新聞を購読していない家庭も多い。教師が実際の新聞記事を用意することで、特徴を確かめられるようにする。複数の新聞社の記事を提示し、比較することで、共通点を見つけさせることもできる。その共通点が、新聞としての特徴と言える。

新聞を購読している子供に新聞を持参させることも１つの方法だが、新聞にはスポーツ新聞も含め様々な種類が存在する。子供の目に触れる記事等には、事前に目を通してから提示する配慮が必要である。

本時案

新聞を作ろう／［コラム］アンケート調査のしかた 3/10

本時の目標

・相手や目的を意識して、どんな新聞を作るか考えることができる。

本時の主な評価

・相手や目的を意識して、どんな新聞を作るか考えている。

資料等の準備

・ワークシート 18-01（ウェビングマップ）

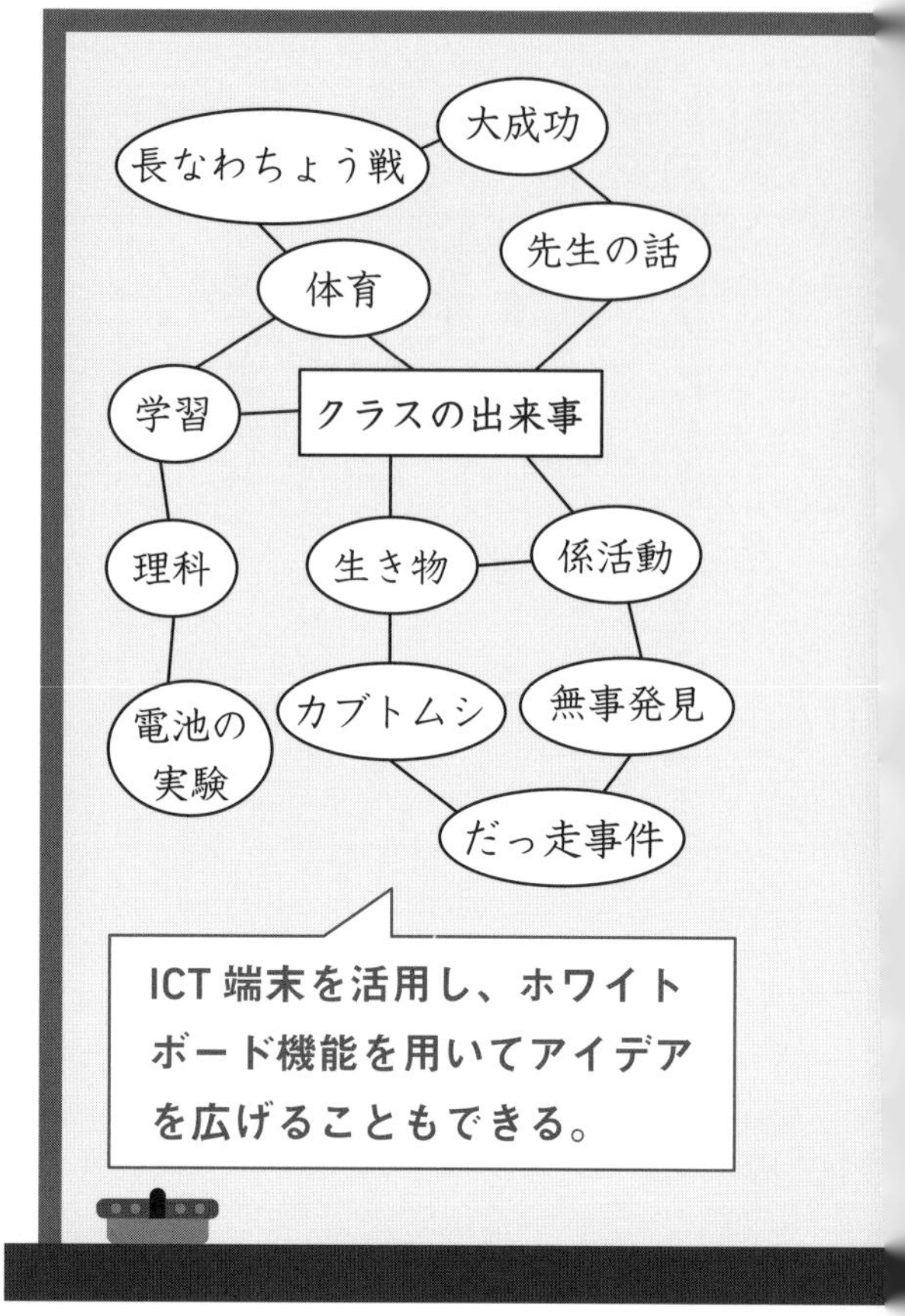

授業の流れ ▷▷▷

1 新聞を作る相手意識と目的意識を確認する 〈5分〉

T　どんな人に向けて、何のために新聞を作りますか。

〇第１時を想起させ、相手意識と目的意識を確認する。

【相手】

・他の学年の子供

・保護者の方々

・地域の方々　など

※ここでは、「クラスの友達」とする。

【目的】

・知らせたいことを分かりやすく伝えるため

〇相手と目的は、子供と話し合って設定する。

2 グループで、新聞のテーマと新聞名を決める 〈25分〉

T　新聞を読んでもらう相手のことを考えて、どんな新聞を作りたいか話し合いましょう。

・クラスの出来事

・学校の行事

・学校の給食

・地域の行事やお店

・町の安全　など

〇事前に意図的なグループの編成をしておく。

〇子供の「伝えたい」「書きたい」という思いを取り上げられるようにする。

T　テーマに合った新聞名を考えましょう。

・４年１組びっくり新聞

・〇〇小きらきら新聞

・なかよし新聞

新聞を作ろう

どんな新聞を作るか話し合おう。

1

○新聞を読んでもらう相手

・クラスの友達

○新聞を作る目的

↓知らせたいことを分かりやすく知らせるため

2

○新聞のテーマと新聞名（例）

一班…クラスの出来事…四年一組びっくり新聞

二班…学校の行事…○○小きらきら新聞

三班…学校の給食…給食もりもり新聞

四班…学校のクラブ活動…なかよし新聞

五班…地いきの行事…わっしょい新聞

六班…町の安全…○○町パトロール新聞

3

○どんな記事を書くか考える

3 どんな記事を書くか グループで話し合う 〈15分〉

T　決まったテーマについて、どんな記事を書きたいか話し合いましょう。

○テーマを中心としたウェビングマップを活用することで、考えを広げられるようにする。

・理科で学習したことについて書きたい。

・運動会のことについて書きたい。

・みんなが好きな給食について書きたい。

・地域のお祭りについて書きたい。

○時間があれば、どの記事を誰が書くかについても話し合うように声をかける。

ICT 端末の活用ポイント

ホワイトボード機能を用いて、思い付いたことを線で結び付けながら、アイデアを広げる。グループで協働的に活動できるようにする。

よりよい授業へのステップアップ

思考の可視化

本時のように多くのアイデアを出し合い、グループで意思決定する学習活動には、思考の可視化が効果的だ。ウェビングマップを活用すると、中心となるテーマについて書きたい事柄を多く集めることができる。

意図的なグループ編成

今回の単元では、グループで１つの新聞を作ることを想定している。しかし、子供の学習能力には個人差がある。教師が意図的なグループを編成することで、学習活動が円滑に進むように配慮したい。

本時案

新聞を作ろう／［コラム］アンケート調査のしかた 4・5/10

本時の目標

・新聞記事を書くために、必要な情報を集めることができる。

本時の主な評価

❶必要な情報の書き留め方を理解し、メモしている。【知・技】

資料等の準備

・取材カード 18-02
・必要に応じて本などの資料

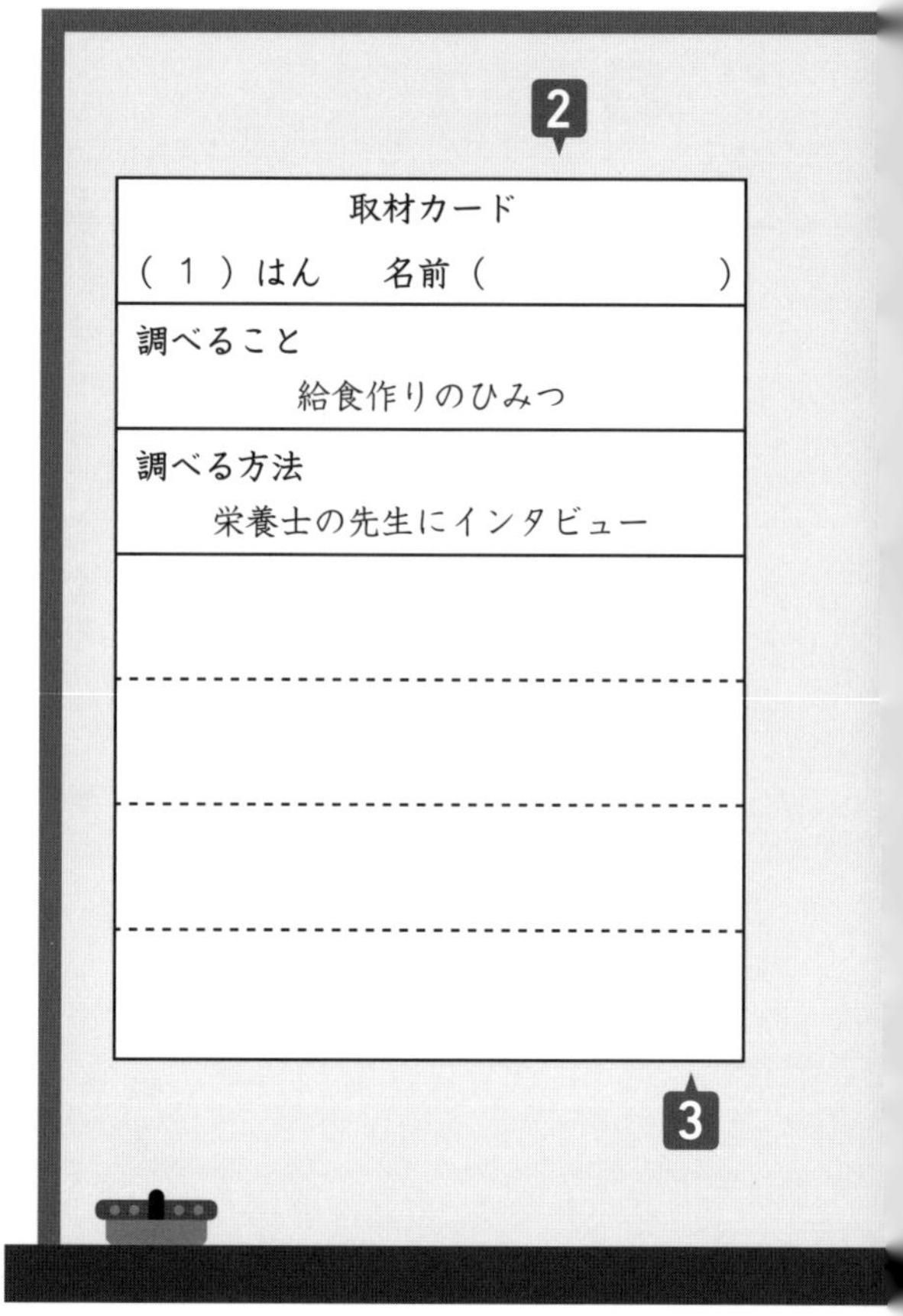
2
取材カード
（ 1 ）はん　名前（　　　　　）
調べること
給食作りのひみつ
調べる方法
栄養士の先生にインタビュー
3

授業の流れ ▷▷▷

1 取材の仕方や気を付けることを確認する 〈第 4 時〉

T　取材にはどんな方法がありますか。
・実際に見て調べる。
・インタビューする。
・図書館の本やインターネットで調べる。
・アンケート調査をする。
○アンケート調査の仕方については、教科書を見ながら確認する。
T　どんなことに気を付ければよいでしょう。
・調べたことはメモを取り、正しく記録する。
・数や名前の間違いがないか確かめる。
・インタビューするときは、目的を伝えたり、相手の都合を聞いたりする。
・写真を撮るときは、許可をもらう。
・図書館やインターネットを使う場合には、何を見て調べたか記録しておく。

2 どのように取材するか話し合う 〈第 4 時〉

T　必要な情報をどのように集めるか、グループで話し合いましょう。
○取材カードを用意し、「調べること」と「調べる方法」を記入させる。
・休み時間の様子については、実際に見て調べよう。
・クラブ活動のよさについては、担当の先生にインタビューしよう。
・みんなの好きな給食については、アンケート調査をしよう。
・地域のお祭りについては、インターネットで調べよう。

新聞を作ろう

新聞記事に必要な情報を集めよう。

1

○取材の仕方
・じっさいに見て調べる。
・インタビューする。
・図書館やインターネットで調べる。
・アンケート調さをする。
〈アンケート調さの作り方〉
・何について調べるか　・だれに何を聞くか。
〈アンケートの集計のしかた〉
・仲間分けしてまとめる　・表やグラフで伝える

○取材するときに気を付けること
・調べたことはメモを取り正しく記録する。
・数や名前のまちがいがないか確かめる。
・インタビューするときは、目的を伝えたり、相手の都合を聞いたりする。
・写真をとるときは、「きょか」をもらう。
・図書館やインターネットを使う場合には、何を見て調べたか記録しておく。

3 グループごとに取材する 〈第 5 時〉

T　前回決めた取材の方法で、グループごとに取材をしましょう。
・図書館の本で調べる。
・インターネットで調べる。
・アンケート用紙を作成して、配布する。
○取材カードには、大切なことを短くメモすることを確認する。
○必要に応じて、休み時間や放課後等の授業時間外に取材してもよいこととする。
○取材カードはグループごとに封筒に入れ、保管しておくことで教師が進捗状況を確認できるようにする。

ICT 等活用アイデア

取材での活用

取材をする際は、ICT 端末を効果的に活用できるとよい。例えば、ICT 端末の録音・録画機能を用いてインタビューの様子を記録したり、カメラ機能を用いて記事に使用する写真を画像として保存したりすることが考えられる。インタビューの様子を撮影する際は、相手に許可をもらうことを事前に指導する。

必要に応じて、ウェブサイトを活用し、記事に必要な情報を集めることもできる。その場合は、引用や出典についての指導を正しく行う。

本時案

新聞を作ろう／［コラム］アンケート調査のしかた 6/10

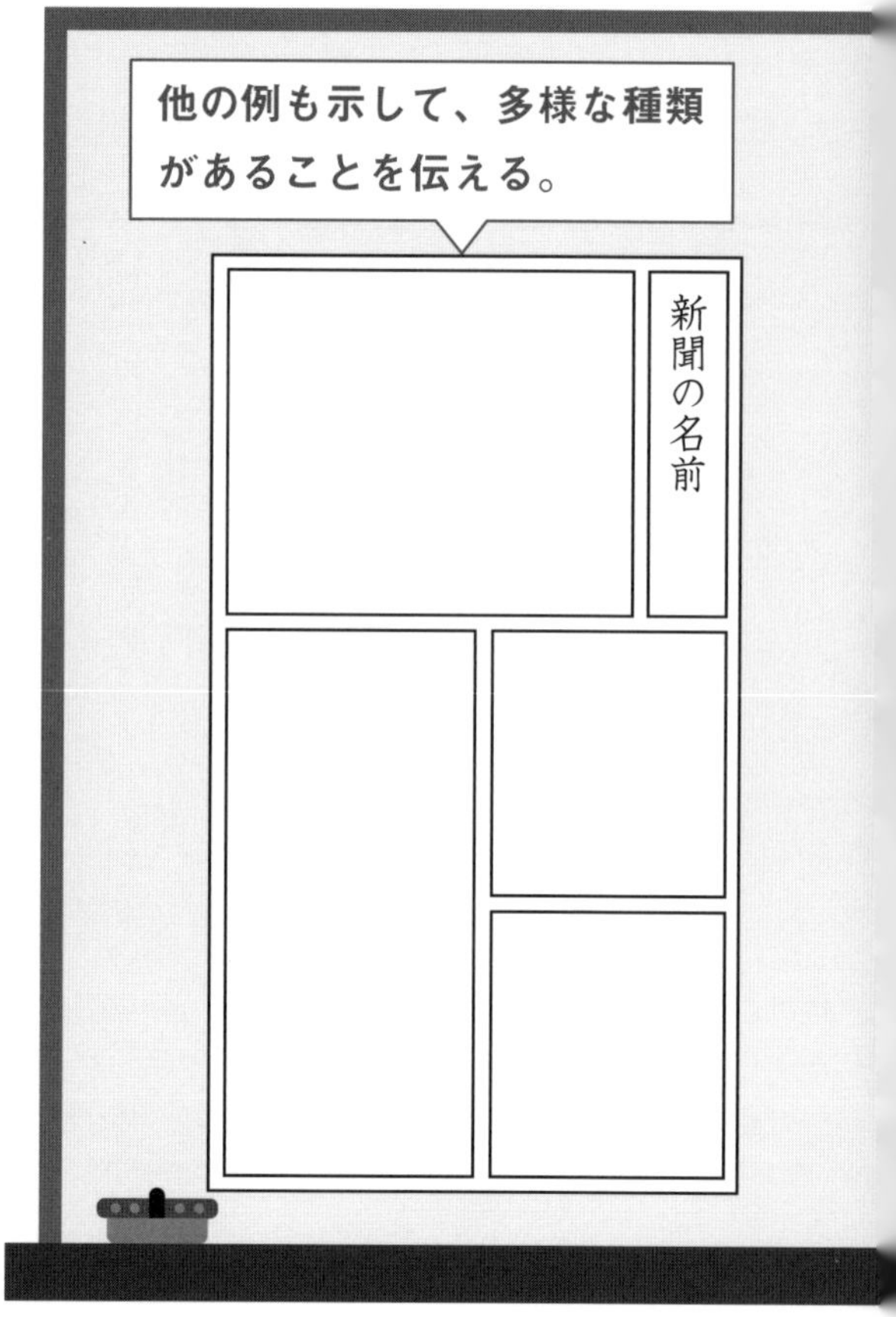
他の例も示して、多様な種類があることを伝える。
新聞の名前

本時の目標

・割り付けについて考え、記事の大きさや場所を決めることができる。

本時の主な評価

❸書く内容の中心を明確にし、内容のまとまりで割り付けを決めたり、記事と記事の関係に注意したりして、新聞全体の構成を考えている。【思・判・表】

資料等の準備

・白紙の新聞用紙

授業の流れ ▷▷▷

1 割り付けについて知る 〈10分〉

T　記事の大きさと入れる場所を決めることを「割り付け」と言います。教科書の例で割り付けを確かめましょう。
・新聞の名前
・新しい校長先生のこと
・昼休みの遊び
・ゴーヤのこと
・おすすめの本

ICT 端末の活用ポイント

実際の新聞では、どのような割り付けになっているのか、ICT 端末を活用し、記事ごとに線で囲み確認する。

2 割り付けを考えるときに大事なことを話し合う 〈10分〉

T　教科書の新聞は、割り付けにどのような工夫がされているでしょうか。
・新しい校長先生の記事が一番上にある。
・記事によって大きさが違う。
・横書きの見出しもある。
・写真やグラフが見やすい場所にある。
T　割り付けを考えるときに大事だと思うことについて話し合いましょう。
・一番知らせたい記事を大きく目立つところに書く。
・記事ごとに必要な大きさを考える。
・注目してもらえる場所に見出しを書く。
・写真や図の場所を決める。

新聞記事を書こう

グループでわり付けを決めよう。

1 わり付け…記事の大きさと入れる場所を決めること。

2 ○わり付けを考えるときに大事なこと

〈記事の大きさ〉

・いちばん知らせたいことを大きく書く。

・記事ごとに必要な大きさを考える。

〈記事を入れる場所〉

・いちばん知らせたいことは目立つところ。

・写真や図は、関係する文章の近くに入れる。

3 ○わり付けの例

3 グループで話し合い、新聞記事の割り付けを決める 〈25分〉

T 割り付けには教科書の例以外にも、いろいろあります。グループで話し合って、新聞記事の割り付けを決めましょう。

○教科書の例以外にも、割り付けの種類を提示する。

・体育の学習での出来事は、一番知らせたいことだから目立つところにしよう。

・インタビューした内容の記事は、このくらいの大きさかな。

・見出しは目立つ位置に書こう。

・この記事の中にアンケート結果のグラフを入れよう。

・写真は、この記事の下に入れよう。

よりよい授業へのステップアップ

複数の割り付け例

割り付け例が1つだけだと、子供は他の割り付け方をしようとはしなくなってしまう。そこで、割り付けには様々な種類があることを提示する。それにより、子供が自分たちのグループの場合は、どのような割り付けにしたらよいかを主体的に考えることができる。第2時での新聞記事の割り付けに着目して、確認し直すことも有効である。

ICT 端末の活用ポイント

ホワイトボード機能を用いて割り付けを考える。ICT 端末を活用することで、簡単に書き直したり、考えた割り付けを共有したりできる。

本時案

新聞を作ろう／［コラム］アンケート調査のしかた 7·8/10

本時の目標

・取材メモを基に、知らせたいことを分かりやすく書くことができる。

本時の主な評価

❷集めた情報を比較したり分類したりして、伝えたいことを明確にしている。【思・判・表】
❹粘り強く課題に向き合い、学習の見通しをもって新聞作りに取り組もうとしている。【態度】

資料等の準備

・新聞の下書き用紙
・教師が作成した新聞記事の悪い例 18-03

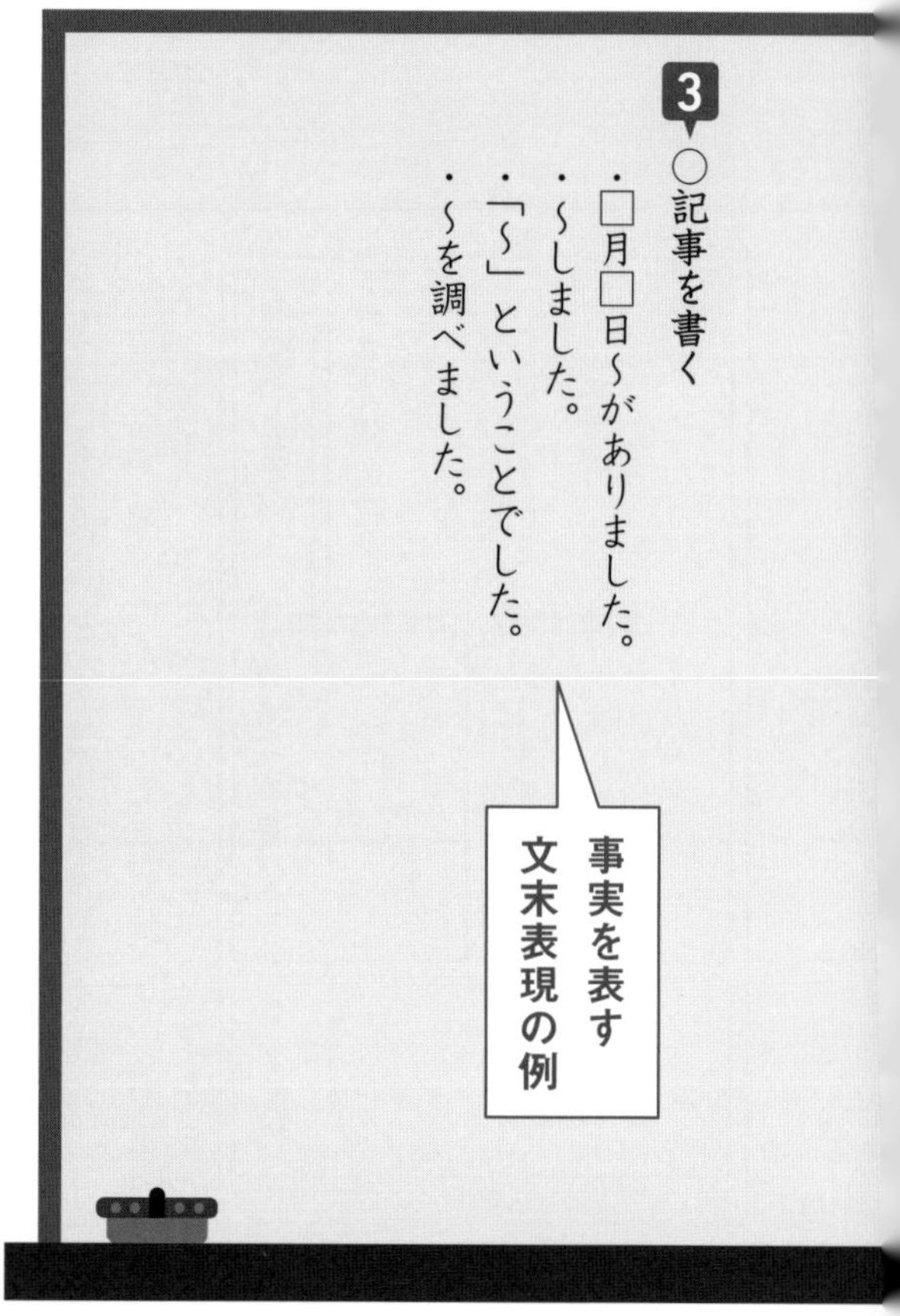

3
○記事を書く
・□月□日〜がありました。
・〜しました。
・「〜」ということでした。
・〜を調べました。
事実を表す
文末表現の例

授業の流れ ▷▷▷

1 記事の書き方を考える〈第 7 時〉

T 教科書の例（A）ともう 1 つの例（B）を比べて、どんなところが違いますか。
○記事の内容は大きく変えずに、書き方の違いに着目できる例を作成する。
(A)
・事実を書いている。
・写真や図と伝えたい内容が合っている。
(B)
・思ったことを書いている。
・写真や図と伝えたい内容が合っていない。

2 取材メモを基に、大まかな記事の構成を考える〈第 7 時〉

T 大まかな記事の組み立てを考えましょう。
○取材カードの順番を並び替えたり、取材カードに番号を付けたりすることで、記事の構成を考えられるようにする。
・始めに「いつ」「どこで」「何があったか」について書こう。
・次に詳しい出来事を書こう。
・最後に先生の話を書こう。

ICT 端末の活用ポイント

ICT 端末を用いて取材をした子供には、録画したインタビュー映像や撮影した写真などを振り返らせる。必要があれば、再度取材をしてもよい。

新聞を作ろう

取材メモをもとに、知らせたいことを分かりやすく書こう。

1 ○二つの記事をくらべて、書き方を考える

A 教科書の新聞記事のよい例

・事実を書いている。
・写真と記事の内容が合っている。
・見出しに伝えたいことが表れている。

B 教師が作成した新聞記事の悪い例

・思ったことを書いている。
・写真と記事の内容が合っていない。
・見出しに伝えたいことが表れていない。

2 ○取材カードの順番を並び替えて文章のこう成を考える

① 取材カード

② 取材カード

③ 取材カード

3 取材メモを基に、記事を書く〈第８時〉

T　取材メモを見て、新聞記事を書きましょう。

○下書き用紙は、第６時で決めた割り付けの通りに切ったものを使用すると写真や図を入れる場所や文章量についても考えられる。

・□月□日の体育の時間、〜がありました。
・長縄チャレンジでは、１分間で〜跳びました。
・A 先生にお話をうかがったところ、「……」ということでした。

○本やウェブサイトを使った場合は、引用や出典についても指導する。

○見出しは子供の実態に合わせて、先に書いてもよいし、記事を書いてから考えてもよいこととする。

よりよい授業へのステップアップ

よい例と悪い例の比較

教科書には、よい新聞の例が載っている。新聞の書き方について考えさせるためにも、悪い例を教師が作成して提示し比較させる。内容は大きく変えず、子供に着目してほしい部分に焦点を絞って作成するとよい。

個別最適な学び

新聞記事の文章量は子供一人一人異なる。そこで、下書き用の新聞用紙は罫線の幅を変えた複数種類を用意しておき、子供自身に選ばせるとよい。そのような準備をしておくことが、指導の個別化・学習の個性化につながる。

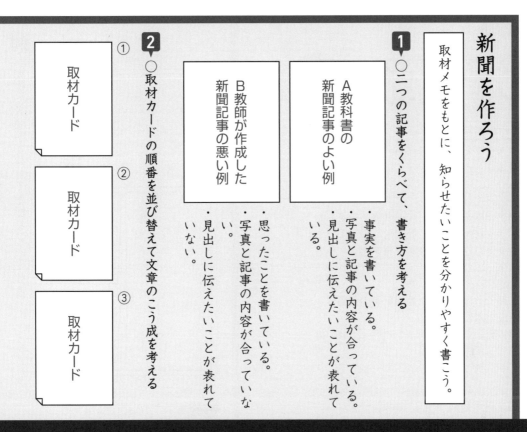

本時案

新聞を作ろう／［コラム］アンケート調査のしかた 9/10

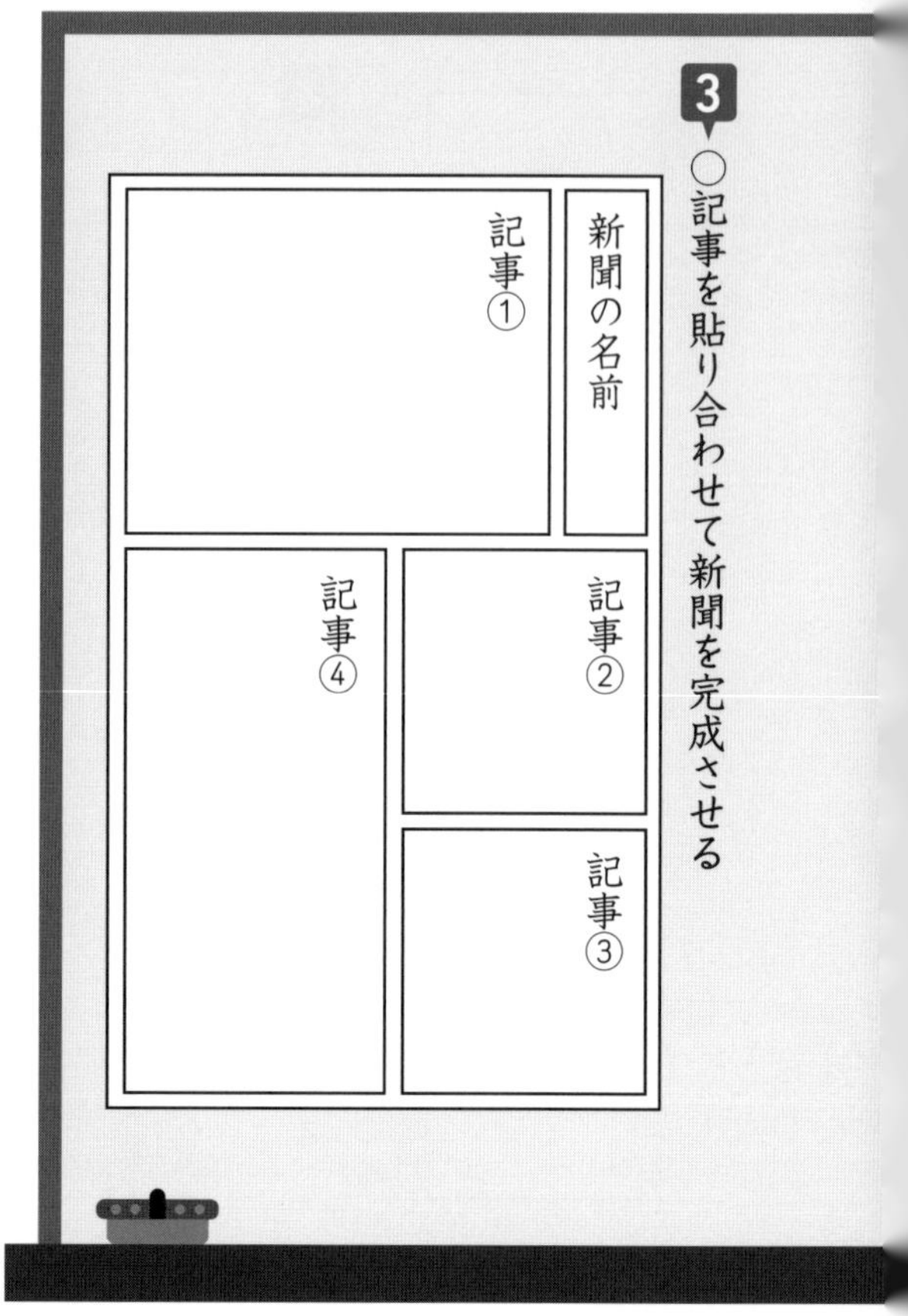

本時の目標

・グループで下書きを読み合い、新聞を完成させることができる。

本時の主な評価

・新聞記事を読み直して、間違いを正したり、相手や目的を意識した表現になっているかを確かめたりして、文や文章を整えている。

資料等の準備

・前時で子供が書いた新聞記事の下書き
・新聞の清書用紙
・読み直しチェックシートの例 ⤓ 18-04

授業の流れ ▷▷▷

1 グループで下書きを読み合う 〈15分〉

T　同じグループの友達と記事を読み合いましょう。
○チェックシートを活用することで、読み直すポイントを意識させる。
・文字の間違いはないな。
・句読点を忘れているところがあるよ。
・「です」「ます」で統一されているな。
・この文は少し長いから、２文に分けた方がいいかもしれないな。
○同じグループの友達の下書きを全員分読めるように配慮する。
○読み合った後は、間違いを正したり、よりよい表現にしたりする時間を確保する。

2 新聞記事を清書する 〈20分〉

T　下書きを基に、記事の清書をしましょう。
○新聞を作る際に必要となる相手意識・目的意識を確認し、丁寧に清書するように声をかける。
○新聞の清書用紙は、第６時で決めた割り付けに切っておくと、グループ全員が同時に書くことができる。
・見出しの書き方を工夫しよう。
・文章と写真の組み合わせに注意しよう。

ICT 端末の活用ポイント

ICT 端末に保存した写真などを使用したい場合は、大きさを記事に合わせて印刷する。

新聞を作ろう

グループで下書きを読み合い、新聞を完成させよう。

1 ○下書きを読み合う

・文字のまちがいはないか。
・く読点の使い方はよいか。
・主語とじゅつ語は合っているか。
・「です」「ます」と「だ」「である」が交ざっていないか。
・事実にあやまりがないか。
・読み手に分かりやすく伝わるか。

2 ○新聞記事を清書する

写真や図、表などを記事に入れる。

ICT 端末に保存した写真を使用したい場合は、記事の大きさに合わせて印刷する。

読み直しチェックシート	
ポイント	チェック
・文字のまちがいはないか。	
・く読点の使い方はよいか。	
・主語とじゅつ語は合っているか。	
・「です」「ます」と「だ」「である」が交ざっていないか。	
・事実にあやまりがないか。	
・読み手に分かりやすく伝わるか。	

3 記事を貼り合わせて新聞を完成させる 〈10分〉

T　それぞれの新聞記事ができあがったら、台紙に記事を貼り合わせてグループの新聞を完成させましょう。

○新聞記事よりも一回り大きな画用紙を台紙として使うと、作業や掲示がしやすくなる。

・新聞の名前はみんなで書こう。

・もう一度、読む人に分かりやすいかどうかみんなで確かめよう。

○見出しを工夫しているグループや写真・図を内容とうまく組み合わせて記事を完成させているグループなど、それぞれのよさを紹介し、全体へ広げる。

ICT 等活用アイデア

新聞作成での活用

文書作成ソフトを使って新聞記事を作成することも考えられる。写真などの画像を取り入れやすく、記事の文章量に合わせて大きさを調整できるため、新聞作りには効果的である。ICT 端末上で新聞を完成させれば、複数枚印刷することも可能となり、読んでもらえる相手の幅も広がる。

また、間違いを正したり、段落を入れ替えたりする活動が容易であり、書くことを苦手とする子供も取り組みやすい。

本時案

新聞を作ろう／［コラム］アンケート調査のしかた 10/10

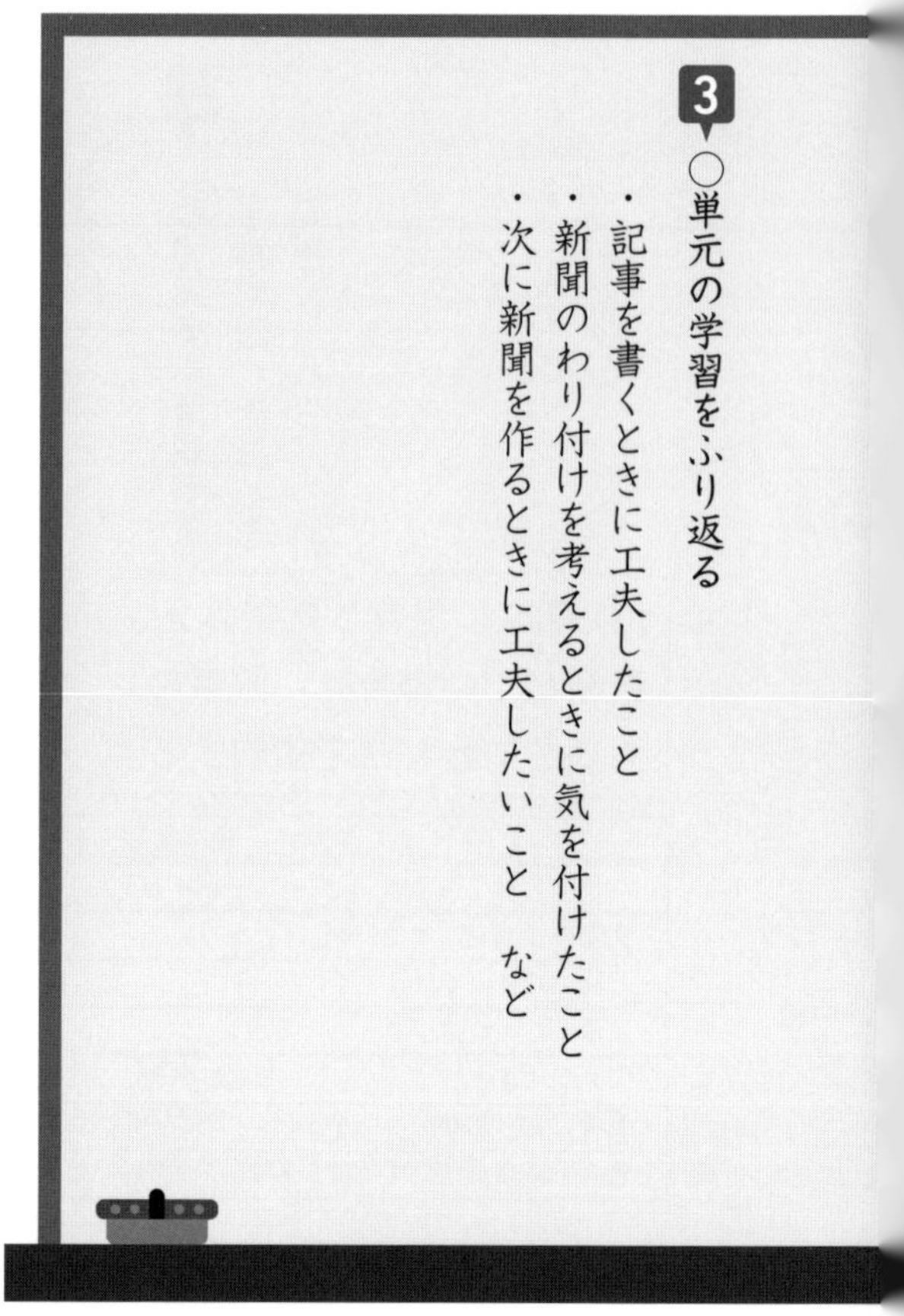
3
○単元の学習をふり返る
・記事を書くときに工夫したこと
・新聞のわり付けを考えるときに気を付けたこと
・次に新聞を作るときに工夫したいこと　など

本時の目標

・新聞を読むことで感想を伝え合い、自分の文章のよいところを見つけることができる。

本時の主な評価

・書こうとしたことが明確になっているか、友達が書いた新聞に対する感想を伝え合い、自分の文章のよいところを見つけている。

資料等の準備

・教科書の新聞の例（拡大コピー）
・前時で子供が作った新聞
・付箋紙

授業の流れ ▷▷▷

1 新聞を読み合う視点を確認する 〈10分〉

T　前回、グループごとの新聞が完成しました。今日は、他のグループの新聞を読み合って感想を伝えましょう。どんなところに着目して友達の新聞を読めばいいでしょうか。
・見出しの分かりやすさ
・写真や図の位置
・割り付けの仕方
・記事の内容　など
○悪いところではなく、よいところを見つけて感想を書くことを確認する。
○教科書の新聞の例を基に、全体で感想の書き方を確認するとよい。

2 新聞を読み合い、感想を付箋紙に書く 〈25分〉

T　他のグループが書いた新聞を読んで、感想を付箋紙に書きましょう。
○感想を書いた付箋紙を新聞に貼ることで、作成したグループが読み返せるようにする。
・見出しが短い言葉で書かれていて、よく伝わりました。アンケートの結果がグラフで表されて分かりやすかったです。
・割り付けが工夫されていて、一番伝えたいことがすぐに分かりました。
・栄養士さんのインタビュー内容で、初めて知ったことが多くありました。

ICT 端末の活用ポイント

完成した各グループの新聞を写真に撮り、ICT 端末上で読むと新聞前で混雑することもなく、全員が同時に活動することができる。

新聞を作ろう

新聞を読み、感想を伝え合おう。

1

○新聞を読むときのし点
・見出しの分かりやすさ
・写真や図の位置
・わり付けの仕方
・記事の内容　など

（例）アンケートの結果がぼうグラフで表されていて分かりやすかったです。
○○より

2

教科書の例のコピー

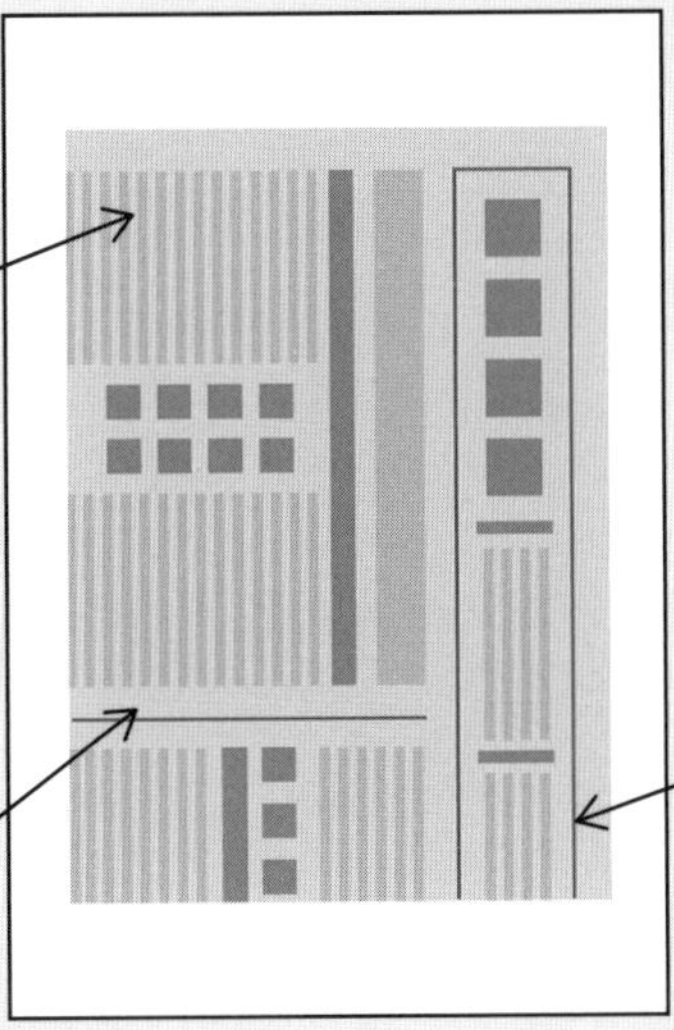

（例）校長先生の四年生への思いを初めて知り、うれしい気持ちになりました。
○○より

（例）写真が記事のすぐ横にあり、元気に育っているゴーヤの様子が伝わりました。
○○より

3 友達が書いた感想を読み、単元の学習を振り返る　〈10分〉

T　友達が書いた感想を読んでみましょう。

・たくさんよいところを見つけてくれた。

・できるようになったことが増えた。

T　今回の学習で、どんなことができるようになったか振り返りましょう。

○言葉の使い方や割り付けの工夫などを振り返りの視点とする。次に新聞を書くときに工夫したいことなども書くように促す。

・僕は、相手に「読んでみたい」と思ってもらえるような見出しの書き方を工夫することができた。

・次に社会科の学習で新聞を書くときにも、記事に合った図や表を入れる工夫をしたい。

よりよい授業へのステップアップ

単元の学習を振り返る

単元の終末に、振り返りを取り入れて「どんなことができるようになったか」「どんな力が身に付いたか」「これからの学習でどう生かしていきたいか」などを自分の言葉で表現する時間を設定するとよい。それにより、学びが自覚化され次の学びへとつながっていく。

国語科での学びを他教科等で生かす

本単元で学んだことを活用する機会を意図的に設定すると力の定着が図られる。今後、社会科や理科、総合的な学習の時間など他教科等でも新聞を作る活動を取り入れられるとよい。

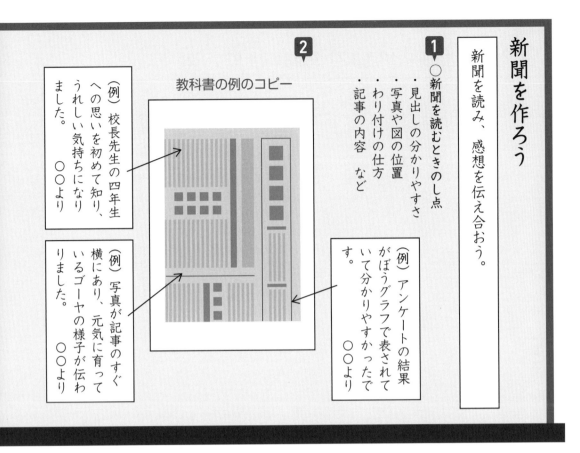

資料

1 ワークシート（ウェビングマップ）の例 18-01

新聞を作ろう

◎テーマについてどんな記事を書きたいか思いつくことを書き出してみましょう。

（　　　　）はん

テーマ

2 取材カードの例※班や内容ごとに色分けしてもよい。 18-02

取材カード

（　　）はん　　名前（　　　　　　　　）

調べること

調べる方法

取材カード

（　　）はん　　名前（　　　　　　　　）

調べること

調べる方法

3 教師が作成した新聞記事の悪い例 18-03

インタビュー

楽しかった

四月に、新しい校長先生がいらっしゃいました。私は、やさしそうな校長先生だなと思いました。私たちは、校長先生にインタビューしました。

先生のしゅみは、かっている金魚をながめながらゆっくりお茶をのむことで、すてきだなと思いました。

インタビューした班の
メンバーの写真

先生のすきなことわざは「案ずるよりうむがやすし」です。理由は、前向きになれる言葉だからです。私は、このことわざを初めて知ってなるほどと思いました。

先生は四年生について「明るくて、元気がいいですね。みなさんともっとお話したいです。」と話してくれてうれしかったです。

お礼を言って、校長室を出たとき、先生が、「いつでもまた来てね。」と声をかけてくださいました。楽しかったです。

（〇〇）

4 読み直しチェックシートの例※子供の実態に応じて、ポイントを作成してもよい。 18-04

読み直しチェックシート	
ポイント	チェック
・文字のまちがいはないか。	
・く読点の使い方はよいか。	
・主語とじゅつ語は合っているか。	
・「です」「ます」と「だ」「である」が交ざっていないか。	
・事実にあやまりがないか。	
・読み手に分かりやすく伝わるか。	

読み直しチェックシート	
ポイント	チェック

カンジーはかせの都道府県の旅 2　（2 時間扱い）

単元の目標

知識及び技能	・第 4 学年までに配当されている漢字を読むとともに、漸次書き、文や文章の中で使うことができる。((1)エ)
学びに向かう力、人間性等	・言葉がもつよさに気付くとともに、幅広く読書をし、国語を大切にして、思いや考えを伝え合おうとする。

評価規準

知識・技能	❶第 4 学年までに配当されている漢字を読むとともに、漸次書き、文や文章の中で使っている。(〔知識及び技能〕(1)エ)
主体的に学習に取り組む態度	❷進んで第 4 学年までに配当されている漢字を読むとともに、漸次書き、学習課題に沿って、都道府県名を使った文を作ろうとしている。

単元の流れ

時	主な学習活動	評価
1	**学習の見通しをもつ** p.100から p.101の例文の全体を読み、どこに行ってみたいかを伝え合う。 漢字辞典や教科書 p.153を参考に、新出漢字の読み方や意味を確認する。 学習のおおよその見通しをもち、学習課題を設定する。 **これまで使った漢字を使ってオリジナル旅行計画書 2 を作ろう** 「カンジーはかせの都道府県の旅 1」でまとめた旅行計画書を読み返しながら、オリジナル旅行計画書 2 を書いていく。 ・行きたい都道府県を 3 つ選ぶ。 ・教科書の例文を参考に地図帳や ICT 端末を使いながら、その都道府県の見どころや魅力を調べる。 ・既習の漢字とつなぎ言葉を用いながら、文章にまとめていく。	❶ ❷
2	p.100から p.101の例文を読み、漢字辞典を使いながら読み方や意味を確認する。 前時までに書いたオリジナル旅行計画書 2 を見合いながら、グループでどのような漢字が使われているかを確認する。 **学習を振り返る** グループでの交流を生かし、都道府県名を使った言葉を書き足しながら、自分の文章を再度まとめていく。 漢字の学習から気付いた発見や今後に生かしていきたいことを発表する。	❶ ❷

授業づくりのポイント

〈単元で育てたい資質・能力〉

本単元では、これまで学習してきた漢字、これから学習する漢字を自分の表現の中で活用しようとする意識を高めていく。この時期になると活用できる漢字だけではなく、つなぎ言葉や心情、人物像を表す言葉などの語彙も増えてきているだろう。前回と同様に「オリジナル旅行計画書」を作成していくが、言葉の充実を実感し、進んで漢字を用いた文章を書いていこうとする意欲を育む。

〈教材・題材の特徴〉

都道府県名を用いた漢字を読めるだけではなく、その漢字を自分の文や文章に生かしていくことをねらいとしている。都道府県名として扱われる読み方だけにとどまらず、他の読み方にまで視野を広げていくために、漢字辞典も活用する必要がある。

第４学年までに配当される漢字にこだわりすぎずに、子供の漢字への興味を大切にしながら、漢字の意味や多様な扱われ方に気付くことが漢字に対する興味・関心や意欲を高めていくことになる。新たな漢字を覚えることは、子供の表現の可能性を広げていくだろう。

[具体例]

○例えば、漢字辞典で鹿児島県の「鹿」をひくことで音読みの「カ」、訓読みの「しか」が出てくる。鹿児島県の由来として諸説あるが、野生の鹿の子が多く生息していたからという説もある。漢字について調べることで、都道府県名の由来と漢字のつながりも感じることもできる。

〈子供の作品やノート例〉

教科書に掲載されている例文は、都道府県名とその場所の特産品や特徴を分かりやすく示しており、社会科の学習と合わせてイメージしやすい。また、子供は実際に「カンジーはかせの都道府県の旅１」で文を書いているため、ICT 端末を扱いながら意欲的に調べたり、他教科等での学びと関連させたりしながら文章を書いていくだろう。

[具体例]

○「今回、最初に向かうのは鹿児島県です。鹿児島県には野生の鹿しかいないらしいです。もしかしたら、しっかりと白くまアイスを食べているのかもしれないです。次に…」
「『しか』を入れることでダジャレのような文章になっていっておもしろい」と言葉遊びを交えていくことで楽しんで漢字を用いた文章を書くことができる。

○「今回、行くのは宮城県と反対にある宮崎県です。宮崎県は地鶏が有名ですが、実は肉巻きおにぎりで使う豚肉も人気なのです。さて、次は…」
「カンジーはかせの都道府県の旅１」での学習とつなげていくことで書きやすくなる。また、つなぎ言葉の働きについても学習しているため、文章のつなぎ方についても前回書いたものと見比べて、自分の身に付いた力を実感することができる。

〈ICT の効果的な活用〉

共有：ICT 端末の学習支援ソフトなどを用いて、オリジナル旅行計画書や振り返りを共有することで、学びを確認し合ったり、今後の活動に生かしたりすることができるようにする。

本時案

カンジーはかせの都道府県の旅 2　1/2

本時の目標

・都道府県名を表す漢字や既習の漢字を扱いながら、オリジナル旅行計画書を書くことができる。

本時の主な評価

❶漢字の意味や書き方を捉えながら、オリジナル旅行計画書の中で漢字を用いている。【知・技】

資料等の準備

・教科書 p.100–101の拡大コピー
・日本地図
・「カンジーはかせの都道府県の旅 1」で書いた子供の作品

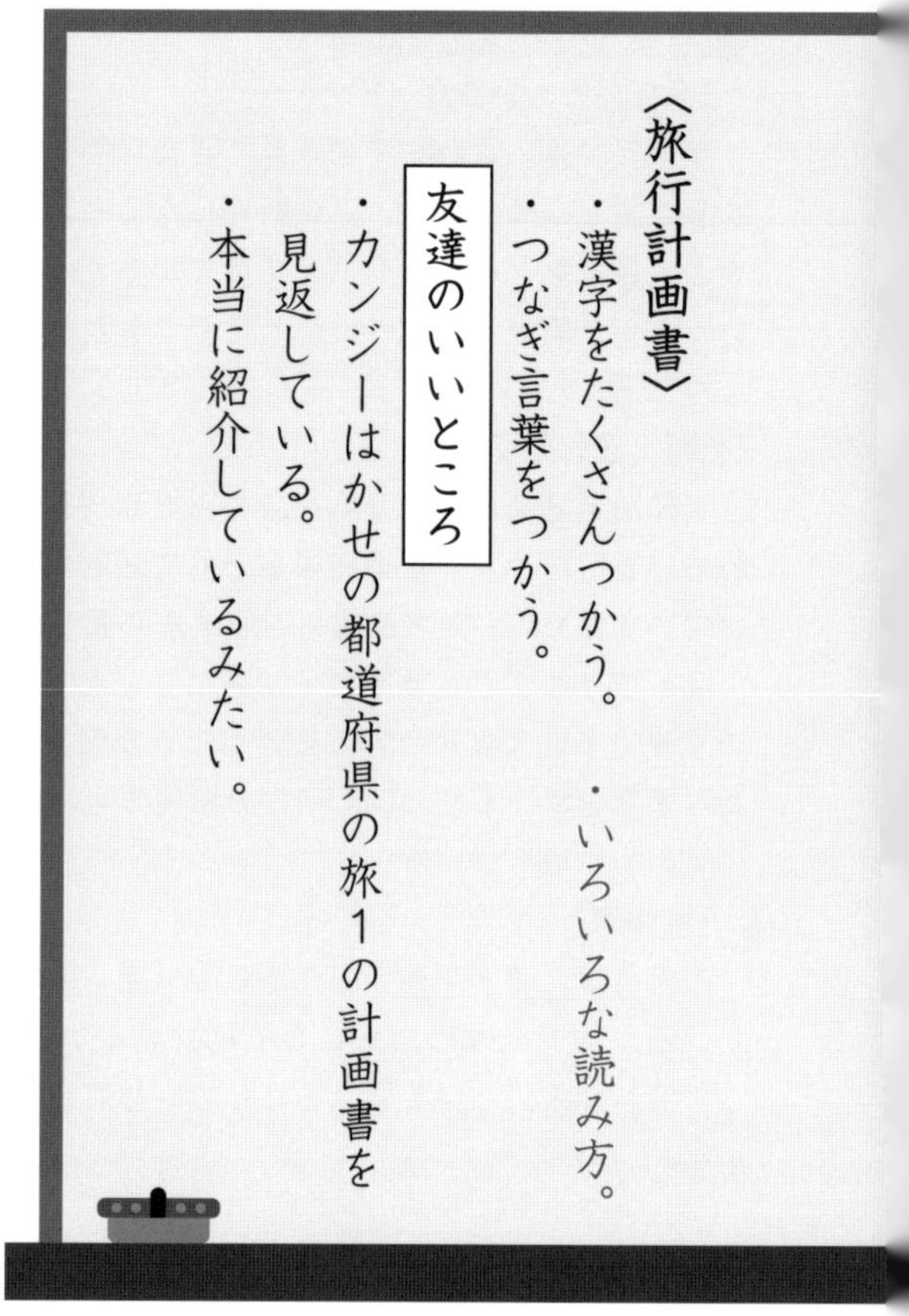
〈旅行計画書〉
・漢字をたくさんつかう。
・いろいろな読み方。
・つなぎ言葉をつかう。
友達のいいところ
・カンジーはかせの都道府県の旅1の計画書を見返している。
・本当に紹介しているみたい。

授業の流れ ▷▷▷

1 例文から、行ってみたい都道府県を見つけ交流する　〈10分〉

○教科書の例文を音読し、読み方が分からない漢字や言葉を確認する。通し番号ごとに読んだり、行きたい都道府県から読んだりと音読のバリエーションを増やしながら新出漢字に着目させたい。

T　読み方が分からなかったり、書くのが難しそうだったりする漢字はありましたか。

・「大阪」のさかは「坂」じゃないのだね。

○漢字辞典を活用し、新出漢字について調べる。「カンジーはかせの都道府県の旅 1」での学習を振り返るようにしたい。

ICT 端末の活用ポイント

書き順アニメーションや検索機能などを活用し、子供自ら問いをもって漢字学習に向かえるよう意識する。

2 前回の旅行計画書や振り返りから学習の見通しをもつ　〈10分〉

T　「カンジーはかせの都道府県の旅 1」ではどんな発見があったかな。

・漢字の意味と都道府県の名前の由来がつながっているときもあった。

T　漢字辞典を使って意味を調べてみよう。

・「鹿」は「しか」と読むということは、鹿児島県には鹿が多いのかな。

○前回の旅行計画書からどんなことを書いているのかを確認し、活動の見通しをもつ。

ICT 端末の活用ポイント

「カンジーはかせの都道府県の旅 1」で旅行計画書や振り返りを記録しておくことで、学習のポイントや着目点などのつながりを考えながら学習に臨むことができる。

カンジーはかせの都道府県の旅２

1

教科書 p.101 ／ p.102 例文

2

漢字を使って旅行計画書を書こう。

難しい漢字・間違えやすそうな漢字

阪 媛 滋

「坂」と間違えそう。

愛も「え」と読む。

3

「カンジーはかせの都道府県の旅１」の旅行計画書はスクリーンに掲示

漢字の意味と都道府県の名前は関係していることもあった。

3 オリジナル旅行計画書を書く〈25分〉

○前回の旅行計画書やモデル文を見ながら、旅行計画書を書く。「カンジーはかせの都道府県の旅１」の学習での手順を思い出しながら、「つなぎ言葉のはたらきを知ろう」の学習も踏まえ、つなぎ言葉と漢字を使うことを確認する。

T　友達はどんな都道府県を選んでいるか、どんな計画を立てているのかを見てみよう。

○１人で書きたい子、友達との交流でアイデアが生まれる子など、子供の実態に合わせて、取り組み方を選択できるようにする。

・A 君は同じ漢字の違う読み方を使って計画書を書いている。

・B さんは本当に紹介しているみたいだ。

よりよい授業へのステップアップ

他教科等の学習との関連から漢字への意欲を高める

社会科の調べ学習と関連させ、旅行計画書を発表する活動に発展させていく方法も考えられる。漢字の意味や書き方を観光名所などにも広げることで、新たな気付きが生まれるだろう。この学習を通して、漢字が実際にどう扱われているのかといった、より広い見方・考え方をもつきっかけとしていきたい。そのためには４年生で学習する漢字にとらわれることなく、子供の発見した漢字への気付きを価値付けていくことが必要である。

本時案

カンジーはかせの都道府県の旅 2　2/2

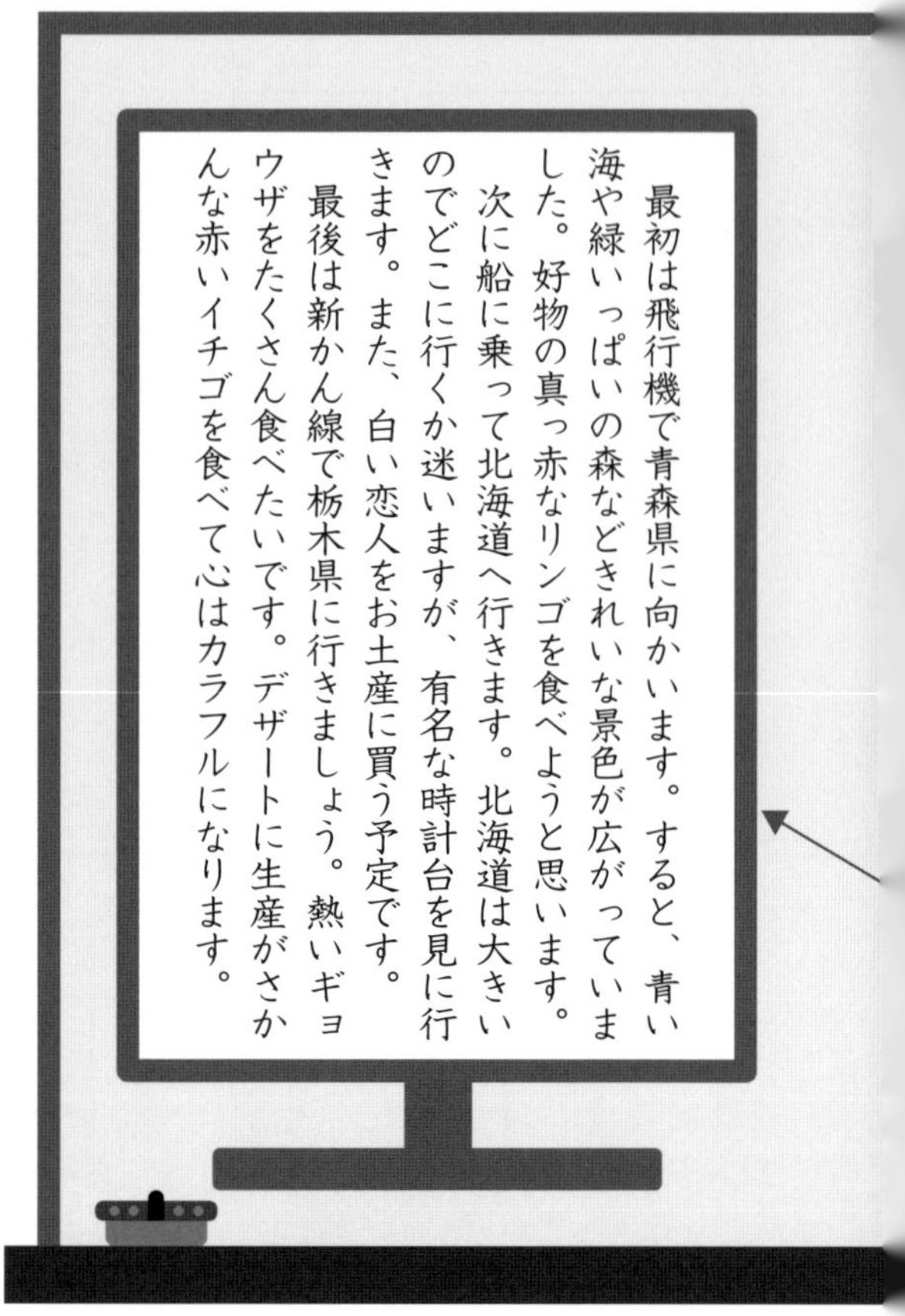
最初は飛行機で青森県に向かいます。すると、青い
海や緑いっぱいの森などきれいな景色が広がっていま
した。好物の真っ赤なリンゴを食べようと思います。
次に船に乗って北海道へ行きます。北海道は大きい
のでどこに行くか迷いますが、有名な時計台を見に行
きます。また、白い恋人をお土産に買う予定です。
最後は新かん線で栃木県に行きましょう。熱いギョ
ウザをたくさん食べたいです。デザートに生産がさか
んな赤いイチゴを食べて心はカラフルになります。

本時の目標

・新出漢字を活用した旅行計画書を読み合いながら、漢字の学習で得た気付きをまとめることができる。

本時の主な評価

❷旅行計画書を見直しながら、新出漢字を進んで使い、漢字の学習での学びを自分の言葉でまとめようとしている。【態度】

資料等の準備

・教科書 p.100–101の拡大コピー
・日本地図
・「カンジーはかせの都道府県の旅 1」で書いた子供の作品

授業の流れ ▷▷▷

1 新出漢字の意味や読み方などを確認する 〈10分〉

T　難しいと思った漢字や間違いやすそうな漢字をもう 1 度調べてみよう。
・「愛媛」は画数が多く、特別な読み方で大変。
・「熊」は似ている漢字があった気がする。
○子供の困りから漢字を学習する必然性を見つけていく。意味や読み方だけではなく、似ている漢字との違いにも着目させていく。
T　今回も漢字の意味を調べて、都道府県の由来を考えてみるといいかもしれませんね。

ICT 端末の活用ポイント

都道府県の由来を検索すると、諸説現れる場合がある。漢字辞典を使い漢字の意味を調べた後にそれらの中でどれがふさわしいか考えるなど、漢字の扱われ方や意味とのつながりを意識させていきたい。

2 互いの旅行計画書を読み合い、書き足す 〈25分〉

T　友達の旅行計画書を読んで、どんな漢字が使われているかを確認してみよう。
・ダジャレみたいに「鹿」という漢字を使っているのがすごい。「媛」だけではなく「姫」という同じ読み方の漢字を使っている。
・「鳥取」と「島根」の違いを使って書いているのがおもしろい。
○漢字の扱い方や様々な読み方に着目している子供の作品を共有する。
T　友達の作品のいいところ真似しながら、自分の旅行計画書に書き足してみよう。

ICT 端末の活用ポイント

学習支援ソフトで共有したものをスクリーンに映し出すことで、全体で工夫を発見したり、アドバイスを送り合ったりすることもできる。

カンジーはかせの都道府県の旅２

1

熊

似ている漢字

能力　態度

鹿

鹿児島県には鹿が多い？

「児」は子どもという意味。

「児」は児童の「じ」とも読む。

2

旅行計画書を読み合って、パワーアップさせよう。

〈友達のいいところ〉

媛と姫　別の漢字で同じ読み方を使っている。

島根と鳥取　それぞれの違いを漢字を使って紹介している。

県庁所在地まで漢字で書けている。

○つなぎ言葉がたくさんあった

「さて」「すると」「しかし」「もしかして」「だから」…

読んでいてその都道府県に行きたくなった。

カンジーはかせの都道府県の旅１の続きになっている。

3

○漢字の勉強をしてみて

漢字をたくさん使って書けた。

つなぎ言葉と合わせて文章を書けた。

前よりもおもしろく書けた。

漢字の種類が増えた。

子供の書いた旅行計画書をスクリーンに提示する。

3　漢字の学習を通して気付いたことを振り返る　〈10分〉

○都道府県と漢字の関係や様々な読み方など、子供が発見した学びを共有することで今後の漢字を学習していく興味・関心を高めていく。

T　「カンジーはかせの都道府県の旅１」の旅行計画書と比べて何が変わったかな。

・漢字をたくさん使えるようになってきた。

・漢字だけではなく、これまでの勉強の成果を生かして旅行計画書を書けた。

○前回の旅行計画書との比較や友達の旅行計画書の工夫などを踏まえて、漢字の学習から気付いた発見や今後に生かしていきたいことをまとめる。

T　これからもいろいろな漢字の意味や読み方を考えて、たくさん使っていきましょう。

ICT 等活用アイデア

子供同士で作る漢字を楽しむ問題

漢字を使うことに苦手意識を抱える子が多い。一生懸命に文章を書いても、「これは漢字にできるよ」と指摘され続けることは学習意欲の低下につながってしまうだろう。そこで、文書作成ソフトや学習支援ソフトを用いて子供同士が問題を出し合うことで、協働しながら継続的に漢字への関心を高めていく。例えば、ひらがなで書かれた子供の文章を問題として提示したり、同音異義の漢字をクイズ形式で選ばせたりするなど、楽しんで漢字を使おうとする意識を高めていきたい。

季節の言葉 2

夏の楽しみ　（2時間扱い）

単元の目標

知識及び技能	・様子や行動を表す語句の量を増し、文章の中で使い、語彙を豊かにすることができる。((1)オ)
思考力、判断力、表現力等	・相手や目的を意識して、経験したことや想像したことなどから書くことを選び、集めた材料を比較したり分類したりして、伝えたいことを明確にすることができる。(B ア)
学びに向かう力、人間性等	・言葉がもつよさに気付くとともに、幅広く読書をし、国語を大切にして、思いや考えを伝え合おうとする。

評価規準

知識・技能	❶様子や行動を表す語句の量を増し、文章の中で使い、語彙を豊かにしている。(〔知識及び技能〕(1)オ)
思考・判断・表現	❷「書くこと」において、相手や目的を意識して、経験したことや想像したことなどから書くことを選び、集めた材料を比較したり分類したりして、伝えたいことを明確にしている。(〔思考力、判断力、表現力等〕B ア)
主体的に学習に取り組む態度	❸粘り強く経験したことや想像したことなどから書くことを選び、伝えたいことを明確にして、俳句を書こうとしている。

単元の流れ

次	時	主な学習活動	評価
一	1	**学習の見通しをもつ** 教科書 p.102–103を読み、夏の行事や夏の言葉について知っていることを発表し合う。 学習のおおよその見通しをもち、学習課題を設定する。 **夏の楽しみを、俳句で表そう**	❷
二	2	俳句の書き方を確認する。 自分が知っていたり調べたりした夏の行事について、俳句で表す。 **学習を振り返る** 作った俳句を友達と読み合い、感想を伝え合う。	 ❶ ❸

授業づくりのポイント

〈単元で育てたい資質・能力〉

「春の楽しみ」に続き、本単元では「夏」をテーマにして季節の言葉を学ぶ。自分たちが考えた夏の様子を、俳句で表せることをねらいとする。３年生で俳句のことを学び、暗唱したりお気に入りの俳句を探したりしている。４年生では、実際にテーマを決めて、俳句を作ることで言葉のリズムを楽しめるようにしたい。

そのためには、単元の冒頭で夏と聞いて連想することを出し合うことで、一人一人が夏の行事や夏に関係のある言葉をイメージできるようにすることが、まず大切である。

〈教材・題材の特徴〉

教科書の p.102–103には、夏の行事や短歌・俳句が掲載されている。子供にとって馴染み深いものもあれば、初めて聞いたものもあるだろう。また、地域によっても、知っていたり知らなかったりする言葉があることも予想される。

子供の実態に応じて、教師が補足説明をしたり、子供が調べたりすることで、言葉の意味を共通理解できるとよい。「ころもがえ」「ぼんおどり」等は、実際に経験したことのある子供もいることが予想されるので、そのときの経験も共有できるようにする。

〈言語活動の工夫〉

本単元での主な言語活動は、夏の言葉を使って俳句を作ることである。まずは、夏に関係する言葉を発表し合い、その言葉を使った俳句を作れないかを全体で確認する。教科書には、「ころもがえ」「七夕」「ぼんおどり」に関係する短歌や俳句が掲載されているので参考にできる。また、教師がいくつか夏の俳句を用意しておき、提示することで子供たちは活動の見通しをもつことができるだろう。

俳句を作ってすぐに共有するのではなく、自分が作った俳句を読んでみて、言葉のリズムを楽しむ時間を設ける。書いた言葉と声に出した言葉では、印象が異なることがある。それによって、自分の作品を見直せるようにする。

[具体例]

○「七夕」と聞いて思い付くことを子供に問い、そこで出てきた言葉を使って五・七・五の俳句を学級全体で作ってみる。一度、夏の言葉を使った俳句の作り方をイメージできたら、各自で俳句を作り始める。「七夕」に関連して、短冊に書くとより活動にも意欲的になるだろう。

〈ICT の効果的な活用〉

調査：「夏」「俳句」というキーワードで検索をすると、多くの名句を閲覧することができる。それらを参考にすることで、自分のオリジナル俳句を作るきっかけにできる。

記録：作った俳句を写真に撮り、アプリで共有する。短時間で閲覧することができるので、より多くの作品を共有することができる。

本時案

夏の楽しみ　1/2

本時の目標

・夏の行事について共有し、学習の見通しをもつことができる。

本時の主な評価

❷夏の行事について調べ、伝えるために必要な内容を選んでいる。【思・判・表】
・夏の行事について知り、学習の見通しをもっている。

資料等の準備

・夏の行事の絵、または写真
・第３学年の教科書
・図鑑

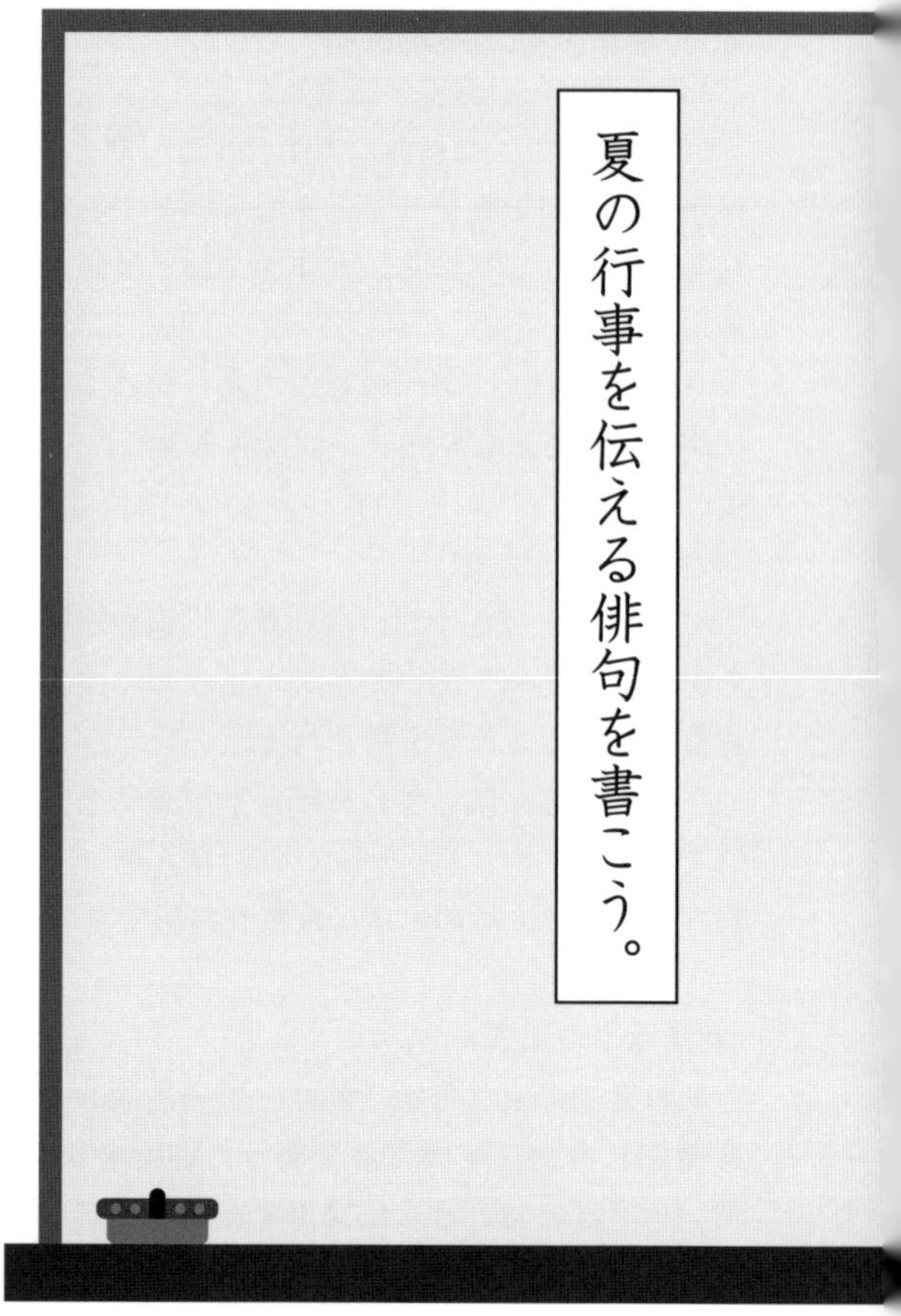

授業の流れ▷▷▷

1 夏の行事について、知っていることを共有する〈15分〉

○「春の楽しみ」での学習を思い出しながら、「行事」の意味を確認する。

T　前に「春の楽しみ」という学習をしました。今回は「夏の楽しみ」です。夏には、どんな行事があるでしょうか。

・七夕　・夏休み　・盆踊り
・水泳大会　・花火大会

T　夏にもいろいろな行事がありますね。では、その行事ではどんなことをして、どんな意味があるかを知っていますか。

・七夕は、短冊に願い事を書いて竹に飾る。
・夏休みは、長い休み。宿題がたくさん出る。
・水泳大会では、個人メドレーに出場する。
・盆踊りでは、屋台がたくさん出る。
・どんな意味があるかは知らないな。

2 学習の見通しをもつ〈10分〉

○３年生で俳句について学習しているので、その内容を確認する。

T　春の行事については、手紙を書いて伝えましたね。夏の行事は、俳句で表してみましょう。俳句とは、どういうものだったか覚えていますか。

・※第３学年の教科書参照

T　五・七・五という短い言葉の中で、行事のことを表します。俳句にしたい行事を選びましょう。

○「短歌で表したい」という声が挙がった場合、それもよしとする。限られた字数で、伝えたい内容を表すために、言葉を選ぶという活動が大切である。

夏の楽しみ

1 2 夏の行事

○学校行事
・夏休み　・終業式
・夏休みのプール

○きせつの行事
・ころもがえ
・夏至
・七夕
・ぼんおどり

3 夏の行事について調べる。

・自分のけいけん
・図かん
・タブレット

地域の行事があれば、写真を提示するとよい。

調べ方を示しておく。自分の経験を思い出すことも大切であることを伝えるとよい。調べた内容のどれを俳句にするかも考えておくように子供に伝える。

3 夏の行事について調べる〈20分〉

○伝えたい行事が決まったら、その行事について調べる。

T　では、伝えたい行事について調べましょう。図鑑やタブレットを使います。自分が経験したことを思い出せるといいですね。

・七夕には、織姫と彦星のストーリーがある。けれど、これを俳句にするのは難しいな。

・水泳大会では、自分が練習してきた成果を出せるような俳句を作りたいな。

○行事の意味・由来を知ったら、五・七・五の中に、どんな内容を入れるのかを考えられるようにする。

ICT 端末の活用ポイント

インターネットを使って、夏の行事について調べると、短時間で多くの情報を得られる。

よりよい授業へのステップアップ

俳句に表すよさを考える

「五・七・五」という短い言葉で表される俳句。わずかな字数で、たくさんの思いを表し、読み手が想像を広げられるものである。俳句を作ることを通して、言葉のおもしろさや伝える楽しさを子供が感じられるようにしたい。

松尾芭蕉の「閑かさや　岩にしみ入る　蝉の声」のように古くから知られている俳句を紹介してもよいし、インターネット上には全国の小学生が考えた俳句が紹介されている。それらを参考にしながら、自分なりの俳句を作れるとよい。

本時案

夏の楽しみ

2/2

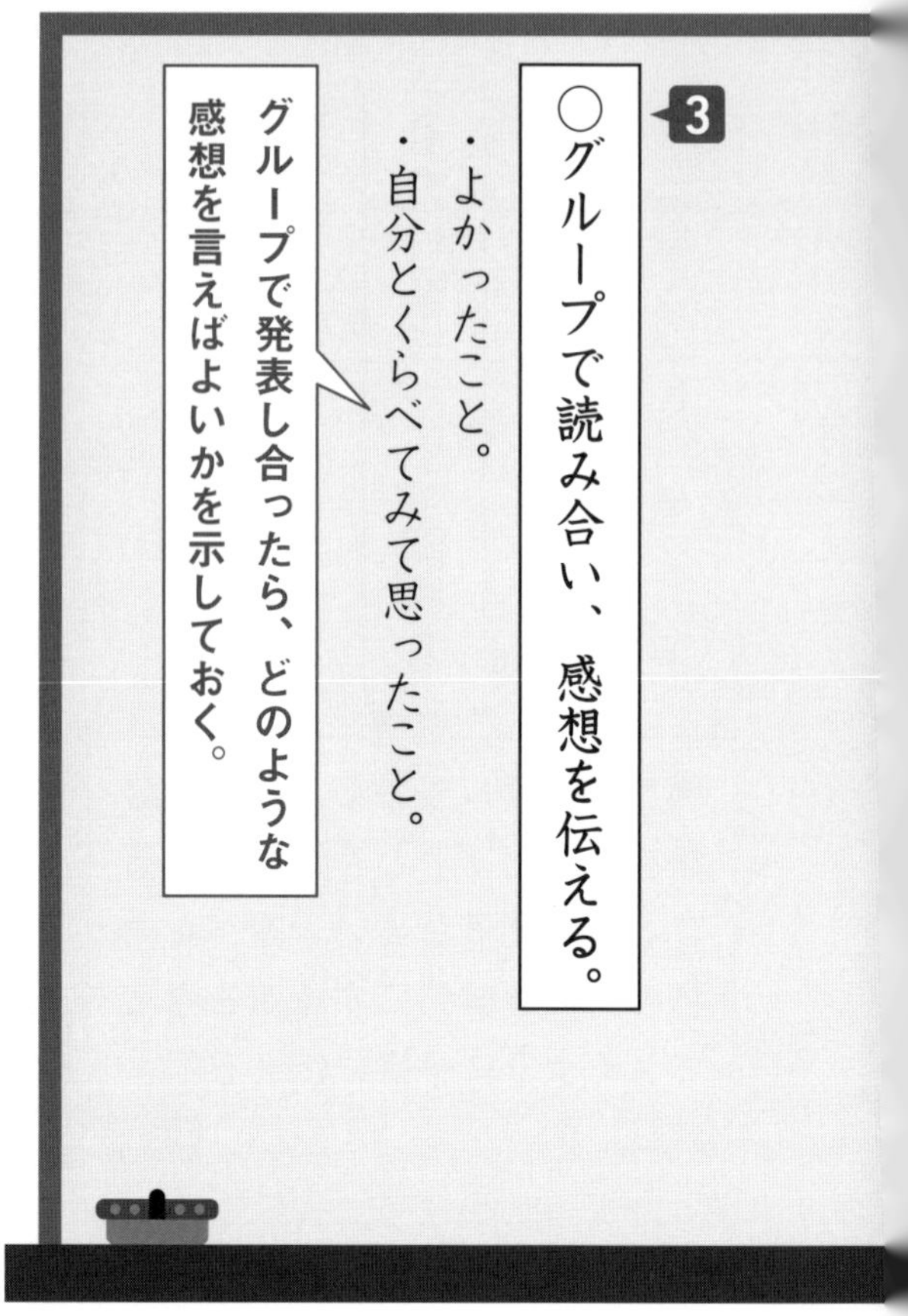
3
〇グループで読み合い、感想を伝える。
・よかったこと。
・自分とくらべてみて思ったこと。
グループで発表し合ったら、どのような感想を言えばよいかを示しておく。

本時の目標

・行事を表す言葉を選び、夏の行事を伝える俳句を作ることができる。

本時の主な評価

❶夏の行事を表す言葉を使って、俳句を書いている。【知・技】

❸相手を明確にして、夏の行事を表す俳句を書いている。【態度】

資料等の準備

・モデルとなる俳句

・白紙の短冊

授業の流れ ▷▷▷

1 俳句の書き方を確認する〈10分〉

〇俳句にどんなことを書けばよいかを確認する。

T　前の時間に調べた夏の行事のことを俳句に表します。俳句はどのように書けばよいでしょうか。

・五・七・五で書く。

・字余りになってもよい。

・行事の名前を入れる。

T　俳句を書くためのきまりがありましたね。テーマは「夏の行事」です。夏の行事のことが伝わるように、俳句を作りましょう。

・夏休みのことを書こう。

・今年の七夕のことを書いてみようかな。

〇俳句の作り方を確認するために、3年生の教科書の内容を提示してもよい。

2 夏の行事を伝える俳句を書く〈20分〉

T　では、夏の行事を伝える俳句を作りましょう。

・夏休み　宿題やるぞ　早めにね

・織姫と　彦星みたい　七夕や

・水泳の　練習つらい　夏休み

・屋台でね　色とりどりの　かき氷

・大輪が　咲くよ夜空に　花火かな

T　俳句ができて時間がある人は、他にも作れないかを考えましょう。

〇俳句を作るための短冊を用意する。

ICT 端末の活用ポイント

完成した俳句を写真に撮って、アプリで共有すると、その場で一斉に共有することができる。

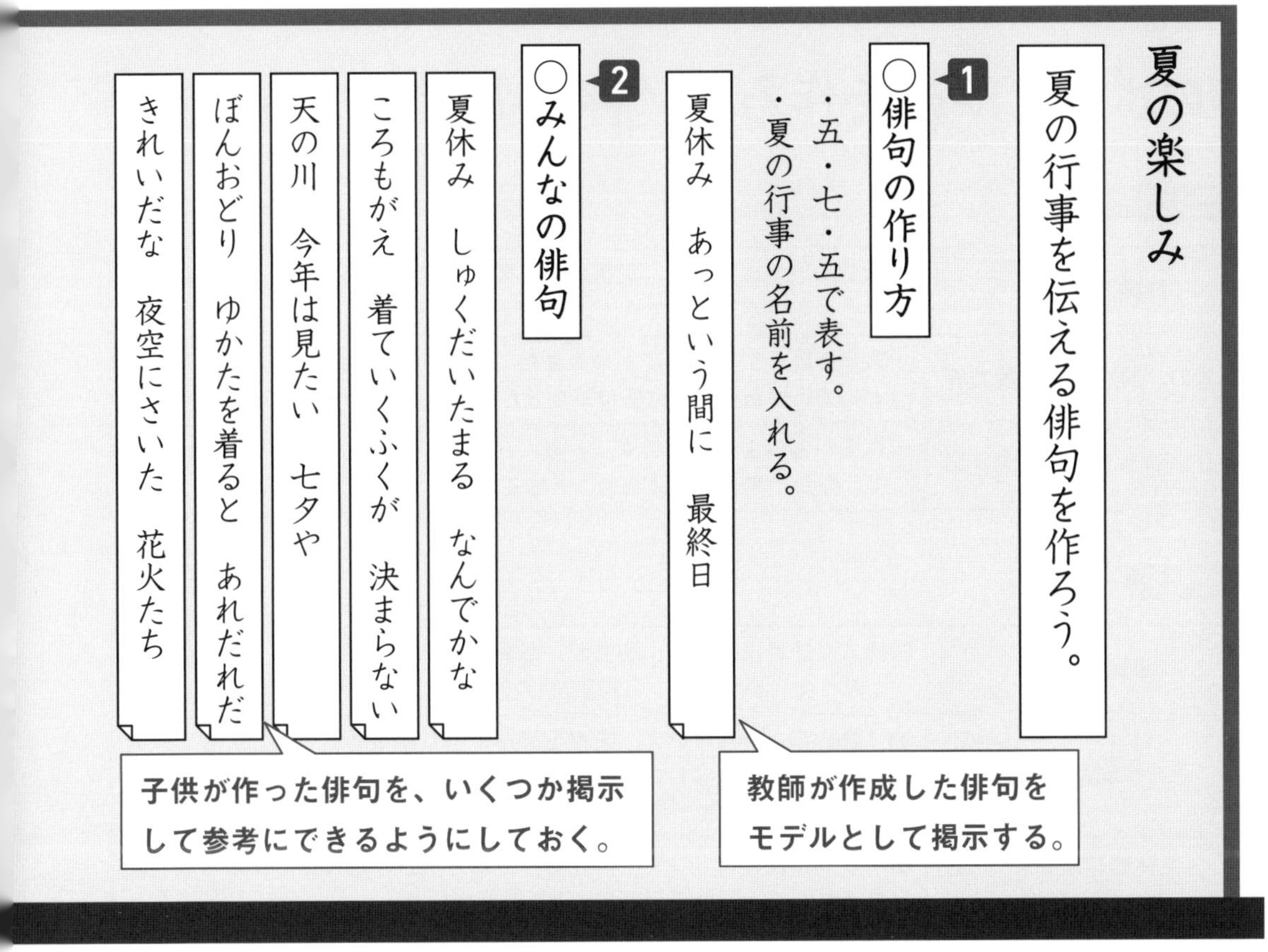
夏の楽しみ
夏の行事を伝える俳句を作ろう。
1
○俳句の作り方
・五・七・五で表す。
・夏の行事の名前を入れる。
夏休み　あっという間に　最終日
2
○みんなの俳句
夏休み　しゅくだいたまる　なんでかな
ころもがえ　着ていくふくが　決まらない
天の川　今年は見たい　七夕や
ぼんおどり　ゆかたを着ると　あれだれだ
きれいだな　夜空にさいた　花火たち
教師が作成した俳句をモデルとして掲示する。
子供が作った俳句を、いくつか掲示して参考にできるようにしておく。

3 俳句を読み合う 〈15分〉

T　書いた俳句をグループで読み合いましょう。読んだら、感想を伝えましょう。

・夏休みの宿題、僕も早くやらなきゃなと思うけど、いつも後になるんだよな。
・織姫と彦星の星の名前があったよね。
・かき氷は何の味が好きなの。
・今年の花火大会、晴れるといいね。

○グループで俳句を共有する。時間が余れば、作成した俳句を机上に置いて、自由に見て回る時間を設定してもよい。

○読み合った後、俳句を教室に掲示しておき、保護者参観の際などに、閲覧できるようにしておくとよい。

よりよい授業へのステップアップ

共同で俳句を作る

　発展学習として、3人で俳句を作る活動も考えられる。3人1グループで、「五・七・五」をそれぞれ担当する。最初の五を考えた子供に続けて、次の子供が七を考える。難しさもあるが、楽しさもあり、協力して作ったという達成感も味わえるだろう。

　あるいは、教師が最初の5文字を示した上で、「この後に続くように俳句を作りましょう」と投げかけてもよい。なるべく協働的に活動できる時間を確保するようにしたい。

本は友達

本のポップや帯を作ろう／神様の階段　（5時間扱い）

単元の目標

知識及び技能	・幅広く読書に親しみ、読書が、必要な知識や情報を得ることに役立つことに気付くことができる。((3)オ)
思考力、判断力、表現力等	・文章を読んで感じたことや考えたことを共有し、一人一人の感じ方などに違いがあることに気付くことができる。(Cカ)
学びに向かう力、人間性等	・言葉がもつよさに気付くとともに、幅広く読書をし、国語を大切にして、思いや考えを伝え合おうとする。

評価規準

知識・技能	❶幅広く読書に親しみ、読書が、必要な知識や情報を得ることに役立つことに気付いている。(〔知識及び技能〕(3)オ)
思考・判断・表現	❷「読むこと」において、文章を読んで感じたことや考えたことを共有し、一人一人の感じ方などに違いがあることに気付いている。(〔思考力、判断力、表現力等〕Cカ)
主体的に学習に取り組む態度	❸学習の見通しをもって、紹介したい本を選び、読み返しながら、作品のよさをポップや帯にまとめようとしている。

単元の流れ

次	時	主な学習活動	評価
一	1	学習の見通しをもつ 読書経験を振り返り、本の選び方、本の読み方、本の紹介の仕方について話し合う。 ポップや帯という紹介の仕方があることを確認し、学習課題を設定する。 本のポップや帯を作ろう	❸
二	2 3 4	『神様の階段』を読み、ポップか帯を作る。 紹介したい本を選び、読みながら（読み返しながら）、紹介したい事柄を書き出す。 紹介したい本のポップか帯を作る。	❷ ❸
三	5	作ったポップや帯を基に、選んだ本のよさを紹介し合い、感想を伝え合う。 学習を振り返る 共有を通して気付いたことを振り返り、今後の読書活動につなげる。	❷ ❶

授業づくりのポイント

〈単元で育てたい資質・能力〉

本単元のねらいは、本のよさをまとめたり紹介したりする活動を通して、読み深める読書や幅広い読書をするための素地を養うことである。そのためのポイントは、次の3点である。

①これまでの読書経験を振り返り、自分の読書傾向を把握する

可能であれば、子供の選書傾向を把握し（読書記録カードの活用、学校図書館の貸し出し状況など）、あまり読まれていないジャンルの本があれば学級文庫に置いたり読み聞かせをしたりして、幅広い読書につながる種をまいておく。

②選んだ本のよさを紹介するために、改めて読み直したり、深く読み込んだりする

子供一人一人が「この本を紹介したい！」と思う本を選ぶことができるように、「おすすめの本を紹介する」という学習活動について事前に予告しておいてもよい。本を紹介する方法としてのポップや帯の作り方は新出事項となるため、『神様の階段』でポップや帯を作る際に十分に指導する必要がある。可能であれば、本物のポップや帯を提示することで、子供が完成のイメージ（学習の見通し）をもつための一助としたい。

③作ったポップや帯を基に本を紹介し合い、自分の読書計画を考える

友達の本の紹介を読んだり聞いたりすることをきっかけに、読んでみたい本をリストアップしたり、友達と本を交換して読んだりと、今後の幅広い読書活動につなげさせたい。

〈教材・題材の特徴〉

教科書 p.106の「この本、読もう」には、児童文学やノンフィクションの作品が紹介されている。p.108からの『神様の階段』は、写真家の今森光彦氏が自身の体験を基に書いたノンフィクション作品である。また、選書の参考にと紐づけられている p.140～141の「本の世界を広げよう」には、詩・言葉の本も紹介されている。

本単元では、幅広い読書をねらいとするため、選書のジャンル指定はしない。しかし、子供の読書経験の実態によっては、あまり読まれていないジャンルの本を学級文庫に置くなど、事前に意図的・計画的な環境づくりをしておくことも重要である。

紹介したい本を選ぶに当たり、選書のための十分な期間を設けたい。

[具体例]
○単元に入る前から、読書記録カードに取り組ませる。
○第1時から第3時の間を1週間程度あける。

〈ICT の効果的な活用〉

共有：第5時だけでは2～3人との共有にとどまってしまうため、本単元終了後、完成したポップや帯と本を ICT 端末のカメラ機能で撮影し、データを提出させる。著作権、個人情報の扱いに留意して、データ作品閲覧期間を設ける。

本時案

本のポップや帯を作ろう／神様の階段

1/5

本時の目標

・読書経験の振り返りからポップや帯という方法で本の紹介をすることに関心をもち、単元の学習の見通しをもつことができる。

本時の主な評価

・これまでの読書経験を振り返り、共有することで、自分の読書傾向を把握している。
❸ポップや帯という本の紹介の仕方を知り、見通しをもって取り組もうとしている。【態度】

資料等の準備

・ICT 端末を用いた読書に関するアンケート
・子供の選書傾向を把握した資料（読書記録カード、学校図書館の貸し出し状況など）

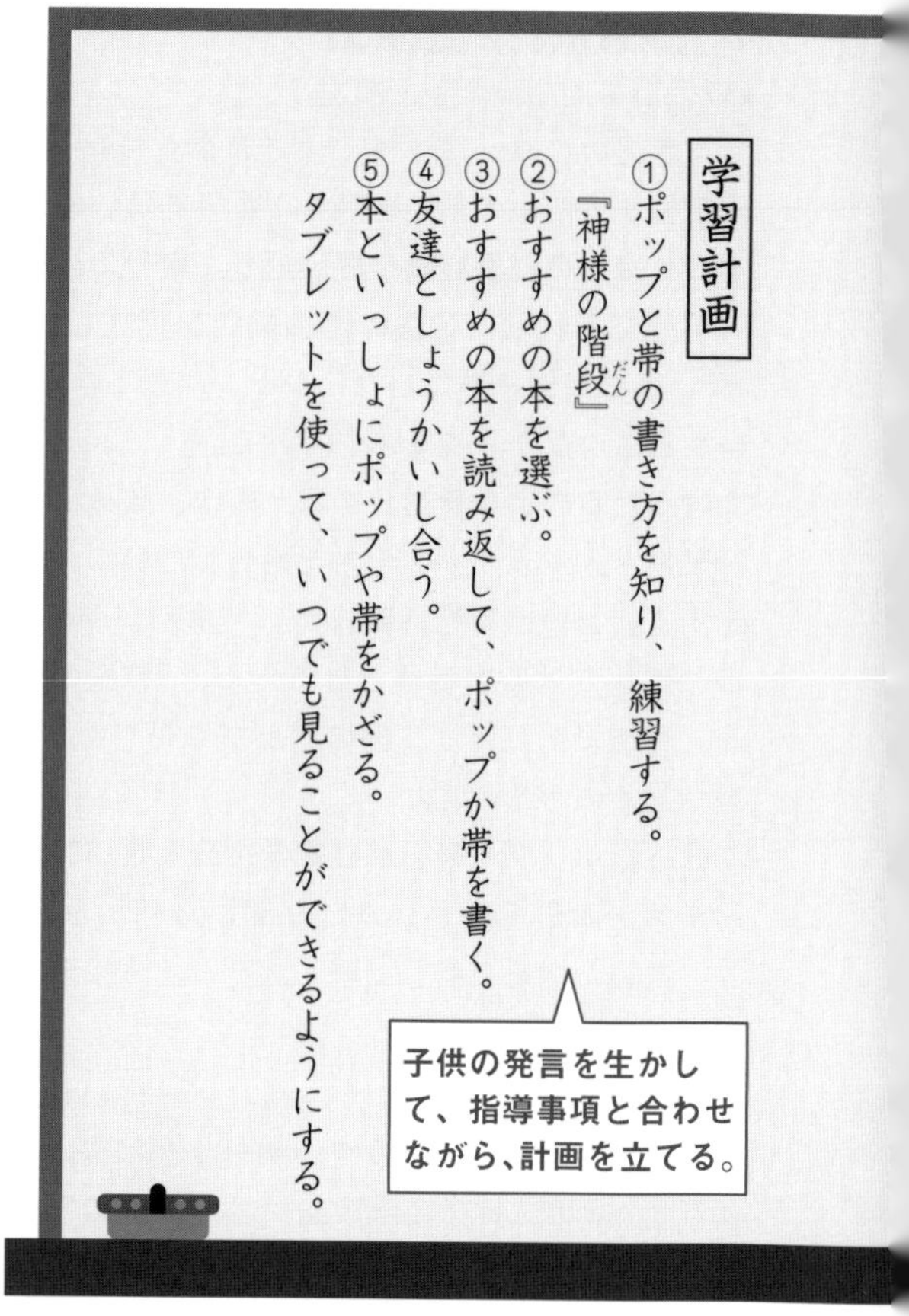

学習計画
①ポップと帯の書き方を知り、練習する。
『神様の階段《だん》』
②おすすめの本を選ぶ。
③おすすめの本を読み返して、ポップか帯を書く。
④友達としょうかいし合う。
⑤本といっしょにポップや帯をかざる。
タブレットを使って、いつでも見ることができるようにする。
子供の発言を生かして、指導事項と合わせながら、計画を立てる。

授業の流れ ▷▷▷

1 読書経験を振り返り、共有し、自分の読書傾向を知る 〈20分〉

○子供が読書経験を振り返ることができ、教師は子供の読書傾向を把握することができるようなアンケートを事前に作成しておく。

T　これまでの読書経験を振り返りながら、アンケートに回答してください。

○その場で集計結果を示し、学級全体の読書傾向を把握させる。

T　学級全体のアンケート結果と比べながら、自分の読書経験について話し合いましょう。

・本屋さんで「店員のおすすめ」という表示を見て、本を選んだことがあります。
・登場人物の気持ちになりきって、次はどうなるのか予想しながら読んでいます。
・読書感想文を読み合い、本を紹介し合ったことがあります。

2 「ポップ」と「帯」という本を紹介する方法を知る 〈15分〉

T　本を紹介する方法の１つに、「ポップ」と「帯」があります。

○教科書 p.107のポップと帯の例を提示し、形態と内容（「キャッチコピー」の説明）を確認する。可能であれば、本物のポップと帯を用意しておき、提示する。

ICT 端末の活用ポイント

1では、ICT 端末を使用してアンケートを配信し、その場で回答、送信させる。集計する手間なく、結果をすぐに提示することができる。

本のポップや帯を作ろう

1 自分にとっての「読書」をふり返ろう。

2 〈ポップ〉

教科書
p.107
ポップの例

・本をしょうかいするカード

〈帯〉

教科書
p.107
帯の例

・本にまかれている
しょうかいが書かれている紙

○心にのこった文の引用・キャッチコピー
○題名や筆者・作者名
○内容のかんたんなしょうかいや感想

3 ポップか帯を作って、おすすめの本をしょうかいしよう。

→読書の幅を広げよう。

3 おすすめの本を紹介し合うための学習計画を立てる 〈10分〉

T 「ポップ」か「帯」のどちらかを選んで、おすすめの本を紹介し合いましょう。

○読書の幅を広げていくことのよさを示唆しておく。

T さて、おすすめの本のポップか帯を作り、本を紹介し合うために、どのように学習を進めていくとよいでしょうか。

・ポップと帯の書き方をもう少し詳しく知りたいです。

・書く練習をしたいです。

・本と一緒にポップや帯を飾りたいです。

○子供の発言を基に、学習計画を立てる。

よりよい授業へのステップアップ

読書傾向調査結果を発表する

ICT 端末を用いたアンケートを実施することで、学級全体の読書経験や傾向を即時に把握することができる。また、読書記録カードや学校図書館の貸し出し状況を調べたものも併せて活用することで、子供が自分たちの読書を見つめ直すことができるようにする。そうすることで、本単元の学習をより身近に感じ、主体性を引き出すことができる。

本時案

本のポップや帯を作ろう／神様の階段

2/5

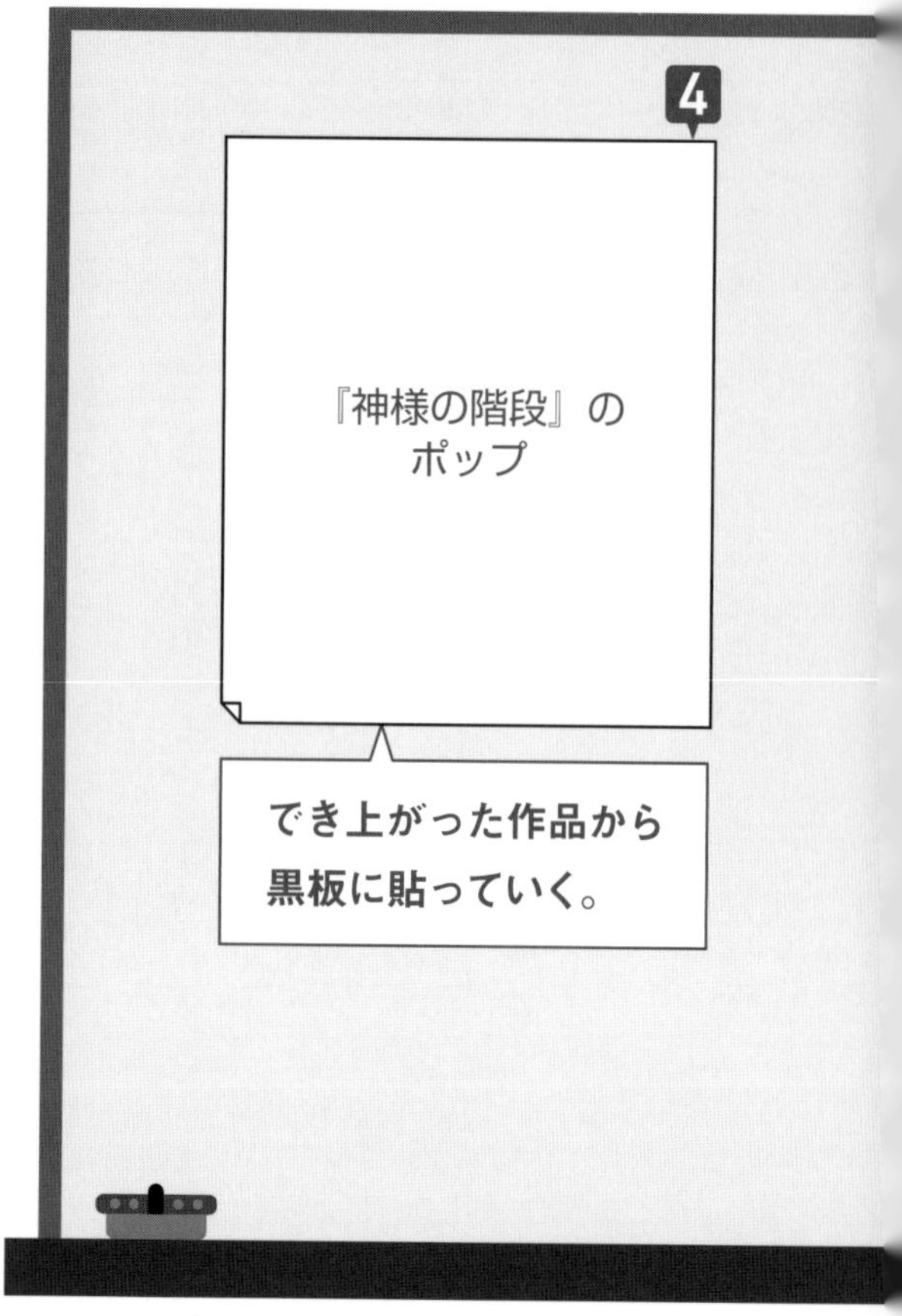
4
『神様の階段』の
ポップ
でき上がった作品から
黒板に貼っていく。

本時の目標

・『神様の階段』を読み、感じたことや考えたことについて、ポップの形式で紹介することができる。

本時の主な評価

・『神様の階段』を読んで感じたこと、考えたことを基に、ポップの形式でよさを紹介する文を書いている。

❷文章を読んで感じたことや考えたことを共有し、一人一人の感じ方などに違いがあることに気付いている。【思・判・表】

資料等の準備

・『神様の階段』のポップを作るワークシート ⤓ 21-01

授業の流れ ▷▷▷

1 『神様の階段』の範読を聞き、心に残ったところに線を引く〈10分〉

T　学習計画①「ポップと帯の書き方を知り、練習する」を進めていきましょう。

○本時のめあてを板書する。

T　先生が『神様の階段』を読みます。本文を目で追いながら聞き、心に残ったところに線を引きましょう。

2 題名と作者名を確認し、内容の簡単な紹介を考える〈10分〉

○ワークシートを配る。

T　このワークシートは、ポップを作るために必要なことを書き込んでいくものになっています。お話の題名と作者の名前を書きましょう。

・題名は『神様の階段』です。

・作者は「今森光彦」さんで、文だけでなく写真も今森さんの作品です。

T　次に、この話の内容を簡単に紹介する文を考えます。今回は、練習として、括弧に入る言葉を考えて書いてみましょう。

○穴埋め形式で本文の内容理解を確かめると同時に、内容を簡単に紹介する文型の例としても書き方を押さえる。

本のポップや帯を作ろう

1 『神様の階段《だん》』のよさをポップでしょうかいしよう。

2 ①題名　『神様の階段《だん》』

②作者名　今森《いまもり》　光彦《みつひこ》（文・写真）

③内容のしょうかい（かんたんに）
写真家の今森光彦さんが、インドネシアの（　　）のくらしをたどって、写真と文で語っているお話です。

…あらすじ
昔ながらの美しい（　　）と人々のすがたから、（　　）とともに生きる様子が伝わってきます。

…感じ取ったこと・考えたこと
本（話）がもつメッセージ

3 ④心に残った言葉や文
キャッチコピー

3　心に残った言葉や文、キャッチコピーを書く　〈15分〉

T　心に残った言葉や文を引用して書き出しましょう。キャッチコピーも書いてみましょう。

○ワークシートに書き込むことができた子供から、ホワイトボード機能を用いて、心に残った言葉や文、キャッチコピーを共有する。

T　心に残った言葉や文、キャッチコピーを見て、気付いたことを書きましょう。

・心に残るところはそれぞれ違っていました。

・○○さんのキャッチコピーがとても素敵で、惹き付けられました。

ICT 端末の活用ポイント

同じ話を読んでも人それぞれ感じ方や考え方が異なること、互いの考えのよさに気付くため、ホワイトボード機能などを用いて広く考えの共有をする。

4　『神様の階段』のポップを完成させる　〈10分〉

T　心に残った言葉や文、キャッチコピーのところをペンでなぞり、色を塗ったり絵を描いたりして、『神様の階段』のポップを完成させましょう。

○仕上がったら、ポップの形に切り取り提出させ、黒板に貼っていく。授業後には教室に掲示する。

T　次回は、自分のおすすめの本のポップか帯を作ります。学習計画②「おすすめの本を選ぶ」については、各自で進めましょう。紹介する本を選び、準備しておきましょう。

○第２時と第３時の間は数日空ける。

本時案

本のポップや帯を作ろう／神様の階段 3/5

本時の目標

・おすすめの本を読み（読み返し）、ポップか帯で紹介したい事柄を書くことができる。

本時の主な評価

❸紹介したい本のよさを伝えるために、ポップや帯に必要な事柄を検討し、よりよい紹介を書こうとしている。【態度】

資料等の準備

・教師のおすすめの本
（既習の話『白いぼうし』などもよい）
・付箋紙
・おすすめの本のポップか帯の内容を考えるワークシート 21-02

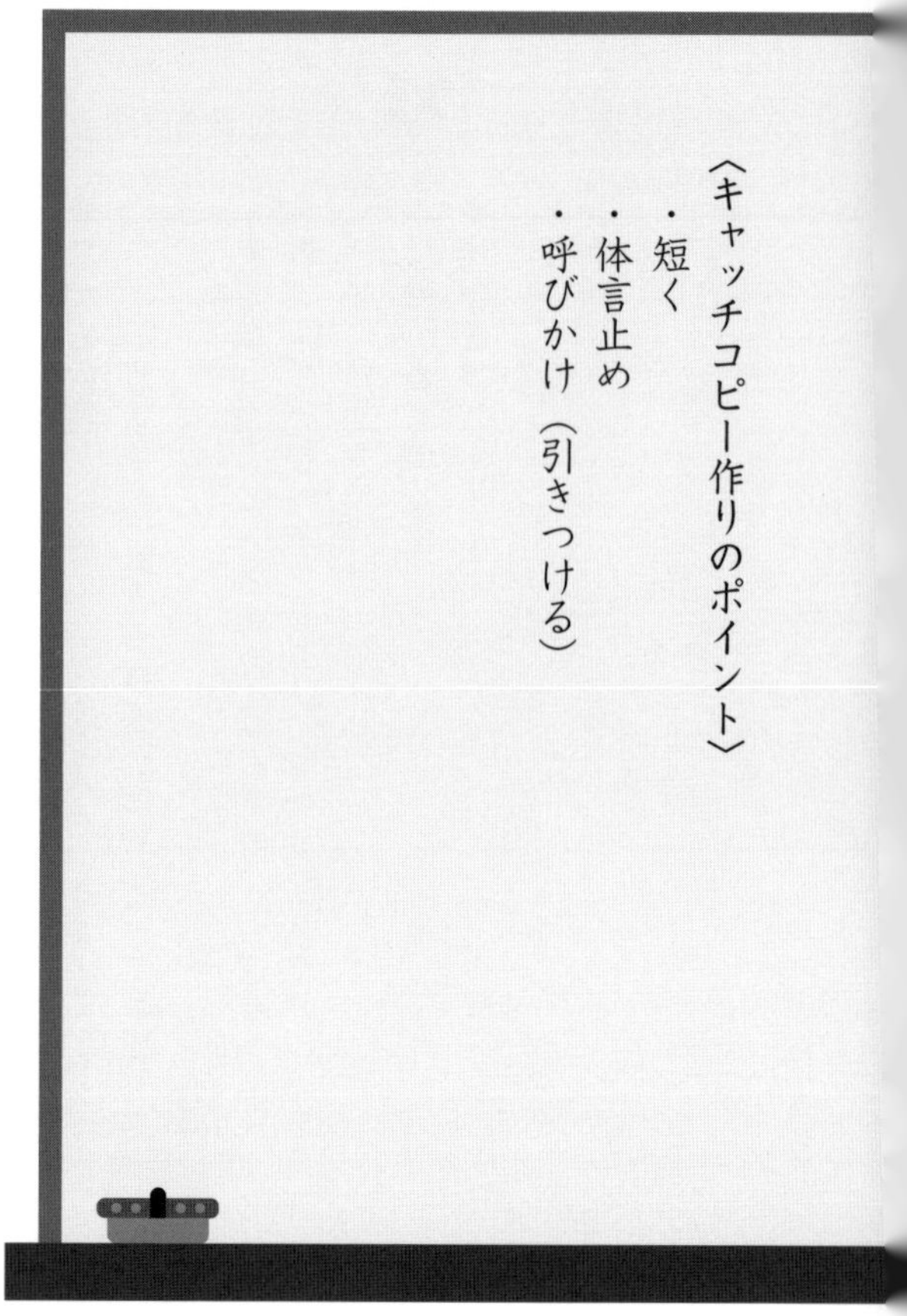
〈キャッチコピー作りのポイント〉
・短く
・体言止め
・呼びかけ（引きつける）

授業の流れ ▷▷▷

1 題名と作者名を確認し、内容の簡単な紹介を考える〈10分〉

T　学習計画③「おすすめの本を読み返して、ポップか帯を書く」を進めていきましょう。

○本時のめあてを板書する。

○ワークシートを配る。

T　自分が選んだ本について、お話の題名と作者の名前を書きましょう。

○教師のおすすめの本を見せて、題名と作者の名前を板書する。

T　内容を簡単に紹介する文を考えましょう。「大まかなあらすじ」「感じ取ったこと・考えたこと」「本（話）がもつメッセージ」を取り入れて書きましょう。

2 おすすめの本を読み返し、心に残った言葉や文を選ぶ〈15分〉

T　心に残った言葉や文を見つけて、ページに付箋紙を貼りましょう。

○1人数枚ずつ付箋紙を配る。

T　ある程度、候補が出揃ったら、一番心に残った言葉か文を選び、引用して、ワークシートに書きましょう。

○「一番心に残った」で判断に迷う場合には、「心に残った理由」を聞き、助言をする。

・中心人物の気持ちが大きく変わったことが分かる言葉だから。

・筆者の思いが伝わってくる文だから。

本のポップや帯を作ろう

1 おすすめの本を読み返し、ポップか帯でしょうかいしよう。

2 ①題名　『〇〇〇〇〇〇』

②作者名　〇〇〇〇

③内容のしょうかい（かんたんに）

〇あらすじ

〇感じ取ったこと・考えたこと

本（話）がもつメッセージ

教師のおすすめの本を提示し、題名と作者名を書く。

3 ④心に残った言葉や文

キャッチコピー

引用　「土地に対するかんしゃの心が、
美しい風景を守り続けている。」

★キャッチコピーにちょうせん！

「心も風景も美しいバリ島のくらし。
そんな自然にひたってみませんか。」

3 キャッチコピーの作成に挑戦する〈20分〉

T　心に残った言葉や文を基に、キャッチコピーの作成に挑戦しましょう。例えば、『神様の階段』のキャッチコピーとして、〇〇さんはこのように書いていました。

〇前時の作品の中からよい作品を数点選んだものを、板書して紹介し、よさを確認する。

・心に残った言葉を体言止めで書いていて、分かりやすいです。

・呼び掛けていて、引きつけられます。

ICT 端末の活用ポイント

ホワイトボード機能を用いて本の題名とキャッチコピー（作成途中でも可）を共有し、必要に応じて、対話を通して考えを広げたり整理したりする。

よりよい授業へのステップアップ

キャッチコピーの魅力を実感

『神様の階段』のキャッチコピーを紹介するのみならず、既習の文学的な文章、説明的な文章のキャッチコピーを教師が作成し、紹介すると、子供のイメージがより一層ふくらむ。

さらに、本と帯（ポップ）の実物を見せることで、キャッチコピーによって本の魅力を感じることができることを実感させたい。

本時案

本のポップや帯を作ろう／神様の階段

4/5

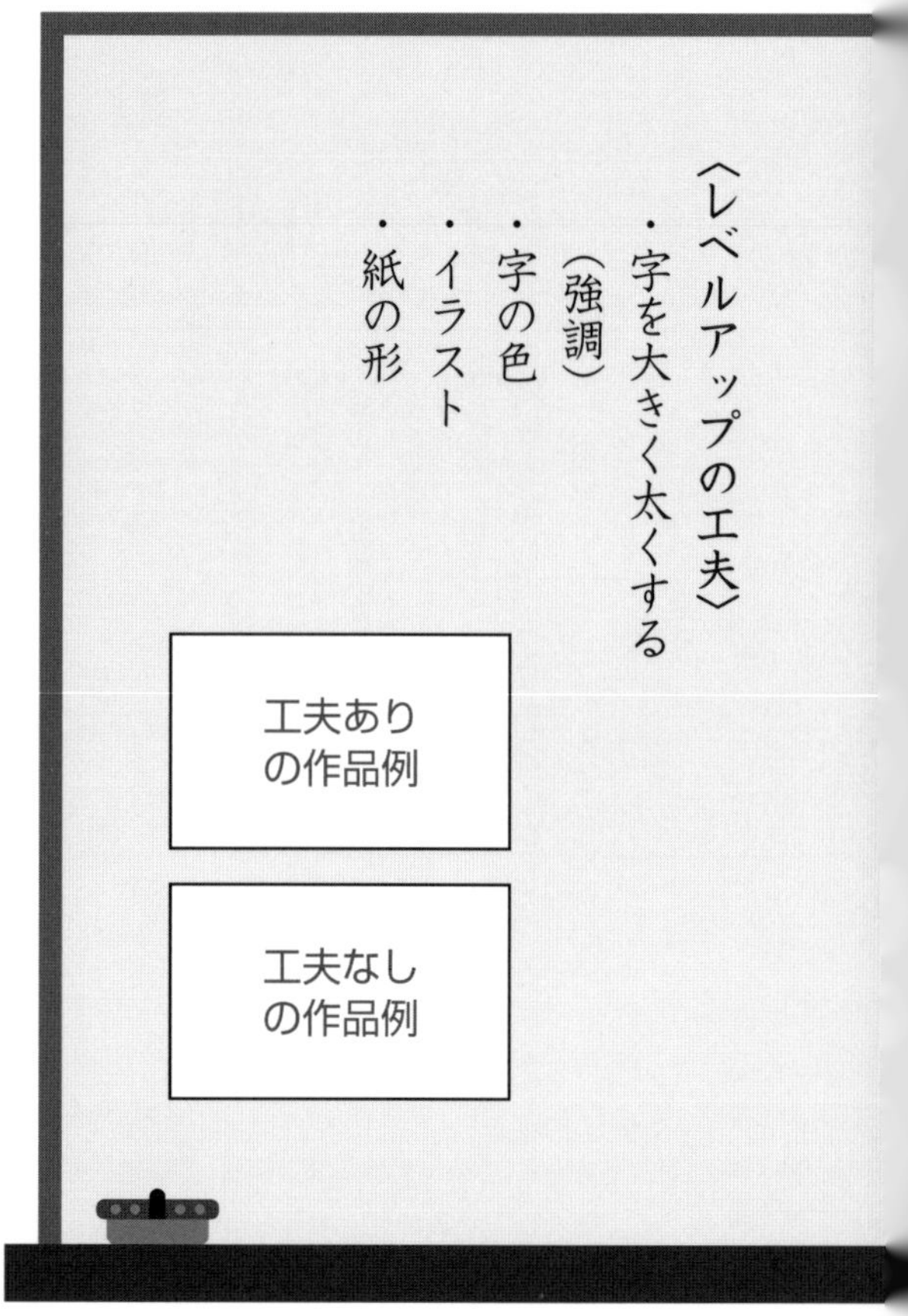
〈レベルアップの工夫〉
・字を大きく太くする
（強調）
・字の色
・イラスト
・紙の形
工夫あり
の作品例
工夫なし
の作品例

本時の目標

・おすすめの本のよさをポップか帯にまとめることができる。

本時の主な評価

・前時のワークシートをもとに、紹介したい本のよさをポップか帯にまとめている。

資料等の準備

・ポップや帯の作成に必要な画用紙など

授業の流れ ▷▷▷

1 ポップか帯どちらかの形式を選び、下書きする〈15分〉

T　前回に引き続き、学習計画③「おすすめの本を読み返して、ポップか帯を書く」を進めていきましょう。

○本時のめあてを板書する。

T　紹介する本の大きさに合わせて、画用紙の大きさや色を選びましょう。

○子供が自分の紹介する本にぴったりのポップや帯を作ることができるように、材料も充実させていきたい。

2 下書きしたものを撮影し、ICT 端末を用いて共有する〈10分〉

T　下書きが終わったら、タブレットで自分の作品を撮影し、ホワイトボードにアップして、友達と読み合いましょう。

○なかなか下書きが進まない子供には、先にアップしている子供の作品を参考にして、続きに取り組ませるようにする。

・A さんの作品が参考になりました。
・私もイラストを描いてみます。
・字を大きく太くしていて分かりやすいと思ったので、真似してみます。

ICT 端末の活用ポイント

下書きの段階でホワイトボード機能を用いて広く共有することで、友達の作品のよさを自分の作品に取り入れることができるようにする。

本のポップや帯を作ろう

1 おすすめの本をしょうかいするポップか帯を作ろう。

ポップ…本の大きさに合わせて、てき切な大きさのカードを作る。形は四角形にこだわらず、自由。

帯…本の大きさに合わせて、本にまき付けることができるようにする。表紙に合った色を考える。

2 下書きが終わったら、友達と共有しよう。

3 友達の作品のよさを見つけて、自分の作品に生かし、ペン書きや色ぬりをして仕上げよう。

3 友達の作品のよさを自分の作品に生かし、清書する 〈20分〉

T　友達の作品のよさを見つけて、自分の作品に生かし、仕上げていきましょう。

○友達の作品のよさを見つけるに当たり、文章の内容のみならず、文字の大きさやレイアウトなどにも着目させる。

・友達の作品のよさを自分の作品にも生かせそうです。

よりよい授業へのステップアップ

工夫あり・なしの作品例比較

読むことの学習としては、お話の簡単な紹介、心に残った言葉や文の引用やキャッチコピーといった内容が重要である。＋αの要素として、書くことの側面から、文字の大きさや太さ、色、レイアウトの工夫にも挑戦させたい。全体を同じ文字の大きさで書いた工夫なしの作品例、文字やレイアウトにこだわった工夫ありの作品例を提示する。帯やポップの効果的な見せ方を考えることができると、おすすめの本のよさがより一層相手に伝わり、読書の幅を広げることにつながる。

本時案

本のポップや帯を作ろう／神様の階段

5/5

本時の目標

・作ったポップや帯を基に、おすすめの本のよさを紹介し合うことを通して、今後の読書活動への展望をもつことができる。

本時の主な評価

❷文章を読んで感じたことや考えたことを共有し、一人一人の感じ方などに違いがあることに気付いている。【思・判・表】

❶幅広いジャンルの読書が自分の世界を広げ深めていく可能性に気付いている。【知・技】

資料等の準備

・ダブルクリップ〈ポップ掲示用〉

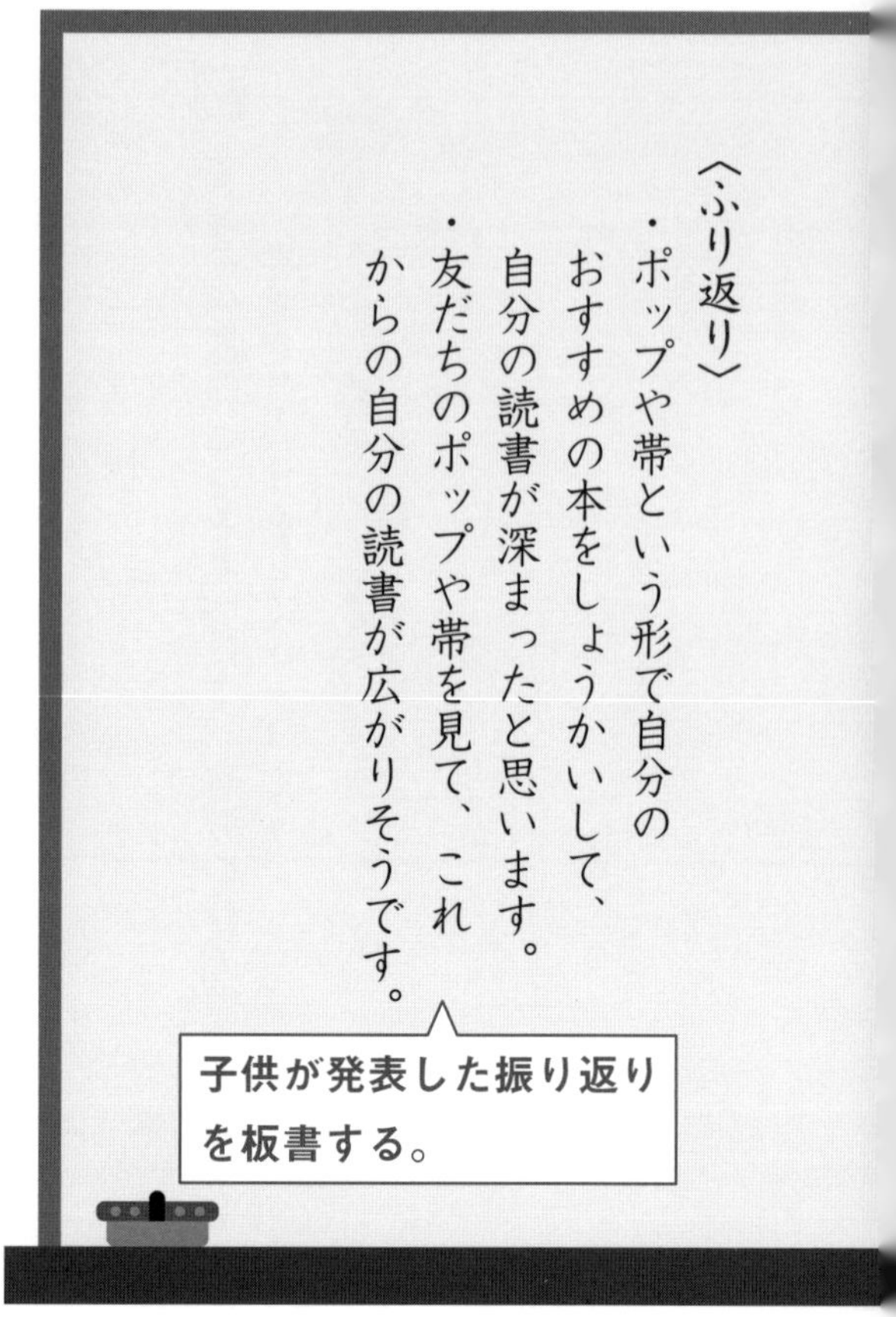
〈ふり返り〉
・ポップや帯という形で自分のおすすめの本をしょうかいして、自分の読書が深まったと思います。
・友だちのポップや帯を見て、これからの自分の読書が広がりそうです。
子供が発表した振り返りを板書する。

授業の流れ ▷▷▷

1 作ったポップや帯を基に、おすすめの本を紹介する〈25分〉

T　学習計画④「友達と紹介し合う」を進めていきましょう。

○本時のめあてと共有の流れを板書する。

○ポップをダブルクリップで立てたり、帯を本に巻き付けたりするための準備をさせる。

T　共有では、ポップや帯を読み合うだけでなく、質問を含めた感想を伝え合い、お互いの本についての会話をしましょう。

○相手を変えて３～４人と共有させる。

・この言葉を引用したのはなぜですか。

・この本とどのように出会ったのですか。

2 美術館形式で鑑賞する　〈10分〉

T　次は、美術館形式で鑑賞し合いましょう。

○美術館形式の場の設定について説明し、必要に応じて、読みたいと思った本の題名をノートにメモすることを伝える。

・読みたい本がたくさん見つかりました。

・これまで読んだことのなかった本にも、興味がわきました。

本のポップや帯を作ろう

1

作ったポップや帯で、おすすめの本をしょうかいし合おう。

○共有の流れ

①席を立って声をかけ合い、二人組でとなりどうしにすわる。

②作ったポップか帯と本を交かんして、読み合う。

③おたがいに、質問をふくめた感想を伝え合う。

↓①にもどる。

2

○おすすめの本美術館

①机の上に作ったポップか帯と本を置く。

②美術館のように順路を決めて、かんしょうする。

※読んでみたいと思う本を見つける。

3

○「本のポップや帯を作ろう」の学習をふり返る

視点①：ポップや帯を作っての気付き

視点②：おすすめの本をしょうかいし合っての気付き

（今後の読書について）

3 単元の学習を振り返る 〈10分〉

T　2つの視点から、これまでの学習の振り返りを書きましょう。

○振り返りの視点を板書する。

・ポップや帯という形で自分のおすすめの本を紹介して、自分の読書が深まったと思います。

・友達のポップや帯を見て、これからの自分の読書が広がりそうです。

ICT 等活用アイデア

デジタル美術館の常時開館

　でき上がったポップや帯と本を撮影し、ホワイトボード機能などを用いて閲覧できるようにする。本単元での作品のみならず、自主学習などの取組でポップや帯を作成した子供がいた場合には作品を追加していくことで、学級全体の読書の幅を広げていくことにつなげる。本単元の学習を基に、おすすめの本を紹介する活動が継続していくことが望ましい。

資料

1 『神様の階段』のポップ作成ワークシート 21-01

本は友達　本のポップや帯を作ろう

『神様の階段《だん》』のよさをポップでしょうかいしよう。

『神様の階段《だん》』のポップ

④心に残った言葉や文、キャッチコピー

①題　名「　　　　　　　　　　」②作者名（　　　　　　　　　　）

③内容のしょうかい（かんたんに）

　写真家の今森光彦さんが、インドネシアの（　　　　）のくらしをたどって、写真と文で語っているお話です。

　昔ながらの美しい（　　　　）と人々のすがたから、（　　　　）とともに生きる様子が伝わってきます。

4年　　組　名前（　　　　　　　　　　　　）

●心に残った言葉や文、キャッチコピー「メモ」

2 「おすすめの本」のポップ・帯作成ワークシート 21-02

本は友達　本のポップや帯を作ろう

年　　組　　名前（　　　　　　　　　　）

おすすめの本を読み返し、ポップか帯でしょうかいしよう。

①題　名『　　　　　　　　　　』

②作者名（　　　　　　　　　　）

③内容のしょうかい（かんたんに）

あらすじ

感じ取ったこと・考えたこと／本（話）がもつメッセージ

④心に残った言葉や文

キャッチコピー

詩を味わおう

忘れもの／ぼくは川　（2時間扱い）

単元の目標

知識及び技能	・詩全体の構成や内容の大体を意識しながら音読することができる。((1)ク)
思考力、判断力、表現力等	・詩を読んで理解したことに基づいて、感想や考えをもつことができる。(Cオ)
学びに向かう力、人間性等	・言葉がもつよさに気付くとともに、幅広く読書をし、国語を大切にして、思いや考えを伝え合おうとする。

評価規準

知識・技能	❶詩全体の構成や内容の大体を意識しながら音読している。(〔知識及び技能〕(1)ク)
思考・判断・表現	❷「読むこと」において、詩を読んで理解したことに基づいて、感想や考えをもっている。(〔思考力、判断力、表現力等〕Cオ)
主体的に学習に取り組む態度	❸進んで文章を読んで理解したことに基づいて、感想や考えをもち、学習課題に沿って、詩から受けた印象を伝え合おうとしている。

単元の流れ

時	主な学習活動	評価
1	**学習の見通しをもつ** ・場面の様子や人物の気持ちを想像しながら、声に出して読む。 ・『忘れもの』を読み、「『ぼく』が語りかけている相手は誰か。また、その相手に対して、どのような思いをもっているか」について考えたことを伝え合う。 ・『ぼくは川』を読み、「あなたは、『ぼく』は川だと思うか。それとも、川ではない『ぼく』を、川にたとえていると思うか」について考えたことを伝え合う。 ・場面の様子や人物の気持ちを想像しながら、もう一度声に出して読む。	❶
2	・2つの詩について、共通していることはどんなことかについて考えたことを伝え合う。 ・「たとえを使った表現によって、それぞれの詩から、どのような印象を受けたか」について考えたことを伝え合う。 **学習を振り返る** ・2つの詩の学習について、がんばったことと、これからの学習に生かしたいことをまとめる。	❷ ❸

授業づくりのポイント

〈単元で育てたい資質・能力〉

本単元のねらいは、文章を読んで理解したことに基づいて、感想や考えをもつことができるようにすることである。

「たとえを使った表現によって、それぞれの詩から、どのような印象を受けたか」について考えたことを伝え合う学習活動を通して、文章を読んで理解したことに基づいて、感想や考えをもつことができるようにする。

〈教材・題材の特徴〉

２つの詩を読み、何が何にたとえられているかに着目する。様子を思い浮かべながら読み、考えたことや感じたことを話し合う活動を通して、文章を読んで理解したことに基づいて、感想や考えをもつことができるようにするという構成になっている。どちらの作品もたとえを使った表現によって、夏休み明けの「ぼく」の気持ちを巧みに表していて、言葉のもつよさを感じることができる。

〈言語活動の工夫〉

場面の様子や人物の気持ちを想像しながら音読する学習活動において、評価規準について「努力を要する」状況（C）の子供がいることも想定される。この場合、「ICT 端末の録音機能を用いて、自分の音読の練習を繰り返し行うこと」などの指導の手立てが考えられる。

[具体例]

○場面の様子や人物の気持ちを想像しながら音読する学習活動に取り組むことを苦手とする子供に対しては、ICT 端末の録音機能を用いて、自分の音読の練習を繰り返し行えるようにするなどの工夫が考えられる。体育館などの広い場所を使えるようにして、録音しやすい環境を提供できるようにするとよい。

〈ICT の効果的な活用〉

調査：ウェブサイトで、それぞれの詩の感想を検索できるようにすることで、検索結果を参考にしながら、自分の考えを書くことができるようにする。

共有：学習支援ソフトなどを用いて、「たとえを使った表現によって、それぞれの詩から、どのような印象を受けたか」について考えたことをお互いに見合えるようにすることで、他の子供の考えたことを参考に、自分の考えたことを書くことができるようにする。

記録：ICT 端末の録音機能を用いて、自分の音読の練習を繰り返し行うことで、内容の大体を意識しながら音読することができるようにする。

本時案

忘れもの／ぼくは川

1/2

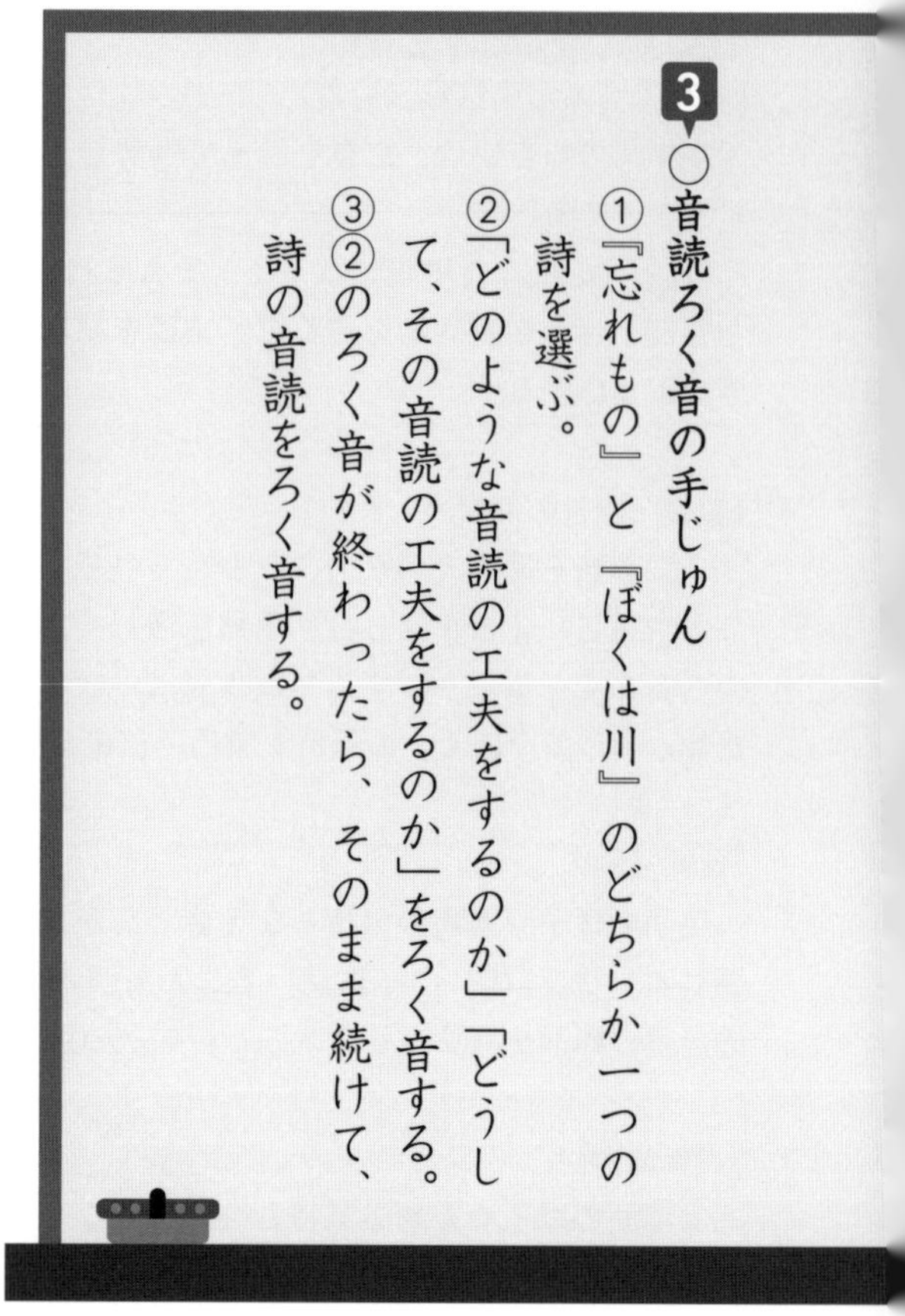
3
○音読ろく音の手じゅん
①『忘れもの』と『ぼくは川』のどちらか一つの
詩を選ぶ。
②「どのような音読の工夫をするのか」「どうし
て、その音読の工夫をするのか」をろく音する。
③②のろく音が終わったら、そのまま続けて、
詩の音読をろく音する。

本時の目標

・内容の大体を意識しながら音読することができる。

本時の主な評価

❶内容の大体を意識しながら音読している。【知・技】

資料等の準備

・教科書 p.116–117『忘れもの』全文の拡大
・教科書 p.118–119『ぼくは川』全文の拡大

授業の流れ ▷▷▷

1 場面の様子や人物の気持ちを想像しながら声に出して読む 〈5分〉

○『忘れもの』の範読を聞く。

T 『忘れもの』を、場面の様子や人物の気持ちを想像しながら声に出して読みましょう。

○『ぼくは川』の範読を聞く。

T 『ぼくは川』を、内容を想像しながら声に出して読みましょう。

○教師が範読する目的は、子供が正確に音読できるようにするためである。このことを踏まえて範読を行う。

2 それぞれの詩に関する問いについて考えたことを伝え合う 〈20分〉

T それぞれの詩に関する問いについて、ワークシートに自分の考えを書きましょう。

○『忘れもの』は、「『ぼく』が語りかけている相手は誰か。また、その相手に対して、どのような思いをもっているか」について考える。

○『ぼくは川』は、「あなたは、『ぼく』は川だと思うか。それとも、川ではない『ぼく』を、川にたとえていると思うか」について考える。

T それぞれの詩について考えた結果を、隣の人と確認しましょう。

忘れもの　ぼくは川

二つの詩について、想像したことを表そう。 2

「ぼく」が語りかけている相手は誰か。また、その相手に対して、どのような思いをもっているか。

・夏休み。まだ終わってほしくない。
・夏休み。もっと夏休みをすごしたい。

1
教科書p.116−117
『忘れもの』全文

あなたは、「ぼく」は川だと思うか。それとも、川ではない「ぼく」を、川にたとえていると思うか。

・川ではない「ぼく」を、川にたとえている。ぼくのことを川にたとえることで、前向きにがんばっていこうとする気持ちを表しているのだと思う。
・「ぼく」は川だと思う。川を人間のように表すことで、川が勢いよく流れる様子を印しょうに残るようにしているのではないか。

1
教科書p.118−119
『ぼくは川』全文

3 場面の様子や人物の気持ちを想像しながらもう一度声に出して読む　〈20分〉

T 『忘れもの』と『ぼくは川』のどちらか1つの詩を選び、場面の様子や人物の気持ちを想像しながら声に出して読み、タブレットに録音しましょう。黒板の手順を確認して進めましょう。

○音読する前に「どのような音読の工夫をするのか」「どうして、その音読の工夫をするのか」について説明してから音読させるとよい。

○ ICT 端末の録音機能を用いて、自分の音読の練習を繰り返し行うことで、内容の大体を意識しながら音読することができるようにする。

○体育館などの広い場所を使えるようにして、録音しやすい環境を提供できるようにする。

よりよい授業へのステップアップ

評価の工夫

内容の大体を意識しながら音読しているかどうかを、子供の音読だけで評価することは困難である。したがって、本時では、音読する前に「どのような音読の工夫をするのか」「どうして、その音読の工夫をするのか」について説明することにした。このことにより、音読による表現自体が苦手な子供であっても、内容の大体を意識しながら音読しているのかどうかを把握することができると考えた。評価規準に基づいて適切な評価ができるよう、評価方法を工夫していくことが必要である。

本時案

忘れもの／ぼくは川

2/2

本時の目標

・文章を読んで理解したことに基づいて、感想や考えをもつことができる。

本時の主な評価

❷「読むこと」において、文章を読んで理解したことに基づいて、感想や考えをもっている。【思・判・表】
❸進んで文章を読んで理解したことに基づいて、感想や考えをもち、学習課題に沿って、詩から受けた印象を伝え合おうとしている。【態度】

本時の主な評価

・教科書 p.116–117『忘れもの』全文の拡大
・教科書 p.118–119『ぼくは川』全文の拡大

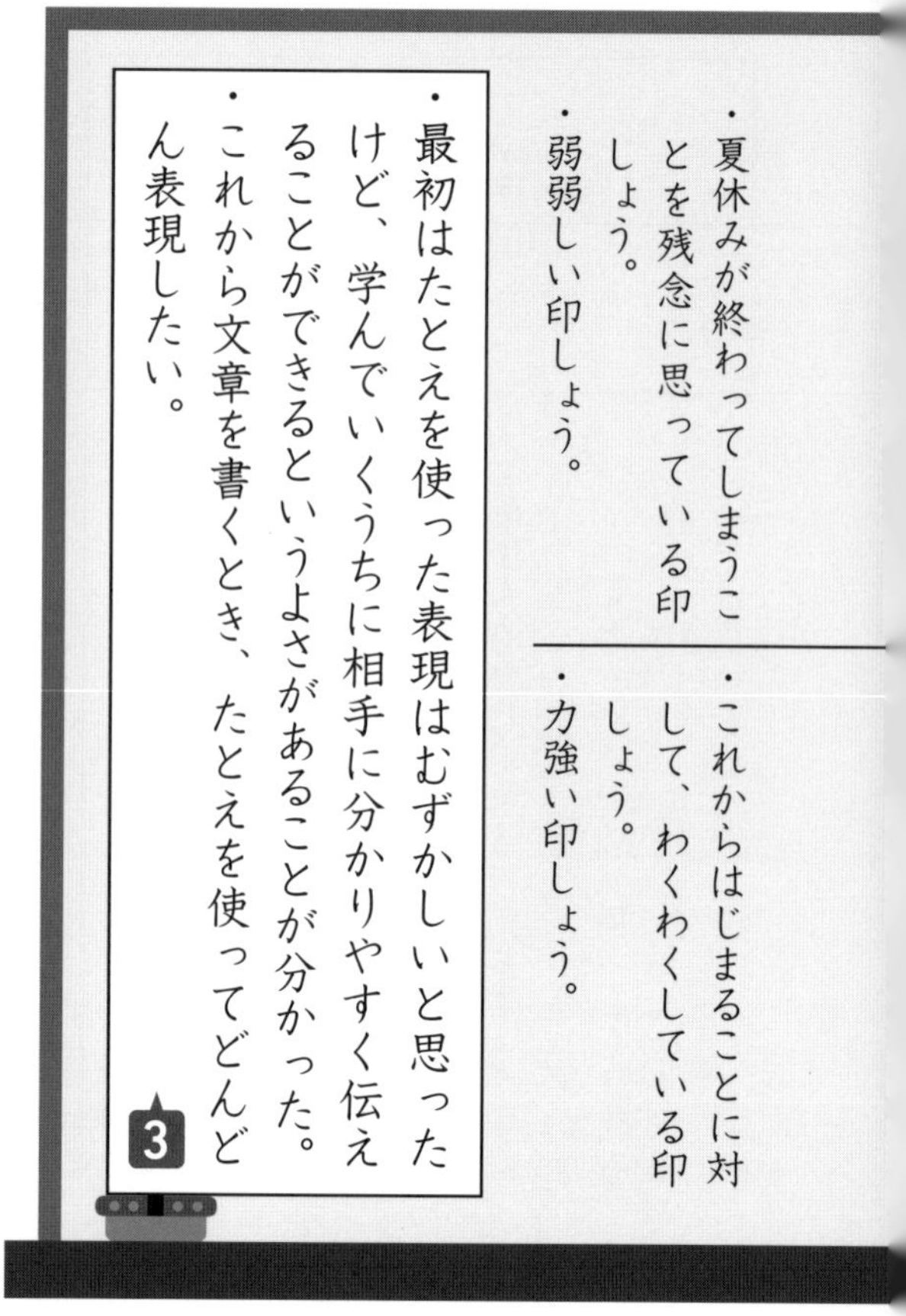

・夏休みが終わってしまうことを残念に思っている印しょう。
・弱弱しい印しょう。
・これからはじまることに対して、わくわくしている印しょう。
・力強い印しょう。
・最初はたとえを使った表現はむずかしいと思ったけど、学んでいくうちに相手に分かりやすく伝えることができるというよさがあることが分かった。
・これから文章を書くとき、たとえを使ってどんどん表現したい。
3

授業の流れ ▷▷▷

1 2つの詩に共通していることはどんなことかについて伝え合う 〈5分〉

T　2つの詩について、共通していることはどんなことですか。
・2つとも、子供の気持ちを表していると思います。
・両方とも、人でないものを、人をたとえるものに使っている。
・両方とも、たとえを使った表現をしているということが分かった。
○2つの詩には、どちらもたとえを使った表現があることに気付くようにする。

2 たとえを使った表現によって、受けた印象を伝え合う 〈30分〉

T 「たとえを使った表現によって、それぞれの詩から、どのような印象を受けたか」について考えたことをワークシートに書きましょう。
○考えたことを書くことができない子供に対して、「『忘れもの』からは、(　　　　　)な印しょうを受けたのに対して、『ぼくは川』からは、(　　　　　)な印しょうを受けました」という文型を示すことも考えられる。

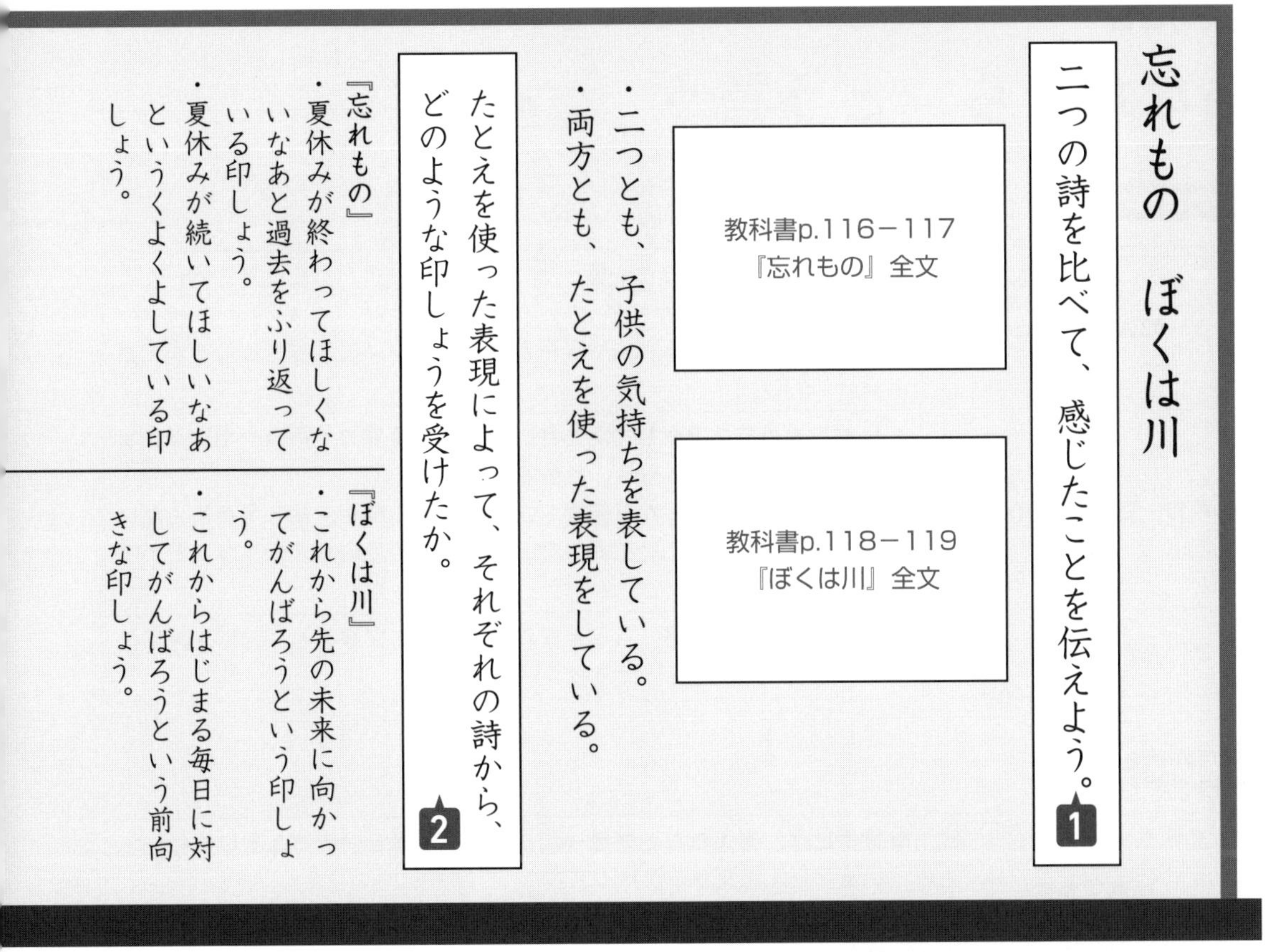
忘れもの　ぼくは川
二つの詩を比べて、感じたことを伝えよう。
1
教科書p.116－117
『忘れもの』全文
教科書p.118－119
『ぼくは川』全文
・二つとも、子供の気持ちを表している。
・両方とも、たとえを使った表現をしている。
たとえを使った表現によって、それぞれの詩から、どのような印しょうを受けたか。
2
『忘れもの』
・夏休みが終わってほしくないなあと過去をふり返っている印しょう。
・夏休みが続いてほしいなあというくよくよしている印しょう。
『ぼくは川』
・これから先の未来に向かってがんばろうという印しょう。
・これからはじまる毎日に対してがんばろうという前向きな印しょう。

3 これからの学習に生かしたいことなどをまとめる 〈10分〉

T　2つの詩の学習について、がんばったことと、これからの学習に生かしたいことをまとめましょう。

・最初はたとえを使った表現は難しいと思ったけど、学んでいくうちに相手に分かりやすく伝えることができるというよさがあることが分かった。
・これから文章を書くとき、たとえを使った表現をどんどん使いたいと思いました。

○子供のノートを見て、よいまとめを書いていたら、学級全体で共有する。
○想像したことを基にもう一度音読を録音し、前時の音読と比べる活動をしてから振り返りをすることも考えられる。

ICT 等活用アイデア

他者の考えを参考にする

「たとえを使った表現によって、それぞれの詩から、どのような印象を受けたか」をうまく書けない子供に対しては、ウェブサイトで、それぞれの詩の感想を検索できるようにする工夫が考えられる。また、学習支援ソフトなどを用いて、考えたことをお互いに見合えるようにすることで、他の子供の考えたことを参考に、自分の考えたことを書くことができるようにするという手立ても考えられる。検索結果や他の子供の考えを参考にして書いたことについては、赤字で表記させるとよい。

対話の練習

あなたなら、どう言う　3時間扱い

単元の目標

知識及び技能	・言葉には、考えたことや思ったことを表す働きがあることに気付くことができる。(⑴ア) ・考えとそれを支える理由や事例との関係について理解することができる。(⑵ア)
思考力、判断力、表現力等	・目的や進め方を確認して話し合い、互いの意見の共通点や相違点に着目して、考えをまとめることができる。(A オ) ・必要なことを記録したり質問したりしながら聞き、話し手が伝えたいことや自分が聞きたいことの中心を捉え、自分の考えをもつことができる。(A エ)
学びに向かう力、人間性等	・言葉がもつよさを感じるとともに、楽しんで読書をし、国語を大切にして、思いや考えを伝え合おうとする。

評価規準

知識・技能	❶言葉には、考えたことや思ったことを表す働きがあることに気付いている。(〔知識及び技能〕⑴ア) ❷考えとそれを支える理由や事例との関係について理解している。(〔知識及び技能〕⑵ア)
思考・判断・表現	❸「話すこと・聞くこと」において、目的や進め方を確認して話し合い、互いの意見の共通点や相違点に着目して、考えをまとめている。(〔思考力、判断力、表現力等〕A オ)
主体的に学習に取り組む態度	❹進んで自分とは違う立場になって考え、それぞれの立場や、相手が何を知っているかによって、感じることや考えることが違うと気付こうとするとともに、自分の考えだけでなく、もし相手の立場だったらどう思うかを考えようとしている。

単元の流れ

次	時	主な学習活動	評価
一	1	・友達やきょうだい、親子でけんかをしたときのことを共有し合う。 ・挿絵を見て、どんな場面なのか気付いたことを発表する。	❶ ❷
二	2	学習の見通しをもつ ・お姉さんの立場、弟の立場になって、自分の考えをまとめる。 ・グループで役割を決め、それぞれの立場でやりとりをしたり見たりして感じたことを伝え合う。	❸
	3	・どうしたらお互いに納得できるかグループで対話をして考えをまとめる。 ・グループで出た意見をまとめ、全体で共有する。 学習を振り返る	❹

授業づくりのポイント

〈単元で育てたい資質・能力〉

本単元のねらいは、自分とは違う立場になって考えることである。

そのために、単元の流れにおいても、お姉さんの立場、弟の立場になりきって考える活動、2人の役割演技を聞いて気付いたことをメモする活動を取り入れ、自分とは違う様々な立場になって考えることで、よりよい言い方を見つけさせたい。

中学年の発達の段階において、毎日の生活で、友達とトラブルが起きることが多くなる。単元の導入で「似たような経験はあるか」と問いかけ、学級の皆で事例を出し合っておく。自分とは違う立場になって考える学習経験を積み重ね、学級全員で共有し合うことで、友達とのトラブルをどのように解決したらよいかを考えることができ、よりよい学級を作ろうという態度の育成にもつながる。

〈言語活動の工夫〉

単元の導入で、友達やきょうだい、親子でけんかをしたときのことを共有し合う。この時期の子供は、友達やきょうだい、親子でけんかをしてしまうことが増えてくる。この学習を基にして、日々の生活をよりよくし、自分とは違う様々な立場になって考える態度を身に付けることが期待できる。

[具体例①]

○お姉さんと弟はどのように伝え合えばよかったのでしょう。

C：お姉さんは、何時に友達が来るか伝えて、それまでに弟に片付けてもらえばいいんじゃないかな。

C：そうだね。でも、その言い方だと、命令されているみたいだな。弟だって、片付けようと思っていたのだから、弟は反論するかも。

C：お姉さんが、友達との約束の時間までに弟と一緒に片付ける提案をしたらどうかな。

[具体例②]

○皆が発表した話題から、家の人に「宿題やりなさい」と言われて、子供が「いちいち、うるさいなあ」と言い返した出来事の解決策を皆で考えよう。

C：家の人から、いきなり「宿題やりなさい」と言われると、すごくいやな気持ちがするよね。

C：せめて「今日の宿題は、何が出ているの」って聞いてほしいな。

C：時間を決めていれば、子供は「宿題をやる時間は6時からだよ」と伝えられるよね。

〈ICTの効果的な活用〉

記録：ICT端末の録音・録画機能を用いて、役割演技の様子を記録することで、対話の様子だけでなく、自分自身の役割を振り返ることもできるようにする。

共有：対話の様子を全体共有することで、実際の役割演技を見ながら「よりよい言い方」について考えをまとめ、意見交流をすることができるようにする。

本時案

あなたなら、どう言う

1/3

本時の目標

・言葉には、考えたことや思ったことを表す働きがあることに気付くことができる。

本時の主な評価

❶言葉には、考えたことや思ったことを表す働きがあることに気付いている。【知・技】

資料等の準備

・デジタル教科書
・挿絵の拡大（書画カメラまたは、デジタル教科書を活用する）

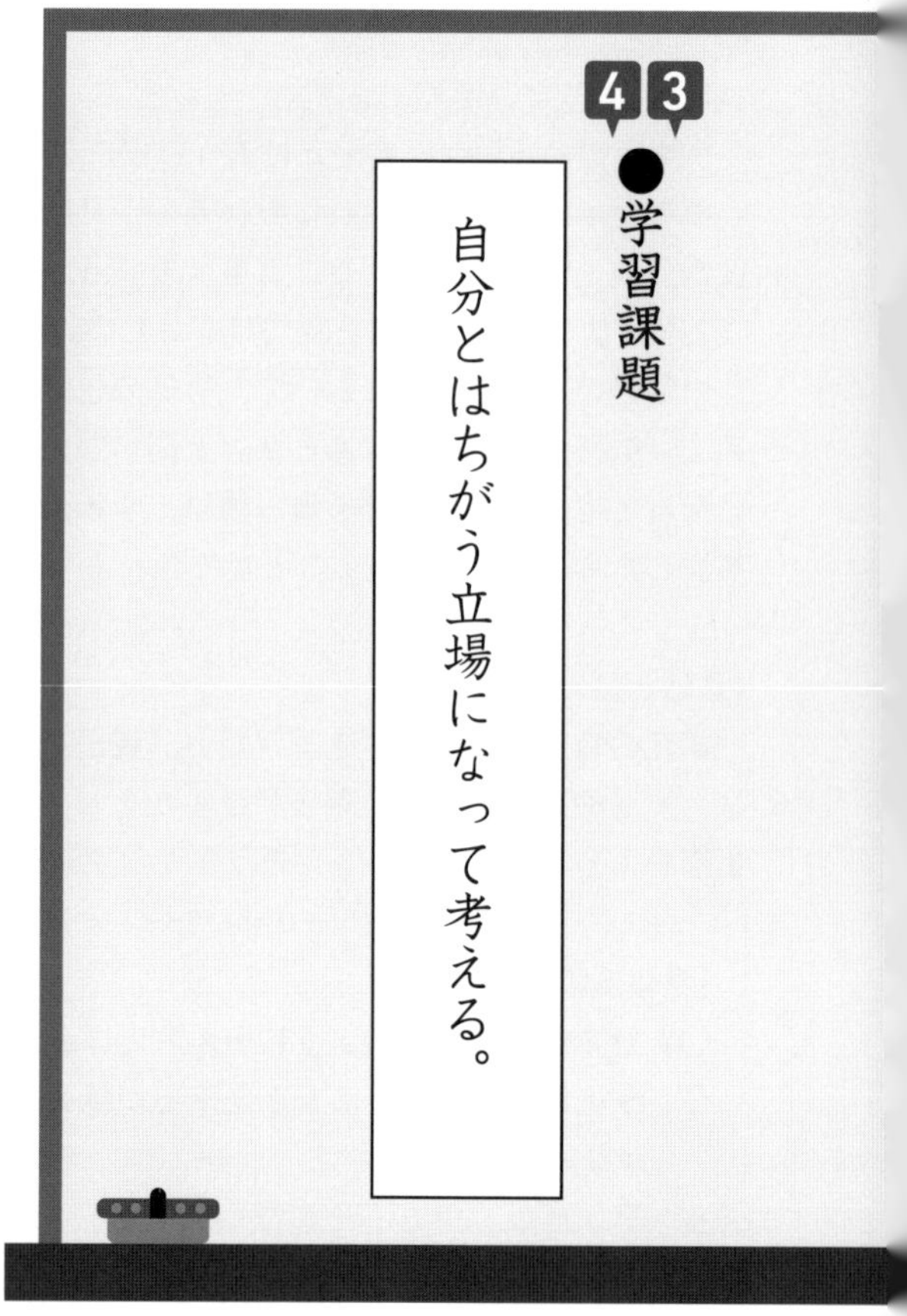

4 3
●学習課題
自分とはちがう立場になって考える。

授業の流れ ▷▷▷

1 友達やきょうだい、親子でけんかをしたときのことを共有する 〈15分〉

○身近な人とどんなことをしてけんかが起きてしまったか、思い出したことを共有し合う。

T 皆さんは、家族やきょうだい、友達とけんかをしたことがあると思います。どんなことで、けんかになってしまったのか、伝え合いましょう。

・昨日の昼休みに、友達とドッジボールをしていて、「ラインから出た、出ない」と言い合いになってしまいました。
・遊びのルールのけんかはよくあるよね。

ICT 端末の活用ポイント

ICT 端末の会議機能やチャット機能を活用して、自分の考えを伝え合うとよい。

2 挿絵を見て、気付いたことを発表する 〈15分〉

○教科書 p.120の挿絵を見て、どんな場面なのか気付いたことを発表する。

T 挿絵を見て、お姉さんと弟が何をしているのか、どんなことを言っているのかを考え、ペアで伝え合いましょう。

・お姉さんは怒っているよね。
・弟が部屋を散らかしてしまったのかな。
・姉は、「もう、散らかさないでよ！」って怒鳴っていそうだね。
・弟は、素直に「ごめん」って言うかな。
・泣いてしまうかもしれないね。

ICT 端末の活用ポイント

付箋機能を用いて、挿絵の周りに気付いたことをコメントして、貼り付ける。

あなたなら、どう言う

◎めあて

「こんなとき、どう言うか」気づいたことを伝え合おう。

1

●けんか

・ドッジボールのルールで言い合い。

・親から「宿題やりなさい」と言われて言い返した。

2

●さし絵から気づいたこと

・姉「もう、ちらかさないでよ！」

・弟「かたづけているところだよ」

教科書p.120
拡大した挿絵

3 学習の見通しをもつ 〈10分〉

○教科書を読み、学習の見通しをもつ。

T　教科書を読み、学習の見通しをもちましょう。また、学習課題を確認しましょう。

・挿絵の出来事をグループで演技してみるんだね。

・お姉さん役、弟の役、やりとりを聞く人の役が必要だよ。

・動画を撮影する人も必要だから、４人組で活動するんだ。

・学習課題は、「自分とはちがう立場になって考える」ことだね。

4 今日の振り返りをする 〈５分〉

○今日の学習の振り返りをする。

T　今日の学習の振り返りをノートに書きましょう。

・「自分とはちがう立場になって考える」のは難しそうだと思った。

・役割演技をして考えるのがおもしろそうです。

・この学習を通して、口げんかが減っていくといいなあと思いました。

本時案

あなたなら、どう言う

2・3/3

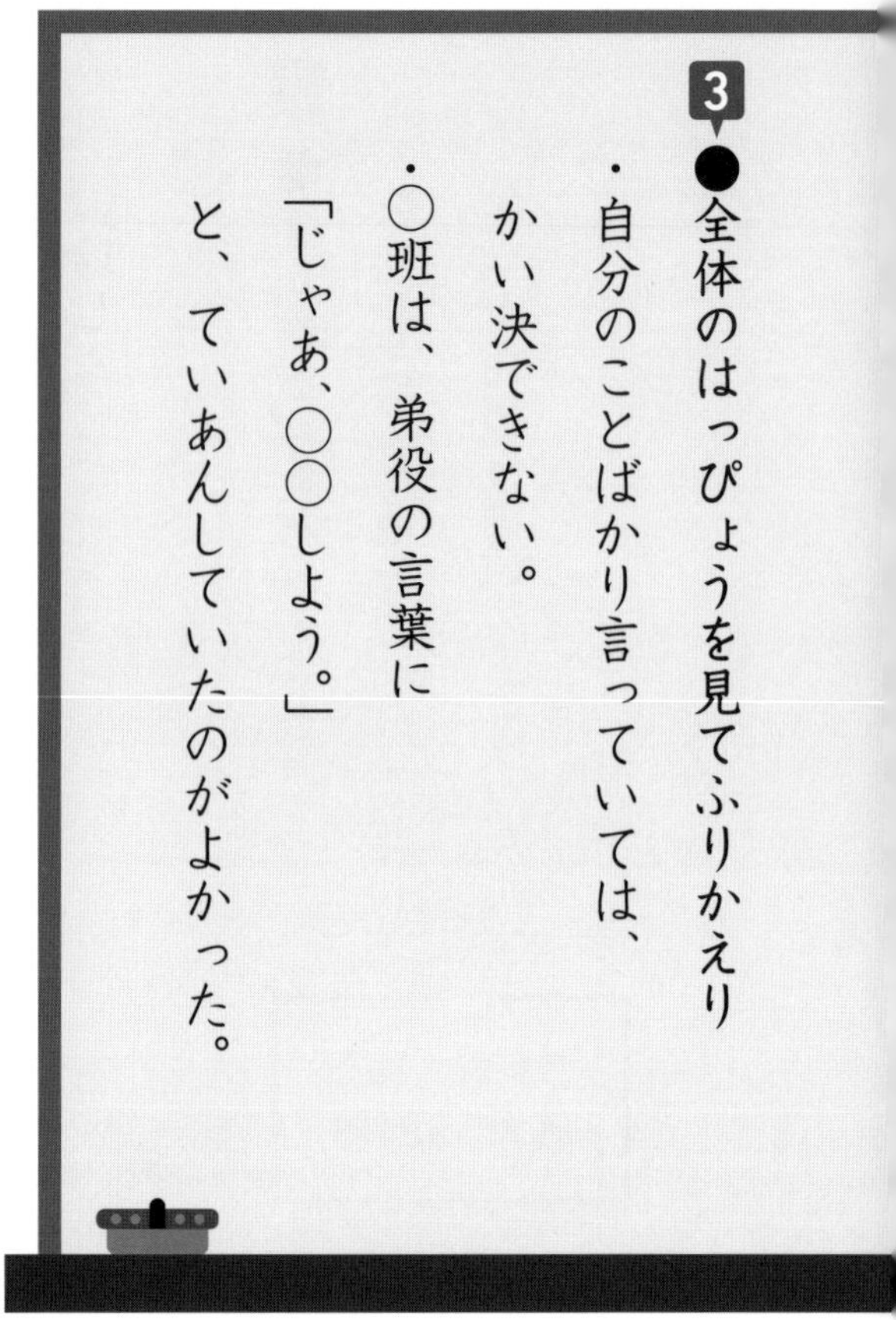
3
●全体のはっぴょうを見てふりかえり
・自分のことばかり言っていては、
かい決できない。
・〇班は、弟役の言葉に
「じゃあ、〇〇しよう。」

と、ていあんしていたのがよかった。

本時の目標

・目的や進め方を確認して話し合い、互いの意見の共通点や相違点に着目して、考えをまとめることができる。
・言葉がもつよさを感じるとともに、楽しんで読書をし、国語を大切にして、思いや考えを伝え合おうとする。

本時の主な評価

❸「話すこと・聞くこと」において、目的や進め方を確認して話し合い、互いの意見の共通点や相違点に着目して、考えをまとめている。【思・判・表】

資料等の準備

・デジタル教科書
・ICT 端末

授業の流れ ▷▷▷

1 教材文の挿絵を見て、自分の考えをまとめる〈20分〉

〇お姉さんの立場、弟の立場になって、自分の考えをまとめる。

T　前回、挿絵を見て気付いたことを伝え合いましたね。今日は、それぞれの立場を演じて、考えたことを伝え合いましょう。
・お姉さんは、これから友達が遊びに来るから部屋をきれいにしたいんだね。
・お姉さんは、きっと焦っているだろうな。
・弟は、棚をそうじするために、おもちゃや本を出していたんだね。
・弟は、いきなりお姉さんの友達が遊びに来ると言われて、困ってしまうよね。

ICT 端末の活用ポイント

ICT 端末の付箋機能を用いて、気付いたことを共有し合うとよい。

2 グループで役割を決め、それぞれの立場でやりとりをする〈45分〉

〇グループで役割を決め、それぞれの立場でやりとりをしたり見たりする。

T　4人組で役割分担をします。お姉さん役、弟役、やりとりを聞く人、端末で撮影をする人という役割です。皆がそれぞれ経験できるようにローテーションをしましょう。
・（お姉さん役）もー、友達が遊びに来るんだから、散らかさないでよ！
・（弟役）え？そんなこと聞いていないよ。僕は、これから棚をきれいにしようと思っていたんだよ。
・（聞き役）自分の考えしか言っていない。

ICT 端末の活用ポイント

ICT 端末の録画機能を活用して、やりとりを録画し、グループで気付いたことを共有し合う。

あなたなら、どう言う

1 ◎めあて

グループでやりとりをしよう。

2 ●役わり

お姉さん役

弟役

やりとりを聞く人

さつえいをする人

●気づいたこと

・自分のことしか言っていない。

・かい決案を考えるとよい。

・おたがい、自分のことばかり言い合っていては、いつまでも解決できない。

3 どうしたらお互いに納得できるか考えをまとめ、全体で共有する 〈25分〉

○グループで役割演技をして、気付いたことをまとめ、学級全体で共有する。

T　グループで役割演技をしてみて気付いたことをみんなで共有しましょう。

・自分の考えしか言っていないということに気付きました。

・私の班では、お姉さんが何時に友達が遊びにくるのか、弟に伝えるといいのでは、という意見が出ました。

・お互いが自分の考えだけを言い合うのではなく、どうしたら解決できるか、一緒に考えることが大事だと分かりました。

ICT 端末の活用ポイント

各班で撮影したものを、教師用の ICT 端末に送信し、電子黒板で全体共有するとよい。

ICT 等活用アイデア

動画の活用

ICT 端末の録音・録画機能を用いて、役割演技の様子を記録することで、対話の様子だけでなく、自分自身の役割を振り返ることもできるようにする。

また、対話の様子を学級全体に共有することで、実際の役割演技を見ながら「よりよい言い方」について考えをまとめ、意見交流をすることができるようにする。

生活の中で読もう

パンフレットを読もう　（2時間扱い）

単元の目標

知識及び技能	・言葉には性質や役割による語句のまとまりがあることを理解し、語彙を豊かにすることができる。（(1)オ）
思考力、判断力、表現力等	・文章を読んで理解したことに基づいて、感想や考えをもつことができる。（C オ） ・目的を意識して、中心となる語や文を見つけることができる。（C ウ）
学びに向かう力、人間性等	・言葉がもつよさを感じるとともに、楽しんで読書をし、国語を大切にして、思いや考えを伝え合おうとする。

評価規準

知識・技能	❶言葉には性質や役割による語句のまとまりがあることを理解し、語彙を豊かにしている。（〔知識及び技能〕(1)オ）
思考・判断・表現	❷「読むこと」において、文章を読んで理解したことに基づいて、感想や考えをもっている。（〔思考力、判断力、表現力等〕C オ） ❸「読むこと」において、目的を意識して、中心となる語や文を見つけている。（〔思考力、判断力、表現力等〕C ウ）
主体的に学習に取り組む態度	❹進んで学習の見通しをもち、パンフレットを読み取り、気付いたことを生かして、様々なパンフレットの特徴や工夫について話し合おうとしている。

単元の流れ

次	時	主な学習活動	評価
一	1	**学習の見通しをもつ** ・教材文のパンフレットを読み、どのような特徴があるか、気付いたことをグループで話し合い、発表する。 ・目的に応じてパンフレットを読み、分かったことをノートにまとめる。 ・パンフレットの工夫について、見てもらう目的や相手のことを考えて、グループで話し合い、発表する。	❶ ❷
二	2	・様々なパンフレットを読み、どのような特徴があるか、気付いたことをグループで話し合い、発表する。 **学習を振り返る** ・今後、パンフレットを読むときにはどんなことに気を付けたらいいか、ノートに考えを書く。	❸ ❹

授業づくりのポイント

〈単元で育てたい資質・能力〉

本単元のねらいは、まず、教材文のパンフレットを読んで、どのような特徴があるのか、気付かせることである。また、パンフレットの読み手として、目的に応じた読み方を理解するとともに、パンフレットを制作する立場からパンフレットの工夫について考えることである。そのために、単元の流れにおいても、内容はもちろんのこと、パンフレットの目的や伝える相手を常に意識させる。

また、知りたいことに応じて、必要となる語や文はもちろんのこと、絵や図からも情報を読み取ったり、情報と情報とを結び付けて考えたりすることができるようにする。

〈教材・題材の特徴〉

中学年の社会科では地域のことについて学習する。そのため、社会科見学に行って様々なパンフレットを手にすることも多くなる。また、総合的な学習の時間においても、パンフレットなどの資料を活用する学習が増えてくる。長期休業中に旅行や美術館、博物館に行き、パンフレットを手にした経験もあるだろう。このように、他教科等の学習との関連を意識しながら学習することも必要である。「このパンフレットの目的は何だろう」「どんな人に向けて書かれているのかな」など、国語科だけではなく他教科等や身近な生活においても常に意識を働かせることで、より深い学びが期待できる。

〈言語活動の工夫〉

今までの社会科見学でもらったパンフレットや総合的な学習の時間に使ったパンフレット、旅行先でもらったパンフレットなどを共有し合う。まず、パンフレットの読み手として、どのようなことが書かれているか、必要となる情報を読み取る。次に、パンフレットを制作する立場から、どのような工夫が施されているか、グループで話し合い、全体で共有する。

[具体例]

○浄水場の社会科見学で頂いたパンフレットを読み、気付いたことをグループで伝え合いましょう。

C：これは社会科見学に来る子供向けに書かれているね。

C：「水がとどくまで」という文が真ん中に一番大きく書かれているね。

C：だれでもひと目で分かるように、「きれいな水が家に届くまでの流れ」を絵で表している。

C：絵の上に、短い言葉と文で説明も書いてあるから分かりやすいね。

C：触ると字がボコボコしていて、目の不自由な方も分かるようになっているよ。

C：文字の色も、緑や水色を使っているよ。これは、水源林や水を読み手にイメージさせているのかもしれないね。

〈ICT の効果的な活用〉

調査：検索機能を用いて、様々なパンフレットを収集する。

記録：ホワイトボード機能を用いて、パンフレットを読み取って気付いたことを書き込む。

共有：プレゼンテーションソフトやホワイトボード機能を用いて、パンフレットを読んで気付いたことを学級全体に共有する。

本時案

パンフレットを読もう　1・2/2

本時の目標

・言葉には性質や役割による語句のまとまりがあることを理解し、語彙を豊かにすることができる。※1/2時
・目的を意識して、中心となる語や文を見つけることができる。※2/2時

本時の主な評価

❶言葉には性質や役割による語句のまとまりがあることを理解し、語彙を豊かにしている。【知・技】※1/2時
❸「読むこと」において、目的を意識して、中心となる語や文を見つけている。【思・判・表】※2/2時

資料等の準備

・社会科見学などで集めたパンフレット

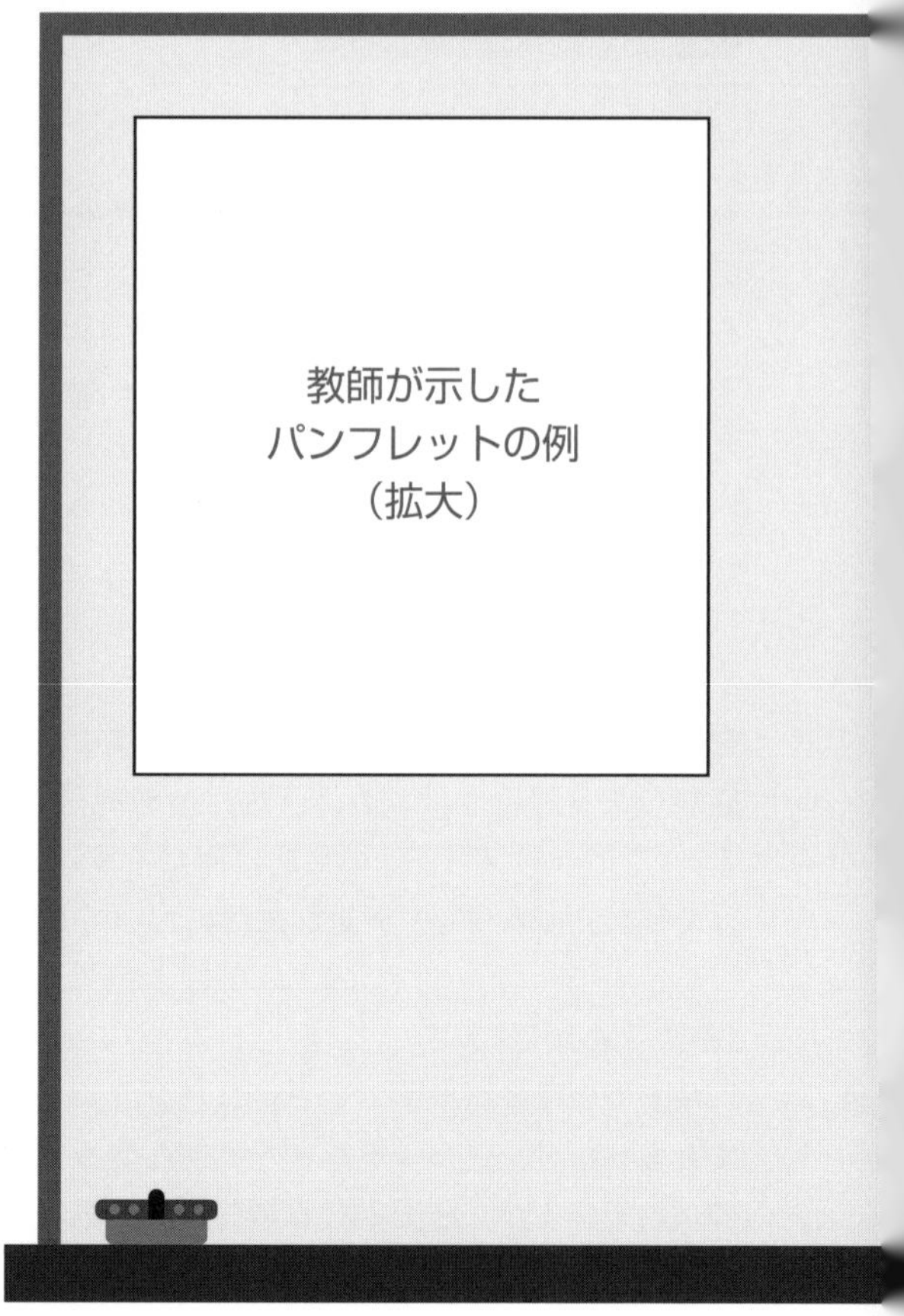

授業の流れ ▷▷▷

1　パンフレットを読み、学習の見通しをもつ　〈20分〉

○教材文のパンフレットを読み、どのような特徴があるか、気付いたことをグループで話し合い、発表する。
T　教科書のパンフレットを読んで、気付いたことを発表しましょう。
・題名は太い字で表しているよ。
・ごみ処理の流れが図ですぐに分かるように、工夫して表しているね。
○教科書を読み、学習の見通しをもつ。
T　教科書を読んで、学習の見通しをもちましょう。
・パンフレットにも特徴があるんだね。
○パンフレットを読んで分かったことをノートにまとめ、友達と共有し合う。

2　パンフレットの工夫について話し合う　〈25分〉

○パンフレットの工夫について、グループで話し合い、発表する。
T　教科書にあるパンフレットを読んで、工夫してあることを話し合いましょう。教科書に示してある観点を基にするといいですね。
・私たちに話しているような書き方をしているね。どうして、わざわざこのような書き方をしているのかな。
・読む相手を考えているからではないかな。
○学習の振り返りをし、次時の予告をする。
T　次の時間までに、パンフレットを集めましょう。

ICT端末の活用ポイント

検索機能を用いて、様々なパンフレットを収集する。

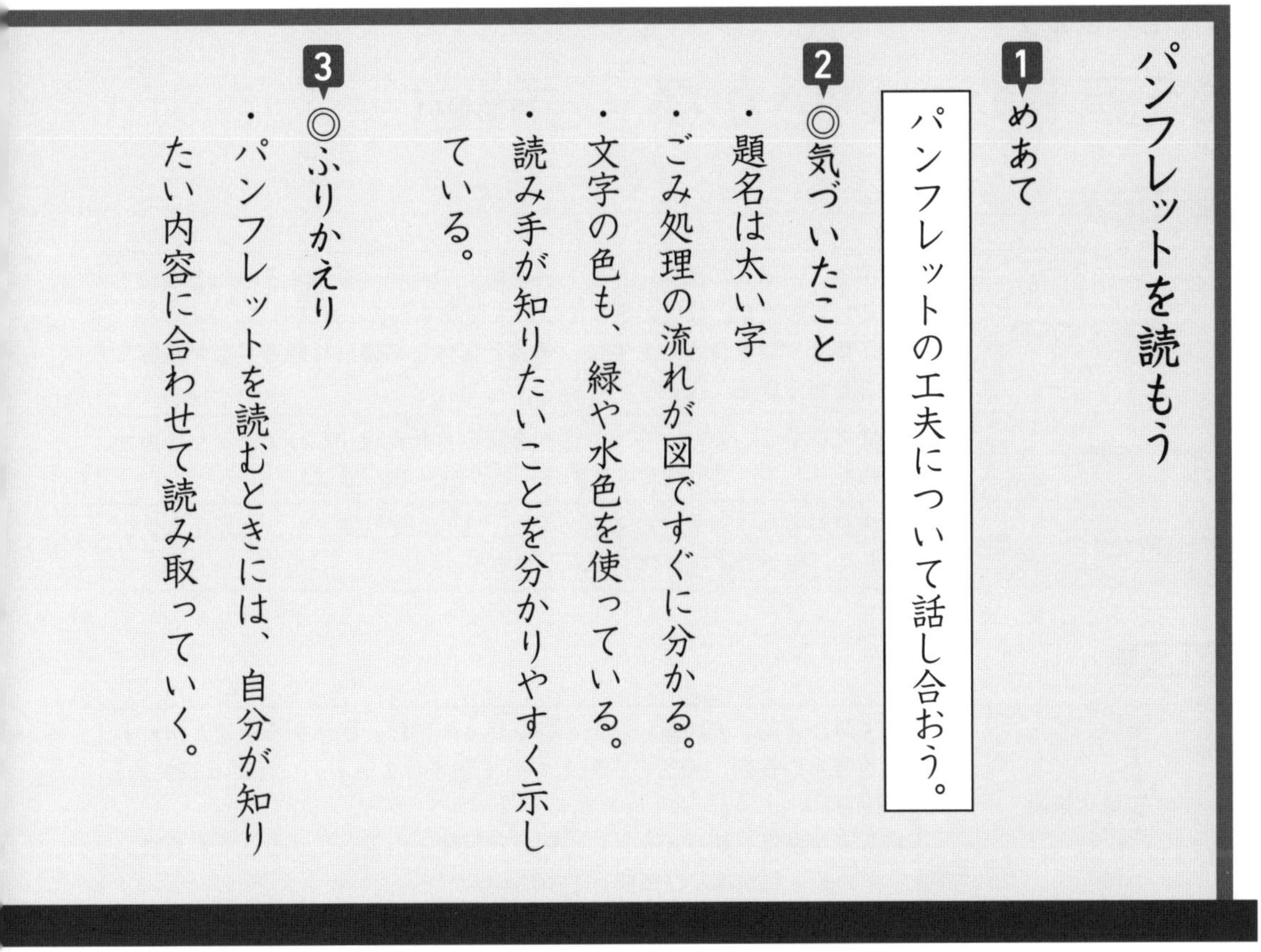
パンフレットを読もう
1 めあて
パンフレットの工夫について話し合おう。
2 ◎気づいたこと
・題名は太い字
・ごみ処理の流れが図ですぐに分かる。
・文字の色も、緑や水色を使っている。
・読み手が知りたいことを分かりやすく示している。
3 ◎ふりかえり
・パンフレットを読むときには、自分が知りたい内容に合わせて読み取っていく。

3 様々なパンフレットを読み、特徴をまとめる 〈25分〉

○様々なパンフレットを読み、どんな特徴があるか、グループで気付きを話し合う。

T 集めてきたパンフレットを読み、どんな特徴があるか、グループでまとめましょう。

・この前見学した浄水場のパンフレットを読んでみよう。

・誰でもひと目で分かるように、「きれいな水が家に届くまでの流れ」を絵で表している。

・触ると字がボコボコしていて、目の不自由な方も分かるようになっているよ。

・水源林や水を読み手にイメージさせているのかもしれないね。

ICT 端末の活用ポイント

ホワイトボード機能を用いて、パンフレットを読み取り、気付いたことを書き込む。

4 グループで発表し、自分の考えをまとめる 〈20分〉

○様々なパンフレットを読み、グループで話し合ったことをまとめて、発表する。

T グループで話し合ったことを発表しましょう。

・どんな人でも分かるように、同じパンフレットでも英語や韓国語、中国語、フランス語など、様々な国の言葉で示してあるものを用意したり、「ユニバーサルデザイン」という工夫もしてあったりしたよ。

○パンフレットを読むときにはどんなことに気を付けたらよいか、ノートに考えを書く。

ICT 端末の活用ポイント

プレゼンテーションソフトやホワイトボード機能を用いて、パンフレットを読んで気付いたことを学級全体に共有する。

書くときに使おう

どう直したらいいかな

（2時間扱い）

単元の目標

知識及び技能	・主語と述語との関係、修飾と被修飾との関係、指示する語句と接続する語句の役割、段落の役割について理解することができる。((1)カ) ・丁寧な言葉を使うとともに、敬体と常体との違いに注意しながら書くことができる。((1)キ)
思考力、判断力、表現力等	・間違いを正したり、相手や目的を意識した表現になっているかを確かめたりして、文や文章を整えることができる。(B エ)
学びに向かう力、人間性等	・言葉がもつよさを感じるとともに、楽しんで読書をし、国語を大切にして、思いや考えを伝え合おうとする。

評価規準

知識・技能	❶主語と述語との関係、修飾と被修飾との関係、指示する語句と接続する語句の役割、段落の役割について理解している。(〔知識及び技能〕(1)カ) ❷丁寧な言葉を使うとともに、敬体と常体との違いに注意しながら書いている。(〔知識及び技能〕(1)キ)
思考・判断・表現	❸「書くこと」において、間違いを正したり、相手や目的を意識した表現になっているかを確かめたりして、文や文章を整えている。(〔思考力、判断力、表現力等〕B エ)
主体的に学習に取り組む態度	❹進んで文章の間違いを正したり、相手や目的を意識した表現になっているかを確かめたりして、学習の見通しをもって、文章を推敲しようとしている。

単元の流れ

時	主な学習活動	評価
1	**学習の見通しをもつ**	
	文章を書いた後、これまでどのように見直していたかを想起する。	❶
	推敲の際に気を付けることを、文例を通して押さえる。	❷
2	p.127の町の特徴を説明する文例を、1年生に読んでもらう文章に書き直す。	❸
	直した文章を読み合い、推敲の仕方や文章がよりよくなったことを確かめる。	❹
	学習を振り返る	
	単元の学習を振り返る。	

授業づくりのポイント

〈単元で育てたい資質・能力〉

本単元では、誤字脱字レベルの推敲ではなく、次の3点を大事にしたい。①内容のまとまりごとに段落を分けているか、②常体と敬体を揃えているか、③文章の目的や相手の理解の実態に沿った言葉や表記を選んでいるかである。文章を書き終えたら、目的や相手を意識して見直す習慣を育てたい。文章を推敲してよりよくできたことを実感させることで、自ら見直す習慣が育っていくと考える。

〈教材・題材の特徴〉

本教材では、文例になっている竹内さんの文章の前に、書き手である竹内さんの願いが書かれている。「多くの3年生に、たっきゅうクラブの見学に来てほしいと思い」と、文章を書く目的が前提としてある。推敲する際に大切にしたい視点である。また、初めに書いた文章と、推敲した後の文章を比較して、どこを、どのように推敲したのかを確かめることができる。前後の文章で変化したのは、①ひとまとまりだった文章が3つの段落に分けられたこと、②常体と敬体が入り混じった文章を敬体に統一していること、③3年生という読み手を意識して「ラリー」に解説を加えていること、④卓球クラブの見学に来てもらうという目的のために「ぜひ、見学に来てください」と一文を加えていることである。「直した理由も考えて」とあり、相手や目的を意識した推敲につなげることが大切である。

〈言語活動の工夫〉

子供の実態に応じて、推敲後の文章を伏せて、推敲前の文章をそれぞれで推敲し、友達と読み合うこともできる。どこを、どのように直したのかを伝え合い、子供自ら推敲の視点を見つける学習もできるだろう。気付かなかった推敲の視点については、教科書の推敲後の文章を読むことで、新たに気付くことができる。p.127の町の特徴を説明する文例を1年生に読んでもらう文章に書き直す活動では、〈単元で育てたい資質・能力〉で述べた3点について推敲すると読みやすくなる。

[具体例]

教科書の推敲前後の文章を比較する場合は、書き換えられた箇所に印を付けたり、言葉を抜き出したりして、推敲したところが明らかになるようにする。「初めに書いた文章」を子供自身で推敲する場合の方が、活動は難しくなるだろう。この場合は、読み上げながら推敲したり、友達が推敲したものと読み比べたりするようにする。いずれの場合も、教師から推敲の視点を示すのではなく、子供自身で見つけることができるようにする。p.127の文章は、次の3点を推敲すると読みやすくなる。①「また」以降を改行し、段落を付けること、②「海水浴場もある」の「ある」を「あります」に直し、敬体に揃えること、③「漁獲量」について説明を補うことである。

〈ICT の効果的な活用〉

記録：文書作成ソフトで「初めに書いた文章」や「町の特徴を書いた文章」を打ち込んだものを MicrosoftTeams や Google ドライブなどのオンラインストレージに保存しておく。子供がそれぞれでファイルをダウンロードする。子供が修正した箇所は赤字にしておくと、友達と読み合った際にひと目で修正した箇所が分かる。

共有：子供が ICT 端末上で文章を推敲する様子を教師は机間指導し、押さえたい内容に気付いている子供の文章をモニターに映す。子供同士でよさを感じた推敲の視点を挙げさせ、選ばれたものを大きな画面に映して共有してもよいだろう。

本時案

どう直したらいいかな

1/2

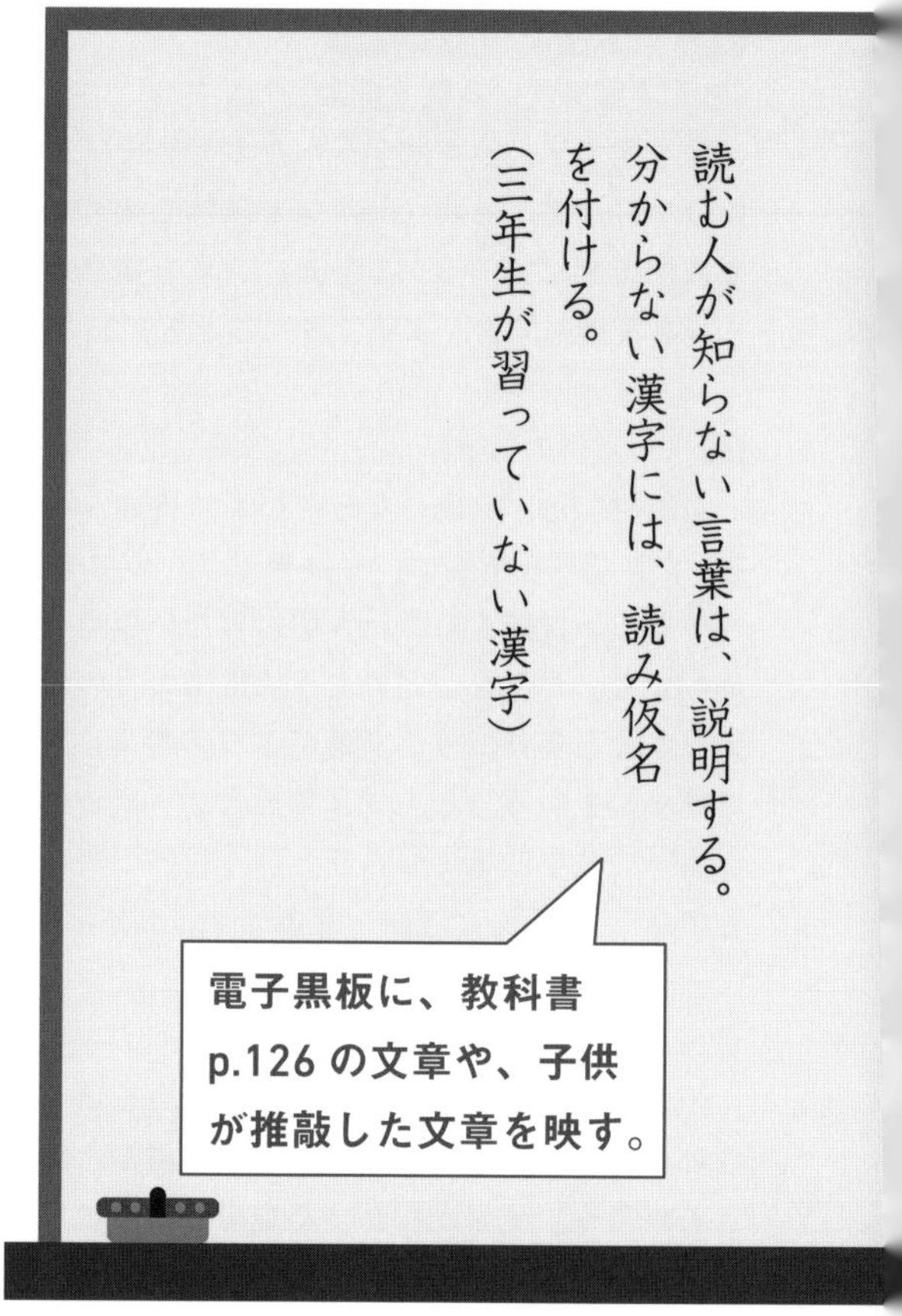

読む人が知らない言葉は、説明する。
分からない漢字には、読み仮名を付ける。
（三年生が習っていない漢字）
電子黒板に、教科書p.126の文章や、子供が推敲した文章を映す。

本時の目標

・語句の意味、段落、常体と敬体との違いに注意しながら書くことができる。

本時の主な評価

❶❷語句の意味、段落、常体と敬体との違いに注意しながら書いている。【知・技】

資料等の準備

・教科書 p.126の拡大（電子黒板等にデジタル教科書で映す）
・ICT 端末（オンラインストレージで、p.126の推敲前の文章を入力したファイルを保存しておく）

授業の流れ ▷▷▷

1 文章をどのように見直していたかを想起する 〈10分〉

T　これまで、文章を書いた後は、どのように見直していましたか。
・そもそも、ほとんど見直していませんでした。
・字の間違いや、習った漢字を使うことに気を付けていました。
・よく一文が長くて読みづらい「だらだら文」にしてしまうことがあるから、一文を短くして書くように気を付けています。
T　今日は、同じ文章をそれぞれで直して、どのように直すとよいか話し合ってみましょう。
○本時のめあてを板書する。

2 教科書 p.126の文章を推敲する 〈25分〉

○オンラインストレージに保存したファイルを子供がダウンロードして使用する。
T　p.126の文章で、修正した方がよいと思うところを直してみましょう。
・段落に分けた方が読みやすいと思います。
・２文目だけ、文末が「楽しんでいる。」で終わっています。他は、「です・ます」で書かれているから、揃えた方がよいと思います。
・「ラリー」は、もしかすると分からない３年生もいるかもしれません。
○子供自身での推敲が難しければ、p.126、127の卓球クラブの紹介文例を比べて読む。

ICT 端末の活用ポイント

ICT 端末上で推敲するか、教科書やそのコピーの紙で推敲するかは、子供が選んでもよい。

どう直したらいいかな

1 ・字の間ちがい　・習った漢字を使う

・「だらだら文」→ 一文を短くする

文章を見直すときに気を付けることを話し合おう。

2 **3** 全部ひとまとまり

→内容のまとまりごとにだん落を付ける。

①何のクラブか

②楽しいところ、活動内容

③時間、場所

「楽しんでいる。」だけ、「だ・である」体。

→「楽しんでいます。」に直す。

「です・ます」と、「だ・である」をそろえる。

○「ラリー」とは？

→「れんぞくして球を打ち合う」を付け足す。

3 推敲の際に気を付けることを、文例を通して話し合う　〈10分〉

T　文章を見直すときに、どのようなことに気を付けましたか。

・内容のまとまりごとに段落を付けると読みやすくなります。3年生がどれくらい「ラリー」を知っているか分からないから、説明を付け足した方がよいと思います。

・クラブ見学に来てもらうための文章なので、文末は「です・ます」に揃えました。

T　相手や目的に合わせて、文章を見直すことが大切ですね。

ICT 端末の活用ポイント

文書作成ソフトを使って活動した場合は、推敲した箇所を赤字にしておく。友達同士で読み合った際に、どのように推敲したかすぐに分かる。

ICT 等活用アイデア

文書作成ソフトに保存したファイルを編集する

推敲した箇所を赤字にすることにより、友達同士で読み合った際に、どこをどのように推敲したのかひと目で分かるようになる。教室に複数のモニターがあれば、子供が推敲したものを同時に映すことができる。モニターが１つでも、画面分割の機能を使うこともできるだろう。教師が共有したい推敲の視点を意図的に投影するためにモニターに映し、どこをどのように直したかを確かめる。板書では直した理由を中心に書くことで、推敲の目的や意図まで学びが深まっていく。

本時案

どう直したらいいかな　2/2

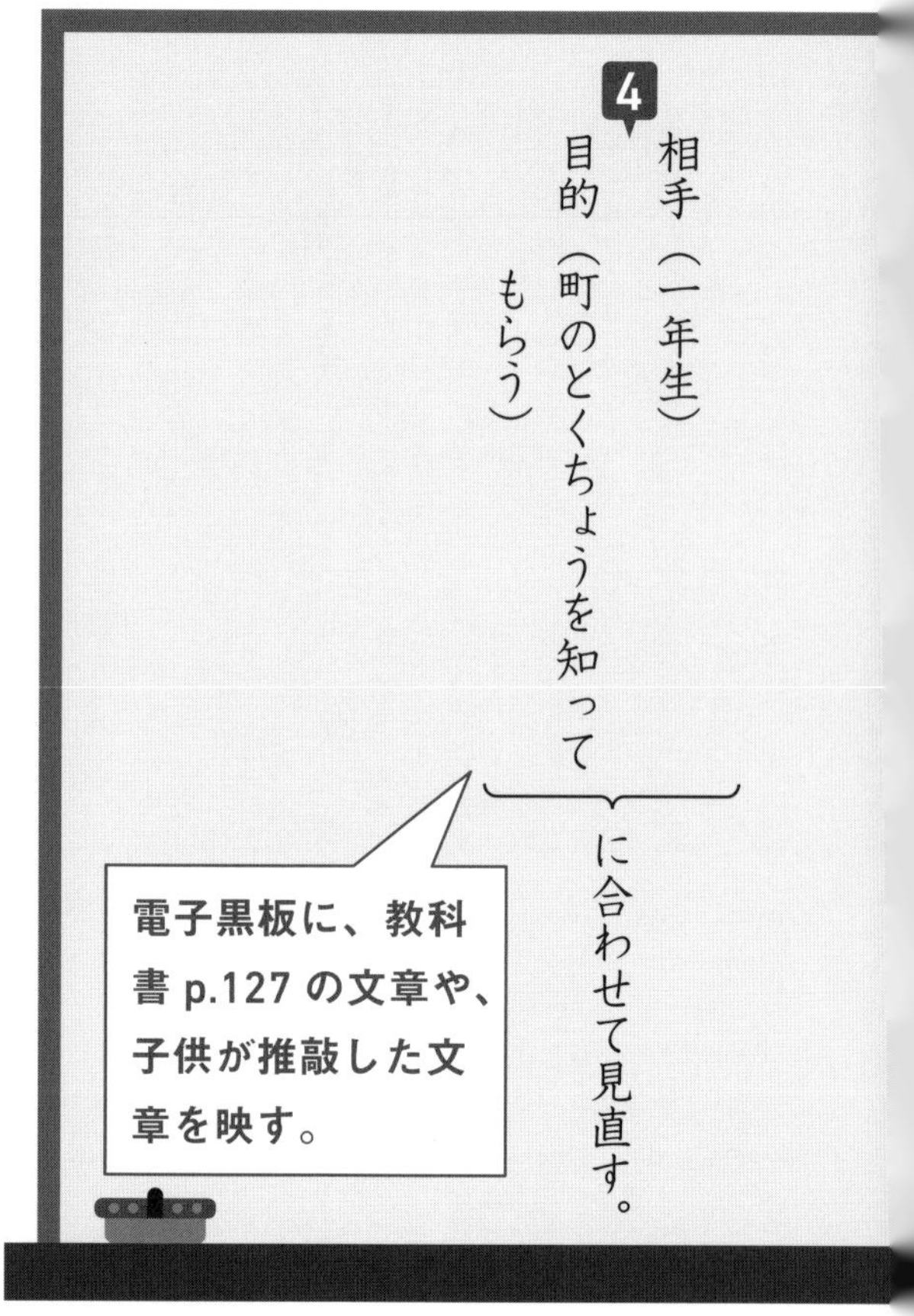
4
相手（一年生）
目的（町のとくちょうを知ってもらう）
に合わせて見直す。
電子黒板に、教科書 p.127 の文章や、子供が推敲した文章を映す。

本時の目標

・１年生に町の特徴を伝えるための文章であることを意識し、適した表現になっているかを確かめて、文や文章を整えることができる。

本時の主な評価

❸１年生に町の特徴を伝えるための文章であることを意識し、適した表現になっているかを確かめて、文や文章を整えている。【思・判・表】

資料等の準備

・教科書 p.127の拡大（電子黒板等にデジタル教科書で映す）
・ICT 端末（オンラインストレージで、p.127 の町の特徴を書いた文章を入力したファイルを保存しておく）

授業の流れ ▷▷▷

1 前時の学習を振り返り、推敲の視点を確かめる〈10分〉

・前回は、３年生に卓球クラブの見学に来てもらうための文章を見直しました。
T　前回は、どのようなことに気を付けて、文章を見直しましたか。
・文章全てが１つの段落になっていたので、内容のまとまりごとに段落を付けて、読みやすくしました。
・文末の「です・ます」と「だ・である」を揃えました。
・難しい言葉には、説明を付け足しました。
T　この文章を１年生に読んでもらうとしたら、どのように直しますか。
○本時のめあてを板書する。

2 p.127の町の特徴を説明する文例を推敲する〈10分〉

○教師がオンラインストレージに保存したファイルを子供がダウンロードして使用する。
T　文章を直してみましょう。直した理由も、後で友達に伝えられるように考えましょう。
・漁業のことも海水浴場のことも、同じまとまりで書かれているな。「海水浴場もある」だけ、「だ・である」で書かれているな。
・「漁業」という言葉は、１年生には難しそう。
○支援が必要な子供には、段落、常体と敬体、解説が必要な言葉の３つに注目し、直せそうなものから推敲するよう促す。

ICT 端末の活用ポイント

推敲する際は、ICT 端末上で推敲するか、教科書やそのコピーを使って紙で推敲するかは、子供が選ぶようにする。

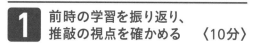

どう直したらいいかな

1
①内容のまとまりごとにだん落を付ける。
②「です・ます」と、「だ・である」をそろえる。
③読む人が知らない言葉は、説明する。
④分からない漢字には、読み仮名を付ける。

文章を見直して、一年生に分かりやすくしよう。

3 2
①全部ひとまとまり
→内容のまとまりごとにすると、
読みやすい。 ↓漁業 ↙海水浴場

②「海水浴場もある。」だけ、「だ・である」体。
→「海水浴場もあります。」

③「漁業」「漁かく量」とは？
→「魚や貝をとる仕事である漁業」「とれた魚や貝の量」

④一年生にはむずかしい漢字
→漁業《ぎょぎょう》　所《ところ》　量《りょう》　海水浴場《かいすいよくじょう》　夏《なつ》

3 推敲した内容や理由を話し合う 〈15分〉

T　どこを、どのように直しましたか。直した理由も話し合いましょう。
・海水浴場は別の内容なので、「また」からは2つ目の段落に書きました。「海水浴場もあります」にして、「です・ます」に揃えました。
・今日は1年生に読んでもらう文章だったので、「漁業」や「漁かく量」とは何か、辞書で調べて付け足しました。
・1年生は漢字があまり読めないので、2・3年生で習う漢字に読み仮名を付けました。

ICT 端末の活用ポイント

文書作成ソフトを使って活動した場合は、推敲した箇所を赤字にしておく。友達同士で読み合った際に、どのように推敲したかすぐに分かる。

4 単元の学習を振り返る 〈10分〉

T　2時間の学習を振り返りましょう。文章を見直すときには、どのようなことに気を付けましたか。
・漁業と海水浴場のまとまりにすると読みやすくなるので、段落を付けました。
・町の特徴について書いた文章を1年生が読むので、「だ・である」を「です・ます」に揃えました。
・難しい言葉には、説明を付け足しました。
・相手に合わせ、漢字に読み仮名を付けました。
T　前回は3年生に、今回は1年生に読んでもらう文章でした。相手や目的に合わせて、文章を見直すことが大切ですね。
○「たいせつ」「いかそう」で、改めて身に付いた力を確かめる。

言葉

いろいろな意味をもつ言葉　（2時間扱い）

単元の目標

知識及び技能	・様子や行動、気持ちや性格を表す語句の量を増し、話や文章の中で使うとともに、言葉には性質や役割による語句のまとまりがあることを理解し、語彙を豊かにすることができる。((1)オ) ・比較や分類の仕方、必要な語句などの書き留め方、引用の仕方や出典の示し方、辞書や事典の使い方を理解し、使うことができる。((2)イ)
学びに向かう力、人間性等	・言葉がもつよさを感じるとともに、楽しんで読書をし、国語を大切にして、思いや考えを伝え合おうとする。

評価規準

知識・技能	❶様子や行動、気持ちや性格を表す語句の量を増し、話や文章の中で使うとともに、言葉には性質や役割による語句のまとまりがあることを理解し、語彙を豊かにしている。(〔知識及び技能〕(1)オ) ❷比較や分類の仕方、必要な語句などの書き留め方、引用の仕方や出典の示し方、辞書や事典の使い方を理解し、使っている。(〔知識及び技能〕(2)イ)
主体的に学習に取り組む態度	❸進んで学習の見通しをもち言葉の意味を調べたり活用したりして、意味を調べた言葉を使って問題や詩を考え、学級の友達に伝え合っている。

単元の流れ

時	主な学習活動	評価
1	学習の見通しをもつ ・教師が「とる」という言葉を使った問題を出し、言葉遊びに興味をもつ。 ・「問いをもとう」を読み、学習の見通しをもつ。 ・教科書の問題に3人組で取り組む。	❶
2	・「あがる」「たてる」「みる」の言葉について国語辞典を使って調べ、3人組でクイズ問題を作って発表する。 ・学習したことを基に、「ひく」「かける」という言葉または他の言葉を使い、クイズ問題を作るか、作品例にならって詩を考え、学級全体で共有する。 学習を振り返る ・本単元の学習を振り返る。	❷ ❸

授業づくりのポイント

〈単元で育てたい資質・能力〉

本単元のねらいは、いくつかの意味がある言葉を文章の中で正しく使うことである。単元の導入で、詩『とる』(川崎洋)を読んだ後、「問い」を確認することで、子供が、「音が同じでも、意味が違う言葉」について、より身近に感じることができるであろう。単元の流れにおいても、問題を出し合ったり詩を作ったりして言葉遊びをすることを通して、言葉の意味を正しく理解し、文章の中で使うことができるようにする。

中学年はクイズやダジャレの本を読んだり、問題を出し合ったりするのを好む子供が多い。子供が楽しみながら、語彙の量を増し、言葉を正しく使うことができるようになることを期待する。

〈言語活動の工夫〉

教科書で学習したことを基に、「クイズ問題を考えること」か「川崎洋さんの作品のように詩を作ること」のどちらかの言語活動を子供が自ら選んで取り組む。課題によってグルーピングして取り組むことにより、学習に自信がない子供でも、協力しながら問題を考えることで自信をもって活動することができる。最後に、「クイズ大会をする」「詩を創作する」という言語活動を、学級の子供だけでなく、保護者や他学級、他学年とも共有することで、子供たちが興味・関心をもって学習でき、語彙量も増すことが期待される。

[具体例①]
○「みる」という言葉を使って問題を考えよう。
C:「みる」にはどんな意味があるかな。
C:「テレビを見る」ってよく使っているよ。
C:国語辞典で調べてみよう。
C:クイズ大会だから、みんなが分からないような難しい意味も入れると盛り上がりそう。
C:問題づくりも言葉の勉強になるね。

[具体例②]
○「みる」という言葉を使って詩を考えよう。
C:川崎洋さんの『とる』を参考にして考えればいいね。
C:「動画を見る」ってよく話しているかも。
C:確かに、帰ったらすぐに動画を見ているなあ。
C:「家に帰って、動画見る」っていうのはどう。

〈ICT の効果的な活用〉

調査:検索機能を使って、いろいろな意味をもつ言葉について調べる。

記録:(クイズ)プレゼンテーションソフトで「クイズ問題」を作る。
(詩)作った詩を録音または録画する。その際、プレゼンテーションソフトと併せて作る方法もある。

共有:でき上がった作品を ICT 端末で共有し合い、チャットで答えたり、感想を伝えたりする。

本時案

いろいろな意味をもつ言葉 1·2/2

本時の目標

・様子や行動、気持ちや性格を表す語句の量を増し、話や文章の中で使うとともに、言葉には性質や役割による語句のまとまりがあることを理解し、語彙を豊かにすることができる。

本時の主な評価

❶様子や行動、気持ちや性格を表す語句の量を増し、話や文章の中で使うとともに、言葉には性質や役割による語句のまとまりがあることを理解し、語彙を豊かにしている。【知・技】

資料等の準備

・ICT 端末
・短冊形の画用紙
・教科書 p.128–129の拡大コピー

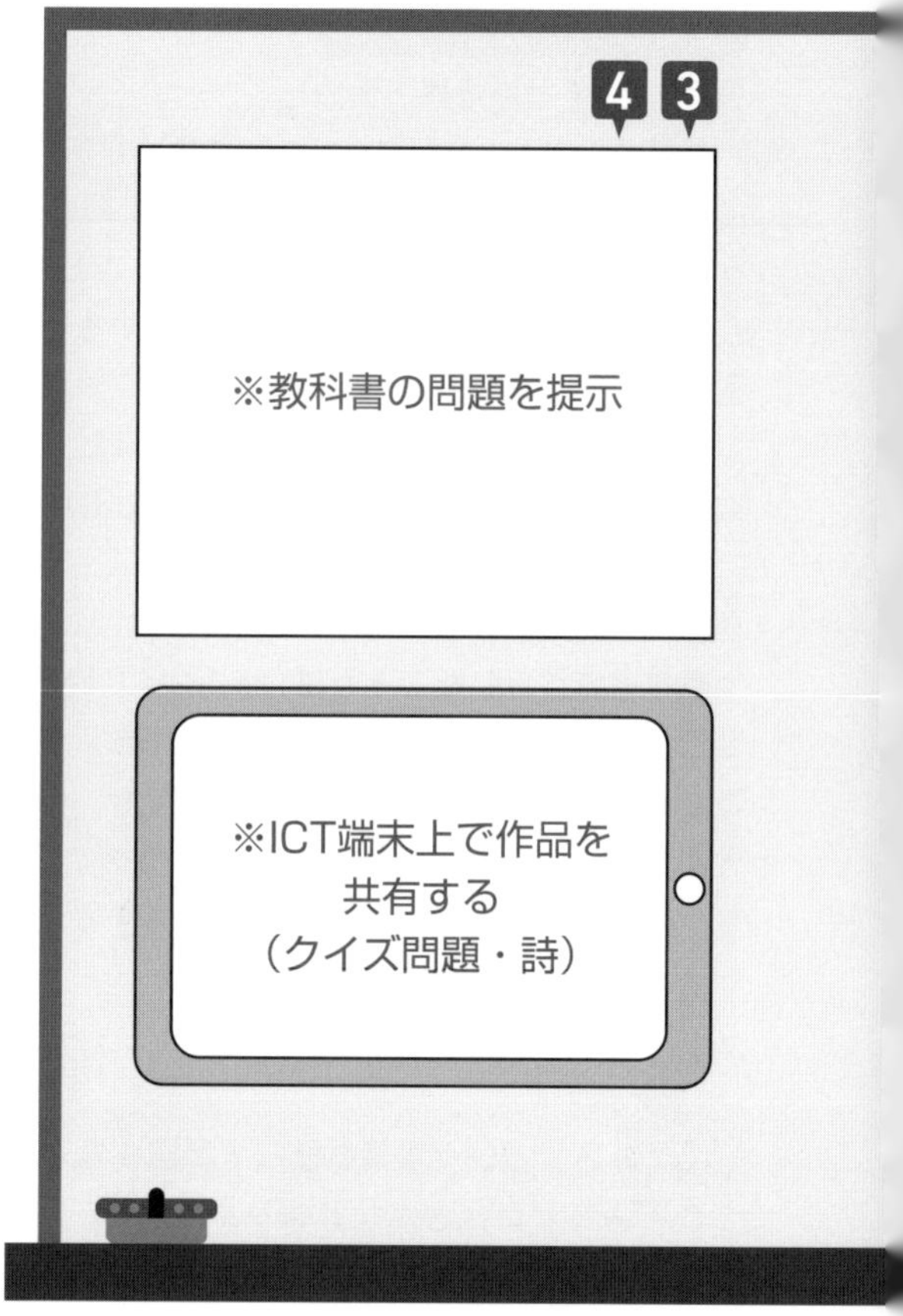

授業の流れ ▷▷▷

1 言葉遊びに興味をもち、学習の見通しをもつ 〈10分〉

○教師が「とる」という言葉を使った問題を出し、言葉遊びに興味をもつ。

T　□にあてはまる言葉は何かな。

・すもう「とる」です。ぼうし「とる」、でまえ「とる」…全部「とる」という言葉が入ります。
・「とる」という言葉はまだまだありそう。
・年を「とる」という使い方もあるね。他にも調べてみたいな。

ICT 端末の活用ポイント

教科書を手元に置くだけでなく、教師が提示した問題を ICT 端末で確認し、子供が解答したことを画面で共有することもできる。

2 教科書の「問いをもとう」を確認し、学習の見通しをもつ 〈35分〉

○教科書の「問いをもとう」を読み、学習の見通しをもつ。

T　教科書の「問いをもとう」を確認しましょう。

・確かに、音が同じでも、意味が違う言葉はたくさんあるよね。
・初めて知った使い方もあるよ。
・国語辞典で調べてみよう。
・タブレットでも調べられるね。

○教科書の問題に３人組で取り組む。

T　まずは、３人組で教科書の問題に取り組みましょう。分からない言葉は調べましょう。

・３人でやれば、安心。
・「出る」にもいろいろな使い方があるね。
・早く自分たちで問題を作りたいな。

いろいろな意味をもつ言葉

問いをもとう

1

2

※教科書の問いを提示。短冊形の画用紙に書くと分かりやすい。

※川崎洋『とる』の詩を提示

この活動は「個別最適化」の学びとも言える。今まで学習したことを基に、子供が自ら表現方法を選ぶことを通して、子供が進んで学ぶことができ、表現力を高められることも期待できる。

3　3人組でクイズ問題を作る　〈20分〉

○「あがる」「たてる」「みる」の言葉について国語辞典を使って調べ、3人組でクイズ問題を作って発表する。

T　「あがる」「たてる」「みる」の言葉について調べてからクイズ問題を作りましょう。

・問題にするには、どうしたらいいかな。

・絵も合わせると分かりやすそうだね。

T　みんなでクイズ大会をしましょう。

・私たちの問題はこれです。

・星の絵だね。星を「見る」。

・まだまだ他の言葉でも問題ができそう。

ICT 端末の活用ポイント

国語辞典で調べた後、プレゼンテーションソフトを活用してクイズ問題を作成させる。

4　クイズ問題または、詩を考え、学級全体で共有する　〈25分〉

○「ひく」「かける」という言葉または他の言葉を使い、クイズ問題を作るか、作品例にならって詩を考え、学級全体で共有する。

T　クイズ問題を作るか、詩を作るかどちらかを選んで取り組みましょう。

・私はクイズ問題グループにしよう。

・僕は詩を作ることにしよう。

ICT 端末の活用ポイント

でき上がった作品を ICT 端末で共有し合い、チャットで答えたり、感想を伝えたりする。

言葉

ローマ字を使いこなそう

（2時間扱い）

単元の目標

知識及び技能	・日常に使われている簡単な単語について、ローマ字で書くことができる。((1)ウ)
学びに向かう力、人間性等	・言葉がもつよさに気付くとともに、幅広く読書をし、国語を大切にして、思いや考えを伝え合おうとする。

評価規準

知識・技能	❶日常に使われている簡単な単語について、ローマ字で書いている。(〔知識及び技能〕(1)ウ)
主体的に学習に取り組む態度	❷積極的に日常に使われている簡単な単語についてローマ字表記を考え、学習課題に沿って、ローマ字で書こうとしている。

単元の流れ

時	主な学習活動	評価
1	学習の見通しをもつ ・「問いをもとう」を基に、ローマ字で書かれている言葉にはどのようなものがあるかを、日常生活を振り返って確かめる。 ・教科書 p.143の「ローマ字の表」を見て、ローマ字で表記する際、2つの書き方（訓令式、ヘボン式）があることを知る。 ・教科書 p.130の学習に取り組む。	❶
2	・教科書 p.130の学習に取り組んだ結果を、子供同士で確認し合う。 ・日本語のローマ字表記と、アルファベットを使った別の言語は違うことを知る。 学習を振り返る ・「いかそう」を確かめ、ローマ字の表記の学習について、がんばったことと、これからの学習に生かしたいことをまとめる。	❶ ❷

授業づくりのポイント

〈単元で育てたい資質・能力〉

本単元のねらいは、日常に使われている簡単な単語について、ローマ字で書くことができるようにすることである。

日本語表記の言葉を訓令式とヘボン式の2つの書き方で書く学習活動等を通して、日常に使われている簡単な単語について、ローマ字で書くことができるようにする。

〈教材・題材の特徴〉

ローマ字で書かれているのはどんな言葉が多いのかを話し合う学習活動や、訓令式とヘボン式の2つの書き方で書いたり、使い分け方を考えたりする学習活動を通して、日常に使われている簡単な単語についてローマ字で書くことができるようにする構成となっている。ローマ字表記と英語の違いについても扱っている。

〈言語活動の工夫〉

日本語表記の言葉を訓令式とヘボン式の2つの書き方で書く学習活動において、評価規準について「努力を要する」状況（C）の子供がいることも想定される。この場合、「子供がいくつかの表現方法から選べるようにすること」などの指導の手立てが考えられる。

[具体例]

○日本語表記の言葉を訓令式とヘボン式の2つの書き方で書く学習活動に取り組むことを苦手とする子供に対しては、手書きだけでなく、文書作成ソフトを用いて書くことができるようにするなどの工夫が考えられる。

○ノートで手書きする子供と文書作成ソフトで書く子供が混在する場合、ノートに手書きする子供は写真を撮影して提出、文書作成ソフトの子供はデータで提出といった約束事を決めておくという工夫も考えられる。

〈ICT の効果的な活用〉

調査：ウェブサイトで、ローマ字は身の回りのどんなところに使われているかを検索することで、様々な場面でローマ字が使われていることに気付くことができるようにする。

表現：文書作成ソフトなどを用いて、ローマ字で書くことができるようにすることで、筆記具で文字を書くことが苦手な子供も、日常に使われている簡単な単語について、ローマ字で書く学習活動に取り組むことができるようにする。

本時案

ローマ字を使いこなそう 1/2

本時の目標

・日常に使われている簡単な単語について、ローマ字で書くことができる。

本時の主な評価

❶日常に使われている簡単な単語について、ローマ字で書いている。【知・技】

資料等の準備

・教科書 p.143の「ローマ字の表」の拡大コピー

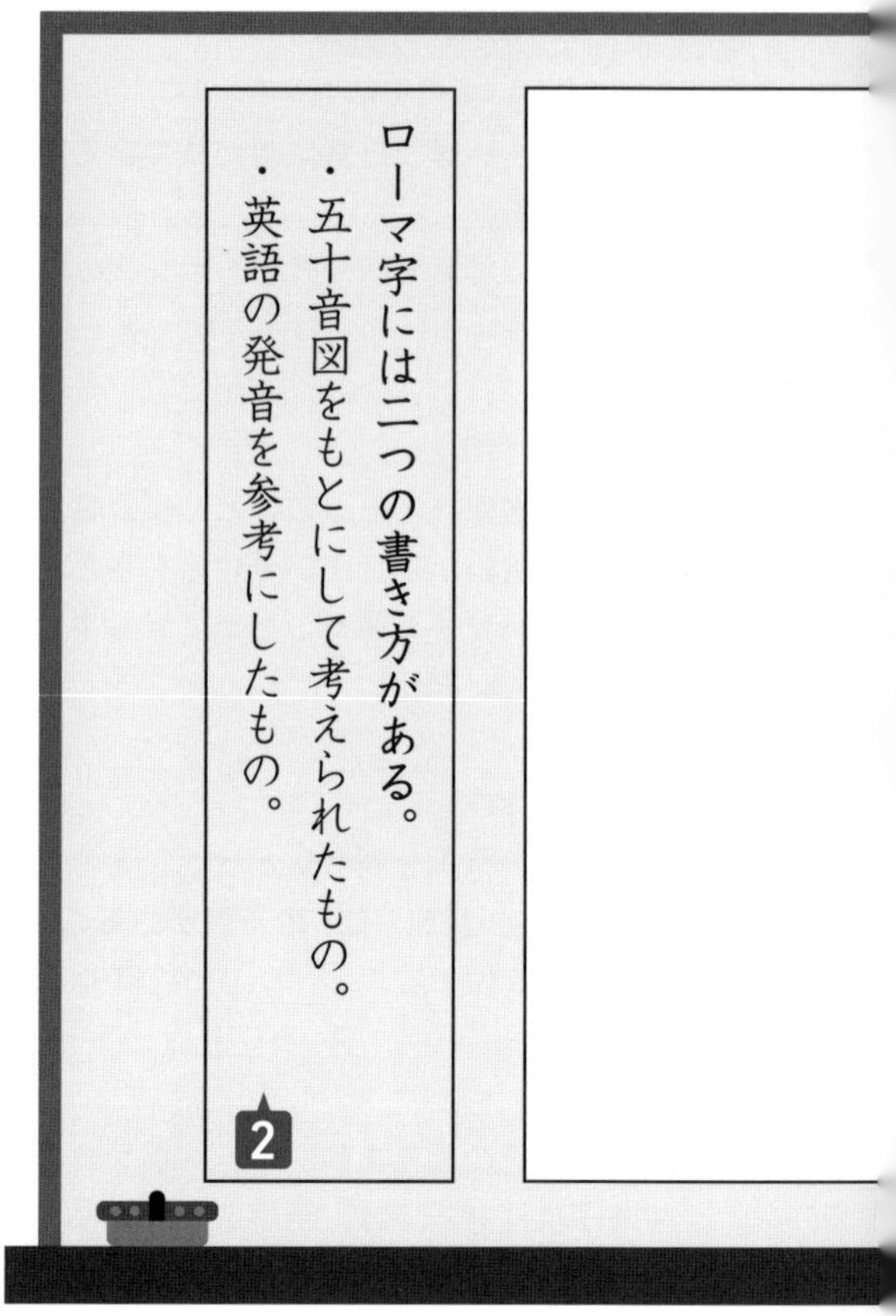

ローマ字には二つの書き方がある。
・五十音図をもとにして考えられたもの。
・英語の発音を参考にしたもの。
2

授業の流れ ▷▷▷

1 ローマ字で書かれている言葉にはどのようなものがあるかを確かめる 〈10分〉

T　ローマ字は、身の回りのどんなところに使われているでしょう。また、ローマ字で書かれているのは、どんな言葉が多いでしょう。

・海外の人も見る標識に使われていると思います。

・海外の人も標識を読めないと困るから、ローマ字で書いているのだと思います。

・ローマ字で書かれているのは、海外の人も知りたいと思う言葉に使われていると思います。

2 教科書 p.143の「ローマ字の表」を見て、2つの書き方があることを知る 〈10分〉

T　教科書 p.143の「ローマ字の表」を見て気付いたことはありますか。

・「し」は、2つの書き方があります。

・他にも「しゃ」「ち」なども2つの書き方があります。

○行ごとに「a」「i」「u」「e」「o」の前に同じアルファベットが来る50音図を基にして考えられたもの（訓令式）と、[　] 内のような英語の発音を参考に考えられたもの（ヘボン式）の2種類のローマ字の書き方があることを確認する。

ローマ字を使いこなそう

1 ローマ字で書こう。

①ローマ字は、身の回りのどんなところで使われているでしょう。

②ローマ字で書かれているのは、どんな言葉が多いでしょう。

標識　チラシ　名札

・海外の人も見る

・海外の人も分からないと困る

・海外の人も知りたい

教科書p.143の
「ローマ字の表」の拡大

3 教科書 p.130の学習に取り組む〈25分〉

T　教科書 p.130の学習に取り組みましょう。

○日本語表記の言葉を訓令式とヘボン式の 2 つの書き方で書く学習活動に取り組むことを苦手とする子供に対しては、手書きだけでなく、文書作成ソフトを用いて書くことができるようにするなどの工夫が考えられる。

○ノートで手書きする子供と文書作成ソフトで書く子供が混在する場合、提出方法の約束事を決めておくとよい。

○早く終わった子供は、取り組んだ学習を参考にして、問題づくりをする。

ICT 等活用アイデア

検索機能の効果的な活用

身の回りのどんなところにローマ字が使われているかを振り返る学習活動の際、ウェブサイトで検索することで、様々な場面でローマ字が使われていることに気付くことができるようにする工夫も考えられる。ただ、学級全体で検索させるのではなく、一人一人の子供が必要に応じて検索するかを判断できるようにするとよい。また、検索結果について共有する際、デジタルホワイトボード等の共同編集機能を使うと、発言の苦手な子供も自分の考えを表現しやすくなる。

本時案

ローマ字を使いこなそう 2/2

本時の目標

・積極的に日常に使われている簡単な単語についてローマ字表記を考え、学習課題に沿って、ローマ字で書こうとすることができる。

本時の主な評価

❶日常に使われている簡単な単語について、ローマ字で書いている。【知・技】
❷積極的に日常に使われている簡単な単語についてローマ字表記を考え、学習課題に沿って、ローマ字で書こうとしている。【態度】

資料等の準備

・教科書 p.143の「ローマ字の表」の拡大コピー

2
日本語
英語
花
はな
ハナ
HANA flower
YAMA mountain
NEKO cat
INU dog
TURU crane
GAKKOU school
3
・これからローマ字を書くとき、目的に合わせて二つの書き方をうまく使い分けたい。
・初めはローマ字に二つの書き方がある理由が分からなかったけど、他の人の意見を聞くうちに理由がよく分かった。

授業の流れ ▷▷▷

1 教科書 p.130の学習に取り組んだ結果を子供同士で確認し合う 〈10分〉

T　教科書 p.130の学習に取り組んだ結果を、隣の人と確認しましょう。

○他の人を参考に自分の考えを書き直す場合は、赤字で書き直すようにするとよい。

○訓令式とヘボン式の表記をどのように使い分けようと思うのかを確認する。

○授業終了後、ノートを回収し、正しく書けているか確認する。

○早く終わった子供は、取り組んだ学習を参考にして、問題づくりをする。作成した問題は、家庭学習に活用することも考えられる。

2 ローマ字表記と、アルファベットを使った別の言語は違うことを知る 〈25分〉

○教科書 p.130の花のイラストを示し、日本語では「はな」「ハナ」「花」「HANA」と表記するのに対し、英語では「flower」と表記することを押さえ、ローマ字表記と英語は違うことを確認する。

T　「花」以外にも、ローマ字表記と英語で違う言葉はありますか。ノートにローマ字で書きましょう。

T　ローマ字表記と英語で違う言葉を調べた結果を、隣の人と確認しましょう。

ローマ字を使いこなそう

ローマ字で書こう。

○コンピュータで文字を入力するとき
↓五十音図をもとにして考えられた書き方

○外国語活動で、外国人の先生に、自分の名前を書いて
わたすとき
↓英語の発音を参考に考えられた書き方

教科書p.143の
「ローマ字の表」の拡大

3 これからの学習に生かしたいことなどをまとめる 〈10分〉

T　ローマ字の表記の学習について、がんばったことと、これからの学習に生かしたいことをまとめましょう。

・これからローマ字を書くとき、目的に合わせて２つの書き方をうまく使い分けたい。

・初めはローマ字に２つの書き方がある理由が分からなかったけど、他の人の意見を聞くうちに理由がよく分かった。

○ローマ字の表は、教室に掲示し、今後の読むことや書くことの学習に活用する。

よりよい授業へのステップアップ

評価規準を踏まえた学習活動の設定

本時の評価規準が「日常に使われている簡単な単語について、ローマ字で書いている」「積極的に日常に使われている簡単な単語についてローマ字表記を考え、学習課題に沿って、ローマ字で書こうとしている」であるため、ローマ字表記と英語で違う言葉をローマ字で表記する学習活動を設定した。その際、「外国語活動」では「文字については、子供の学習負担に配慮しつつ、音声によるコミュニケーションを補助するものとして取り扱うこと」と示されていることに留意する。

3 年生で習った漢字

漢字の広場③　（2 時間扱い）

単元の目標

知識及び技能	・第 3 学年までに配当されている漢字を書き、文や文章の中で使うことができる。((1)エ) ・主語と述語との関係、修飾と被修飾との関係、指示する語句と接続する語句の役割、段落の役割について理解することができる。((1)カ)
思考力、判断力、表現力等	・間違いを正したり、相手や目的を意識した表現になっているかを確かめたりして、文や文章を整えることができる。(B エ)
学びに向かう力、人間性等	・言葉がもつよさを感じるとともに、楽しんで読書をし、国語を大切にして、思いや考えを伝え合おうとする。

評価規準

知識・技能	❶第 3 学年までに配当されている漢字を書き、文や文章の中で使っている。(〔知識及び技能〕(1)エ) ❷主語と述語との関係、修飾と被修飾との関係、指示する語句と接続する語句の役割、段落の役割について理解している。(〔知識及び技能〕(1)カ)
思考・判断・表現	❸「書くこと」において、間違いを正したり、相手や目的を意識した表現になっているかを確かめたりして、文や文章を整えている。(〔思考力、判断力、表現力等〕B エ)
主体的に学習に取り組む態度	❹進んで、第 3 学年までに配当されている漢字を書き、これまでの学習をいかして、文を書こうとしている。

単元の流れ

時	主な学習活動	評価
1	学習の見通しをもつ 昔話のあらすじを思い起こし、学習の見通しをもつ。 教科書の絵を見て、場面や出来事を想像し、提示された言葉を使いながら、『おむすびころりん』や『浦島太郎』の話を完成させる。	❶ ❷ ❸ ❹
2	2 つの推敲の視点を確かめる。 ①絵の中の漢字を正しく使って、昔話を作ることができたか。 ②つなぎ言葉は正しく使えたか。 書いたものを読み返し、間違いを正すなどして推敲する。 書いたものを友達と読み合い、正しく漢字が使われているか相互評価する。 学習を振り返る 本単元の学習を振り返る。	

授業づくりのポイント

〈単元で育てたい資質・能力〉

ただ漢字の読み書きを覚えるだけでなく、絵を見てお話がどのような場面なのか、登場人物の様子を見て、その場面の想像を膨らませて漢字を用いて表現していく。

『おむすびころりん』と『浦島太郎』という子供も知っているであろう昔話が扱われているため、友達と読み合い、共同推敲することも可能だろう。絵の中の漢字を正しく書くことができているか、文意が伝わるように用いることができているかどうかを確かめて書くことができるようにしていく。

〈教材・題材の特徴〉

本教材では、「二つの昔話を完成させましょう」と説明されている。絵からすぐ『おむすびころりん』と『浦島太郎』であることが分かるだろう。「『そして』『しかし』など、つなぎ言葉を使ってみましょう」とあり、文例でも「おじいさんは、急いでおむすびを追いかけました。しかし、おむすびはどんどん転がっていきます」とある。順接か逆説か、絵と絵の展開をつなぐ言葉に注意して書くことで、昔話がつながっていく。

また、「落とす」などの動詞や「悲しい」などの形容詞が多く取り上げられている。そのため、人物の行動や様子に注目すると文章にしやすくなると考える。絵を見て、何をしているところか、人物はどのような様子かを個別に助言したり、子供同士で話し合ったりしていくとよいだろう。

〈言語活動の工夫〉

絵がお話の中のどの場面かを問われるだけだと、すぐに答えることが難しい子供もいるだろう。そこで、学校図書館で『おむすびころりん』や『浦島太郎』を借りて学級文庫においたり、電子書籍でアクセスできるようにしたりしておくと、お話を思い起こしやすくなる。

また、教材ではつなぎ言葉の使い方に留意するよう書かれている。『おむすびころりん』も『浦島太郎』も6枚の絵に沿って書くようになっており、例として挙げられている「そして」と「しかし」のみでは、表現がくどくなってしまう。他のつなぎ言葉も語彙として共有してから書いたり、書く過程で共有したりすると、より読みやすい文章を書くことができると考える。

[具体例]

絵と漢字が時系列になっているため、昔話を紙の本や電子書籍で読み返したり、友達と話し合ったりして内容を思い起こすと、書き進めていくことができるだろう。どちらの昔話から書いてもよい。同じ昔話について書いている友達と、漢字やつなぎ言葉の使い方を確かめながら書くと、安心して書き進めることができる。文章を書き始める前に、「そこで」や「ところが」などのつなぎ言葉も学級で共有しておくとよい。

〈ICT の効果的な活用〉

調査：電子書籍で『おむすびころりん』や『浦島太郎』を読んだり、動画配信サイトで読み聞かせを聞いたりすると、昔話を思い起こしやすくなる。

記録：本単元の場合は文書作成ソフトによる文字入力ではなく、手書きがよいだろう。手書きしたものをカメラ機能で撮影し、学習支援ソフトに保存し、学習履歴を残しておく。

共有：学習支援ソフトに、書いた昔話を保存しておくことで、いつでもどこでも友達の文章を読むことができる。また、教師の評価にも有効だろう。

本時案

漢字の広場③

1/2

本時の目標

・第３学年までに配当されている漢字を書き、昔話を書くことができる。

本時の主な評価

❶第３学年までに配当されている漢字を書き、昔話を書いている。【知・技】

資料等の準備

・教科書 p.132の拡大コピー（電子黒板等にデジタル教科書で映す）
・『おむすびころりん』『浦島太郎』の本（学校図書館の本もしくはICT端末から閲覧できる場合は電子書籍。動画配信サイトで検索してもよい）

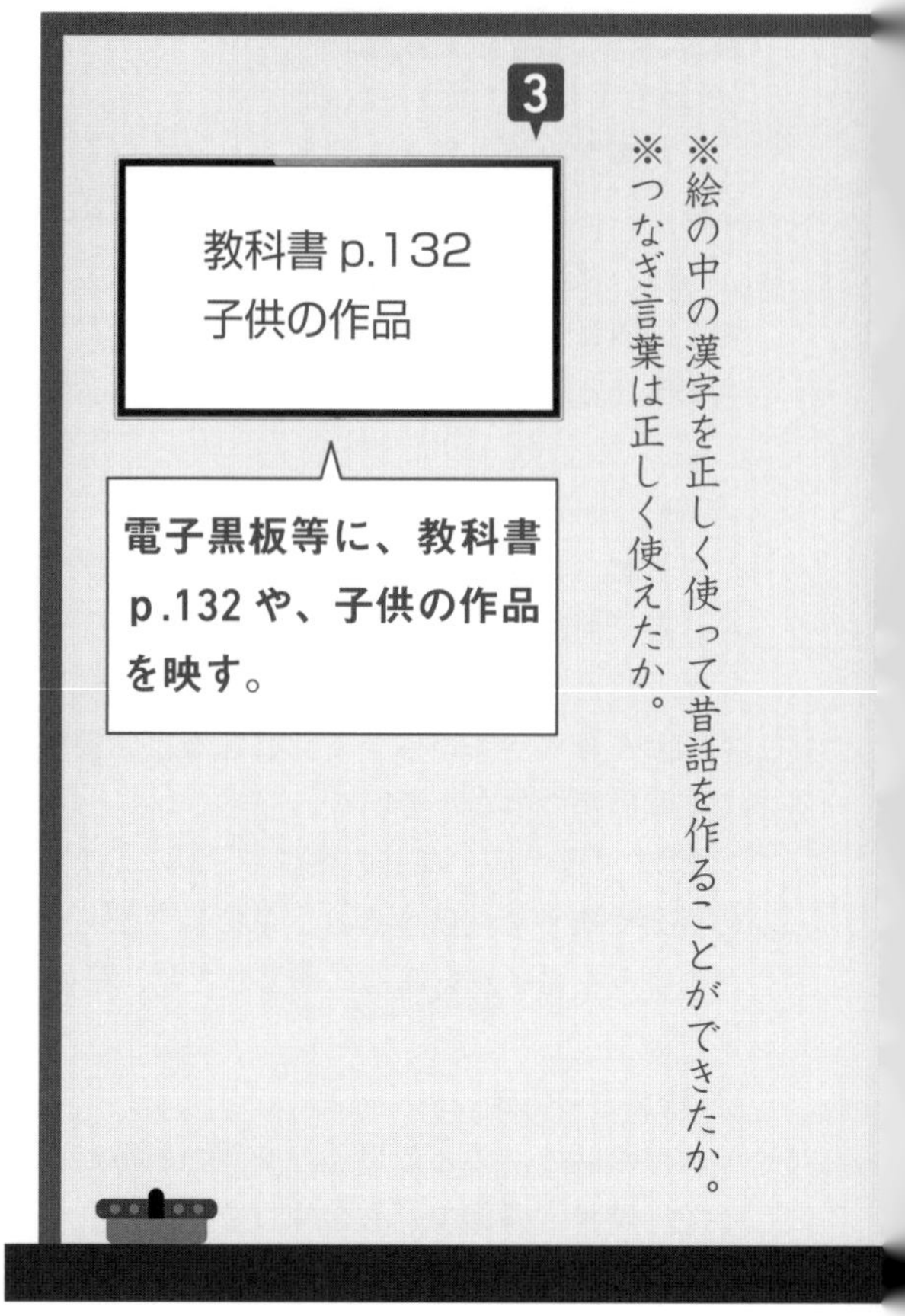

※絵の中の漢字を正しく使って昔話を作ることができたか。
※つなぎ言葉は正しく使えたか。
3
教科書 p.132
子供の作品
電子黒板等に、教科書 p.132 や、子供の作品を映す。

授業の流れ ▷▷▷

1 昔話のあらすじを思い起こし、学習の見通しをもつ 〈10分〉

○教科書 p.132の絵を見て、『おむすびころりん』『浦島太郎』のあらすじを話し合う。

T 『おむすびころりん』と『浦島太郎』は、それぞれどのような昔話ですか。

・『おむすびころりん』は、おじいさんが落としたおむすびが転がり、穴に落ちるお話です。

・『浦島太郎』は、いじめられた亀を助けた浦島太郎が、竜宮城に招待されるお話です。

T それぞれの昔話に６枚の絵があります。絵の中の漢字を使って、２つの昔話を完成させてみましょう。

○本時のめあてを板書する。

ICT 端末の活用ポイント

電子書籍で読んだり、動画配信サイトで音声を聞いたりすると、思い起こしやすくなる。

2 絵の中の漢字の読み方と、つなぎ言葉を確かめる 〈10分〉

T ２つの昔話を完成させるために、漢字の読み方を確かめましょう。

・落とす、追う、転がる、急ぐ、進む…

・始まり、悪い、海岸、悲しい、助ける…

T 教科書の漢字を使いながら、昔話の始まりを作ってみましょう。

・おじいさんが、おむすびを落としてしまいました。そこで、おじいさんは急いでおむすびを追いかけました。

T 他には、どのようなつなぎ言葉が使えそうですか。

・そこで、そのとき、それから、その後…

・ところが、けれども、だが…

漢字の広場③

絵の中の漢字を使い、昔話を書こう。

1 『おむすびころりん』

おじいさんが、おむすびを落としてしまいました。
そこで、おじいさんは急いでおむすびを追いかけました。

2 『浦島太郎』

海岸でかめが悪い子たちにいじめられています。
そのとき、浦島太郎がやってきて、「やめないか」と声をかけると、悪い子たちは去っていきました。
かめは助かりました。

↓ そして　そこで　そのとき　それから　その後

↑ しかし　ところが　けれども　だが

3 絵の中の言葉を使い、昔話を書く〈25分〉

T　絵の中の漢字で、昔話を書きましょう。

○どちらから書くかを子供が選択する。子供の書くペースに応じて、1つの昔話にするか、2つとも書くかを選択するとよい。

・海岸で亀が悪い子たちにいじめられています。そのとき、浦島太郎がやってきて「やめないか」と声をかけると、悪い子たちは去っていきました。亀は助かりました。

○必要に応じて、同じ昔話を書いている子供同士で話し合いながら書いてもよい。

○書き終えた子供から、推敲できるよう、板書に視点を示しておくとよい。

ICT 端末の活用ポイント

書いた昔話をカメラ機能で撮影し、学習支援ソフトに保存しておく。

よりよい授業へのステップアップ

記述量に幅をもたせる

授業の中で2つの昔話の両方を完成させるのは難しい子供もいるだろう。どちらから取り組むのかを子供が選択し、まずは1つの昔話を完成させることを目標にするとよいだろう。

時間内で書くことができなかった漢字については、次時に友達の作品を読むことを通して学ぶ。また、絵の中の漢字を使った部分を平仮名で表記したワークシートを用意したり、昔話から絵の中の漢字の部分を白塗りしたものを使ったりして書き取ると、抵抗感なく書くことに向かっていけるだろう。

本時案

漢字の広場③

2/2

本時の目標

・文章の間違いを正し、文や文章を整えることができる。

本時の主な評価

❷文章の間違いを正し、文や文章を整えている。【思・判・表】

資料等の準備

・教科書 p.132の拡大コピー（電子黒板等にデジタル教科書で映す）

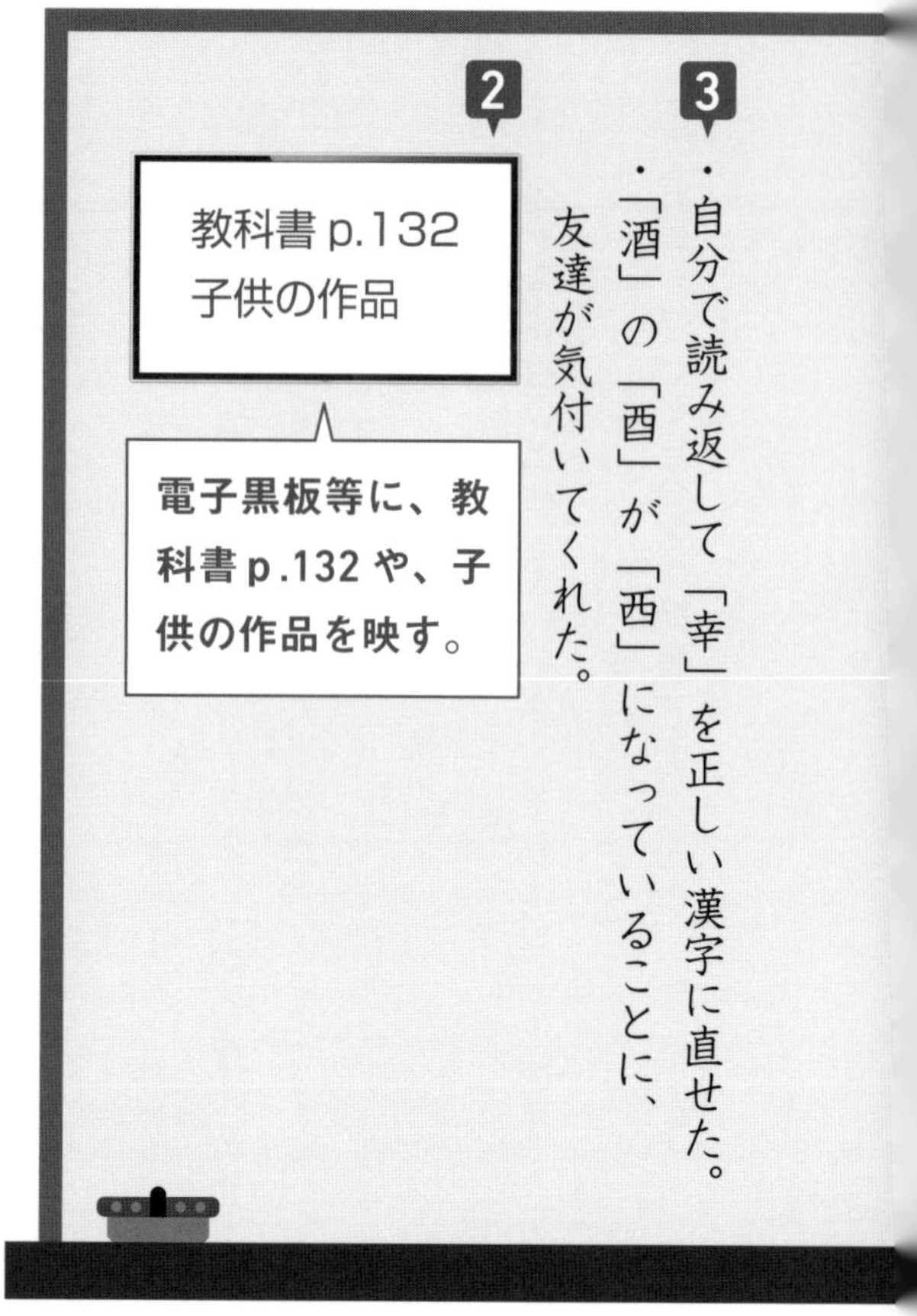

3
・自分で読み返して「幸」を正しい漢字に直せた。
・「酒」の「酉」が「西」になっていることに、
友達が気付いてくれた。
2
教科書 p.132
子供の作品
電子黒板等に、教科書 p.132 や、子供の作品を映す。

授業の流れ ▷▷▷

1 書いた昔話を読み返し、間違いを正して文章を整える 〈10分〉

・昔話を書いた文章ができました。

T　友達と読み合う前に、まずは自分で声に出して読み返してみましょう。

○前時に推敲を始めている子供に、読み返す際に気を付けたことを話してもらう。

・絵の中にある、3年生までに習った漢字は、特に正しく書けたか確かめました。

・主語と述語がつながっているか、読み返して確かめました。

T　今日は、書いた昔話を読み合いましょう。

○本時のめあてを板書する。

2 書いた昔話を友達と読み合う 〈25分〉

T　書いた昔話を読み合いましょう。正しく漢字が使えているか確かめましょう。

○ペアで横並びに座り、間に文章を置いて書き手が読むと、聞き手は字を目で追いながら聞くことができ、漢字の誤りにも気付きやすくなる。

・ねずみたちは、おじいさんのおむすびを食べてしまいました。そこで、ねずみたちはごちそうやお酒を出してくれました。

・つなぎ言葉が上手に使えているね。

・「酒」の「酉」が「西」になっているよ。

ICT 端末の活用ポイント

学習支援ソフトに昔話を保存しておくと、複数の子供が同時に1人の文章を読むことができる。

漢字の広場③

昔話を読み合い、漢字の書き方をたしかめよう。

1 『おむすびころりん』

①おじいさんが、おむすびを落としてしまいました。

②そこで、おじいさんは急いでおむすびを追いかけました。おむすびは転がって進んでいきます。

③そのまま、おむすびはあなに落ち、おいかけたおじいさんも暗くて深いあなに落ちてしまいました。

④そこは、ねずみのあなでした。ねずみたちは、おじいさんのおむすびを食べてしまいました。そこで、ねずみたちは、皿にごちそうをもり、お酒を出してくれました。

⑤さらに、おじいさんはお礼にこづちをもらいました。

⑥家に帰ってこづちをふると、こばんがたくさん出てきました。おじいさんとおばあさんは、幸せにくらしました。

※絵の中の漢字を正しく使えたか。
※つなぎ言葉は正しく使えたか。

3 本単元の学習を振り返る〈10分〉

T　書いた昔話を、よく読み返して直すことができましたね。

・「幸」の間違いに気付いて直しました。
・友達が漢字の「酒」の間違いに気付いてくれて、文章がもっとよくなりました。

○友達が正しく漢字を使えたことや、間違いに気付いて直すことができた字について振り返り、伝え合うと、正しく漢字を使って書くよさを感じられる。

ICT 端末の活用ポイント

学習支援ソフトに保存した画像データを活用すると、授業時間内では読み合うことのできなかった友達の昔話も読むことができる。子供のポートフォリオとなり、教師の評価にも役立つ。

よりよい授業へのステップアップ

間違うことを認め合う

友達と文章を読み合う活動では、間違いを認め合うことのできる学級風土が前提になる。

間違った漢字やつなぎ言葉を書いたことをマイナスに捉えるのではなく、間違いに気付いて文章がレベルアップしたことを、子供が肯定的に捉えられるようにしたい。自分自身で推敲して正せたこと、友達と読み合って気付いたことのどちらも大切にし、単元の学習を振り返る。間違いなく書けたことも同様に認めていくと、多くの子供が達成感をもつことができると考える。

監修者・編著者・執筆者紹介

[監修]

中村　和弘（なかむら　かずひろ）　　東京学芸大学教授

[編著者]

成家　雅史（なりや　まさし）　　相模女子大学専任講師

廣瀬　修也（ひろせ　しゅうや）　　東京学芸大学附属小金井小学校教諭

[執筆者]　＊執筆順。所属は令和５年11月現在

		[執筆箇所]
中村　和弘	（前出）	●まえがき　●「主体的・対話的で深い学び」を目指す授業づくりのポイント　●「言葉による見方・考え方」を働かせる授業づくりのポイント　●学習評価のポイント　●板書づくりのポイント　● ICT 活用のポイント
成家　雅史	（前出）	●第４学年の指導内容と身に付けたい国語力　●力を合わせてばらばらに　●春のうた　●思いやりのデザイン／アップとルーズで伝える／考えと例　●短歌・俳句に親しもう（一）
廣瀬　修也	（前出）	●第４学年の指導内容と身に付けたい国語力　●白いぼうし　●春の楽しみ　●夏の楽しみ
橋浦　龍彦	東京学芸大学附属小金井小学校教諭	●なりきって書こう　●漢字の広場①　●漢字の広場②　●どう直したらいいかな　●漢字の広場③
佐久山　有美	お茶の水女子大学附属小学校教諭	●図書館の達人になろう　●聞き取りメモのくふう
村越　慎哉	神奈川県横須賀市立公郷小学校教諭	●漢字辞典を使おう　●カンジーはかせの都道府県の旅１　●カンジーはかせの都道府県の旅２
臂　美沙都	東京都足立区立千寿常東小学校教諭	●お礼の気持ちを伝えよう
佐藤　綾花	東京都渋谷区立富谷小学校指導教諭	●一つの花
久保田　直人	東京都教職員研修センター統括指導主事	●つなぎ言葉のはたらきを知ろう　●要約するとき　●忘れもの／ぼくは川　●ローマ字を使いこなそう
武井　二郎	東京都荒川区立瑞光小学校主任教諭	●新聞を作ろう／［コラム］アンケート調査のしかた
望月　美香	東京都江東区立第三大島小学校主任教諭	●本のポップや帯を作ろう／神様の階段
清水　絵里	東京都中野区立令和小学校主任教諭	●あなたなら、どう言う　●パンフレットを読もう　●いろいろな意味をもつ言葉

『板書で見る全単元の授業のすべて 国語 小学校4年上〜令和6年版教科書対応〜』付録資料について

本書の付録資料は、東洋館出版社ホームページ内にある「マイページ」からダウンロードすることができます。なお、本書のデータを入手する際には、会員登録および下記に記載しているユーザー名とパスワードが必要になります。入手の方法は以下の手順になります。

【東洋館出版社 HP】

URL https://www.toyokan.co.jp　　東洋館出版社　検索

❶東洋館出版社オンラインのトップページにある「丸いアイコン」をクリック。

❷会員の方はメールアドレスとパスワードを入力しログイン、未登録の方は「アカウント作成」から新規会員登録後ログイン。

❸マイアカウントページにある「ダウンロードコンテンツ」をクリック。

❹対象の書籍をクリック。下記のユーザー名、パスワードを入力。

クリック

ユーザー名：shokoku_4j
パスワード：SUaCPsD4

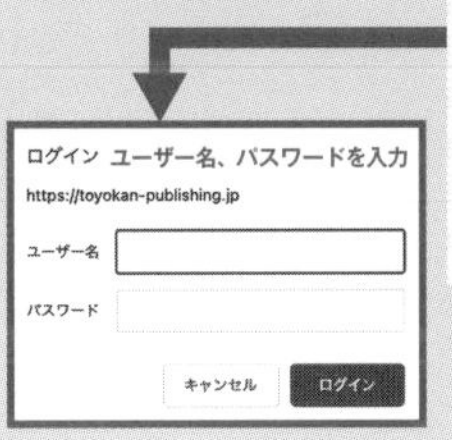

【使用上の注意点および著作権について】

・リンク先にはパソコンからアクセスしてください。スマートフォンではファイルが開けないおそれがあります。
・PDFファイルを開くためには、Adobe Readerなどのビューアーがインストールされている必要があります。
・収録されているファイルは、著作権法によって守られています。
・著作権法での例外規定を除き、無断で複製することは法律で禁じられています。
・収録されているファイルは、営利目的であるか否かにかかわらず、第三者への譲渡、貸与、販売、頒布、インターネット上での公開等を禁じます。
・ただし、購入者が学校での授業において、必要枚数を生徒に配付する場合は、この限りではありません。ご使用の際、クレジットの表示や個別の使用許諾申請、使用料のお支払い等の必要はありません。

【免責事項・お問い合わせについて】

・ファイル使用で生じた損害、障害、被害、その他いかなる事態についても弊社は一切の責任を負いかねます。
・お問い合わせは、次のメールアドレスでのみ受け付けます。tyk@toyokan.co.jp
・パソコンやアプリケーションソフトの操作方法については、各製造元にお問い合わせください。

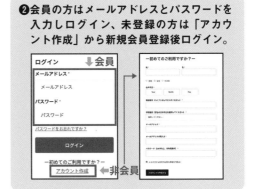

板書で見る全単元の授業のすべて
国語 小学校 4 年上
〜令和 6 年版教科書対応〜

2024(令和 6)年 4 月 1 日　初版第 1 刷発行

監 修 者：中村　和弘
編 著 者：成家　雅史・廣瀬　修也
発 行 者：錦織　圭之介
発 行 所：株式会社東洋館出版社
〒101-0054　東京都千代田区神田錦町 2 丁目 9 番 1 号
コンフォール安田ビル 2 階
代　表 TEL：03-6778-4343　FAX：03-5281-8091
営業部 TEL：03-6778-7278　FAX：03-5281-8092
振　　替　00180-7-96823
U　R　L　https://www.toyokan.co.jp

印刷・製本：藤原印刷株式会社

装丁デザイン：小口翔平＋村上佑佳（tobufune）
本文デザイン：藤原印刷株式会社
イラスト：すずき匠（株式会社オセロ）
画像提供：PIXTA（raichi／makaron／あやちゃん／そめやあい／Pakete）

ISBN978-4-491-05397- 4　　Printed in Japan